TITUS ANDRONICUS
JULES CÉSAR
ANTOINE ET CLÉOPATRE
CORIOLAN

WILLIAM SHAKESPEARE

TITUS ANDRONICUS
JULES CÉSAR
ANTOINE ET CLÉOPATRE
CORIOLAN

Traduction de François-Victor Hugo

Préface et notices
par
Germaine Landré

GF-Flammarion

PRÉFACE

SHAKESPEARE

Le plus grand poète, le plus grand dramaturge de l'Angleterre, William Shakespeare, reste encore pour nous une figure assez mystérieuse, ou tout au moins bien peu connue. Ce que nous savons sur lui est presque toujours incertain. Il est né en 1564, à Stratford-sur-Avon, d'une famille ancienne du Warwickshire ; mais son père semble avoir connu plus de revers que de succès dans les années où grandit le jeune William. Années de classe à la « grammar school » du village, bonne éducation sans doute, — cela reste conjecture. A dix-huit ans, il épouse Ann Hathaway, fille d'un fermier voisin, de huit ans plus âgée que lui ; son premier enfant naît six mois après ; les raisons de ce mariage, et les conséquences qu'il a pu avoir sur la vie du jeune homme dans les années qui suivirent, si elles ne sont pas tout à fait des suppositions, ne sont cependant pas des certitudes. Car il va bientôt quitter Stratford, sans que nous puissions dire pourquoi il laisse femme et enfants ; les explications, plausibles ou ingénieuses, ne manquent pas : mais elles restent des hypothèses.

En 1592, il est à Londres, après des mois — ou des années ? — d'obscurité. Il fait partie d'une troupe d'acteurs, il joue, il est joué. Il écrit même, en 1593-1594, deux poèmes, *Vénus et Adonis* et *le Viol de Lucrèce*, dédiés au comte de Southampton. Nous savons aussi qu'il joue devant la Reine, avec la troupe du Lord Chambellan.

A Stratford, où il retourne de temps en temps, nous pouvons fixer avec plus de précision quelques-uns de ses actes : par exemple, l'achat d'une maison, en 1597. A Londres, il est mentionné comme étant l'auteur de plusieurs pièces (1598) et aussi parce qu'il devient propriétaire d'une partie du Théâtre du Globe (1599).

Et puis, en 1616, revenu dans sa ville natale, il fait son testament, meurt et est inhumé dans l'église de la Sainte-Trinité. Il est le seul grand poète anglais qui ne repose pas à l'abbaye de Westminster.

Il reste dans cette histoire trop brève d'étranges lacunes. Nous ne savons à peu près rien de l'éducation, de la religion, de cet homme; aucun de ses « portraits », même le buste de l'église de Stratford, ne semble authentique. Les rares signatures que nous avons de lui n'ont pas la même orthographe. Nous n'avons aucune lettre écrite par lui, et nous n'en avons qu'une seule qui lui soit adressée. Nous ne possédons pas les manuscrits de ses pièces.

Et l'on est confondu à l'idée que ce petit-bourgeois de petite ville ait pu écrire les chefs-d'œuvre qui nous restent. Où en avait-il pris l'idée? Qui avait posé pour ces personnages — rois, princesses, généraux, sauvages, magiciens, hommes de toutes conditions et de tous pays? Où les avait-il connus? Comment n'est-il pas demeuré, dans sa ville natale, de souvenir, d'écho de son génie? Pourquoi, en quelles circonstances, avait-il rompu avec sa famille, avec son foyer? Et pourquoi ce retour prématuré au logis, fortune faite, alors que notre expérience d'autres poètes, d'autres artistes nous montre qu'ils continuent d'écrire tant que la plume ne leur tombe pas des mains? A cinquante-deux ans, n'avait-il plus rien à dire?

En dehors d'hypothèses ingénieuses qui peuvent offrir une réponse à telle ou telle de ces questions — par exemple celle qui nous montre « le grand Will », catholique clandestin, quittant son village de peur de persécutions possibles pour aller se perdre à Londres pendant quelques années — il y a une explication qui résoudrait toutes les énigmes, et qu'on accepterait

si elle était mieux étayée — William Shakespeare, bour-
geois de Stratford, et médiocre acteur (puisqu'il
jouait, dit-on, le fantôme dans *Hamlet*, ce qui n'était
pas le premier rôle), ne serait point l'auteur des pièces
qu'on lui attribue. Quelque grand personnage : Francis Bacon, ou même son frère Anthony, ou le comte de
Derby, aurait écrit ces drames, ces comédies; puis,
craignant la mauvaise renommée qui s'attachait au
théâtre à cette époque, aurait demandé à William Shakespeare d'en endosser la paternité.

Cette thèse a des partisans, et il est malaisé de la
repousser définitivement. Pourtant, aucun des « candidats » à la gloire de Shakespeare ne donne tout à
fait satisfaction; les raisons que l'on s'efforce d'imaginer pour justifier leur obscure modestie restent théo-
riques. Ce que l'on connaît des œuvres avouées de
Francis Bacon est trop différent des pièces shakes-
peariennes; et nous savons trop peu de chose des
autres pour avoir même une vague idée de ce dont ils
étaient capables. D'autre part, les amis londoniens
du dramaturge, Ben Jonson et Michael Drayton, vin-
rent, selon une tradition, voir leur compagnon William Shakespeare à Stratford. Ben Jonson écrivit sur
son ami un poème où il loue son génie dramatique
de poète (1623).

La plupart des spécialistes de Shakespeare n'ont pas
été ébranlés dans leur foi « stratfordienne », c'est-à-
dire orthodoxe, par les arguments brillants de leurs
adversaires. Et il semble improbable que rien de nouveau vienne faire le jour dans cet obscur problème.

C'est en essayant de retrouver, à travers des pièces
qui paraissent impersonnelles, l'homme qui les écrivit, et que nous connaissons si peu; en essayant de
deviner, dans les discours de ses personnages, ce qu'il
était lui-même, que Dowden, le grand critique shakes-
pearien, a établi une chronologie souvent discutée
du théâtre de Shakespeare, et peut-être une histoire
spirituelle de l'âme du poète, qu'il essaye de lire en
transparence, avec piété et imagination.

Les quatre périodes de cette classification corres-
pondraient à des étapes dans la vie du drama-

turge anglais et dans le développement de sa person-
nalité.

Dans la première — qui se situe entre 1588 et 1595
— Shakespeare se contente de reprendre des pièces
composées par d'autres, les retouche suivant les
besoins de la troupe de comédiens à laquelle il est
attaché, suivant l'absence de certains acteurs, la venue
de nouveaux; il fait son apprentissage; il imite son
contemporain déjà célèbre, Marlowe; il est précieux,
euphuiste, comme on l'était volontiers à cette époque;
Roméo et Juliette, qui est déjà une pièce originale,
illustre cette tendance, qu'on retrouvera, à l'occasion,
dans certains passages des pièces postérieures.

Puis il devient plus personnel, son tempérament
s'affermit; entre 1595 et 1600, Shakespeare sait com-
poser un drame ou une comédie; et même, s'il s'inspire de pièces déjà connues, s'il prend les sujets de ses
drames historiques dans les chroniques du temps, il
met déjà tant de lui-même dans les personnages qu'il
crée, il prend tant de libertés avec les matériaux qu'il
a trouvés ailleurs (même dans l'Histoire) qu'il fait
œuvre originale. Les grandes pièces historiques appartiennent à cette période, *Henry IV*, plein d'humour
et de profonde psychologie, *Henry V*, chronique rem-
plie de fanfares et d'étendards, si anglaise qu'on a pu
l'appeler un hymne national en cinq actes! et aussi
des farces comme *les Joyeuses Commères de Windsor*
et des comédies légères où l'humour et le romanesque
se marient si habilement, *Comme il vous plaira* et *la
Nuit des Rois*.

C'est probablement à cette période qu'appartiennent
également les Sonnets, du moins la plupart d'entre
eux. Le sonnet était alors un genre populaire et les
contemporains de Shakespeare s'y étaient essayés.
Ceux qu'il écrivit ne sont pas aussi parfaits que les
sonnets de Spenser, ou de Sidney, et ils sont inégaux,
parfois profonds et passionnés, et ailleurs précieux et
proches de la mièvrerie, du mauvais goût. L'ensemble
offre au biographe une tentation, celle d'y trouver une
confession, ou du moins un reflet de l'âme du poète,
celui qu'on a coutume de chercher dans la poésie

lyrique. A-t-il *ouvert son cœur avec la clef des sonnets* comme l'a cru Wordsworth, le poète romantique ? Robert Browning, un autre poète, a répondu qu'il serait moins grand qu'il ne l'est s'il nous avait laissé deviner quelque chose de lui-même grâce aux Sonnets. Et il ne l'a guère fait, vraiment ! Allusion à un amour passionné pour une brune maîtresse, dont il fait le portrait avec une désinvolture un peu impertinente; protestations d'amitié plus passionnée encore, et sans cesse répétées, pour un beau jeune homme; et puis quelques brefs cris de désespoir au sujet d'une trahison dont il se console assez vite. Nous ne savons, nous ne saurons jamais sans doute, ni le nom de l'ami, ni celui de la dame. S'agit-il du comte de Southampton, et le pauvre poète s'était-il prudemment retiré devant un rival plus jeune et plus brillant ? Tenait-il si peu à sa brune maîtresse que l'amitié du jeune homme lui ait paru bien plus précieuse ? Autant de questions qui s'ajoutent aux autres. En vérité cette clef n'a pas ouvert grand-chose, et le poète a gardé ses secrets. Mais il demeure cependant que certains passages des Sonnets ont une sincérité sur laquelle on ne peut se méprendre. Cet ami mystérieux, le poète l'aime d'un amour qui le console de toutes les peines, des mépris du monde, de l'injustice, du désespoir, — un amour plus fort que la mort même, — car il adjure l'ami qui restera sur terre après lui de ne pas se laisser aller au regret, de ne pas verser de larmes sur son souvenir. Et nous y retrouvons aussi cette suprême consolation de l'artiste, l'assurance que ses vers seront immortels quand lui-même sera retourné à la poussière.

La période qui suit — de 1600 à 1608 — est la plus tragique. Est-ce aussi celle qui correspond à certains des plus sombres parmi les Sonnets ? Même les comédies, — qu'il appelle « romances », — comédies romanesques, sont tristes dans leur sujet : *Tout est bien qui finit bien*, *Troïlus et Cressida* sont si mélangées, si incertaines de ton, qu'elles produisent une impression complexe, plus mélancolique et désabusée que gaie. Les tragédies sont graves, comme *Jules César*, pessimistes, voire désespérées, comme *Hamlet*, *Othello*, le

Roi Lear, *Macbeth*, où peut-être se reflètent les peines secrètes du poète et la sombre philosophie de la vie où il était arrivé.

Dans la dernière période, — 1608-1612, — nous le voyons écrire des pièces dont le ton est plus serein, même si les personnages sont peints avec autant de force que jadis, et si les crises qu'ils traversent sont aussi violentes : *Antoine et Cléopâtre*, où la mort des amants immortels a tant de grave noblesse, *Henry VIII* et surtout *la Tempête* et le *Conte d'Hiver*, où l'on croit entendre comme un adieu à la poésie et à la vie.

Peut-être ces étapes représentent-elles, en effet, les phases de l'évolution spirituelle du poète, peut-être correspondent-elles à des événements qui l'ont marqué et ont influencé son attitude devant les grands problèmes de la vie.

Mais il ne faut pas oublier qu'avant tout Shakespeare était un auteur dramatique soucieux de présenter à son public ce que le public aimait, ce qu'il avait coutume de voir et d'applaudir, les sujets qui flattaient son patriotisme et son goût de la violence, les scènes comiques susceptibles de le divertir, les scènes touchantes qui pouvaient le faire pleurer. Qu'il se soit, parfois, laissé aller à exprimer par la bouche d'un de ses personnages une philosophie personnelle, une poésie venant du fond de son cœur, et que le mélange de tous ces éléments soit si riche et — presque toujours — si heureux, c'est le miracle qui n'a pas cessé depuis plus de trois siècles d'étonner lecteurs et spectateurs.

Comme il voulait d'abord plaire, Shakespeare ne s'est guère embarrassé de règles d'aucune sorte : les unités de temps, de lieu et d'action, que certains de ses rivaux observaient déjà, il n'en a que faire ; *le Songe d'une nuit d'été* peut n'être que le récit des événements d'une nuit ; *Othello* peut à la rigueur être réduit à une seule journée (avec aussi peu de facilité que *le Cid* d'ailleurs). Mais presque toujours plusieurs mois, ou des années, sont nécessaires au déroulement d'une action qui contiendra aussi bien la moitié d'une vie. Si *la Tempête* se joue dans les limites d'une petite île (mais en divers endroits de cette île), d'autres pièces

nous promènent de Venise à Chypre, de France en
Écosse. Prose et vers alternent suivant le personnage
et la grandeur des sentiments exprimés et aussi le
comique et le tragique. Et ces mélanges font naître
peut-être plus aisément qu'une uniformité de ton
sévère l'impression de la vie, de ses contrastes et de
sa multiplicité, et celle de la pénétration dans la réalité
quotidienne de ce qui est spirituel, surnaturel, éternel. Même lorsque l'intrigue est compliquée, les personnages nombreux, nous n'avons pas le sentiment
d'un récit artificiel imaginé par l'auteur, mais au
contraire celui de la vie réelle, ou du moins vraisemblable.

C'est grâce à ce don que Shakespeare ressuscite
Rome et même Athènes, et l'Égypte, qu'il peut persuader des biographes à l'imagination docile qu'il est
allé en Italie, en Flandre, dans la forêt des Ardennes,
et jusqu'en Bohême. Il interroge le passé, il le rend
vivant et plausible. La cour de Cléopâtre, et les plaisanteries qui fusent entre les suivantes et les visiteurs,
était-ce vraiment comme cela ? se demande le lecteur.
Mais le spectateur, pour peu que le metteur en scène
ait fait honnêtement son métier, ne se pose guère la
question : c'était ainsi, ce ne pouvait être autrement !

Et si nous croyons savoir que le jeune prince Hal,
le futur Henry V, n'avait pas en réalité de compagnon
qui ressemblât au Falstaff de Shakespeare, nous nous
demandons presque si le véritable n'était pas celui de
Shakespeare plutôt que celui de l'Histoire. Quand
l'auteur arrange, découpe, recolle et rétablit à son
goût la chronique du règne de Richard III, allon-
geant la série des meurtres de Gloucester, chargeant
encore son personnage, qui n'en est pas à un ou deux
crimes près, imaginant comme vraisemblable — et elle
l'est — la grande scène où ce fourbe, infirme et cruel,
fait la cour à celle qu'il a rendue veuve, et gagne sa
main, sinon son cœur, il ne nous surprend pas, il
rend, pourrait-on dire, son personnage encore plus
vrai, grâce aux libertés qu'il prend avec la vérité his-
torique. Car, s'il se permet souvent des libertés avec
elle, il a toujours pour cela quelque bonne raison.

L'étude minutieuse des emprunts qu'il fait à ses sources
et du parti qu'il en tire, de sa fidélité absolue par
endroits, de sa désinvolture ailleurs, est passionnante.
Il utilise presque mot pour mot le récit où Plutarque
nous raconte la première rencontre de Cléopâtre et
d'Antoine, jusqu'à un détail familier *deux fois rasé*
qu'il n'a eu garde de laisser de côté car ce qu'il y a
d'italien chez ce héros mûrissant y apparaît bien. Mais
il néglige de nous dire qu'au moment de sa fin Cléopâtre, dans la douleur qu'elle ressentait à la mort de
son amant, s'était griffé le visage : il fallait qu'elle res-
tât belle, ce qui importait peu à Plutarque. De même
Jules César, lorsqu'il chemine aux côtés d'Antoine,
dans la tragédie où l'on nous conte sa mort, lui
demande de changer de place, *car il est un peu dur de
cette oreille-ci :* nous comprenons mieux l'homme
après ce mince détail, nous accepterons plus facilement ensuite qu'il se soumette, un moment, à son
épouse qui a fait un mauvais rêve, et accepte de ne pas
sortir ce jour-là. Comme cela lui est arrivé maintes
fois, Shakespeare, que le problème de la liberté attirait tant, a joué avec l'idée de ce qui fût arrivé si
César était resté chez lui au lieu d'aller au Capitole; ou
si Pompée, dans *Antoine et Cléopâtre*, avait accepté de
couper les amarres de sa galère, comme le lui suggé-
rait le capitaine du vaisseau, tandis qu'il avait à son
bord Antoine, Octave et Lépide. Quel jeu fascinant
pour un historien!

Il a aussi mis en scène ses contemporains, leurs
excentricités, leurs amusements, leurs jeux, les nouveautés qu'ils accueillaient avec empressement, les vêtements à la mode, les tavernes qu'ils fréquentaient.
Son public remarquait avec plaisir des allusions aux
événements ou aux personnages du jour, dont un
grand nombre sont sans doute devenues mystérieuses
pour nous.

Il a donné une large place, dans ses comédies et
dans ses tragédies, aux esprits, fantômes, sorcières, et
autres créatures surnaturelles qui étaient très réelles
pour la plupart des élisabéthains. Qu'il ait cru lui-
même à leur existence est une des questions qui se

posent à son sujet, et auxquelles il est malaisé de répondre. Mais qu'il ait habilement tiré parti de cette croyance chez ses spectateurs ne fait aucun doute. Ils aimaient voir des fantômes sur la scène, ils avaient l'habitude de les retrouver dans leurs mélodrames favoris. Il leur a donc montré des fantômes. Mais il a donné à ceux-ci un sens, une importance plus grande qu'il n'apparaît tout d'abord. Le fantôme du père d'Hamlet est un personnage utile à l'action, puisqu'il jette dans l'esprit de son fils ce désir de vengeance qui sera le mobile de sa conduite. Dans *Macbeth*, celui de Banquo représente, même pour un public peu philosophe, le remords — toujours présent désormais — du meurtre que Macbeth vient de commettre et qui en annonce d'autres. Il est donc lui aussi un ressort précieux pour l'action. Le fantôme de César qui apparaît à Brutus la veille de la bataille, prédisant en termes ambigus la défaite et la mort de celui que nous étions peut-être tentés d'admirer à l'excès, nous rappelle à temps que Brutus est coupable parce qu'il a tué. Et les esprits qui viennent accabler le roi Richard III avant Bosworth sont aussi le commencement du châtiment pour ce criminel jusque-là trop heureux.

Les sorcières de *Macbeth* sont probablement un symbole des tentations que l'homme trouve sur sa route, à quelque moment de sa vie, et qui font de lui, s'il y cède, un autre être, inattendu, insoupçonné, sans scrupule et sans pitié. Les autres esprits, fées et elfes, qui avaient aussi leur place dans les croyances de ses contemporains, Shakespeare les accueille dans deux de ses comédies : *le Songe d'une nuit d'été* et *la Tempête*. La première est jouée dans un bois fréquenté par des mortels et par des fées, deux mondes presque toujours distincts, mais qui parfois débordent et se mélangent : mais il ne s'agit pas seulement d'un conte de fées, car ce que le poète suggère dépasse, de temps en temps, ce qu'il laisse voir : si Titania s'éprend d'un monstre bizarre, un mortel lourdaud à tête d'âne, ne veut-il pas nous dire que l'amour est aveugle, et que l'amant *aime jusqu'aux défauts des personnes qu'il aime*. Ce que ni lui ni Molière n'avaient découvert,

bien entendu! Dans *la Tempête*, la réalité et le monde
des esprits sont si étroitement mêlés qu'on ne reconnaît
plus leurs limites : *Nous sommes faits de rêve*, dit
Prospéro le magicien qui a chargé de ses incanta-
tions l'air de son île, subjugué les elfes, réduit un
monstre en esclavage et répandu partout visions et
harmonies célestes.

Ce monde des esprits a vieilli, sans doute, car il
reflète l'époque élisabéthaine plus que la nôtre. Mais
il recèle en lui tant de poésie qu'il est, à tout prendre,
aussi délicieux de nos jours qu'il l'était jadis, si, peut-
être, nous le considérons d'un regard moins crédule
et plus philosophique!

C'est pourtant la partie humaine de l'œuvre qui
nous séduit le plus aujourd'hui : ses personnages sont
élisabéthains pour une part, certes; mais Shakespeare
les a peints avec tant de profondeur et de vérité qu'ils
débordent de leur cadre pour devenir des hommes et
des femmes de tous les temps. Jamais jalousie ne
fut mieux étudiée que celle du Maure vénitien Othello,
ambition criminelle, que celle de Macbeth. Les femmes
de son théâtre, les plus diverses et les plus complexes
qu'on ait jamais peintes, sont bien plus « modernes »
dans leur comportement et leur langage, a fait remarquer un critique, que les héroïnes de Dickens et de
Thackeray. Il est rare qu'il ne réussisse pas à rendre
convaincant pour ses lecteurs, et plus encore pour ses
spectateurs, le développement d'une passion et son
aboutissement à un acte dramatique. Si Macbeth
n'analyse pas aussi lucidement que Rodrigue ses hési-
tations devant un meurtre, il nous semble peut-être
plus humain, plus pitoyable dans sa faiblesse; Shylock
se lamentant sur la perte de son argent, de ses bijoux,
et de sa fille, est un avare aussi frappant et inoubliable
qu'Harpagon. Shakespeare a compris ses héros comme
ses criminels, et nous les fait comprendre, dangereu-
sement proches de nous parfois, bien différents des
traîtres de mélodrame. Même une Lady Macbeth, rai-
die dans son désir de préparer le meurtre du roi,
hésite à frapper parce que le vieux Duncan ressemble,
dans son sommeil, à son propre père. Presque tous

se rachètent dans une certaine mesure, à nos yeux, par un vestige de vertu, de pitié, même l'Edmond du *Roi Lear* qui essaie en vain de sauver Cordélia de la mort, au moment où lui-même va payer de sa vie ses crimes.

Ce qui n'empêche pas l'atmosphère de certains des drames d'être sombre jusqu'au désespoir. La « philosophie » de Shakespeare se résout-elle à un pessimisme complet ? *Le Roi Lear* le prouverait, où tant de victimes sont frappées sans avoir jamais mérité le châtiment. Et la tragédie d'*Hamlet* ne semble pas offrir aux hommes d'autre consolation que la mort, encore assombrie par cette désolante incertitude sur l'au-delà. Ailleurs, pourtant, la punition se mesure à la faute, Macbeth et son épouse agissent délibérément, nul destin implacable ne les a poussés au crime, et il est juste qu'ils en répondent. Souvent, au reste, la mort ne peut être considérée comme une sanction : celle de Roméo et de Juliette réconcilie leurs familles, celle d'Antoine et de Cléopâtre les enlève à une vie qui avait cessé d'être noble, pour leur donner la gloire.

La morale n'est jamais le but de ces pièces : elle est accessoire, elle apparaît naturellement dans des drames où les personnages s'opposent, au milieu de conflits qui sont ceux de la vie même, mais il n'y a ni thèse, ni prédications. La façon dont Shakespeare peint Cléopâtre, qui ne peut être considérée comme un modèle de vertu, est caractéristique : il l'admire et on a pu prétendre qu'elle était pour son créateur comme la dame brune des Sonnets. De même cet étonnant Falstaff, plein de faiblesses et de vices, avec quelle sympathie le poète l'a peint, et quelle indulgence !

Cela ne veut pas dire qu'il est plus immoral ou plus grossier que les autres élisabéthains. S'il ne montre guère de pruderie lorsqu'il touche à des sujets familiers, s'il ne s'effarouche pas devant la grossièreté des soudards, si même ses jeunes filles ont des propos plus libres que les demoiselles de l'époque victorienne, il ne se complaît pas dans la violence, dans la sensualité appuyée. Beaucoup de ses contemporains ont été plus loin que lui dans la peinture de mœurs relâchées, de crimes odieux. La scène où le comte de Gloucester a les yeux arrachés, dans *le Roi Lear*, est seule de son espèce, et il a traité avec délicatesse des situations curieuses comme celle d'Hélène dans *Tout est bien qui finit bien*. Il a paru barbare et de mauvais goût aux classiques français, comme à ceux de son propre pays, et même aux premiers romantiques : Vigny, un de ses premiers adaptateurs, fut près de supprimer ce vulgaire mouchoir de Desdémone devenu pièce à conviction dans les mains d'Iago, et peut-être faut-il encore au lecteur français moderne quelque préparation pour le goûter. Mais on résiste difficilement à sa puissance d'envoûtement, on ne cesse jamais de l'aimer, on revient toujours à lui.

Germaine LANDRÉ.

LES PIÈCES ROMAINES DE SHAKESPEARE

Elles ne forment pas, dans l'œuvre de Shakespeare, un groupe chronologiquement à part : *Titus Andronicus* doit être de 1593 et est peut-être antérieure; *Jules César* est probablement de 1599 ou de 1600; *Antoine et Cléopâtre*, inscrite au Registre des Libraires en 1608, est peut-être de la fin de 1606 ou des premiers mois de 1607; on date généralement *Coriolan* de 1608 ou 1609.

Elles ne sont point non plus une innovation. Les prédécesseurs de Shakespeare avaient déjà mis sur la scène les grands héros romains en s'inspirant de Sénèque ou de dramaturges français imitateurs de Sénèque. Le premier essai de tragédie classique en France est la *Cléopâtre captive* de Jodelle (1552). Le *Jules César* de Jacques Grévin, écrit en 1558, a peut-être suggéré quelques passages à Shakespeare, ainsi que le *Marc Antoine* de Garnier (1578) qui fut traduit en anglais par la sœur de Sidney, la comtesse de Pembroke (1592).

Shakespeare a pu s'inspirer de ses prédécesseurs, il ne les a heureusement pas imités et a évité déclamations et lamentations que l'on rencontre chez les disciples de Sénèque.

Pour *Jules César*, *Antoine et Cléopâtre* et *Coriolan*, sa source essentielle sinon unique est les *Vies* de Plutarque traduites en anglais par Thomas North, non point sur le texte grec, mais sur la version française d'Amyot [1]. Généralement il respecte Plutarque. S'il lui arrive de le suivre pas à pas, il ne craint pas non

---

1. La traduction de North parut en 1579 et fut réimprimée six ans plus tard. Pour *Jules César*, Shakespeare a utilisé les

plus de s'écarter de lui lorsque son interprétation des événements et des hommes ne coïncide pas avec celle de l'écrivain grec.

La Rome qu'il ressuscite est loin d'être exacte. Il se soucie peu de l'atmosphère. Ses anachronismes sont célèbres : les horloges sonnent l'heure dans *Jules César* et Cléopâtre demande de l'encre et du papier pour écrire à Antoine. Ce qui est plus grave peut-être, c'est qu'il n'a guère compris la Rome sévère de *Coriolan*, ni tout à fait l'esprit républicain de Brutus. Ses foules romaines ne sont pas très romaines. Mais il faut dire qu'elles sont sans doute plus vivantes d'être élisabéthaines.

Qu'importe d'ailleurs tout cela? Shakespeare a cherché dans l'histoire de Rome des sujets capables de toucher son public et il en a tiré des tragédies admirables. N'est-ce pas suffisant?

Vies de César, de Marc Antoine et de Brutus; pour *Antoine et Cléopâtre*, la Vie de Marc Antoine, et pour *Coriolan*, la Vie de Coriolan.

TITUS ANDRONICUS

NOTICE
SUR
TITUS ANDRONICUS

La controverse sur la paternité si passionnément discutée de *Titus Andronicus* est aussi intéressante que la pièce elle-même, cette tragédie de sang et de meurtres qui est parmi les plus sanglantes et les plus horribles d'un âge où le sang et les meurtres étaient monnaie courante sur la scène.

Nous connaissons de cette pièce trois quartos qui sont respectivement de 1594, 1600 et 1611 et dont aucun ne porte le nom de Shakespeare. Elle est dans le Folio de 1623 — publié, rappelons-le, par deux camarades du poète — la troisième des tragédies. Encore que certains soient tentés de la faire remonter plus haut, on la date assez généralement de 1593. Elle pourrait avoir pour source un récit en prose dont une brochure de colportage du XVIIIe siècle conservée à la Bibliothèque Folger de Washington pourrait être une réimpression tardive. On est en tout cas, semble-t-il, autorisé à y trouver un écho de l'histoire de Philomèle dans les *Métamorphoses* d'Ovide, de la tragédie de Sénèque, *Thyeste*, et de la nouvelle de Bandello qui conte la vengeance d'une esclave maure sur la femme de son maître.

C'est une très sombre histoire : celle de la haine conçue par une reine des Goths, Tamora, qui va devenir impératrice à Rome, contre le général romain Titus Andronicus coupable d'avoir laissé ses fils survivants immoler aux mânes de ses fils morts dans la guerre contre les Goths le fils aîné de la reine. Vengeances et représailles se déchaînent. La fille de Titus, Lavinia, est violée par les fils de la reine, Démétrius et Chiron, qui, après avoir abusé de leur victime, lui coupent la langue et les mains. Titus se garde de demeurer en reste et accumule à son tour les horreurs contre la reine et ses fils.

La « tragédie sanglante » était un genre classique à l'époque élisabéthaine. Les pièces de Kyd, de Marlowe, de Webster, sont souvent de cette veine. Elle était encore goûtée cinquante ans après la Restauration. Puis vers le début du XVIIIe siècle le goût populaire changea et elle disparut.

Cependant, cette « joyeuse orgie de l'horrible » dépasse les bornes dans *Titus Andronicus :* quinze meurtres et exécutions, presque toujours sur la scène. Titus voit les têtes de ses fils décapités jetées à ses pieds. Tandis qu'il égorge Chiron et Démétrius, sa fille Lavinia, qu'ils ont violée et mutilée, recueille leur sang dans un bassin qu'elle tient entre ses moignons sanglants.

Si difficile à croire que cela nous paraisse, la pièce était célèbre et fut reprise plusieurs fois au XVIIe siècle. En 1678, Edward Ravenscroft en fit représenter une version « révisée » et « adaptée » qui fut publiée en 1687. S'il avait épargné au spectateur certaines horreurs, il s'était cru obligé aussi d'en ajouter de son cru. L'amant de la reine Tamora, le nègre Aaron, était torturé sur la scène. Lorsque la malheureuse demandait ses fils, on tirait un rideau et elle voyait leurs corps sanglants assis sur des chaises et leurs têtes et leurs mains suspendues au mur. Ces gentillesses prouvent que les horreurs de l'époque élisabéthaine n'étaient pas encore passées de mode. Il faut ajouter que, lorsque la pièce originale fut jouée en 1923 à l'Old Vic, le public finit par rire de tout le macabre qui y est accumulé.

Shakespeare peut-il être l'auteur de *Titus Andronicus* ? A-t-il écrit une tragédie aussi noire, aussi peu semblable à la plus noire de ses tragédies ?

Francis Meres la lui attribuait en 1598 dans son Palladis-Tamia. Les éditeurs du Folio de 1623, ses amis Condell et Heminge, la publièrent parmi ses pièces. Mais en 1687 l'adaptateur Edward Ravenscroft déclarait qu'elle était un « tas de sottises » *(heap of rubbish)* et qu'il tenait d'une personne fort au courant des choses de la scène qu'elle était d'un autre que Shakespeare, qui y avait seulement apporté quelques retouches. A sa suite et bien qu'il ne nommât pas son informateur, la plupart des critiques anglais jusqu'à la fin du XIXe siècle retirèrent la pièce à Shakespeare. Il faut noter qu'au contraire les Allemands à partir de Schlegel admirent l'authenticité et insistèrent sur la valeur du témoignage de Meres et des éditeurs de 1623.

En 1905, nouvelle attaque en Angleterre contre l'attribution à Shakespeare. Elle venait de J. M. Robertson dans son livre « *Shakespeare a-t-il écrit* Titus Andronicus ? » L'auteur tentait d'établir que la pièce est de George Peele, avec la collaboration probable de Greene, Kyd et Marlowe. Et il est vrai que le premier acte correspond à la manière de Peele, et que le personnage d'Aaron n'est pas sans rappeler le *Juif de Malte* de Marlowe.

La thèse de l'authenticité n'a cependant pas manqué de défenseurs en Angleterre. En 1885 Arthur Symons essaie d'appliquer au texte une méthode critique « esthétique » et trouve certaines analogies entre *Titus Andronicus* et d'autres œuvres de Shakespeare, en particulier *le Viol de Lucrèce*. Il croit à la révision par le poète d'une pièce antérieure.

En 1924, sir Edmund Chambers prononce sa fameuse conférence sur « *la Désintégration de Shakespeare* ». Bien qu'il n'y traite pas spécialement de *Titus Andronicus*, il fournit des arguments en faveur de l'authenticité. De nos jours la critique anglaise reconnaît une indiscutable autorité au Folio de 1623 et admet généralement que la pièce est en très grande partie ou même entièrement de la main de Shakespeare.

Mais alors pourquoi les pauvretés, les incohérences, les invraisemblances et les absurdités qu'il est impossible de ne pas relever dans l'œuvre ? Si la reine Tamora mène l'action au premier acte, c'est ensuite son amant Aaron qui, sans la consulter et par pure perversité, machine tout contre la famille de Titus Andronicus. Lavinia, malgré quelques cris éloquents, est quasi ridicule. Les clichés, les répétitions, les maniérismes, abondent. Même Peele écrivait mieux.

Que faut-il croire ? Que la pièce a été hâtivement composée ou hâtivement révisée, au moment où, la peste ayant fait fermer les théâtres londoniens, il fallait donner aux troupes qui partaient en tournée des pièces courtes et susceptibles de plaire à un public moins raffiné que celui de Londres ? Que Shakespeare, déjà célèbre, fort de la protection de certains gentilshommes puissants, pouvait se permettre de bâcler un drame ?

Cela est assez peu convaincant, car il n'y a guère d'autre exemple d'une pareille négligence dans l'œuvre du poète. Vit-il dans le sujet mélodramatique de *Titus Andronicus* une possibilité de réussite financière appréciable en un temps où la peste avait porté un grave préjudice aux compagnies d'acteurs ? On peut peut-être aller plus loin et se demander si, en écrivant ou récrivant cette pièce qui ne ressemble point au reste de son théâtre, il ne se moquait pas lui-même du ridicule de certaines situations, de certains personnages abreuvés d'outrages. On sait au reste que Robert Burns, qui était sensible, fut touché jusqu'aux larmes par les malheurs de l'infortunée Lavinia. La pièce, cela est indiscutable, pouvait donc plaire.

Pour nous, disons-le, l'énigme demeure. On peut trouver çà et là de beaux accents dans la bouche de Titus; la pièce a tenté de grands acteurs et Sir Laurence Olivier l'a donnée récemment à Londres et à Paris. Mais le lecteur et même le spectateur y sentent rarement la main du maître.

PERSONNAGES

SATURNINUS, fils aîné du dernier empereur romain.
BASSIANUS, frère de Saturninus.
TITUS ANDRONICUS, général romain.
MARCUS ANDRONICUS, tribun, frère de Titus.
LUCIUS,
QUINTUS,   } fils de
MARTIUS,   Titus
MUTIUS,   } Andronicus.
LE JEUNE LUCIUS, fils de Lucius, petit-fils de Titus.
PUBLIUS, fils de Marcus.
ÆMILIUS, noble romain.
ALARBUS,
CHIRON,   } fils de
DÉMÉTRIUS,   } Tamora.
AARON, le More, amant de Tamora.
UN CAPITAINE.
UN PAYSAN.
UN TRIBUN, DES MESSAGERS.

TAMORA, reine des Goths, puis impératrice.
LAVINIA, fille de Titus.
UNE NOURRICE.

PARENTS DE TITUS, SÉNATEURS, TRIBUNS, OFFICIERS, SOLDATS
ET SERVITEURS.

La scène est à Rome et dans les environs.

ACTE PREMIER

SCÈNE PREMIÈRE

Rome. Une place devant le Capitole.
Sur un des côtés, le tombeau de famille des Andronicus.

Les sénateurs et les tribuns sont placés sur une plate-
forme supérieure. Entrent par une porte SATURNINUS
et ses partisans, par l'autre, BASSIANUS *et ses parti-*
sans, tambour battant, enseignes déployées.

SATURNINUS. — Nobles patriciens, patrons de mes
droits, défendez par les armes la justice de ma cause ;
et vous, concitoyens, mes chers partisans, faites valoir
avec vos épées mon titre héréditaire. Je suis le fils aîné
de celui qui, le dernier, a porté le diadème impérial
de Rome ; faites donc revivre en moi la dignité de mon
père, et n'outragez pas mon âge par une dégradation.

BASSIANUS. — Romains, amis, partisans, défenseurs
de mes droits, si jamais Bassianus, le fils de César, a
trouvé grâce aux yeux de la royale Rome, gardez cette
entrée du Capitole, et ne souffrez pas que le déshonneur approche du trône impérial, consacré à la vertu,
à la justice, à la continence, et à la noblesse ; mais
faites que le mérite brille dans une pure élection, et
combattez, Romains, pour assurer la liberté de votre
choix.

Marcus Andronicus apparaît au sommet de
la scène, portant la couronne.

MARCUS. — Princes qui, à l'aide des factions et de
vos partisans, vous disputez ambitieusement le pouvoir et l'empire, sachez que le peuple de Rome, dont
nous soutenons spécialement les intérêts, a, d'une voix
unanime, dans une élection pour l'empire romain,

choisi.Andronicus, surnommé le Pieux, en considération de tous les grands et loyaux services qu'il a rendus à Rome. Il n'existe pas aujourd'hui dans les murs
de la cité un homme plus noble, un plus brave guerrier. Il est rappelé ici par le Sénat de sa rude campagne
contre les Goths barbares, après avoir, avec le concours
de ses fils, terreur de nos ennemis, subjugué une nation
redoutable et nourrie dans les armes. Dix années se
sont écoulées depuis le jour où, se chargeant de la
cause de Rome, il châtia par les armes l'orgueil de
nos ennemis. Cinq fois il est revenu ensanglanté dans
Rome, rapportant ses vaillants fils du champ de
bataille dans des cercueils; et aujourd'hui enfin, chargé
des dépouilles de l'honneur, il revient à Rome, le bon
Andronicus, l'illustre Titus, dans toute la fleur de sa
gloire. Nous vous en conjurons, au nom de celui que
vous désirez maintenant voir dignement remplacé,
au nom des droits du Sénat, des droits du Capitole,
que vous prétendez honorer et adorer, retirez-vous,
renoncez à la violence, congédiez vos partisans, et,
en loyaux candidats, faites valoir vos mérites avec une
pacifique humilité.

SATURNINUS. — Comme la belle parole de ce tribun
calme mes pensées!

BASSIANUS. — Marcus Andronicus, je me fie à ta
droiture et à ton intégrité, et j'ai tant de sympathie,
tant de respect pour toi et pour les tiens, pour ton
noble frère Titus et pour ses fils, pour celle devant qui
ma pensée s'humilie, pour la gracieuse Lavinia, le riche
ornement de Rome, que je veux ici même congédier
mes fidèles amis, et confier ma cause à ma fortune et
à la faveur du peuple, pour qu'elle soit pesée dans la
balance. *(Les partisans de Bassianus sortent.)*

SATURNINUS. — Amis, qui avez été si zélés pour
mes droits, je vous remercie tous et vous congédie, et
je confie mon existence, ma personne et ma cause à
l'amour et à la bienveillance de mon pays. *(Les partisans de Saturninus sortent.)* Rome, sois aussi juste,
aussi gracieuse pour moi que je suis confiant et affectueux envers toi!... Ouvrez les portes et laissez-moi
entrer.

BASSIANUS. — Tribuns! et moi aussi, humble candidat! *(Fanfares. Bassianus et Saturninus se retirent dans le Capitole avec le Sénat.)*

Entre un capitaine, entouré de la foule.

LE CAPITAINE. — Romains, faites place. Le brave Andronicus, le patron de la vertu, le meilleur champion de Rome, heureux dans toutes les batailles qu'il livre, est revenu, sous l'égide de la gloire et de la fortune, de la guerre où il a circonscrit de son épée et mis sous le joug les ennemis de Rome.

Bruit de tambours et de trompettes. Entrent deux des fils survivants de Titus; derrière eux, des hommes portant un cercueil tendu de noir; puis les deux derniers fils de Titus. Derrière eux, Titus Andronicus; puis Tamora, reine des Goths, et ses trois fils, Alarbus, Chiron et Démétrius, suivis d'Aaron le More et d'une multitude aussi nombreuse que possible. On met à terre le cercueil, et Titus parle.

TITUS. — Salut, Rome, victorieuse dans tes vêtements de deuil! Ainsi que la barque, qui a porté au loin sa cargaison, retourne avec une précieuse charge à la baie d'où elle a naguère levé l'ancre, ainsi Andronicus, couronné de lauriers, revient pour saluer sa patrie avec ses larmes, larmes de vraie joie que lui fait verser son retour à Rome... O toi, grand défenseur de ce Capitole, préside gracieusement à la cérémonie qui nous occupe! Romains, de vingt-cinq vaillants fils, la moitié du nombre qu'avait le roi Priam, voyez les pauvres restes, vivants et morts! A ceux qui survivent, que Rome accorde en récompense son amour; à ceux que je conduis à leur dernière demeure, la sépulture au milieu de leurs ancêtres! Ici les Goths m'ont permis de rengainer mon épée. Titus, cruel, indifférent aux tiens, pourquoi souffres-tu que tes fils, non ensevelis encore, errent sur la redoutable rive du Styx? *(On ouvre le tombeau des Andronicus.)* Recevez là l'accueil silencieux, auquel sont habitués les morts, et dormez en paix, victimes des guerres de votre patrie! O réceptacle sacré de mes joies, sanctuaire auguste de la vertu et de la noblesse, combien de mes fils as-tu accaparés, que tu ne me rendras plus!

LUCIUS. — Donnez-nous le plus fier des prisonniers goths, que nous hachions ses membres, et que, sur un bûcher, nous les offrions en sacrifice *ad manes fratrum*, devant cette prison terrestre de leurs ossements; en sorte que les ombres de nos frères soient apaisées, et que nous ne soyons pas obsédés sur terre de prodigieuses apparitions!

TITUS. — Je vous donne celui-ci, le plus noble de ceux qui survivent, le fils aîné de cette reine en détresse.

TAMORA. — Arrêtez, frères romains... Gracieux conquérant, victorieux Titus, aie pitié des larmes que je verse, larmes d'une mère passionnée pour son fils; et, si jamais tes fils te furent chers, oh! songe que mon fils m'est également cher. Ne suffit-il pas que nous soyons amenés à Rome, pour embellir ton triomphal retour, asservis à toi et au joug romain? Faut-il encore que mes fils soient égorgés dans les rues pour avoir vaillamment défendu la cause de leur pays? Oh! si c'est piété chez toi de combattre pour le prince et pour la patrie, c'est piété aussi chez eux. Andronicus, ne souille pas ta tombe de sang. Veux-tu te rapprocher de la nature des dieux? Eh bien, tu te rapprocheras d'eux en étant clément. La douce merci est le véritable insigne de la noblesse. Trois fois noble Titus, épargne mon premier-né.

TITUS. — Contenez-vous, Madame, et pardonnez-moi. Voici les frères vivants de ceux que vous, les Goths, vous avez vus mourir; pour leurs frères égorgés ils demandent religieusement un sacrifice. Votre fils est marqué pour cet holocauste; et il faut qu'il meure, pour apaiser les ombres gémissantes de ceux qui ne sont plus.

LUCIUS. — Qu'on l'emmène et qu'on fasse vite un feu; puis de nos épées, sur le bûcher même, coupons ses membres, jusqu'à ce qu'ils soient entièrement consumés. *(Sortent Lucius, Quintus, Martius et Mutius, emmenant Alarbus.)*

TAMORA. — O cruelle, irréligieuse piété!

CHIRON. — Jamais la Scythie fut-elle, à moitié près, aussi barbare ?

DÉMÉTRIUS. — Ne comparez pas la Scythie à l'ambitieuse Rome. Alarbus va reposer; et nous, nous survivons pour trembler sous le regard menaçant de Titus. Donc, madame, du courage; mais espérez en même temps que les mêmes dieux, qui armèrent la reine de Troie d'une occasion de châtier pleinement le tyran de Thrace dans sa tente, pourront aider Tamora, la reine des Goths (quand les Goths étaient Goths et que Tamora était reine), à venger sur ses ennemis ces sanglants outrages.

Lucius, Quintus, Martius et Mutius rentrent
avec leurs épées sanglantes.

LUCIUS. — Voyez, mon seigneur et père, comme nous avons accompli nos rites romains : les membres d'Alarbus sont dépecés, et ses entrailles alimentent le feu du sacrifice, dont la flamme parfume le ciel, comme un encens. Il ne nous reste plus qu'à enterrer nos frères, et à les accueillir dans Rome au bruit des fanfares.

TITUS. — Qu'il en soit ainsi, et qu'Andronicus adresse à leurs âmes ce dernier adieu. *(Les trompettes sonnent, et le cercueil est déposé dans le tombeau.)* Dans la paix et l'honneur reposez ici, mes fils : champions les plus hardis de Rome, dormez ici à l'abri des hasards et des malheurs de ce monde! Ici pas de trahison qui rôde; ici pas d'envie qui écume; ici pas de rancunes maudites; ici, pas de tempêtes, pas de bruit, mais le silence et l'éternel sommeil.

Entre Lavinia.

Dans la paix et l'honneur reposez ici, mes fils!

LAVINIA. — Dans la paix et l'honneur que le seigneur Titus vive longtemps! Vis dans la gloire, mon noble seigneur et père! Vois, j'apporte mes larmes tributaires à cette tombe, pour les obsèques de mes frères; et je m'agenouille à tes pieds en versant sur la terre des larmes de joie, pour ton retour à Rome. Oh! bénis-moi de ta main victorieuse, toi, dont les meilleurs citoyens de Rome acclament la fortune.

TITUS. — Bonne Rome qui as ainsi conservé avec
amour, pour la joie de mon cœur, ce cordial de ma
vieillesse! Vis, Lavinia; puisses-tu survivre à ton père,
et puisse le renom de ta vertu survivre à l'éternité de
la gloire!

Entrent Marcus Andronicus, Saturninus,
Bassianus et autres.

MARCUS. — Vive le seigneur Titus, mon frère bien-
aimé, triomphateur si gracieux aux yeux de Rome!

TITUS. — Merci, généreux tribun, noble frère Marcus.

MARCUS. — Et vous, mes neveux, soyez les bienvenus au retour de cette heureuse guerre, vous qui
survivez et vous qui dormez dans la gloire. Beaux
seigneurs, vous avez eu un égal succès, vous tous qui
avez tiré l'épée pour le service de votre patrie; mais
les vrais triomphateurs sont les héros de cette pompe
funèbre qui ont atteint au bonheur de Solon, et
triomphé du hasard dans le lit de l'honneur. Titus
Andronicus, le peuple romain, dont tu as toujours
été le loyal défenseur, t'envoie par moi, son tribun
et son mandataire, ce pallium d'une blancheur sans
tache, et t'admet à l'élection pour l'empire, concur-
remment avec les fils ici présents de l'empereur défunt.
Sois donc *candidatus;* mets ce manteau, et aide à
donner une tête à Rome décapitée.

TITUS. — A ce glorieux corps il faut une meilleure
tête que celle qui tremble de vieillesse et de débilité!
Quoi! je revêtirais cette robe pour vous importuner!
Je me laisserais proclamer aujourd'hui, et demain je
céderais le pouvoir, j'abdiquerais la vie, et je vous
créerais à tous une nouvelle besogne! Rome, j'ai été
ton soldat quarante ans; j'ai enterré vingt et un fils,
tous armés chevaliers sur le champ de bataille, tous
tués vaillamment, les armes à la main, pour la cause
et le service de leur noble patrie. Qu'on me donne un
bâton d'honneur pour ma vieillesse, mais non un
sceptre pour gouverner le monde! Il l'a bien porté,
seigneurs, celui qui l'a porté le dernier.

MARCUS. — Titus, tu obtiendras l'empire en le
demandant.

SATURNINUS. — Fier et ambitieux tribun, peux-tu dire ?...

TITUS. — Patience, prince Saturninus!

SATURNINUS. — Romains, faites-moi justice. Patriciens, tirez vos épées, et ne les rengainez pas que Saturninus ne soit empereur de Rome. Andronicus, mieux vaudrait pour toi être embarqué pour l'enfer que me voler les cœurs des peuples.

LUCIUS. — Présomptueux Saturninus, qui interromps le magnanime Titus, quand il veut ton bien!

TITUS. — Contiens-toi, prince; je te rendrai les cœurs des peuples, dussé-je les détacher d'eux-mêmes.

BASSIANUS. — Andronicus, je ne te flatte point, mais je t'honore, et je t'honorerai jusqu'à ma mort. Si tu veux fortifier mon parti de tes amis, je t'en serai profondément reconnaissant, et la reconnaissance, pour les hommes à l'âme généreuse, est une noble récompense.

TITUS. — Peuple de Rome, et vous tribuns du peuple, je vous demande vos voix et vos suffrages; voulez-vous les confier amicalement à Andronicus ?

UN TRIBUN. — Pour complaire au bon Andronicus, et pour célébrer son heureux retour à Rome, le peuple consent à accepter celui qu'il désignera.

TITUS. — Tribuns, je vous remercie, et je demande que vous élisiez le fils aîné de votre empereur, le seigneur Saturninus, dont j'espère que les vertus rayonneront sur Rome, comme Titan sur la terre, et mûriront la justice en cette république; si donc vous voulez élire qui je désigne, couronnez-le et criez : *Vive notre empereur!*

MARCUS. — Par la voix et aux acclamations de toutes les classes, des patriciens et des plébéiens, nous créons le seigneur Saturninus empereur suprême de Rome, et nous crions : *Vive Saturninus, notre empereur! (Longue fanfare.)*

SATURNINUS. — Titus Andronicus, pour le service que tu nous as rendu aujourd'hui dans notre élection, je te remercie comme tu le mérites, et je veux par des actes reconnaître ta générosité; et tout d'abord, Titus,

pour honorer ton nom et ta noble famille, je veux
faire de Lavinia mon impératrice, la royale maîtresse
de Rome, la maîtresse de mon cœur, et l'épouser dans
le Panthéon sacré. Dis-moi, Andronicus, cette motion
te plaît-elle ?

Titus. — Certes, mon digne seigneur; en cette
alliance, je me tiens pour hautement honoré par votre
grâce; et ici, à la vue de Rome, à Saturninus, le roi et
le chef de notre république, l'empereur du vaste univers, je dédie mon épée, mon char et mes prisonniers :
présents bien dignes de l'impérial seigneur de Rome!
Accueille-les donc, comme le tribut que je te dois, ces
trophées de ma gloire humiliés à tes pieds.

Saturninus. — Merci, noble Titus, père de ma vie!
Combien je suis fier de toi et de tes dons, Rome l'at-
testera à jamais. Le jour où j'oublierais le moindre
de tes inestimables services, Romains, oubliez votre
féauté envers moi.

Titus, à Tamora. — Maintenant, madame, vous
voilà prisonnière d'un empereur, d'un homme qui,
par égard pour votre dignité et votre rang, vous trai-
tera noblement, vous et votre suite.

Saturninus, à part. — Charmante dame, assurément; une beauté que je choisirais, si mon choix était
encore à faire! — Rends la sérénité, belle reine, à ce
front nébuleux; bien que les chances de la guerre
aient produit ce changement dans ta situation, tu n'es
pas venue ici pour être la risée de Rome. Tu y seras
partout traitée en princesse. Fiez-vous à ma parole,
et ne permettez pas que la tristesse abatte toutes vos
espérances. Madame, celui qui vous encourage peut
vous faire plus grande que la reine des Goths. Lavinia,
vous n'êtes pas mécontente de ceci ?

Lavinia. — Nullement, monseigneur; votre royale
noblesse m'est garant que ces paroles ne sont qu'une
courtoisie princière.

Saturninus. — Merci, chère Lavinia... Romains,
partons; nous mettons ici nos prisonniers en liberté
sans rançon. Proclamez notre élévation, seigneurs, au
son de la trompette et du tambour. (Il s'entretient
avec Tamora.)

BASSIANUS, *s'emparant de Lavinia.* — Seigneur Titus, ne vous déplaise, cette jeune fille est à moi.

TITUS. — Comment! Parlez-vous sérieusement, monseigneur?

BASSIANUS. — Oui, noble Titus, et je suis résolu à me faire justice de mes propres mains.

MARCUS. — *Suum cuique* est un axiome de notre droit romain; c'est à bon droit que ce prince ressaisit son bien.

LUCIUS. — Et il veut le garder, et il le gardera, tant que Lucius vivra.

TITUS. — Traîtres, arrière!... Où est la garde de l'empereur?... Trahison, monseigneur! Lavinia est enlevée!

SATURNINUS. — Enlevée! par qui?

BASSIANUS. — Par celui qui aurait le droit de reprendre au monde entier sa fiancée! *(Marcus et Bassianus sortent avec Lavinia.)*

MUTIUS. — Mes frères, aidez à l'emmener d'ici, et moi je garderai cette porte l'épée à la main. *(Sortent Lucius, Quintus et Martius.)*

TITUS, *à Saturninus.* — Suivez-moi, seigneur, et je vais bientôt vous la ramener.

MUTIUS, *à Titus.* — Monseigneur, vous ne passerez pas là.

TITUS. — Quoi, misérable enfant! Tu me barres mon chemin dans Rome!

MUTIUS. — Au secours, Lucius, au secours! *(Titus tue Mutius.)*

Rentre Lucius.

LUCIUS. — Monseigneur, vous êtes injuste, et plus qu'injuste; vous avez tué votre fils dans une querelle inique.

TITUS. — Ni toi, ni lui, vous n'êtes plus des fils pour moi; mes fils ne m'auraient jamais ainsi outragé. Traître, rends Lavinia à l'empereur.

LUCIUS. — Morte, si vous voulez, mais non pour devenir sa femme, étant légitimement promise à un autre. *(Il sort.)*

> *Saturninus, empereur, monte sur la plate-forme supérieure, accompagné de Tamora, des deux fils de celle-ci et du More Aaron.*

SATURNINUS. — Non, Titus, non! L'empereur n'a pas besoin d'elle, ni d'elle, ni de toi, ni d'aucun de ta race. Je ne me fierai plus légèrement à qui s'est une fois moqué de moi, à toi, pas plus qu'à tes fils, ces insolents, ces traîtres, tous ligués pour m'outrager ainsi! N'y avait-il donc à Rome que Saturninus dont on pût faire un jouet ? Ces actes, Andronicus, ne s'accordent que trop bien avec ton arrogante assertion que j'ai mendié l'empire de ta main.

TITUS. — Oh! monstrueux! que signifient ces paroles de reproche ?

SATURNINUS. — Mais va ton chemin; va, abandonne cette capricieuse à celui qui pour elle a fait parade de son épée. Tu auras un gendre vaillant, un homme bien fait pour s'associer avec tes fils incorrigibles et pour mettre le désordre dans la république de Rome.

TITUS. — Ces paroles sont des rasoirs pour mon cœur blessé!

SATURNINUS. — Et maintenant, aimable Tamora, reine des Goths, toi qui, pareille à la majestueuse Phébé au milieu de ses nymphes, éclipses les plus galantes beautés de Rome, si tu agrées mon brusque choix, écoute, Tamora, je te choisis pour femme, et je veux te créer impératrice de Rome. Parle, reine des Goths, applaudis-tu à mon choix ? J'en jure ici par tous les dieux de Rome, puisque le prêtre et l'eau sacrée sont si proches, puisque les flambeaux jettent une clarté si vive et que tout est prêt pour l'hyménée, je ne reverrai point les rues de Rome, je ne monterai point à mon palais, que d'ici même je n'aie emmené avec moi cette épousée.

TAMORA. — Et ici, à la vue du ciel, je jure à Rome que, si Saturninus élève à lui la reine des Goths, elle sera pour ses désirs une servante, une nourrice aimante, une mère pour sa jeunesse.

SATURNINUS. — Montons, belle reine, au Panthéon... Seigneurs, accompagnez votre aimable empereur et son aimable fiancée, destinée par les cieux au prince Saturnin, et dont l'infortune est vaincue désormais par ma sagesse. C'est là que nous accomplirons la cérémonie nuptiale. *(Sortent Saturninus et sa suite, Tamora et ses enfants, Aaron et les Goths.)*

TITUS. — Je ne suis pas invité à escorter la fiancée. Titus, quand t'est-il arrivé de rester ainsi seul, déshonoré et abreuvé d'outrages ?

> *Rentrent Marcus, Lucius, Quintus et Martius.*

MARCUS, *montrant le cadavre à Mutius.* — Oh! Titus, vois, oh! vois ce que tu as fait. Tu as tué dans une mauvaise querelle un vertueux fils!

TITUS. — Non, tribun stupide, ce n'est point mon fils; vous ne m'êtes rien, ni toi, ni ces traîtres, tes complices dans l'acte qui a déshonoré toute notre famille; indigne frère, indignes fils!

LUCIUS. — Mais donnons-lui la sépulture convenable, ensevelissons Mutius à côté de nos frères.

TITUS. — Traîtres, arrière! il ne reposera pas dans cette tombe. Depuis cinq cents ans subsiste ce monument, que j'ai somptueusement réédifié; c'est à des soldats, à des serviteurs de Rome qu'est réservé ce lieu de repos glorieux, et non pas à des misérables tués dans une dispute! Ensevelissez-le où vous pourrez, il n'entrera pas ici.

MARCUS. — Monseigneur, c'est impiété à vous; les hauts faits de mon neveu Mutius plaident pour lui; il doit être enseveli avec ses frères.

QUINTUS et MARTIUS. — Et il le sera, ou nous le suivrons.

TITUS. — Et il le sera? Quel est le maroufle qui a dit ce mot ?

QUINTUS. — Quelqu'un qui est prêt à le soutenir partout ailleurs qu'ici.

TITUS. — Quoi! vous voudriez l'ensevelir malgré moi!

MARCUS. — Non, noble Titus; mais nous te conjurons de pardonner à Mutius et de l'ensevelir.

TITUS. — Marcus, tu m'as toi-même frappé dans ma dignité, et, avec ces enfants, tu as blessé mon honneur. Je vous regarde tous comme des ennemis; ainsi ne m'importunez plus, mais allez-vous-en.

MARTIUS. — Il ne s'appartient plus; retirons-nous.

QUINTUS. — Moi, non, tant que les ossements de Mutius ne seront pas inhumés. *(Le frère et les fils de Titus s'agenouillent.)*

MARCUS. — Frère, c'est la nature qui t'invoque par ce nom.

QUINTUS. — Père, c'est la nature aussi qui parle par ce nom.

TITUS. — Ne parlez plus, si vous ne voulez pas tous qu'il vous arrive malheur.

MARCUS. — Illustre Titus, toi qui es plus que la moitié de mon âme!

LUCIUS. — Cher père, âme et substance de nous tous!

MARCUS. — Permets que ton frère Marcus enterre ici, dans le nid de la vertu, son noble neveu, qui est mort dans l'honneur pour la cause de Lavinia. Tu es un Romain, ne sois pas barbare. Les Grecs, mieux avisés, ensevelirent Ajax qui s'était suicidé; et le sage fils de Laërte plaida gracieusement pour ses funérailles. Ne ferme pas l'entrée de ce lieu au jeune Mutius, qui était ta joie.

TITUS. — Lève-toi, Marcus, lève-toi! Voici la plus affreuse journée que j'aie jamais vue! Être déshonoré par mes fils dans Rome! C'est bon, enterrez-le, et enterrez-moi après. *(Ils mettent Mutius dans le tombeau.)*

LUCIUS. — Repose ici, cher Mutius, avec tes parents, jusqu'à ce que nous ornions ta tombe de trophées! *(Tous s'agenouillent.)* Que nul ne verse de larmes sur le noble Mutius; il vit dans la gloire, celui qui est mort dans la cause de la vertu. *(Tous sortent, excepté Marcus et Titus.)*

MARCUS, *à Titus.* — Monseigneur, pour faire diversion à ce cruel tourment, comment se fait-il que la subtile reine des Goths soit si soudainement intronisée dans Rome?

TITUS. — Je ne sais pas, Marcus; mais je sais que cela est. Est-ce par quelque machination, ou non? Les cieux seuls peuvent le dire. Mais n'a-t-elle pas une grande obligation à l'homme qui l'a ramenée de si loin pour cette haute fortune?

MARCUS. — Oui, et elle le récompensera noblement.

Fanfares. Entrent d'un côté l'empereur Sa-
turninus, Tamora, Chiron, Démétrius et
Aaron le More; de l'autre côté, Bassianus,
Lavinia et autres.

SATURNINUS. — Ainsi, Bassianus, votre coup a réussi; que Dieu vous rende heureux dans les bras de votre belle épouse!

BASSIANUS. — Et vous dans les bras de la vôtre, monseigneur; je ne dis rien de plus, et ne vous souhaite rien de moins; sur ce, je prends congé de vous.

SATURNINUS. — Traître, pour peu que Rome ait des lois ou que nous ayons le pouvoir, toi et ta faction, vous vous repentirez de ce rapt.

BASSIANUS. — Qu'appelez-vous un rapt, monseigneur? Reprendre mon bien, ma fiancée bien-aimée, désormais ma femme! Mais que les lois de Rome en décident; en attendant, j'ai pris possession de ce qui m'appartient.

SATURNINUS. — C'est bon, monsieur; vous avez le ton bien bref avec nous, mais si nous vivons, nous serons aussi péremptoire avec vous.

BASSIANUS. — Monseigneur, je dois répondre, du mieux que je puis, de ce que j'ai fait, et j'en répondrai sur ma tête. Seulement, j'en avertis Votre Grâce, au nom de tous les devoirs qui m'attachent à Rome, ce noble personnage, le seigneur Titus, que voici, est outragé dans sa réputation et dans son honneur; lui qui, pour vous rendre Lavinia, a de ses propres mains tué son plus jeune fils, par zèle pour vous, étant irrité jusqu'à la fureur d'être contrarié dans le don sincère qu'il vous faisait. Rendez-lui donc votre faveur, Saturninus; dans tous ses actes, il s'est montré le père et l'ami et de Rome et de vous.

TITUS. — Prince Bassianus, cesse de justifier mes actes. C'est par toi, et par tous ceux-là, que j'ai été déshonoré. Je prends Rome et le ciel juste à témoin de l'amour et du respect que j'ai toujours eus pour Saturnin!

TAMORA, *à l'empereur.* — Mon digne seigneur, si

jamais Tamora eut quelque grâce à tes yeux princiers,
permets-moi de parler pour tous indifféremment, et à
ma requête, mon bien-aimé, pardonne le passé!

SATURNINUS. — Quoi! madame, être déshonoré
publiquement et le supporter lâchement sans se venger!

TAMORA. — Nullement, monseigneur. Me préservent
les dieux de Rome de consentir à votre déshonneur!
Mais, sur mon honneur, j'ose répondre de la complète
innocence du bon seigneur Titus, dont la furie non
dissimulée atteste la douleur. Veuillez donc, à ma
requête, le considérer avec faveur; ne perdez pas un
si noble ami sur une vaine supposition, et n'affligez
pas par des regards hostiles son généreux cœur. *(A
part, à l'empereur.)* Monseigneur, laissez-vous guider
par moi; laissez-vous enfin gagner; dissimulez tous
vos griefs et tous vos ressentiments; vous n'êtes que
tout nouvellement installé sur votre trône; craignez
donc que le peuple et les patriciens, après mûr examen,
ne prennent le parti de Titus, et ne vous renversent
comme coupable d'ingratitude, ce que Rome tient
pour le plus odieux des crimes; cédez à mes instances,
et puis laissez-moi faire. Je trouverai un jour pour les
massacrer tous, et anéantir leur faction et leur famille,
le père, ce cruel, et les fils, ces traîtres, à qui je demandais la vie de mon fils chéri; et je leur apprendrai ce
qu'il en coûte de laisser une reine se prosterner dans
les rues et implorer grâce en vain. *(Haut.)* Allons,
allons, bien-aimé empereur; allons, Andronicus! Rele-
vez ce bon vieillard, et ranimez ce cœur qui succombe
sous les orages de votre front menaçant.

SATURNINUS. — Debout, Titus, debout! mon impératrice a prévalu.

TITUS. — Je remercie Votre Majesté, ainsi qu'elle,
monseigneur; ces paroles, ces regards infusent en moi
une vie nouvelle.

TAMORA. — Titus, je suis incorporée à Rome, étant
devenue Romaine par une heureuse adoption, et je
suis tenue de conseiller l'empereur pour son bien. En
ce jour, toutes les querelles expirent, Andronicus;
que j'aie l'honneur, mon bon seigneur, de vous avoir
réconcilié avec vos amis! Quant à vous, prince Bassia-

nus, j'ai donné à l'empereur ma parole solennelle que
vous serez à l'avenir plus doux et plus traitable. Soyez
sans crainte, seigneurs, et vous aussi, Lavinia; suivant
mon avis, vous allez tous tomber à genoux, et demander pardon à Sa Majesté.

LUCIUS. — Oui; et nous jurons à Son Altesse, à la
face du ciel, que nous avons agi avec toute la modération possible, en défendant l'honneur de notre sœur et
le nôtre.

MARCUS. — C'est ce que j'atteste ici sur mon honneur.

SATURNINUS. — Retirez-vous, et ne parlez plus; ne
nous importunez plus davantage.

TAMORA. — Allons, allons, cher empereur, il faut
que nous soyons tous amis; le tribun et ses neveux
demandent grâce à genoux; je ne veux pas être refusée.
Mon bien-aimé, retournez-vous.

SATURNINUS. — Marcus, à ta considération et à celle
de ton frère que voici, et à la prière de ma charmante
Tamora, j'absous les méfaits odieux de ces jeunes gens.
Relevez-vous tous. Lavinia, vous avez eu beau me
laisser là comme un rustre; j'ai trouvé une amie, et
j'ai juré par l'infaillible mort de ne pas quitter le
prêtre sans être marié. Allons, si la cour de l'empereur
peut fêter deux mariées, je serai votre hôte, Lavinia,
et celui de vos amis. Ce jour sera une journée d'amour,
Tamora.

TITUS. — Demain, s'il plaît à Votre Majesté que nous
chassions la panthère et le cerf avec cor et meute,
nous irons souhaiter le bonjour à Votre Grâce.

SATURNINUS. — Très volontiers, Titus, et grand
merci *(Ils sortent.)*

ACTE II

SCÈNE PREMIÈRE

Rome. Devant le palais impérial.

Entre AARON.

AARON. — Maintenant Tamora monte au sommet de l'Olympe, hors de la portée des traits de la fortune, et trône, à l'abri des craquements du tonnerre et des feux de l'éclair, au-dessus des atteintes menaçantes de la pâle envie. Tel que le soleil d'or, quand, saluant la matinée, et dorant l'Océan de ses rayons, il galope sur le zodiaque dans son char splendide, et domine les plus hautes montagnes, telle est Tamora. A son génie tous les honneurs terrestres font cortège, et la vertu se courbe et tremble à son sourcillement. Donc, Aaron, arme ton cœur, et dispose tes pensées pour t'élever avec ton impériale maîtresse, et t'élever à sa hauteur; longtemps tu l'as traînée en triomphe prisonnière, enchaînée dans les liens de l'amour, et plus étroitement attachée aux regards charmants d'Aaron que Prométhée au Caucase. Loin de moi les vêtements d'esclave et les serviles pensées. Je veux être magnifique et resplendir de perles et d'or, pour servir cette impératrice de nouvelle date... Pour servir, ai-je dit! Pour folâtrer avec cette reine, cette déesse, cette Sémiramis, cette nymphe, cette sirène qui va charmer la Rome de Saturninus, et assister au naufrage de l'empereur et de l'empire. Eh bien! quel est cet orage?

Entrent Chiron et Démétrius, se bravant.

DÉMÉTRIUS. — Chiron, ta jeunesse n'a pas encore

assez d'esprit, ton esprit pas encore assez de pénétration ni d'expérience, pour que tu t'insinues ainsi près
de celle qui m'a agréé et pourrait bien, d'après ce que
je sais, avoir de l'inclination pour moi.

CHIRON. — Démétrius, tu es outrecuidant en tout, et
surtout dans ta prétention de m'intimider avec des
bravades. Ce n'est pas la différence d'une année ou
deux qui peut me rendre moins agréable, et te rendre
plus fortuné. Je suis aussi apte, aussi habile que toi à
servir une maîtresse, et en mériter les grâces; cela,
mon épée te le prouvera, en soutenant les droits de
ma passion à l'amour de Lavinia.

AARON. — A la garde! à la garde! ces amoureux-là
ne veulent pas se tenir en paix.

DÉMÉTRIUS. — Allons, enfant, parce que notre mère,
par inadvertance, vous a mis au côté une épée de bal,
êtes-vous désespéré au point de menacer vos parents?
Allons! faites coller votre latte dans son fourreau,
jusqu'à ce que vous sachiez mieux la manier.

CHIRON. — En attendant, messire, avec le peu de
talent que j'ai, tu vas connaître tout ce que j'ose.

DÉMÉTRIUS. — Oui-da, enfant, êtes-vous devenu si
brave? *(Ils dégainent.)*

AARON. — Eh bien, eh bien, seigneurs? Si près du
palais de l'empereur, vous osez dégainer, et soutenir
ouvertement une pareille querelle! Je sais parfaitement
le motif de toute cette animosité; je ne voudrais pas
pour un million d'or que la cause en fût connue de
ceux qu'elle intéresse le plus; et, pour bien plus encore,
votre noble mère ne voudrait pas être ainsi déshonorée
à la cour de Rome... Par pudeur, rengainez vos épées.

DÉMÉTRIUS. — Non, tant que je n'aurai pas plongé
ma rapière dans son sein, en lui rejetant à la gorge les
paroles outrageantes qu'il a proférées ici pour mon
déshonneur.

CHIRON. — Pour cela je suis tout préparé et pleinement résolu. Lâche mal embouché qui tonnes avec ta
langue, sans oser rien faire avec ton épée!

AARON. — Assez, vous dis-je! Ah! par les dieux que
les Goths belliqueux adorent, cette misérable dispute
nous perdra tous. Eh! seigneurs, mais ne songez-vous

pas combien il est dangereux d'empiéter sur les droits
d'un prince ? Quoi! Lavinia est-elle à ce point dissolue,
ou Bassianus à ce point dégénéré, que de pareilles
querelles puissent être élevées pour l'amour d'elle, sans
qu'il y ait répression, justice ou vengeance ? Jeunes
seigneurs, prenez garde! Si l'impératrice savait le
motif de ce désaccord, une telle musique ne lui plairait
pas.

CHIRON. — Peu m'importe qu'il soit connu d'elle
et de tout l'univers; j'aime Lavinia plus que tout
l'univers.

DÉMÉTRIUS. — Marmouset, apprends à faire un plus
humble choix. Lavinia est l'espoir de ton frère aîné.

AARON. — Çà, êtes-vous fous ? Ne savez-vous pas
combien les Romains sont furieux et impatients, et
qu'ils ne tolèrent pas de rivaux en amour ? Je vous le
déclare, seigneurs, vous ne faites que tramer votre
mort par cette machination.

CHIRON. — Aaron, j'affronterais mille morts pour
conquérir celle que j'aime.

AARON. — Pour la conquérir! Comment ?

DÉMÉTRIUS. — Que trouves-tu à cela de si étrange ?
Elle est femme, donc elle peut être courtisée; elle est
femme, donc elle peut être séduite; elle est Lavinia,
donc elle doit être aimée. Allons, mon cher! il file plus
d'eau par le moulin que n'en voit le meunier; et il est
aisé, nous le savons, de voler une tranche d'un pain
coupé. Tout frère de l'empereur qu'est Bassianus, de
plus grands que lui ont déjà porté le cimier de Vulcain.

AARON, à part. — Oui, et d'aussi grands peut-être
que Saturninus.

DÉMÉTRIUS. — Alors pourquoi désespérer, quand on
sait faire sa cour avec de douces paroles, de doux
regards, et avec libéralité ? Quoi! n'as-tu pas bien souvent frappé la biche, et ne l'as-tu pas emportée bellement sous le nez du garde-chasse ?

AARON. — Eh! mais on dirait que certain braconnage
ou quelque chose comme cela ferait votre affaire.

CHIRON. — Oui, l'affaire serait faite avec quelque
chose comme cela.

DÉMÉTRIUS. — Allons, tu as touché le but.

AARON. — Que ne l'avez-vous touché aussi! Alors nous ne serions pas ennuyés de tout ce fracas. Eh bien, écoutez, écoutez. Êtes-vous assez fous de vous quereller pour cela ? Seriez-vous donc fâchés, si tous deux vous réussissiez ?

CHIRON. — Moi, nullement!

DÉMÉTRIUS. — Ni moi, pourvu que je sois de la partie!

AARON. — De grâce, soyez amis, et liguez-vous au lieu de vous quereller. C'est l'adresse et la ruse qui doivent vous mener à vos fins; réfléchissez-y bien, ce que vous ne pouvez pas faire comme vous le voulez, vous devez forcément l'accomplir comme vous le pouvez. Prenez de moi cet avis : Lucrèce n'était pas plus chaste que cette Lavinia, la bien-aimée de Bassianus. Il nous faut poursuivre une marche plus expéditive que cette traînante langueur, et j'ai trouvé la voie. Messeigneurs, une chasse solennelle se prépare; les aimables dames romaines y afflueront. Les allées de la forêt sont larges et spacieuses, et il y a bien des recoins solitaires, ménagés par la nature pour le viol et la vilenie : entraînez-y donc cette biche délicate, et attrapez-la bonnement par la force, sinon par des paroles. C'est dans cette voie, et pas ailleurs, qu'il y a pour vous de l'espoir. Allons, allons, nous instruirons de tous nos projets notre impératrice, dont l'esprit néfaste est voué à la violence et à la vengeance, et elle perfectionnera nos ressorts avec ses avis; elle ne souffrira pas que vous vous querelliez, mais elle vous mènera tous deux au comble de vos vœux. La cour de l'empereur est comme la demeure de la renommée; son palais est rempli de langues, d'yeux, d'oreilles; les forêts sont impitoyables, terribles, sourdes et mornes. Là, braves enfants, parlez, frappez, et usez de vos avantages; là assouvissez votre désir, à l'abri des regards du ciel et gorgez-vous des trésors de Lavinia.

CHIRON. — Ton conseil, mon gars, ne sent pas la couardise.

DÉMÉTRIUS. — *Sit fas et nefas*, jusqu'à ce que je trouve une source pour rafraîchir cette ardeur, un charme pour calmer ces transports. *Per Styga, per manes vehor. (Ils sortent.)*

SCÈNE II

Une forêt près de Rome.

Entrent TITUS ANDRONICUS, *ses* TROIS FILS, *et son frère*
MARCUS, *au bruit des fanfares et des aboiements.*

TITUS. — La chasse est commencée, la matinée est
brillante et azurée; les champs sont embaumés, et les
bois verdoyants; découplez les chiens ici, et provoquons
leurs abois, pour qu'ils éveillent l'empereur et son
aimable femme, et fassent accourir le prince; sonnons
un carillon de chasse au bruit duquel toute la cour
fasse écho. Mes fils, chargez-vous, avec nous, d'escorter attentivement la personne de l'empereur. J'ai été
troublé cette nuit dans mon sommeil, mais le jour nais-
sant m'a inspiré une sérénité nouvelle.

> *Aboiements de chiens. Fanfares de cors.*
> *Entrent Saturninus, Tamora, Bassianus,*
> *Lavinia, Chiron, Démétrius et leur suite.*

TITUS. — Mille bons jours à Votre Majesté! Et autant
à vous, madame! J'avais promis à Votre Grâce un
carillon de chasse.

SATURNINUS. — Et vous l'avez vigoureusement
sonné, messeigneurs, un peu trop tôt pour de nouvelles
mariées.

BASSIANUS. — Qu'en dites-vous, Lavinia?

LAVINIA. — Je dis que non : j'étais largement éveillée
depuis plus de deux heures.

SATURNINUS. — Allons! qu'on nous donne les chevaux et les chariots, et en campagne! *(A Tamora.)*
Madame, vous allez voir notre chasse romaine.

MARCUS. — J'ai des chiens, monseigneur, qui vous
relanceront la plus fière panthère et graviront la cime
du plus haut promontoire.

TITUS. — Et moi, j'ai un cheval qui suivra le gibier
par tous les chemins et franchira la plaine comme une
hirondelle.

DÉMÉTRIUS, *bas à Chiron.* — Chiron, nous ne chas-
sons pas, nous autres, avec chevaux ni meute, mais
nous espérons prendre au piège une biche mignonne.
(Ils sortent.)

SCÈNE III

Un vallon désert dans la forêt. Dans un fond, un souterrain secret,
dont l'ouverture est cachée par un arbre.

Entre AARON, *portant un sac d'or.*

AARON. — Quelqu'un qui aurait du sens, croirait
que je n'en ai pas, d'enterrer sous un arbre tant d'or,
pour ne jamais en jouir. Que celui qui aurait de moi
cette humiliante opinion sache qu'avec cet or doit être
forgé un stratagème qui, habilement effectué, doit
produire un chef-d'œuvre de scélératesse. Et sur ce,
doux or, repose ici pour l'inquiétude de celui qui
recueillera cette aumône tombée de la cassette de
l'impératrice. *(Il enfouit le sac d'or au pied de l'arbre
qui ombrage le souterrain.)*
                                          Entre Tamora.

TAMORA. — Mon aimable Aaron, pourquoi as-tu
l'air si morne, quand toute chose est d'une provocante
gaieté ? Les oiseaux chantent une mélodie sur chaque
buisson; le serpent enroulé dort au riant soleil; les
feuilles vertes frissonnent au vent frais et font une
ombre bigarrée sur le sol. Sous ce doux ombrage
asseyons-nous, Aaron; et, tandis que l'écho bavard
dépiste les chiens, répliquant en fausset aux cors har-
monieux, comme si une double chasse se faisait
entendre à la fois, asseyons-nous, et écoutons les
bruyants jappements; puis, après une mêlée comme
celle dont jouirent jadis, à ce qu'on suppose, Didon
et son prince errant, alors qu'ils furent surpris par
un heureux orage et dissimulés par une discrète caverne,
nous pourrons, enlacés dans les bras l'un de l'autre,
nos passe-temps terminés, goûter un sommeil doré,

tandis que les limiers, et les cors, et les oiseaux doucement mélodieux seront pour nous comme le chant de
la nourrice qui berce son enfant pour l'endormir.

AARON. — Madame, si Vénus gouverne vos désirs,
Saturne domine les miens. Que signifie mon regard
sinistre et fixe, mon silence et ma sombre mélancolie ?
Pourquoi mes cheveux, laineuse toison, maintenant
débouclés, sont-ils comme autant de vipères qui se
déroulent pour faire quelque fatale exécution ? Non,
madame, ce ne sont pas là de voluptueux symptômes.
Le ressentiment est dans mon cœur, la mort est dans
ma main, le sang et la vengeance fermentent dans ma
tête. Écoute, Tamora, toi, l'impératrice de mon âme
qui n'a jamais espéré d'autre ciel que ta société, voici
le jour suprême pour Bassianus; sa Philomèle doit
perdre la langue aujourd'hui; tes fils doivent mettre sa
chasteté au pillage, et laver leurs mains dans le sang
de Bassianus... Vois-tu cette lettre ? Prends-la, je te
prie, et remets au roi ce pli fatal. Maintenant ne me
questionne pas; on nous a aperçus; voici venir une
partie de notre butin tant souhaité. Ils ne se doutent
guère de la destruction de leur existence.

TAMORA. — Ah! mon cher More, plus cher pour
moi que la vie même!

AARON. — Plus un mot, grande impératrice. Bassianus arrive. Cherche-lui noise; et je vais quérir tes fils
pour soutenir ta querelle, quelle qu'elle soit. *(Il sort.)*

Entrent Bassianus et Lavinia.

BASSIANUS. — Qui trouvons-nous ici ? La royale
impératrice de Rome, séparée de sa brillante escorte ?
Ou bien est-ce Diane qui, assumant les traits de notre
souveraine, a abandonné ses bois sacrés, pour voir
la chasse dans cette forêt ?

TAMORA. — Insolent contrôleur de nos plus intimes
démarches! Si j'avais le pouvoir que, dit-on, avait
Diane, sur ton front seraient immédiatement plantées
des cornes, comme sur celui d'Actéon; et les limiers
courraient sus à tes membres métamorphosés, intrus
malappris que tu es!

LAVINIA. — Avec votre permission, gentille impératrice, on vous croit fort généreuse en fait de cornes;
et sans doute votre More et vous, vous vous étiez
mis à l'écart pour tenter des expériences. Que Jupiter
préserve votre mari de ses chiens aujourd'hui! Ce
serait dommage qu'ils le prissent pour un cerf!

BASSIANUS. — Croyez-moi, madame, votre noir Cim-
mérien donne à Votre Honneur le reflet de sa personne,
reflet impur, détesté, abominable. Pourquoi êtes-vous
éloignée de toute votre suite? Pourquoi êtes-vous
descendue de votre beau destrier blanc comme la
neige, et errez-vous ainsi dans ce recoin obscur,
accompagnée de ce More barbare, si un vilain désir
ne vous y a pas conduite?

LAVINIA. — Et, étant ainsi interrompue dans vos
ébats, il est tout juste que vous taxiez mon noble
seigneur d'insolence. *(A Bassianus.)* Je vous en prie,
partons d'ici, et laissons-la jouir de son amour noir
comme le corbeau. Ce vallon est passablement com-
mode pour la chose.

BASSIANUS. — Le roi, mon frère, sera informé de ceci.

LAVINIA. — Voilà assez longtemps que ces escapades
le font remarquer. Ce bon roi! être si cruellement
trompé!

TAMORA. — Comment ai-je la patience d'endurer
tout cela?

Entrent Chiron et Démétrius.

DÉMÉTRIUS. — Eh bien! chère souveraine, notre
gracieuse mère, pourquoi Votre Altesse est-elle si pâle
et si défaillante?

TAMORA. — Et ne croyez-vous pas que j'aie sujet
d'être pâle? Ces deux êtres m'ont attirée ici, à cette
place, dans le vallon aride et désolé que vous voyez;
les arbres, en dépit de l'été, y sont dénudés et rabougris,
surchargés de mousse et de gui délétère; ici jamais le
soleil ne brille; ici rien ne vit, si ce n'est le hibou noc-
turne et le fatal corbeau. Et, après m'avoir montré ce
gouffre abhorré, ils m'ont dit qu'ici, à l'heure la plus
sépulcrale de la nuit, mille démons, mille serpents
sifflants, dix mille crapauds tuméfiés et autant de

hérissons devaient jeter des cris confus si effrayants, que tout être mortel qui les entendrait deviendrait fou ou mourrait brusquement. A peine avaient-ils achevé ce récit infernal, qu'ils m'ont dit qu'ils allaient m'attacher ici au tronc d'un if funeste, et m'abandonner à cette misérable mort. Et alors ils m'ont appelée infâme, adultère, Gothe lascive, enfin de tous les noms les plus insultants que jamais oreille ait entendus dans ce genre. Et, si vous n'étiez venus ici par un merveilleux hasard, ils allaient exécuter sur moi cette vengeance. Si vous tenez à la vie de votre mère, prenez votre revanche, ou désormais ne vous appelez plus mes enfants.

DÉMÉTRIUS. — Voici la preuve que je suis ton fils. *(Il poignarde Bassianus.)*

CHIRON, *le poignardant aussi.* — Et voici un coup bien assené, pour montrer ma force.

LAVINIA. — A ton tour, Sémiramis! ou plutôt barbare Tamora! Car il n'y a que ton nom qui aille à ta nature.

TAMORA, *à un de ses fils.* — Donne-moi ton poignard. Vous allez voir, mes fils, que la main de votre mère va faire justice à votre mère.

DÉMÉTRIUS. — Arrêtez, madame. Il lui faut autre chose. D'abord, battez le blé, et puis brûlez la paille. Cette mignonne se prévaut de sa chasteté, de sa foi conjugale, de sa loyauté, et, avec cette fallacieuse prétention, brave Votre Majesté. Faut-il qu'elle emporte tout cela dans la tombe ?

CHIRON. — S'il en est ainsi, je consens à être eunuque. Traînons le mari hors d'ici en quelque coin secret, et faisons de son tronc mort un oreiller à notre luxure.

TAMORA. — Mais, quand vous aurez goûté le miel que vous désirez, ne souffrez pas que cette guêpe vive pour nous piquer.

CHIRON. — Je vous le garantis, madame; nous prendrons nos précautions... Venez, ma belle, nous allons jouir, de vive force, de cette vertu si scrupuleusement préservée par vous.

LAVINIA. — O Tamora! tu portes un visage de femme!...

TAMORA. — Je ne veux pas l'entendre : emmenez-la.

LAVINIA. — Chers seigneurs, suppliez-la de m'écouter! Rien qu'un mot.

DÉMÉTRIUS. — Écoutez-la, madame. Faites-vous gloire de voir ses larmes; mais qu'elles soient pour votre cœur comme les gouttes de pluie pour l'insensible roche.

LAVINIA, *à Démétrius*. — Quand donc les petits du tigre en ont-ils remontré à leur mère ? Oh! ne lui apprends pas la fureur; c'est elle qui te l'a apprise : le lait que tu as sucé d'elle s'est changé en marbre; tu as puisé ta cruauté à la mamelle... Pourtant, toutes les mères n'engendrent pas des fils qui leur ressemblent... *(A Chiron.)* Supplie-la, toi, de montrer la pitié d'une femme.

CHIRON. — Quoi! tu veux que je prouve que je suis un bâtard!

LAVINIA. — C'est vrai! Le corbeau n'engendre pas d'alouette. Pourtant j'ai ouï dire (oh! puissé-je en avoir la preuve en ce moment!) que le lion, ému de pitié, s'est laissé couper ses griffes royales. On dit que les corbeaux nourrissent les petits abandonnés, tandis que leurs propres poussins ont faim dans leur nid. Oh! quand ton cœur dur dirait non, aie pour moi, sinon tant de bonté, du moins un peu de pitié!

TAMORA. — Je ne sais pas ce que cela veut dire : emmenez-la.

LAVINIA. — Oh! laisse-moi t'éclairer! Au nom de mon père, qui t'a donné la vie, quand il était en son pouvoir de te tuer, ne sois pas impitoyable, ne reste pas sourde.

TAMORA. — Quand toi, personnellement, tu ne m'aurais pas offensée, je serais implacable à cause de ton père même... Rappelez-vous, enfants, que de larmes j'ai vainement versées pour sauver votre frère du sacrifice; mais le féroce Andronicus n'a pas voulu céder. Emmenez-la donc, et faites d'elle ce que vous voudrez. Plus vous lui serez cruels, plus vous serez aimés de moi.

LAVINIA. — O Tamora, mérite le nom de bonne reine, et tue-moi sur place de ta propre main; car ce n'est pas la vie que j'implore depuis si longtemps. Je suis une pauvre assassinée, depuis que Bassianus est mort.

TAMORA. — Qu'implores-tu donc ? Femme insensée, lâche-moi.

LAVINIA. — Ce que j'implore, c'est la mort immédiate, et quelque chose encore que la pudeur empêche ma langue de dire. Oh! sauve-moi de leur luxure pire que la mort, et jette-moi dans quelque fosse horrible, où jamais regard humain ne pourra découvrir mon corps. Fais cela et sois une charitable assassine.

TAMORA. — Ainsi je volerais à mes chers fils leur salaire! Non! qu'ils assouvissent leur désir sur toi!

DÉMÉTRIUS. — En marche! tu nous as retenus ici trop longtemps!

LAVINIA. — Pas de grâce! rien d'une femme! Ah! monstrueuse créature! L'opprobre et l'ennemie de tout notre sexe! Que la ruine tombe...

CHIRON, *l'entraînant.* — Ah! je vous fermerai bien la bouche. *(A Démétrius.)* Toi, amène le mari : voici le souterrain où Aaron nous a dit de l'enfouir. *(Ils jettent le cadavre dans le souterrain.)*

TAMORA. — Au revoir, mes fils, assurez-vous bien d'elle. *(Démétrius et Chiron sortent, traînant Lavinia.)* Puisse mon cœur ne pas connaître la vraie joie, que tous les Andronicus ne soient exterminés! Je vais de ce pas trouver mon aimable More, et laisser mes fils furieux déflorer cette drôlesse. *(Elle sort.)*

Entre Aaron, accompagné de Quintus et de Martius.

AARON. — Venez, messeigneurs; assurez le pied en marchant. Je vais vous mener à l'affreuse fosse, où j'ai découvert la panthère profondément endormie.

QUINTUS. — Je ne sais ce que cela veut dire, mais j'ai les yeux appesantis.

MARTIUS. — Et moi aussi, je vous le jure; n'était une fausse honte, je laisserais volontiers la chasse pour dormir un peu. *(Il tombe dans le souterrain.)*

QUINTUS. — Quoi! es-tu tombé ? Quel est ce souterrain subtil dont la bouche est couverte de ronces hérissées, aux feuilles desquelles il y a des gouttes de sang nouvellement répandu, aussi fraîches que la rosée du matin distillée sur les fleurs ? Ce lieu me semble bien funeste... Parle, frère, t'es-tu blessé dans ta chute ?

MARTIUS. — Oh! frère, je le suis du plus épouvan table spectacle dont jamais le regard ait fait gémir le cœur.

AARON, *à part.* — Maintenant je vais chercher le roi; il les trouvera ici, et fera la conjoncture toute vraisemblable que ce sont eux qui ont fait disparaître son frère. *(Il sort.)*

MARTIUS, *à Quintus.* — Pourquoi ne me prêtes-tu pas main-forte, et ne m'aides-tu pas à sortir de cette fosse maudite et souillée de sang ?

QUINTUS. — Je suis saisi d'une frayeur étrange; une sueur glacée envahit mes membres tremblants : mon cœur soupçonne plus d'horreur que mes yeux n'en peuvent voir.

MARTIUS. — Pour preuve que ton pressentiment est juste, Aaron et toi, regardez dans cette caverne, et voyez l'affreux spectacle de sang et de mort.

QUINTUS. — Aaron est parti; et mon cœur ému ne permet pas à mes yeux de regarder fixement la chose dont le soupçon seul le fait trembler. Oh! dis-moi ce que c'est; car jamais jusqu'ici je n'ai eu la puérilité d'avoir peur de je ne sais quoi.

MARTIUS. — Le seigneur Bassianus est étendu là broyé, défiguré, pareil à un agneau égorgé, dans cette horrible fosse ténébreuse et abreuvée de sang.

QUINTUS. — Si elle est ténébreuse, comment peux-tu reconnaître que c'est lui ?

MARTIUS. — A son doigt sanglant il porte une riche escarboucle qui illumine tout le souterrain; sorte de flambeau sépulcral qui éclaire les joues terreuses du mort et montre les rugueuses entrailles de cette fosse. Ainsi la lune projetait sa pâle clarté sur Pyrame, gisant la nuit baigné dans un sang virginal. Oh! frère, aide-moi de ta main défaillante, si la crainte te fait défaillir autant que moi, aide-moi à sortir de ce réceptacle terrible et dévorant, aussi hideux que la bouche brumeuse du Cocyte.

QUINTUS. — Tends-moi la main, que je puisse t'aider à sortir; si je n'ai pas la force de te rendre ce service, je risque fort d'être entraîné dans la gueule béante de ce gouffre profond, tombeau du pauvre Bassianus... Je n'ai pas la force de t'attirer jusqu'au bord.

MARTIUS. — Ni moi, la force de remonter sans ton aide.

QUINTUS. — Ta main encore une fois! Je ne la lâcherai pas, que tu ne sois en haut, ou moi en bas... Tu ne peux pas venir à moi; c'est moi qui viens à toi. *(Il glisse dans le souterrain.)*

Entrent Saturninus et Aaron.

SATURNINUS. — Venez avec moi... Je vais voir quel est ce gouffre, et qui vient de s'y précipiter... Parle, qui es-tu, toi qui viens de descendre dans cette crevasse béante de la terre?

MARTIUS. — Le malheureux fils du vieil Andronicus, amené ici à la male heure pour y trouver ton frère Bassianus mort.

SATURNINUS. — Mon frère mort! A coup sûr, tu plaisantes. Lui et sa femme sont au pavillon du côté nord de cet agréable bois; il n'y a pas une heure que je l'ai laissé là.

MARTIUS. — Nous ne savons où vous l'avez laissé vivant, mais, hélas! nous l'avons trouvé ici mort.

Entrent Tamora, Titus Andronicus et Lucius.

TAMORA. — Où est monseigneur le roi?

SATURNINUS. — Ici, Tamora, mais affligé d'une mortelle affliction.

TAMORA. — Où est ton frère Bassianus?

SATURNINUS. — Tu fouilles ma blessure jusqu'au fond; le pauvre Bassianus est là, assassiné.

TAMORA. — J'apporte donc trop tard ce fatal écrit, le plan de cette tragédie néfaste; et je m'étonne grandement qu'une face humaine puisse couvrir d'aimables sourires une si meurtrière férocité.

SATURNINUS, *lisant la lettre que lui tend Tamora.* — *Si nous ne réussissons pas à l'atteindre bellement, cher*

chasseur (c'est de Bassianus que nous te parlons),
charge-toi de creuser la fosse pour lui; tu sais ce que
nous voulons dire. Ta récompense, cherche-la, sous les
orties, au pied du sureau qui ombrage l'ouverture du
souterrain, où nous sommes convenus d'ensevelir Bassia-
nus. Fais cela, et acquiers en nous des amis durables.
O Tamora! a-t-on jamais ouï chose pareille! Voici le
souterrain, et voici le sureau... Voyez, messieurs, si
vous pouvez y trouver le chasseur qui doit avoir
assassiné ici Bassianus.

AARON, *tirant le sac d'or qu'il a enfoui précédemment.*
— Mon gracieux seigneur, voici le sac d'or.

SATURNINUS, *à Titus.* — Deux de tes petits, cruels
limiers de race sanguinaire, ont ici ôté la vie à mon
frère. *(Aux gens de sa suite.)* Messieurs, traînez-les de
cette fosse en prison; qu'ils y restent, jusqu'à ce que
nous ayons imaginé pour eux quelque torture inouïe.

TAMORA. — Quoi! ils sont dans ce souterrain! O
prodigieuse chose! Comme le meurtre est aisément
découvert!

TITUS. — Puissant empereur, sur mes faibles genoux,
j'implore une faveur, avec des larmes qui ne sont pas
versées légèrement; que ce crime odieux de mes fils
maudits, maudits, si ce crime est prouvé le leur...

SATURNINUS. — S'il est prouvé! vous voyez qu'il
est évident... Qui a trouvé cette lettre ? Tamora, est-ce
vous ?

TAMORA. — C'est Andronicus lui-même qui l'a
ramassée.

TITUS. — En effet, monseigneur. Pourtant permettez que je sois leur caution; car, par la tombe vénérable de mon père, je jure qu'ils seront prêts, selon le
bon plaisir de Votre Altesse, à répondre sur leur tête
du soupçon qui pèse sur eux.

SATURNINUS. — Tu ne seras pas leur caution; allons,
suis-moi. Que les uns se chargent du corps de l'assassiné, les autres, des assassins; qu'on ne leur laisse pas
dire une parole; leur culpabilité est manifeste; sur mon
âme, s'il y avait une fin plus terrible que la mort, cette
fin leur serait infligée.

TAMORA. — Andronicus, je supplierai le roi; ne

crains pas pour tes fils, il ne leur arrivera pas malheur.

TITUS. — Viens, Lucius, viens; ne t'arrête pas à leur parler. *(Ils sortent par différents côtés.)*

SCÈNE IV

Une autre partie de la forêt.

Entrent DÉMÉTRIUS et CHIRON, amenant LAVINIA violée, les mains et la langue coupées.

DÉMÉTRIUS. — Bon! Maintenant va dire, si ta langue peut parler, qui t'a coupé la langue et qui t'a violée.

CHIRON. — Écris ta pensée, explique ton idée; et si tes moignons te le permettent, joue de l'écritoire.

DÉMÉTRIUS, *à Chiron.* — Vois, comme avec des signes et des gestes elle peut encore griffonner!

CHIRON. — Rentre, demande de l'eau de senteur, et lave-toi les mains.

DÉMÉTRIUS. — Elle n'a plus de langue pour demander, ni de mains à laver! Et sur ce laissons-la à ses silencieuses promenades.

CHIRON. — Si c'était là mon cas, j'irais me pendre!

DÉMÉTRIUS. — Oui, si tu avais des mains pour t'aider à attacher la corde. *(Sortent Démétrius et Chiron.)*

Entre Marcus.

MARCUS. — Qui est là? Est-ce ma nièce qui s'enfuit si vite? Nièce, un mot... Où est votre mari? Si je rêve, que ne puis-je, pour tout ce que je possède, être réveillé! Si je suis éveillé, que quelque planète me renverse contre terre et me fasse dormir d'un éternel sommeil!... Parle, gentille nièce, quelles mains atrocement cruelles t'ont mutilée et dépecée? Quelles mains ont dépouillé ton corps de ses deux branches, de ses douces guirlandes, dans le cercle ombré desquelles des rois ont ambitionné de dormir, impuissants qu'ils étaient à conquérir un bonheur aussi grand que la

moitié seulement de ton amour ?... Pourquoi ne me
réponds-tu pas ? Hélas! un flot cramoisi de sang
chaud, pareil à une source qui bouillonne agitée par
le vent, jaillit et s'écoule entre les lèvres rosées, suivant
le va-et-vient de ton haleine embaumée! Mais, sûrement, quelque Térée t'a déflorée, et, pour t'empêcher
de le dénoncer, t'a coupé la langue. Ah! voilà que tu
détournes la face par confusion! Et, nonobstant tout
ce sang que tu perds par ces trois jets béants, tes joues
sont empourprées comme la face de Titan rougissant
à la rencontre d'un nuage! Faut-il que je réponde
pour toi ? que je dise : c'est cela ? Oh! que je voudrais
connaître ta pensée, et connaître le misérable pour
pouvoir l'accuser à cœur joie! Le chagrin caché,
comme un four fermé, brûle et calcine le cœur qui le
recèle. La belle Philomèle n'avait perdu que la langue,
et sur un long canevas elle put broder sa pensée.
Mais à toi, aimable nièce, ce moyen t'est retranché.
Tu as rencontré un Térée plus astucieux, et il a coupé
ces jolis doigts, qui auraient brodé mieux que ceux de
Philomèle. Oh! si le monstre avait vu ces mains de lis
palpiter, comme des feuilles de tremble, sur un luth
et prodiguer aux cordes soyeuses les délices de leurs
caresses, il n'aurait pas voulu les toucher, au prix
même de sa vie. Ou, s'il avait entendu la céleste har-
monie qu'exhalait cette langue mélodieuse, il aurait
laissé choir son couteau, et serait tombé assoupi,
comme Cerbère aux pieds du poète de Thrace. Allons,
partons, viens aveugler ton père; car un tel spectacle
doit rendre un père aveugle. Un orage d'une heure
suffit à noyer les prairies odorantes : qu'est-ce que des
années de larmes vont faire des yeux de ton père ?...
Ne te dérobe pas; car nous nous lamenterons avec toi.
Oh! que nos lamentations ne peuvent-elles soulager
ta misère! *(Ils sortent.)*

ACTE III

SCÈNE PREMIÈRE

Rome.

Entrent les SÉNATEURS, *les* JUGES *et les* OFFICIERS DE
JUSTICE, *conduisant au lieu d'exécution* MARTIUS *et*
QUINTUS *enchaînés;* TITUS *marche en avant, suppliant.*

TITUS. — Écoutez-moi, vénérables pères! nobles
tribuns, arrêtez! Par pitié pour mon âme dont la jeunesse fut prodiguée dans de terribles guerres, tandis
que vous dormiez en sécurité, au nom de tout le sang
que j'ai versé dans la grande querelle de Rome, de
toutes les nuits glacées que j'ai veillé, et de ces larmes
amères qu'en ce moment vous voyez remplir sur mes
joues les rides de la vieillesse, soyez cléments pour mes
fils condamnés, dont les âmes ne sont pas aussi cor-
rompues qu'on le croit! Je n'ai pas pleuré sur mes
vingt-deux autres fils, parce qu'ils sont morts dans le
lit sublime de l'honneur. *(Il se prosterne contre terre
tandis que le cortège passe.)* Mais pour ceux-ci, tribuns, pour ceux-ci, j'inscris dans la poussière avec les
tristes sanglots de mon âme le profond désespoir de
mon cœur. Laissez mes larmes étancher la soif de la
terre altérée; le doux sang de mes fils la ferait rougir
en la déshonorant. *(Le cortège sort.)*

TITUS, *seul, continuant.* — O terre, je t'abreuverai
mieux avec les pleurs sympathiques distillés de ces
deux vieilles urnes que le jeune Avril avec toutes ses
ondées; dans la sécheresse de l'été, je t'arroserai
encore; en hiver, je ferai fondre la neige avec de
chaudes larmes, et j'entretiendrai sur ta face un éter-

nel printemps, si tu refuses de boire le sang de mes chers fils.

Entre Lucius avec son épée nue.

O vénérables tribuns! gentils vieillards! déliez mes fils, révoquez l'arrêt de mort; et faites-moi dire, à moi qui jusqu'ici n'ai jamais pleuré, que mes larmes ont eu aujourd'hui une suprême éloquence!

LUCIUS. — O noble père, vous vous lamentez en vain; les tribuns ne vous entendent pas, il n'y a ici personne, et vous racontez vos douleurs à une pierre.

TITUS. — Ah! Lucius, laisse-moi intercéder pour tes frères. Graves tribuns, je vous adjure une fois de plus.

LUCIUS. — Mon gracieux seigneur, il n'y a pas de tribun qui vous entende.

TITUS. — Bah! peu importe, mon cher! S'ils m'entendaient, ils ne feraient pas attention à moi! Oh! non, s'ils m'entendaient, ils n'auraient pas pitié de moi! Voilà pourquoi je confie aux pierres mes chagrins impuissants; si elles ne peuvent répondre à ma détresse, elles sont au moins en quelque sorte meilleures que les tribuns car elles ne me coupent pas la parole. Tant que je pleure, elles recueillent mes larmes humblement à mes pieds, et semblent pleurer avec moi : si elles étaient seulement couvertes de graves draperies, Rome n'aurait pas de tribun qui les valût. La pierre est tendre comme la cire, les tribuns sont plus durs que les pierres! Une pierre est silencieuse et ne fait pas de mal; les tribuns avec une parole condamnent les gens à mort. Mais pourquoi te tiens-tu ainsi avec ton épée nue?

LUCIUS. — C'était pour arracher mes deux frères à la mort : pour cette tentative, les juges ont prononcé contre moi une sentence d'éternel bannissement.

TITUS. — O heureux homme! ils t'ont favorisé! Comment! insensé Lucius, tu ne vois pas que Rome n'est qu'un repaire de tigres! Il faut aux tigres une proie; et Rome n'a pas d'autre proie à leur offrir que moi et les miens. Que tu es donc heureux d'être banni de ces dévorants! Mais qui vient ici avec notre frère Marcus?

Entrent Marcus et Lavinia.

MARCUS. — Titus, que tes nobles yeux se préparent à pleurer, sinon, que ton cœur se brise ; j'apporte à ta vieillesse une accablante douleur !

TITUS. — Doit-elle m'accabler ? Alors fais-la-moi connaître.

MARCUS, *montrant Lavinia*. — C'était ta fille !

TITUS. — Mais, Marcus, c'est toujours elle !

LUCIUS. — Malheur à moi ! ce spectacle me tue.

TITUS. — Pusillanime enfant, relève-toi, et regarde-la... Parle, Lavinia, quelle est la main maudite qui t'a fait apparaître sans mains devant ton père ? Quel est le fou qui a ajouté de l'eau à l'Océan, ou apporté un fagot à Troie flamboyante ? Ma douleur était comble avant ta venue, et la voilà, comme le Nil, qui enfreint toute limite !... Qu'on me donne une épée ; je veux, moi aussi, avoir mes mains coupées ; car c'est en vain qu'elles ont combattu pour Rome, et elles n'ont fait, en prolongeant ma vie, que couver ce désespoir ; elles se sont tendues pour d'inutiles prières, et ne m'ont servi qu'à un stérile usage ; maintenant, le seul service que je réclame d'elles, c'est que l'une aide à trancher l'autre. Peu importe, Lavinia, que tu n'aies plus de mains ; car c'est en vain qu'on les use au service de Rome.

LUCIUS. — Parle, chère sœur, qui t'a martyrisée ?

MARCUS. — Hélas ! ce délicieux organe de ses pensées, qui les modulait avec une si charmante éloquence, est arraché de la jolie cage où le mélodieux oiseau chantait ces doux airs variés qui ravissaient l'oreille !

LUCIUS. — Oh ! parle pour elle ! Qui a commis cette action ?

MARCUS. — Oh ! je l'ai trouvée ainsi, errant dans le parc, cherchant à se cacher comme l'agneau qui a reçu quelque blessure incurable.

TITUS. — C'était bien mon agneau ! Et celui qui l'a blessée, m'a fait plus de mal que s'il m'avait tué. Car maintenant je suis comme un naufragé debout sur un roc environné de la solitude des mers, qui regarde la marée montante grandir flot à flot, attendant toujours

le moment où quelque lame envieuse l'engloutira dans
ses entrailles amères. C'est par ce chemin que mes
malheureux fils sont allés à la mort : voici mon autre
fils, un banni; et voici mon frère, pleurant sur mes
malheurs; mais celle qui cause à mon âme l'angoisse
suprême, c'est cette chère Lavinia, qui m'est plus
chère que mon âme. Je ne t'aurais vue ainsi qu'en
peinture, que cela m'eût rendu fou; que deviendrai-je,
maintenant que je vois ta personne vivante en cet
état ? Tu n'as plus de mains pour essuyer tes larmes,
ni de langue pour me dire qui t'a martyrisée. Ton
mari est mort, lui; et, pour sa mort, tes frères sont
condamnés, et déjà exécutés. Regarde, Marcus! ah!
regarde-la, mon fils Lucius! Quand j'ai nommé ses
frères, de nouvelles larmes ont alors apparu sur ses
joues, comme le miel de la rosée sur un lis déjà cueilli
et presque flétri.

MARCUS. — Peut-être pleure-t-elle parce qu'ils ont
tué son mari; peut-être, parce qu'elle les sait innocents.

TITUS.   — Si en effet, ils ont tué ton mari, alors sois
joyeuse de voir que la loi les en a punis... Non, non,
ils n'ont pas commis un si noir forfait; témoin la
douleur que manifeste leur sœur... Chère Lavinia,
laisse-moi baiser tes lèvres, et indique-moi d'un signe
comment je puis te soulager. Veux-tu que ton bon
oncle, et ton frère Lucius, et toi, et moi, nous nous
asseyions au bord d'une source, toi, baissant les yeux
pour y contempler nos joues flétries, pareilles à des
prairies encore humides du fangeux limon déposé par
l'inondation ? Resterons-nous penchés sur la source
jusqu'à ce que son onde pure ait perdu sa douceur
et soit changée en une eau saumâtre par l'amertume
de nos larmes ? Veux-tu que nous coupions nos mains,
comme les tiennes ? ou que nous déchirions nos
langues avec nos dents et que nous passions le reste
de nos jours affreux dans de muettes pantomimes ?
Que veux-tu que nous fassions ? Nous qui avons des
langues, combinons un plan de misère suprême pour
faire la stupeur de l'avenir.

LUCIUS. — Cher père, arrêtez vos larmes; car voyez,

votre douleur fait sangloter et pleurer ma misérable sœur.

MARCUS. — Patience, chère nièce. Bon Titus, sèche tes yeux. *(Il essuie les yeux de son frère avec son mouchoir.)*

TITUS. — Ah! Marcus! Marcus! Je le sais bien, frère, ton mouchoir ne peut plus boire une seule de mes larmes, car, infortuné, tu l'as inondé des tiennes.

LUCIUS. — Ah! ma Lavinia, je veux essuyer tes joues.

TITUS. — Écoute, Marcus, écoute! Je comprends ses signes; si elle avait une langue pour parler, elle dirait maintenant à Lucius cela même que je viens de te dire, que ses joues endolories ne peuvent plus être essuyées par un mouchoir tout trempé des larmes de son frère! Oh! qu'est-ce que cette sympathie de la détresse? Elle est aussi loin du soulagement que les limbes le sont du paradis.

Entre Aaron.

AARON. — Titus Andronicus, monseigneur l'empereur t'envoie dire ceci : si tu aimes tes fils, un de vous, Marcus, Lucius, ou toi, vieux Titus, n'a qu'à se couper la main et à l'envoyer au prince; lui, en retour, te renverra ici tes deux fils vivants, et ce sera la rançon de leur crime.

TITUS. — Oh! gracieux empereur! Oh! généreux Aaron!... Le corbeau a-t-il jamais eu le doux chant de l'alouette annonçant le lever du soleil?... C'est de tout mon cœur que j'enverrai ma main à l'empereur. Bon Aaron, veux-tu aider à la couper?

LUCIUS. — Arrête, mon père; cette noble main, qui a abattu tant d'ennemis, ne sera pas envoyée; la mienne fera l'affaire; la jeunesse a plus de sang à perdre que vous, et ce sera mon sang qui sauvera la vie de mes frères.

MARCUS. — Quelle est celle de vos mains qui n'ait pas défendu Rome et brandi la hache d'armes sanglante, inscrivant la destruction sur le bastion de l'ennemi? Oh! vos mains à tous deux sont hautement héroïques; la mienne n'a été qu'inutile; qu'elle serve de rançon à mes deux neveux, et je l'aurai conservée pour un digne résultat.

AARON. — Allons, décidez vite quelle est la main qui tombera, de peur qu'ils ne meurent avant que le pardon n'arrive.

MARCUS. — La mienne tombera.

LUCIUS. — Par le ciel, ce ne sera pas la vôtre!

TITUS. — Mes maîtres, ne vous disputez plus; des rameaux flétris comme ceux-ci ne sont bons qu'à arracher; ce sera donc la mienne.

LUCIUS. — Cher père, si je dois être réputé ton fils, laisse-moi racheter mes deux frères de la mort.

MARCUS, *à Titus*. — Au nom de notre père, par la tendresse de notre mère, laisse-moi te prouver à présent mon fraternel amour.

TITUS. — Décidez entre vous; je veux bien sauver ma main.

LUCIUS. — Eh bien! je vais chercher la hache.

MARCUS. — Mais la hache me servira. *(Sortent Lucius et Marcus.)*

TITUS. — Approche, Aaron; je vais les tromper tous deux : prête-moi le secours de ta main, et je te livre la mienne.

AARON, *à part*. — Si cela s'appelle tromper, je veux être honnête, et ne jamais tromper les gens tant que je vivrai; mais moi, je vais vous tromper d'une autre façon, et cela, vous le reconnaîtrez, avant que la demi-heure se passe. *(Il coupe la main de Titus.)*

Entrent Lucius et Marcus.

TITUS. — Maintenant, cessez votre discussion; ce qui devait être est exécuté... Bon Aaron, donne ma main à l'empereur; dis-lui que c'est une main qui l'a préservé de mille dangers; prie-le de l'ensevelir; elle eût mérité mieux; qu'elle ait du moins cela. Quant à mes fils, dis-lui que je les tiens pour des bijoux achetés à peu de frais, et pourtant trop cher encore, puisque je n'ai fait que racheter mon bien.

AARON. — Je pars, Andronicus; et, en échange de ta main, attends-toi à avoir tout à l'heure tes fils

auprès de toi... *(A part.)* Leurs têtes, veux-je dire;
oh! comme cette vilenie m'enivre de sa seule idée!
Que les fous fassent le bien, et que les hommes blancs
invoquent la grâce! Aaron veut avoir l'âme aussi
noire que la face. *(Il sort.)*

TITUS, *s'agenouillant.* — Oh! j'élève vers le ciel cette
main unique, et j'incline cette faible ruine jusqu'à
terre; s'il est une puissance qui ait pitié des misérables larmes, c'est elle que j'implore... *(A Lavinia
qui s'agenouille près de lui.)* Quoi! tu veux t'agenouiller
avec moi! Fais-le donc, cher cœur; car le ciel entendra
nos prières, ou avec nos soupirs nous assombrirons
le firmament, et nous ternirons le soleil de leur brume
comme parfois les nuages, quand ils l'enferment dans
leur sein fluide.

MARCUS. — Ah! frère, parle raisonnablement, et
ne te précipite pas dans l'abîme du désespoir.

TITUS. — Mon malheur n'est-il pas un abîme, lui
qui est sans fond? Que mon affliction soit donc sans
fond comme lui.

MARCUS. — Mais du moins que la raison gouverne
ta désolation.

TITUS. — S'il y avait une raison pour de pareilles
misères, alors je pourrais contenir ma douleur dans
des limites. Quand le ciel pleure, est-ce que la terre
n'est pas inondée? Si les vents font rage, est-ce que
l'Océan ne devient pas furieux? Est-ce qu'il ne menace
pas le ciel de sa face écumante? Et tu veux une raison
à ces lamentations? *(Montrant Lavinia.)* Je suis
l'Océan; écoute les soupirs de ma fille. Elle est le
ciel en pleurs; je suis la terre. Il faut bien que mon
océan soit remué par ses soupirs; il faut bien que ma
terre soit inondée et noyée sous le déluge de ses larmes
continuelles! Car, vois-tu, mes entrailles ne peuvent
absorber ses douleurs; et il faut que je les vomisse
comme un homme ivre! Laisse-moi donc, car toujours
celui qui perd est libre de soulager son cœur par
d'amères paroles.

*Entre un messager, portant deux têtes et une
main coupées.*

LE MESSAGER. — Digne Andronicus, tu es bien mal payé du sacrifice de cette bonne main que tu as envoyée à l'empereur. Voici les têtes de tes deux nobles fils ; et voici ta main, qu'on te renvoie par dérision. Tes douleurs, ils s'en amusent ; ton courage, ils s'en moquent ; je souffre plus à la pensée de tes souffrances qu'au souvenir de la mort de mon père. *(Il sort.)*

MARCUS. — Maintenant, que le bouillant Etna se refroidisse en Sicile, et que mon cœur soit un enfer à jamais brûlant ! Voilà plus de misères qu'on n'en peut supporter. Pleurer avec ceux qui pleurent, cela soulage un peu, mais l'angoisse bafouée est une double mort.

LUCIUS. — Ah ! se peut-il que ce spectacle fasse une si profonde blessure sans qu'une vie abhorrée s'écoule ! Se peut-il que la mort laisse la vie porter son nom, quand la vie n'a plus d'autre bien que le souffle ! *(Lavinia l'embrasse.)*

MARCUS. — Hélas ! pauvre cœur ! ce baiser n'est pas plus un soulagement pour lui, que de l'eau glacée pour une couleuvre affamée.

TITUS. — Quand cet effrayant sommeil finira-t-il ?

MARCUS. — Maintenant, adieu tout palliatif ! Meurs, Andronicus. Tu ne sommeilles pas. Regarde ! Voici les têtes de tes deux fils, voici ta main martiale coupée ; voici ta fille mutilée ; voici ton autre fils banni que cet atroce spectacle a fait blême et livide ; et me voici, moi, ton frère, comme une statue de pierre, glacé et immobile. Ah ! je ne veux plus maintenant modérer ta douleur, arrache tes cheveux d'argent ; ronge ton autre main avec tes dents, et que cet horrible spectacle ferme à jamais nos yeux misérables ! Voici le moment de te déchaîner ; pourquoi restes-tu calme ?

TITUS, *riant*. — Ha ! ha ! ha !

MARCUS. — Pourquoi ris-tu ? Ce n'est pas le moment.

TITUS. — C'est que je n'ai plus une seule larme à verser. Et puis, ce désespoir est un ennemi qui veut s'emparer de mes yeux humides et les aveugler par un tribut de larmes. Alors comment trouverais-je le chemin de l'antre de la vengeance ? Car ces deux têtes semblent me parler et me signifier que je ne serai pas admis à la félicité tant que ces forfaits n'auront pas été rejetés à la gorge de ceux qui les ont commis. Allons, voyons quelle tâche j'ai à faire... Vous, malheureux, faites cercle autour de moi, que je puisse me tourner successivement vers chacun de vous et jurer à mon âme de venger vos injures... Le vœu est prononcé!... Allons, frère, prends une des têtes; et de cette main je porterai l'autre, Lavinia, tu vas avoir de l'emploi : porte ma main, chère fille, entre tes dents. Quant à toi, mon garçon, pars, retire-toi de ma vue; tu es exilé, et tu ne dois plus rester ici. Cours chez les Goths et lève une armée parmi eux; et, si tu m'aimes, comme je le crois, embrassons-nous, et séparons-nous, car nous avons beaucoup à faire. *(Sortent Titus, Marcus et Lavinia.)*

LUCIUS, *seul*. — Adieu, Andronicus, mon noble père, l'homme le plus malheureux qui ait jamais vécu dans Rome! Adieu, superbe Rome, jusqu'à ce que Lucius soit de retour! il laisse ici des otages qui lui sont plus chers que la vie. Adieu, Lavinia, ma noble sœur! Oh! que n'es-tu encore telle que tu étais naguère! Mais maintenant Lucius et Lavinia ne vivent plus que dans l'oubli et dans d'odieuses souffrances. Si Lucius vit, il vengera vos injures, et réduira le fier Saturninus et son impératrice à demander grâce aux portes de Rome, comme Tarquin et sa reine. Maintenant je vais chez les Goths, et j'y lèverai des forces pour châtier Rome et Saturnin. *(Il sort.)*

SCÈNE II

Une salle à manger chez Titus. Un repas préparé.

Entrent TITUS, MARCUS, LAVINIA *et le* JEUNE LUCIUS, *fils de Lucius.*

TITUS. — Bien, bien... Maintenant, asseyons-nous, et veillons à ne manger que juste ce qu'il nous faut

pour conserver la force de venger nos amères calamités.
Marcus, dénoue ce nœud formé par le désespoir; ta
nièce et moi, pauvres créatures, nous n'avons plus
nos mains, et nous ne pouvons soulager notre décuple
douleur en croisant ainsi nos bras... Il ne me reste
plus que cette pauvre main droite pour tyranniser
ma poitrine; et, quand mon cœur, affolé de misère,
bat dans cette prison profonde de ma chair, je le
réprime ainsi. *(Il se frappe la poitrine. — A Lavinia.)*
Et toi, mappemonde de malheur, qui ne t'expliques
que par signes! quand ton pauvre cœur bat outrageu-
sement, tu ne peux le frapper ainsi pour le calmer;
blesse-le de tes soupirs, ma fille, accable-le de tes
sanglots, ou bien prends un petit couteau entre tes
dents, et fais un trou contre ton cœur, en sorte que
toutes les larmes que tes pauvres yeux laissent tomber
coulent dans cette crevasse et, en l'inondant, noient
dans leur flot amer le fou qui se lamente.

MARCUS. — Fi, mon frère, fi! Ne lui apprends pas
ainsi à porter des mains violentes sur sa tendre existence.

TITUS. — Comment cela ? est-ce que le chagrin te
fait déjà radoter ? Ah! Marcus! nul autre que moi ne
devrait être fou! Quelles mains violentes peut-elle
porter sur son existence ? Ah! pourquoi nous pour-
suis-tu de ce mot : *mains!* C'est presser Énée de raconter deux fois comment Troie fut brûlée, et lui-même
fait misérable! Oh! ne manie pas ce thème, ne parle
pas de mains, de peur de nous rappeler que nous
n'en avons plus... Fi, fi! quel délire préside à mon
langage! Comme si nous oublierions que nous n'avons
pas de mains, quand Marcus ne prononcerait pas le
mot *mains!* Allons, à table! et toi, douce fille, mange
ça... Il n'y a rien à boire! Écoute, Marcus, ce qu'elle
dit, je puis interpréter tous les signes de son martyre;
elle dit qu'elle ne peut boire d'autre breuvage que ses
larmes, qu'a brassées sa douleur et qui fermentent
sur ses joues. Muette plaignante, j'étudierai ta pensée;
je serai aussi exercé à tes gestes silencieux que les
ermites mendiants à leurs saintes prières. Tu ne pous-
seras pas un soupir, tu ne lèveras pas tes moignons au

ciel, tu ne feras pas un clignement d'yeux, un mouvement de tête, une génuflexion, un signe, que je n'en torde un alphabet et que je n'apprenne, par une incessante pratique, à connaître ton idée.

LE JEUNE LUCIUS, *les larmes aux yeux*. — Bon grandpère, laisse là ces lamentations amères ; égaie ma tante par quelque joyeux récit.

MARCUS. — Hélas ! le tendre enfant, ému de compassion, pleure de voir la douleur de son grand-père.

TITUS. — Calme-toi, tendre rejeton ; tu es fait de larmes, et ton existence serait bien vite fondue dans les larmes. *(Marcus frappe un plat avec son couteau.)* Que frappes-tu, Marcus, avec ton couteau ?

MARCUS. — Un être que j'ai tué, monseigneur, une mouche.

TITUS. — Malheur à toi, meurtrier ! tu assassines mon cœur ! Mes yeux sont fatigués de la vue de la tyrannie ! Un acte de mort, commis sur un innocent, ne sied pas au frère de Titus... Va-t'en ; je vois que tu n'es pas à ta place en ma compagnie.

MARCUS. — Hélas ! monseigneur, je n'ai fait que tuer une mouche.

TITUS. — Mais si cette mouche avait son père et sa mère ! Comme ils iraient partout étendant leurs délicates ailes d'or et bourdonnant dans l'air leurs lamentations ! Pauvre mouche inoffensive, qui était venue ici pour nous égayer avec son joli et mélodieux murmure, et tu l'as tuée !...

MARCUS. — Pardonnez-moi, seigneur ; c'était un vilain moucheron noir qui ressemblait au More de l'impératrice ; voilà pourquoi je l'ai tué.

TITUS. — Oh ! oh ! oh ! Alors pardonne-moi de t'avoir blâmé, car tu as fait un acte charitable. Donne-moi ton couteau, je veux l'outrager, en m'imaginant que c'est le More venu ici exprès pour m'empoisonner... Tiens, voilà pour toi, et voilà pour Tamora ! Ah ! coquin !... Pourtant je ne nous crois pas à ce point déchus qu'il faille nous mettre à deux pour tuer un moucheron, qui nous rappelle ce More noir comme le charbon !

MARCUS, *à part*. — Hélas ! le pauvre homme ! la

douleur a tellement agi sur lui qu'il prend de vaines
ombres pour des objets réels.

Titus. — Allons! qu'on desserve! Lavinia, viens
avec moi; je vais dans mon cabinet lire avec toi les
tristes histoires arrivées au temps jadis... Viens, enfant,
viens avec moi; ta vue est jeune, et tu liras, quand la
mienne commencera à se troubler. *(Ils sortent.)*

ACTE IV

SCÈNE PREMIÈRE

Devant la maison de Titus.

Entrent TITUS *et* MARCUS; *puis* LE JEUNE LUCIUS, *après lequel court* LAVINIA; *l'enfant fuit, ayant sous le bras ses livres qu'il laisse tomber à terre.*

LE JEUNE LUCIUS. — Au secours, grand-père, au secours! ma tante Lavinia me suit partout, je ne sais pourquoi. Bon oncle Marcus, voyez comme elle vient vite!... Hélas! chère tante, je ne sais ce que vous voulez.

MARCUS. — Tiens-toi près de moi, Lucius; n'aie pas peur de ta tante.

TITUS. — Elle t'aime trop, mon enfant, pour te faire du mal.

LE JEUNE LUCIUS. — Oui, quand mon père était à Rome, elle m'aimait bien.

MARCUS. — Que veut dire ma nièce Lavinia par ces signes ?

TITUS. — N'aie pas peur d'elle, Lucius : elle veut dire quelque chose. Vois, Lucius, vois comme elle te cajole; elle veut que tu ailles avec elle quelque part. Ah! mon enfant, Cornelia ne mit jamais plus de zèle à instruire ses enfants que Lavinia à t'apprendre la belle poésie et l'*Orateur* de Cicéron. Est-ce que tu ne peux pas deviner pourquoi elle te presse ainsi ?

LE JEUNE LUCIUS. — Je n'en sais rien, monseigneur, et je ne peux le deviner, à moins que ce ne soit quelque accès de délire qui la possède. En effet, j'ai souvent ouï dire à mon grand-père que l'excès des chagrins rendait les hommes fous; et j'ai lu qu'Hécube de Troie devint

folle de douleur; c'est ce qui m'a fait peur, quoique
je sache bien, monseigneur, que ma noble tante m'aime
aussi tendrement que m'a jamais aimé ma mère; elle
ne voudrait pas effrayer ma jeunesse, si ce n'est dans
la démence; c'est cette idée qui m'a fait jeter mes livres
et fuir, sans raison, peut-être; mais pardon, chère
tante! Oui, madame, si mon oncle Marcus veut venir,
je vous suivrai bien volontiers.

Marcus. — Je veux bien, Lucius. *(Lavinia retourne
successivement les livres que Lucius a laissés tomber.)*

Titus. — Eh bien, Lavinia ? Marcus, que veut dire
ceci ? Il y a quelque livre qu'elle désire voir... Lequel
de ces livres, ma fille ?... Ouvre-les, enfant... Mais tu
es plus lettrée, et plus instruite que cela; viens, et
choisis dans toute ma bibliothèque, et trompe ainsi
ta souffrance, jusqu'à ce que les cieux révèlent l'auteur
maudit de ce forfait... Quel livre ?... Pourquoi lève-
t-elle ainsi les bras l'un après l'autre ?

Marcus. — Elle veut dire, je pense, qu'il y a eu
plus d'un coupable dans le crime... Oui, qu'il y en
avait plus d'un; ou peut-être lève-t-elle les bras vers
le ciel pour implorer vengeance.

Titus. — Lucius, quel est le livre qu'elle remue
ainsi ?

Le Jeune Lucius. — Grand-père, ce sont les *Métamorphoses* d'Ovide; ma mère me les a données.

Marcus. — Peut-être est-ce en souvenir de celle
qui n'est plus, qu'elle a choisi ce livre entre tous les
autres.

Titus. — Doucement! avec quelle rapidité elle
tourne les feuillets! Aidons-la : que veut-elle trouver ?
Lavinia, lirai-je ? Ceci est la tragique histoire de Philomèle; il y est question de la trahison de Térée et de
son viol; et le viol, j'en ai peur, est l'origine de son
ennui.

Marcus. — Voyez, frère, voyez! remarquez comme
elle considère les pages!

Titus. — Lavinia, chère fille, aurais-tu été ainsi
surprise, violée, outragée, comme le fut Philomèle,
forcée dans les vastes forêts impitoyables et sinistres ?
Voyons! voyons! Oui, il y a un endroit comme cela!...

L'endroit où nous avons chassé (oh! plût au ciel que nous n'eussions jamais, jamais chassé là!) est comme celui que le poète décrit ici, disposé par la nature pour le meurtre et pour le viol.

MARCUS. — Oh! pourquoi la nature édifie-t-elle un antre aussi affreux, si les dieux ne prennent pas plaisir aux tragédies ?

TITUS. — Fais-nous signe, chère fille... Il n'y a ici que des amis... Quel est le seigneur romain qui a osé commettre le forfait ? Saturninus se serait-il dérobé, comme jadis Tarquin, qui abandonna son camp pour déshonorer le lit de Lucrèce ?

MARCUS. — Assieds-toi, douce nièce... Frère, as-seyez-vous près de moi... Apollon, Pallas, Jupiter, Mercure, inspirez-moi, que je puisse découvrir cette trahison! Monseigneur, regardez ici... Regarde ici, Lavinia. *(Il écrit son nom sur le sable avec son bâton qu'il dirige avec ses pieds et sa bouche.)* Ce terrain sablé est uni; dirige, si tu peux, ce bâton, comme moi. J'ai écrit mon nom, sans le secours de mes mains. Maudit soit dans l'âme celui qui nous a forcés à cet expédient! Écris, ma bonne nièce, et révèle enfin ici ce que Dieu veut rendre manifeste pour le châtiment. Que le ciel guide ton burin de manière à imprimer clairement tes malheurs et à nous faire connaître les traîtres et la vérité! *(Lavinia prend le bâton entre ses dents et écrit en le guidant avec ses bras mutilés.)*

TITUS. — Oh! lisez-vous, monseigneur, ce qu'elle a écrit ? *Stuprum, Chiron, Démétrius.*

MARCUS. — Comment! comment! les fils lascifs de Tamora auteurs de cet atroce et sanglant forfait!

TITUS. — *Magni Dominator poli,*
    Tam lentus audis scelera ? tam lentus vides ?

MARCUS. — Oh! calme-toi, noble seigneur! pourtant, je reconnais que ce qui est écrit à terre suffirait à pro-voquer la révolte dans les esprits les plus doux et à armer d'indignation le cœur d'un enfant... Mon-seigneur, agenouillez-vous avec moi; Lavinia, à genoux; à genoux, toi aussi, doux enfant, espoir de l'Hector romain; et faites tous avec moi le serment que jadis, après le viol de Lucrèce, le seigneur Junius Brutus

fit avec le malheureux époux et le père de cette ver-
tueuse femme déshonorée; jurez que nous poursui-
vrons délibérément ces Goths perfides de notre mortelle vengeance et que nous verrons couler leur sang,
ou que nous périrons, sous cet outrage.

TITUS. — Nous venger! cela ne fait pas question;
reste à savoir comment. Pour peu que vous blessiez
les oursons, prenez garde; leur mère sera aux aguets;
et, si une fois elle vous flaire, songez qu'elle est étroitement liguée avec le lion; elle le berce tout en se jouant
sur le dos, et dès qu'il dort, elle peut faire ce qu'elle
veut. Vous êtes un chasseur novice, Marcus; laissez-
moi faire, et venez, je vais me procurer une feuille
d'airain, et avec une pointe d'acier j'y inscrirai ces
mots-là, pour les tenir en réserve. *(Il montre les mots
que vient d'écrire Lavinia.)* Un vent du nord violent
va disperser ces sables, comme les feuilles de la sibylle,
et où sera votre leçon alors ?... Enfant, que dis-tu ?

LE JEUNE LUCIUS. — Je dis, monseigneur, que, si
j'étais homme, la chambre à coucher de leur mère ne
serait pas sûre pour ces traîtres asservis au joug de
Rome.

MARCUS. — Oui, voilà bien un digne enfant! ton
père a souvent agi avec ce dévouement pour son
ingrate patrie.

LE JEUNE LUCIUS. — Eh bien, mon oncle, j'agirai
ainsi, si je vis.

TITUS. — Allons, viens avec moi dans ma salle
d'armes; Lucius, je vais t'équiper; et ensuite, mon
enfant, tu porteras de ma part aux fils de l'impératrice
les présents que j'ai l'intention de leur envoyer à tous
deux; viens, viens; tu rempliras ton message, n'est-ce
pas ?

LE JEUNE LUCIUS. — Oui, avec mon poignard dans
leurs poitrines, grand-père.

TITUS. — Non, enfant, non; je t'enseignerai un
autre moyen. Lavinia, viens... Toi, Marcus, veille sur
ma maison; Lucius et moi, nous allons faire merveille
à la cour; oui, morbleu, seigneur; et nous aurons un
cortège. *(Sortent Titus, Lavinia et le jeune Lucius.)*

MARCUS. — O ciel, peux-tu entendre un bon homme

gémir, et ne pas t'attendrir, et ne pas avoir pitié de lui ?
Va, Marcus, suis-le dans son délire, lui qui a au cœur
plus de cicatrices de douleurs, que de balafres ennemies
sur son bouclier bossu, et si honnête pourtant qu'il ne
veut pas se venger ! Que le ciel se charge de venger le
vieil Andronicus ! *(Il sort.)*

SCÈNE II

Dans le palais.

Entrent, par une porte, AARON, CHIRON *et* DÉMÉTRIUS ;
par l'autre, LE JEUNE LUCIUS *et un serviteur, portant
un faisceau d'armes entouré d'une inscription en vers.*

CHIRON. — Démétrius, voici le fils de Lucius ; il est
chargé de quelque message pour nous.

AARON. — Oui, quelque message insensé de son
insensé grand-père.

LE JEUNE LUCIUS. — Messeigneurs, avec toute l'humilité possible, je salue vos honneurs de la part d'Andronicus. *(A part.)* Et prie les dieux de Rome de vous
exterminer tous deux.

DÉMÉTRIUS. — Grand merci, aimable Lucius, quelle
nouvelle ?

LE JEUNE LUCIUS, *à part.* — La nouvelle, c'est que
vous êtes tous deux reconnus pour des misérables
souillés de viol. *(Haut.)* Ne vous en déplaise, mon
grand-père, bien avisé, vous envoie par moi les plus
belles armes de son arsenal afin d'en gratifier votre
honorable jeunesse, l'espoir de Rome ; c'est, en effet,
ce qu'il m'a commandé de dire ; et je le dis, et je présente
ces dons à vos seigneuries afin que, quand il en sera
besoin, vous soyez bien armés et bien équipés, et sur
ce je vous laisse tous deux... *(A part.)* Sanguinaires
scélérats ! *(Sortent le jeune Lucius et le serviteur.)*

DÉMÉTRIUS. — Qu'y a-t-il là ? Un écriteau ! enroulé
tout autour ! Lisons :

> *Integer vitae, scelerisque purus,*
> *Non eget Mauri jaculis, nec arcu.*

CHIRON. — Oh! c'est un vers d'Horace; je le reconnais bien; je l'ai lu dans la grammaire, il y a longtemps.

AARON. — Oui, justement, un vers d'Horace! Vous y êtes parfaitement. *(A part.)* Ah! ce que c'est que d'être un âne! Ceci n'est pas une pure plaisanterie! Le bonhomme a découvert leur crime; et il leur envoie des armes, enveloppées de vers, qui les blessent au vif, à leur insu. Mais, si notre sagace impératrice était sur pied, elle applaudirait à la pensée d'Andronicus. Mais laissons-la reposer quelque temps encore sur son lit d'insomnie. *(Haut.)* Eh bien, jeunes seigneurs, n'est-ce pas une heureuse étoile qui nous a conduits à Rome, nous, étrangers, et qui plus est, captifs, pour y être élevés à cette grandeur suprême. J'ai eu plaisir, devant la porte du palais, à braver le tribun à l'oreille même de son frère!

DÉMÉTRIUS. — Et moi, plus de plaisir encore à voir un si grand seigneur s'humilier bassement et nous envoyer des présents.

AARON. — N'a-t-il pas ses raisons pour cela, seigneur Démétrius? N'avez-vous pas traité sa fille bien affectueusement?

DÉMÉTRIUS. — Je voudrais que nous eussions mille dames romaines à notre discrétion pour servir tour à tour à nos désirs.

CHIRON. — Vœu charitable et plein d'amour!

AARON. — Il ne manque ici que votre mère pour dire amen!

CHIRON. — Et elle le dirait pour vingt mille Romaines de plus.

DÉMÉTRIUS. — Partons et allons prier tous les dieux pour notre bien-aimée mère en proie aux douleurs.

AARON, *à part.* — Priez plutôt les démons; les dieux nous ont abandonnés. *(Fanfare.)*

DÉMÉTRIUS. — Pourquoi les trompettes de l'empereur retentissent-elles ainsi?

CHIRON. — Sans doute, en réjouissance de ce que l'empereur a un fils.

DÉMÉTRIUS. — Doucement! qui vient là?

Entre une nourrice, portant un enfant more dans ses bras.

La Nourrice. — Bonjour, seigneurs. Oh! dites-moi, avez-vous vu le More Aaron ?

Aaron. — Oui, peu ou prou, ou point du tout. Voici Aaron; que lui veux-tu, à Aaron ?

La Nourrice. — O gentil Aaron, nous sommes tous perdus! Avise vite, ou le malheur te frappe à jamais.

Aaron. — Eh! quel tintamarre fais-tu là ? Que serres-tu, que chiffonnes-tu dans tes bras ?

La Nourrice. — Oh! ce que je voudrais cacher au regard des cieux, la honte de notre impératrice, et la disgrâce de la majestueuse Rome... Elle est délivrée, seigneurs, elle est délivrée.

Aaron. — Comment!

La Nourrice. — Je veux dire qu'elle est accouchée.

Aaron. — C'est bon. Que Dieu lui accorde un salutaire repos! Que lui a-t-il envoyé ?

La Nourrice. — Un démon.

Aaron. — La voilà donc mère du diable : l'heureuse engeance!

La Nourrice. — Malheureuse, horrible, noire et sinistre engeance! Voici le bambin aussi affreux qu'un crapaud au milieu des charmants enfants de nos pays. L'impératrice te l'envoie, comme ton empreinte, ta vivante effigie, et t'ordonne de le baptiser avec la pointe de ton poignard!

Aaron. — Fi donc! fi donc, putain! Le noir est-il une si ignoble couleur ?... Cher joufflu, vous êtes un beau rejeton, assurément.

Démétrius. — Malheureux! qu'as-tu fait ?

Aaron. — Ce que tu ne peux défaire.

Chiron. — Tu as perdu notre mère!

Aaron. — Ta mère, malheureux, je l'ai gagnée!

Démétrius. — Et c'est en cela, limier d'enfer, que tu l'as perdue. Malheur à sa fortune, et damné soit son choix immonde! Maudit soit le produit d'un si noir démon!

Chiron. — Il ne vivra pas!

Aaron. — Il ne mourra pas!

La Nourrice. — Aaron, il le faut; la mère le veut ainsi.

Aaron. — Ah! il le faut, nourrice ? Eh bien, que nul

autre que moi ne se charge d'immoler ma chair et
mon sang!

DÉMÉTRIUS. — J'embrocherai le têtard à la pointe de
ma rapière. Nourrice, donne-le-moi; mon épée l'aura
vite expédié.

AARON, *mettant l'épée à la main.* — Cette épée
t'aura plus vite labouré les entrailles. *(Il prend l'enfant
des bras de la nourrice.)* Arrêtez, infâmes scélérats!
Voulez-vous tuer votre frère ? Ah! par les flambeaux
brûlants du ciel qui brillaient si splendidement quand
cet enfant fut engendré, il meurt de la pointe affilée
de mon cimeterre, celui qui touche à cet enfant, à
mon premier-né, à mon héritier! Je vous le déclare,
freluquets, ni Encelade, avec toute la formidable bande
des enfants de Typhon, ni le grand Alcide, ni le dieu
de la guerre, n'arracheraient cette proie des mains
de son père. Allons, allons, jeunes sanguins, cœurs
vides, murs crépis de blanc, enseignes peintes de caba-
ret, le noir le plus foncé est supérieur à toute autre
couleur par cela même qu'il se refuse à prendre une
autre couleur : car toute l'eau de l'Océan ne parvient
pas à blanchir les pattes noires du cygne, quoiqu'il
les lave à toute heure dans les flots. Dites de ma part
à l'impératrice que je suis d'âge à garder mon bien;
qu'elle excuse cela comme elle voudra.

DÉMÉTRIUS. — Veux-tu donc trahir ainsi ta noble
maîtresse ?

AARON. — Ma maîtresse est ma maîtresse. Cet enfant,
c'est moi-même; c'est la fougue et le portrait de ma
jeunesse; cet enfant, je le préfère à tout l'univers;
cet enfant, je le sauverai, malgré tout l'univers, ou
quelques-uns de vous en pâtiront dans Rome.

DÉMÉTRIUS. — Par cet enfant notre mère est à jamais
déshonorée.

CHIRON. — Rome la méprisera pour cette noire
escapade.

LA NOURRICE. — L'empereur, dans sa rage, la con-
damnera à mort.

CHIRON. — Je rougis en pensant à cette ignominie.

AARON. — Oui, voilà le privilège attaché à votre
beauté. Fi de cette couleur traîtresse qui trahit par

une rougeur les mouvements et les secrets les plus
intimes du cœur! Voici un jeune gars fait d'une autre
nuance : voyez, comme le noir petit drôle sourit à
son père, d'un air qui semble dire : *vieux gaillard, je
suis ton œuvre!...* Il est votre frère, seigneurs; il est
sensiblement nourri de ce même sang qui vous a donné
la vie; et c'est du ventre où vous fûtes emprisonnés
qu'il a été délivré pour venir au jour. Au fait, il est
votre frère, du côté le plus sûr quoique mon sceau
soit imprimé sur sa face.

LA NOURRICE. — Aaron, que dirai-je à l'impératrice?

DÉMÉTRIUS. — Décide, Aaron, ce qu'il faut faire,
et nous souscrirons tous à ta décision. Sauve l'enfant,
soit, pourvu que nous soyons tous sauvés.

AARON. — Eh bien, asseyons-nous, et consultons
ensemble. Mon enfant et moi, nous nous mettrons
au vent de vous; installez-vous là... Maintenant causons
à loisir des moyens de vous sauver.

DÉMÉTRIUS. — Combien de femmes ont vu cet
enfant?

AARON. — A la bonne heure, braves seigneurs!
Quand nous sommes tous unis paisiblement, je suis
un agneau; mais, si vous bravez le More, le sanglier
irrité, la lionne des montagnes, l'Océan ont moins de
courroux qu'Aaron de tempêtes! Mais revenons à la
question : combien de personnes ont vu l'enfant?

LA NOURRICE. — Cornélie, la sage-femme, et moi;
voilà tout, outre l'impératrice accouchée.

AARON. — L'impératrice, la sage-femme, et toi.
Deux peuvent garder un secret, en l'absence d'un tiers.
Va trouver l'impératrice; répète-lui ce que j'ai dit.
(Il la poignarde.) Couac!... couac!... Ainsi crie un
cochon qu'on arrange pour la broche!

DÉMÉTRIUS. — Que prétends-tu, Aaron? Pourquoi
as-tu fait cela?

AARON. — Oh! seigneur, c'est un acte politique :
devait-elle vivre pour trahir notre faute? Une bavarde
commère ayant la langue si longue! Non, seigneurs,
non. Et maintenant apprenez mon plan tout entier.
Non loin d'ici demeure un certain Muliteus, mon
compatriote; sa femme n'est accouchée que d'hier;

son enfant ressemble à cette femme, il est blanc comme
vous : bâclez le marché avec lui, donnez de l'or à la
mère, et expliquez-leur à tous deux les détails de
l'affaire, à quelle haute destinée leur enfant va être
appelé, qu'il va être traité comme l'héritier de l'empereur, et substitué au mien, pour calmer l'orage qui
gronde à la cour; oui, et que l'empereur le caresse
comme son propre enfant! Vous m'entendez, seigneurs;
vous voyez que je lui ai donné sa médecine... *(Il
montre la nourrice.)* Et maintenant, il faut que vous
vous occupiez de ses funérailles; les champs sont tout
près, et vous êtes de galants garçons. Cela fait, veillez,
sans plus de délais, à m'envoyer immédiatement la
sage-femme. La sage-femme et la nourrice dûment
supprimées, libre alors à ces dames de jaser à leur aise.

CHIRON. — Aaron, je vois que tu ne veux pas confier
aux vents un secret.

DÉMÉTRIUS. — Pour ta sollicitude envers Tamora,
elle et les siens te seront grandement obligés. *(Sortent
Démétrius et Chiron, emportant la nourrice.)*

AARON. — Maintenant chez les Goths, aussi vite
que vole l'hirondelle! Là je mettrai en sûreté le trésor
que j'ai dans les bras, et je m'aboucherai secrètement
avec les amis de l'impératrice. En avant, petit drôle
aux lèvres épaisses, je vais vous emporter d'ici; car
c'est vous qui nous obligez à tant de ruses; je vous
ferai nourrir de fruits sauvages, de racines, et régaler
de caillebotte et de petit-lait; je vous ferai téter la
chèvre, et loger dans une caverne; et je vous élèverai
pour être un guerrier, et commander un camp. *(Il
sort.)*

SCÈNE III

Une place aux abords du palais.

Entrent TITUS, MARCUS, LE JEUNE LUCIUS, *et autres* SEIGNEURS, *portant des arcs*. TITUS *porte les flèches, aux bouts desquelles sont attachées diverses inscriptions.*

TITUS. — Viens, Marcus, viens... Cousins, voici le chemin. Mon petit monsieur, voyons votre talent d'archer : ajustez bien, et ça y va tout droit... *Terras Astræa reliquit*... Oui, rappelez-vous-le, Marcus, Astrée est partie, elle s'est enfuie... Messire, munissez-vous de vos engins... Vous, cousins, vous irez sonder l'Océan, et vous y jetterez vos filets; peut-être la trouverez-vous dans la mer; pourtant la justice n'est pas plus là que sur terre... Non, Publius et Sempronius, c'est à vous de faire cela; il faudra que vous creusiez avec la pioche et la bêche, et que vous perciez le centre le plus profond de la terre; alors, une fois arrivés au pays de Pluton, présentez-lui, je vous prie, cette supplique; dites-lui qu'elle implore justice et appui, et qu'elle vient du vieil Andronicus, accablé de douleurs dans l'ingrate Rome. Ah! Rome!... oui, oui! j'ai fait ton malheur, du jour où j'ai reporté les suffrages du peuple sur celui qui me tyrannise ainsi. Allons, partez; et, je vous prie, soyez tous bien attentifs, et fouillez un à un tous les bâtiments de guerre; ce maudit empereur pourrait bien avoir fait embarquer la justice, et alors, cousins, nous aurions beau la réclamer, ce serait comme si nous chantions.

MARCUS. — O Publius, n'est-ce pas une chose accablante de voir ton noble oncle dans un pareil délire ?

PUBLIUS. — Aussi, monseigneur, c'est pour nous un devoir impérieux de veiller scrupuleusement sur lui nuit et jour; caressons son humeur aussi doucement que nous pourrons, jusqu'à ce que le temps ait apporté à son mal quelque remède salutaire.

Marcus. — Cousins, ses peines sont irrémédiables. Joignons-nous aux Goths ; et par une guerre venge-resse punissons Rome de son ingratitude et châtions le traître Saturninus.

Titus. — Publius, eh bien ? mes maîtres ? voyons, l'avez-vous trouvée ?

Publius. — Non, monseigneur ; mais Pluton vous envoie dire que, si c'est la vengeance que vous voulez obtenir de l'enfer, vous l'aurez ; quant à la justice, ma foi, elle est occupée, croit-il, avec Jupiter dans le ciel, ou ailleurs ; en sorte que vous devez forcément attendre quelque temps.

Titus. — Il me fait du mal en me leurrant de tant de délais ; je plongerai dans le lac brûlant de l'abîme, et par les talons j'arracherai la justice de l'Achéron... Marcus, nous ne sommes que des arbrisseaux, nous ne sommes pas des cèdres, ni des hommes à forte ossa-ture, de la taille des Cyclopes ; mais, Marcus, notre nature de fer est profondément trempée. Pourtant les maux qui nous accablent sont trop lourds pour nos reins ; et, puisque la justice n'est ni sur terre ni en enfer, nous implorerons le ciel, et nous presserons les dieux d'envoyer la justice ici-bas pour venger nos injures. Allons, à la besogne ! Vous êtes un bon archer, Marcus... *(Il leur distribue les flèches, en lisant les inscriptions qu'elles portent.)* Ad Jovem ! voilà pour vous... Ici, *ad Apollinem ! Ad Martem !* ça, c'est pour moi-même. Tiens, enfant, *à Pallas !...* Tenez, *à Mer-cure !* Tenez, Caïus, *à Saturne*, mais pas à Saturninus ! Autant vaudrait lancer votre flèche contre le vent... Au but, enfant. Marcus, tirez quand je vous le dirai. Sur ma parole, j'ai parfaitement tenu la plume ; il n'y a pas un dieu qui n'ait sa requête.

Marcus. — Cousins, lancez toutes vos flèches dans la direction de la cour ; nous allons mortifier l'empe-reur dans son orgueil.

Titus. — Maintenant, mes maîtres, tirez. *(Ils lancent leurs flèches dans la direction du palais.)* Oh ! à mer-veille, Lucius ! Cher enfant, dans le sein de la Vierge ; envoie à Pallas.

Marcus. — Monseigneur, je vise à un mille au-delà

de la lune... Votre lettre est arrivée à Jupiter en ce moment.

Titus. — Ha! Publius, Publius! qu'as-tu fait ? Vois, vois, ta flèche a abattu une des cornes du Taureau.

Marcus. — C'était là le jeu, monseigneur. Dès que Publius a touché, le Taureau, étant blessé, a donné à Ariès un tel coup que les deux cornes du Bélier sont tombées au milieu de la cour, et qui les a trouvées ? L'infâme mignon de l'impératrice! Elle a ri et a dit au More qu'il ne pouvait faire autrement que de les donner en présent à son maître!

Titus. — Oui, ça va. Que Dieu accorde la joie à sa seigneurie!

> *Entre un paysan, avec un panier et une paire*
> *de pigeons.*

Des nouvelles, des nouvelles du ciel! Marcus, la poste est arrivée! Maraud, quoi de nouveau ? as-tu des lettres ? Obtiendrai-je justice ? Que dit l'omnipotent Jupiter ?

Le Paysan. — Oh! le dresseur de potence! Il dit qu'il l'a démontée, parce que l'homme ne doit être pendu que la semaine prochaine.

Titus. — Mais que dit Jupiter, je te demande ?

Le Paysan. — Las! monsieur, je ne connais pas Jupiter; jamais de ma vie je n'ai bu avec lui.

Titus. — Ah çà, drôle, n'es-tu pas le porteur...

Le Paysan. — Oui, de mes pigeons, monsieur, voilà tout.

Titus. — Ah çà, tu n'es donc pas venu du ciel ?

Le Paysan. — Du ciel! Las! monsieur, je n'ai jamais été là; à Dieu ne plaise que j'aie la témérité de me presser pour le ciel dans mes jeunes jours! Morguienne, je vais avec mes pigeons au tribunal de la plèbe, pour arranger une matière de querelle entre mon oncle et un des gens de l'empereur.

Marcus, *à Titus.* — Eh bien, seigneur, cela se trouve à merveille pour la transmission de votre requête. Qu'il offre les pigeons à l'empereur de votre part.

Titus. — Dis-moi, saurais-tu transmettre une requête à l'empereur avec grâce ?

LE PAYSAN. — Nenni, vraiment, monsieur, je n'ai jamais pu dire les grâces de ma vie.

TITUS. — Maraud, viens ici; ne fais plus d'embarras; mais offre tes pigeons à l'empereur; par moi tu obtiendras de lui justice... Arrête, arrête, en attendant, voici de l'argent pour ta commission... Qu'on me donne une plume et de l'encre!... Drôle, sauras-tu remettre avec grâce une supplique ?

LE PAYSAN. — Oui, monsieur.

TITUS. — Eh bien, voilà une supplique pour vous. Et, dès que vous serez devant l'empereur, de prime abord, il faudra vous agenouiller; puis vous lui baiserez le pied; puis vous lui remettrez vos pigeons, et alors vous attendrez votre récompense. Je serai près de vous, monsieur; surtout faites la chose bravement.

LE PAYSAN. — Je vous le garantis, monsieur, laissez-moi faire.

TITUS. — Maraud, as-tu un couteau ?... Viens, fais-le-moi voir... Tiens, Marcus, enveloppe-le dans la requête; car tu l'as rédigée comme un bien humble suppliant... Et toi, quand tu l'auras remise à l'empereur, frappe à ma porte, et rapporte-moi ce qu'il aura dit. *(Il sort.)*

LE PAYSAN. — Dieu soit avec vous, monsieur! J'y vais.

TITUS. — Allons, Marcus, partons... Publius, suis-moi. *(Ils sortent.)*

SCÈNE IV

La cour du palais.

Entrent SATURNINUS, TAMORA, CHIRON, DÉMÉTRIUS, SEIGNEURS *et autres; Saturninus a dans la main les flèches lancées par Titus.*

SATURNINUS. — Eh bien, seigneurs, sont-ce là des outrages ? A-t-on jamais vu un empereur de Rome ainsi obsédé, molesté, bravé, et, pour avoir déployé une stricte justice, traité avec un tel mépris ? Vous le savez, messeigneurs, comme le savent les dieux puis-

sants, quelques rumeurs que ces perturbateurs de
notre repos chuchotent à l'oreille du peuple, il ne s'est
rien fait sans la sanction de la loi, contre les fils insolents du vieil Andronicus. Et, sous prétexte que ses
chagrins ont ainsi étouffé sa raison, serons-nous ainsi
persécutés de ses ressentiments, de ses accès, de ses
frénésies et de son amertume ? Le voilà maintenant
qui écrit au ciel pour le redressement de ses griefs !
Regardez, voilà pour Jupiter, et voici pour Mercure ;
voici pour Apollon ; voici pour le dieu de la guerre.
Missives bien douces à voir voler dans les rues de
Rome ! Qu'est-ce que tout cela, sinon diffamer le
Sénat, et crier partout notre injustice ? Une excellente
plaisanterie, n'est-ce pas, messeigneurs ? Comme s'il
disait qu'il n'y a pas de justice à Rome. Mais, si je
vis, sa feinte démence ne servira pas de refuge à tous
ces outrages. Lui et les siens sauront que la justice
respire dans Saturninus ; si elle sommeille, il saura si
bien la réveiller que dans sa furie elle anéantira le
plus arrogant conspirateur qui soit au monde.

TAMORA. — Mon gracieux seigneur, mon aimable
Saturninus, seigneur de ma vie, maître de mes pensées,
calme-toi et tolère les fautes de la vieillesse de Titus,
comme les effets du chagrin causé par la perte de ses
vaillants fils, perte déchirante qui lui a percé le cœur.
Ah ! console sa détresse plutôt que de poursuivre,
pour ces affronts, le plus humble ou le plus grand
des hommes. *(A part.)* Oui, c'est ainsi qu'il sied au
génie profond de Tamora de tout pallier ; mais va,
Titus, je t'ai touché au vif ; le plus pur de ton sang va
couler ; si maintenant Aaron est habile, alors tout est
sauvé, l'ancre est dans le port.

Entre le paysan.

Eh bien, l'ami ? tu veux nous parler ?

LE PAYSAN. — Oui, morguienne, si Votre Seigneurie
est impériale.

TAMORA. — Je suis l'impératrice... Mais voilà l'empereur assis là-bas.

LE PAYSAN. — C'est lui... Que Dieu et saint Étienne
vous donnent bonne chance ! Je vous ai apporté une

lettre, et un couple de pigeons que voici. *(L'empereur lit la lettre.)*

SATURNINUS, *montrant le paysan.* — Allons, qu'on l'emmène et qu'on le pende sur-le-champ!

LE PAYSAN. — Combien dois-je avoir d'argent?

TAMORA. — Allons, drôle, tu dois être pendu.

LE PAYSAN. — Pendu! Par Notre-Dame! j'ai donc apporté mon cou pour un bel office. *(Il sort, emmené par les gardes.)*

SATURNINUS. — Odieux et intolérables outrages! Dois-je endurer cette monstrueuse avanie? Je sais d'où part cette malice. Cela peut-il se supporter?... Comme si ses traîtres fils, qui sont morts de par la loi pour le meurtre de notre frère, avaient été injustement égorgés par mon ordre! Allons, qu'on traîne ici le misérable par les cheveux; ni l'âge, ni la dignité n'interposeront leur privilège... Pour cette arrogante moquerie, je veux être ton égorgeur, perfide et frénétique misérable, qui n'as contribué à mon élévation que dans l'espoir de gouverner Rome et moi!

Entre Æmilius.

Quelles nouvelles, Æmilius?

ÆMILIUS. — Aux armes, aux armes, messeigneurs! Rome n'a jamais eu plus grand motif d'alarmes! Les Goths ont relevé la tête, et, avec une armée d'hommes résolus, avides de pillage, ils marchent droit à nous, sous la conduite de Lucius, fils du vieil Andronicus, qui menace, dans le cours de sa vengeance, de faire autant que Coriolan.

SATURNINUS. — Le belliqueux Lucius est général des Goths! Cette nouvelle me glace; et je penche la tête comme les fleurs sous la gelée, comme l'herbe battue de la tempête. Oui, maintenant nos malheurs approchent : c'est lui que les gens du peuple aiment tant; moi-même je leur ai souvent ouï dire, quand je me promenais comme un simple particulier, que le bannissement de Lucius était injuste; et ils souhaitaient que Lucius fût leur empereur.

TAMORA. — Pourquoi vous alarmer? Votre cité n'est-elle pas forte?

SATURNINUS. — Oui, mais les citoyens favorisent Lucius, et me déserteront pour le secourir.

TAMORA. — Roi, que ton esprit soit impérial, comme ton nom. Le soleil s'obscurcit-il, si des mouches volent dans ses rayons ? L'aigle souffre que les petits oiseaux chantent, sans se soucier de ce qu'ils veulent dire, sachant bien qu'avec l'ombre de ses ailes il peut à plaisir couper court à leur mélodie; de même tu peux faire taire les étourdis de Rome. Rassure donc tes esprits; car sache, ô empereur, que je vais enchanter le vieil Andronicus par des paroles plus douces, mais plus dangereuses que ne l'est l'amorce pour le poisson et le trèfle mielleux pour la brebis; l'un est blessé par l'amorce, l'autre est étouffé par une délicieuse pâture.

SATURNINUS. — Mais Titus ne voudra pas supplier son fils en notre faveur.

TAMORA. — Si Tamora l'en supplie, il le voudra; car je puis caresser son grand âge, en l'accablant de promesses dorées; et son cœur serait presque imprenable, sa vieille oreille serait sourde, que cœur et oreille obéiraient encore à ma parole. *(A Æmilius.)* Toi, va en avant, et sois notre ambassadeur; va dire que l'empereur demande une conférence au belliqueux Lucius et lui désigne un rendez-vous dans la maison même de son père, le vieil Andronicus.

SATURNINUS. — Æmilius, remplis honorablement ce message; et, s'il tient, pour sa sûreté, à avoir des otages, dis-lui de demander tous les gages qu'il voudra.

ÆMILIUS. — Je vais exécuter activement vos ordres. *(Il sort.)*

TAMORA. — Maintenant, je vais trouver ce vieil Andronicus, et l'amener, avec tout l'art que je possède, à arracher aux Goths belliqueux le fier Lucius. Et maintenant, cher empereur, reprends ta sérénité, et ensevelis toutes tes craintes dans mes artifices.

SATURNINUS. — Va donc, et puisses-tu réussir à le persuader! *(Ils sortent.)*

ACTE V

SCÈNE PREMIÈRE

Une route près de Rome.

Fanfare. Entrent LUCIUS *et les* GOTHS, *tambour battant, enseignes déployées.*

LUCIUS. — Guerriers éprouvés, mes fidèles amis, j'ai reçu de la grande Rome des lettres qui prouvent quelle haine y inspire l'empereur et combien on y est désireux de notre présence. Ainsi, nobles seigneurs, soyez impérieux, comme vos griefs, et impatients de venger vos injures; et, pour chaque souffrance que vous a causée le Romain, exigez de lui triple satisfaction.

PREMIER GOTH. — Brave rejeton, issu du grand Andronicus, toi dont le nom, jadis notre terreur, est aujourd'hui notre espoir, toi dont les hauts faits et les actes honorables sont payés d'un odieux mépris par l'ingrate Rome, compte hardiment sur nous; nous te suivrons partout où tu nous conduiras, comme, aux plus chaudes journées de l'été, les abeilles armées de dards suivent leur reine aux plaines fleuries, et nous nous vengerons de la maudite Tamora.

TOUS LES GOTHS. — Et ce qu'il dit là, nous le dirons tous avec lui.

LUCIUS. — Je te remercie humblement, et je vous remercie tous. Mais qui vient ici, amené par ce Goth robuste ?

Entre un Goth, amenant Aaron qui porte son enfant dans ses bras.

DEUXIÈME GOTH. — Illustre Lucius, je m'étais écarté
de nos troupes pour contempler les ruines d'un monas-
tère ; et comme je fixais attentivement les yeux sur
l'édifice délabré, soudain j'ai entendu un enfant crier
au bas d'un mur ; j'accourais au bruit, quand bientôt
j'ai entendu une voix qui grondait ainsi le bambin
éploré : *Paix, petit drôle basané, moitié de moi-même
et moitié de ta mère ! si ton teint n'avait pas révélé de
qui tu es le fils, si la nature t'avait seulement donné la
physionomie de ta mère, vilain, tu aurais pu être empereur. Mais quand le taureau et la génisse sont tous
deux blancs comme le lait, ils n'engendrent jamais un
veau noir comme le charbon. Paix, vilain, paix !...* Et
tout en gourmandant ainsi l'enfant : *Il faut,* ajoutait-il,
*que je te porte à un fidèle Goth qui, quand il saura que
tu es l'enfant de l'impératrice, te soignera tendrement
par égard pour ta mère.* Sur ce, ayant tiré mon épée,
je m'élance sur l'homme, je le surprends à l'impro-
viste, et je l'amène ici, pour que vous le traitiez comme
vous le jugerez nécessaire.

LUCIUS. — O digne Goth ! c'est là le démon incarné
qui a volé à Andronicus sa noble main ; c'est là la
perle qui charmait le regard de votre impératrice ; et
voici le fruit infâme de sa brûlante luxure. Parle,
drôle à l'œil vairon, où voulais-tu porter cette vivante
image de ta face démoniaque ? Pourquoi ne parles-tu
pas ? Quoi ! es-tu sourd ?... Pas un mot ! Une hart,
soldats ; pendez-le à cet arbre, et à côté de lui son fruit
bâtard.

AARON. — Ne touchez pas à cet enfant ; il est de
sang royal.

LUCIUS. — Trop semblable à son auteur pour jamais
être bon ! Pendez d'abord l'enfant, pour que le père
le voie se débattre ; cette vue le torturera dans l'âme.
Procurez-moi une échelle. *(On apporte une échelle
qu'on appuie contre un arbre, et l'on force Aaron à y
monter.)*

AARON. — Lucius, sauve l'enfant, et porte-le de ma
part à l'impératrice ; si tu fais cela, je t'apprendrai des
choses prodigieuses dont la révélation peut t'être d'un
puissant avantage ; si tu ne veux pas, advienne que

pourra, je ne dirai plus un mot; mais que la vengeance vous confonde tous!

Lucius. — Parle; et si ce que tu dis me satisfait, ton enfant vivra, et je me charge de le faire élever.

Aaron. — Si ce que je dis te satisfait! Ah! je t'assure, Lucius, que ce que j'ai à dire te navrera dans l'âme; car j'ai à te parler de meurtres, de viols, de massacres, d'actes de ténèbres, de forfaits abominables, de complots, de perfidies, de trahisons, de crimes, lamentables à entendre, impitoyablement exécutés. Et tout cela sera enseveli dans ma tombe, si tu ne me jures que mon enfant vivra.

Lucius. — Dis ton secret; je déclare que ton enfant vivra.

Aaron. — Jure-le, et alors je commence.

Lucius. — Par quoi jurerai-je? Tu ne crois pas à un Dieu: cela étant, comment peux-tu croire à un serment?

Aaron. — Qu'importe que je ne croie pas à un Dieu! en effet je n'y crois pas; mais je sais que toi, tu es religieux, que tu as en toi une chose appelée conscience, et que tu es entiché de vingt mômeries et cérémonies papistes, que je t'ai vu soigneux de pratiquer; voilà pourquoi je réclame ton serment... En effet, je sais qu'un idiot prend son hochet pour un dieu, et tient le serment qu'il fait par ce dieu-là: eh bien, je réclamerai de lui ce serment... Donc tu vas jurer, par le dieu, quel qu'il soit, que tu adores et que tu révères, de sauver mon enfant, de le nourrir, et de l'élever; sinon, je ne te révèle rien.

Lucius. — Par mon dieu, je te jure de le faire.

Aaron. — D'abord, sache que j'ai eu cet enfant de l'impératrice.

Lucius. — O femme d'insatiable luxure!

Aaron. — Bah, Lucius! ce n'était qu'un acte de charité, en comparaison de ce que je vais t'apprendre. Ce sont ses deux fils qui ont assassiné Bassianus; ils ont coupé la langue de ta sœur, l'ont violée, lui ont coupé les mains, et l'ont dressée comme tu as vu.

Lucius. — Oh! détestable coquin! tu appelles cela dresser.

AARON. — Eh! mais elle a été lessivée, dépecée et dressée; et ce dressement même a été tout plaisir pour ceux qui s'en sont chargés.

LUCIUS. — Oh! barbares! monstrueux coquins, comme toi-même!

AARON. — Effectivement, j'ai été leur maître, et c'est moi qui les ai instruits. Cette ardeur lascive, ils la tiennent de leur mère, aussi sûrement qu'il y a une carte qui doit faire la levée! Cette disposition sanguinaire, je crois qu'ils l'ont prise de moi, aussi vrai qu'un bon chien attaque toujours de front. Au fait, que mes actes témoignent de mon talent. J'ai guidé tes frères à cette fosse insidieuse où gisait le cadavre de Bassianus; j'ai écrit la lettre que ton père a trouvée, et j'ai caché l'or mentionné dans la lettre, d'accord avec la reine et ses deux fils. Quel est l'acte dont tu aies eu à gémir, auquel je n'ai pas eu une part fatale? J'ai fait une imposture pour avoir la main de ton père; et, dès que je l'ai eue, je me suis mis à l'écart, et mon cœur a failli se rompre à force de rire. J'épiais par la crevasse d'une muraille, au moment où, en échange de sa main, il a reçu les têtes de ses deux fils; je regardais ses larmes, et je riais de si bon cœur que mes yeux étaient aussi mouillés que les siens; et quand j'ai raconté cette farce à l'impératrice, elle s'est presque pâmée à mon amusant récit, et, pour mes renseignements, m'a donné vingt baisers.

UN GOTH. — Quoi! tu peux raconter tout cela, et ne pas rougir!

AARON. — Si fait! je rougis comme le chien noir du proverbe.

LUCIUS. — Après tous ces actes odieux, tu n'as pas un regret!

AARON. — Oui, le regret de n'en avoir pas fait mille autres. En ce moment même, je maudis le jour (tout en étant convaincu que bien peu de jours sont sous le coup de ma malédiction) où je n'ai pas commis quelque méfait notoire : comme de tuer un homme, ou du moins de machiner sa mort; de violer une vierge, ou de comploter dans ce but; d'accuser quelque innocent, et de me parjurer; de soulever une inimitié

mortelle entre deux amis ; de faire que les bestiaux
des pauvres gens se rompent le cou ; de mettre le feu
aux granges et aux meules la nuit, pour dire aux pro-
priétaires de l'éteindre avec leurs larmes. Souvent j'ai
exhumé les morts de leurs tombeaux, et je les ai placés
debout à la porte de leurs plus chers amis, au moment
où la douleur de ceux-ci était presque éteinte ; et sur la
peau de chaque cadavre comme sur l'écorce d'un
arbre, j'ai avec mon couteau écrit en lettres romaines :
« Que votre douleur ne meure pas, quoique je sois
mort. » Bah ! j'ai fait mille choses effroyables aussi
tranquillement qu'un autre tuerait une mouche ; et
rien ne me navre le cœur comme de ne pouvoir en
faire dix mille de plus.

Lucius. — Faites descendre le démon ; car il ne faut
pas qu'il meure d'une mort aussi douce que la simple
pendaison.

Aaron. — S'il existe des démons, je voudrais en
être un, et vivre et brûler dans les flammes éternelles,
pourvu seulement que j'eusse votre compagnie dans
l'enfer et que je pusse vous torturer de mes amères
invectives.

Lucius. — Messieurs, fermez-lui la bouche, qu'il ne
parle plus.

Entre un Goth.

Le Goth. — Monseigneur, voilà un messager de
Rome qui désire être admis en votre présence.

Lucius. — Qu'il approche.

Entre Æmilius.

Bienvenu, Æmilius ! quelles nouvelles de Rome ?

Æmilius. — Seigneur Lucius, et vous, princes des
Goths, l'empereur romain vous salue tous par ma
bouche ; et, ayant appris que vous êtes en armes, il
demande un entretien avec vous dans la maison de
votre père ; il vous invite à réclamer vos otages, et ils
vous seront immédiatement livrés.

Premier Goth. — Que dit notre général ?

Lucius. — Æmilius, que l'empereur remette ses
gages à mon père et à mon oncle Marcus, et nous
irons... En marche ! *(Fanfare. Ils sortent.)*

SCÈNE II

Le vestibule de la maison de Titus.

Entrent TAMORA, CHIRON *et* DÉMÉTRIUS, *déguisés.*

TAMORA. — Ainsi, dans cet étrange et sinistre accoutrement, je vais me présenter à Andronicus, et lui dire que je suis la Vengeance, envoyée d'en bas, pour me joindre à lui et donner satisfaction à ses cruels griefs. Frappez à son cabinet où l'on dit qu'il se renferme pour ruminer des plans étranges de terribles représailles; dites-lui que la Vengeance est venue pour se joindre à lui, et consommer la ruine de ses ennemis. *(Ils frappent, et Titus ouvre la porte de son cabinet.)*

TITUS. — Qui trouble ma méditation ? Vous faites-vous un jeu de forcer ma porte, pour que mes tristes résolutions s'envolent et que tous mes labeurs soient de nul effet ? Vous vous trompez; car ce que j'entends faire, voyez, je l'ai enregistré ici en lignes de sang, et ce qui est écrit sera exécuté.

TAMORA. — Titus, je suis venue pour conférer avec toi.

TITUS. — Non! pas un mot! quel prestige peut avoir ma parole, quand ma main n'est plus là pour l'appuyer du geste ? Tu as l'avantage sur moi; donc n'insiste plus.

TAMORA. — Si tu me connaissais, tu voudrais conférer avec moi.

TITUS. — Je ne suis pas fou; je te connais suffisamment; j'en atteste ce misérable moignon, ces lignes cramoisies; j'en atteste ces tranchées, creusées là par la souffrance et les soucis; j'en atteste le jour fatigant et l'accablante nuit; j'en atteste toutes les douleurs, je te reconnais bien comme notre superbe impératrice, la puissante Tamora! Est-ce que tu ne viens pas pour mon autre main ?

TAMORA. — Sache, homme triste, que je ne suis

pas Tamora; elle est ton ennemie, et je suis ton amie.
Je suis la Vengeance, envoyée de l'infernal royaume
pour assouvir le vautour dévorant de ta pensée en
exerçant de formidables représailles contre tes ennemis. Descends pour me faire fête à mon apparition
dans ce monde; viens t'entretenir avec moi de meurtre
et de mort; il n'y a pas de caverne profonde, pas
d'embuscade, pas de vaste obscurité, pas de vallon
brumeux, où le Meurtre sanglant et le Viol odieux
peuvent se blottir effarés, qui me soit inaccessible; et
je leur dirai à l'oreille mon nom terrible, Vengeance,
nom qui fait frissonner le noir offenseur.

TITUS. — Es-tu la Vengeance? Et m'es-tu envoyée
pour être le tourment de mes ennemis?

TAMORA. — Oui, descends donc, et accueille-moi.

TITUS. — Rends-moi un service avant que je vienne
à toi. Là, à ton côté se tiennent le Viol et le Meurtre.
Eh bien, prouve un peu que tu es la Vengeance, poi-
gnarde-les et déchire-les aux roues de ton char; et
alors je viendrai, et je serai ton cocher, et je t'accompagnerai dans ta course vertigineuse autour des globes!
Procure-toi de bons palefrois noirs comme le jais qui
emportent rapidement ton char vengeur, et découvre
les meurtriers dans leurs antres coupables; et, quand
ton char sera chargé de leurs têtes, je sauterai à bas,
et je courrai près de la roue comme un servile valet
de pied, tout le long du jour, depuis le lever d'Hypé-
rion dans l'orient jusqu'à sa chute dans la mer; et
chaque jour je remplirai cette pénible tâche, pourvu
que tu détruises le Viol et le Meurtre que voilà.

TAMORA. — Ce sont mes ministres, et ils viennent
avec moi.

TITUS. — Ce sont tes ministres? Comment s'ap-
pellent-ils?

TAMORA. — Le Viol et le Meurtre; ils s'appellent
ainsi parce qu'ils châtient les coupables de ces crimes.

TITUS. — Bon Dieu! comme ils ressemblent aux fils
de l'impératrice! Et vous, à l'impératrice! Mais nous,
pauvres humains, nous avons les yeux misérables de la
folie et de l'erreur. O douce Vengeance! Maintenant
je vais à toi; et, si l'étreinte d'un seul bras te satisfait,

je vais t'en étreindre tout à l'heure. *(Il ferme la porte de son cabinet.)*

TAMORA. — Cette complaisance envers lui convient à sa démence ; quelque idée que je forge pour alimenter son accès de délire, soutenez-la, appuyez-la par vos paroles. Car maintenant il me prend tout de bon pour la Vengeance ; convaincu qu'il est de cette folle pensée, je le déterminerai à envoyer chercher Lucius, son fils ; et, quand je me serai assurée de lui dans un banquet, je trouverai quelque moyen pratique et habile pour écarter et disperser les Goths capricieux ou tout au moins pour faire d'eux ses ennemis. Voyez, le voici qui vient, il faut que je poursuive mon thème.

Entre Titus.

TITUS. — J'ai vécu longtemps isolé, et cela à cause de toi. Sois la bienvenue, redoutable furie, dans ma malheureuse maison ! Viol et Meurtre, vous êtes aussi les bienvenus... Comme vous ressemblez à l'impératrice et à ses fils ! Vous seriez au complet, si seulement vous aviez un More. Est-ce que tout l'enfer n'a pas pu vous fournir un pareil démon ? Car je sais bien que l'impératrice ne bouge pas sans être accompagnée d'un More ; et, pour représenter parfaitement notre reine, il vous faudrait un démon pareil. Mais soyez les bienvenus tels que vous êtes. Qu'allons-nous faire ?

TAMORA. — Que veux-tu que nous fassions, Andronicus ?

DÉMÉTRIUS. — Montre-moi un meurtrier, je me charge de lui.

CHIRON. — Montre-moi un scélérat qui ait commis un viol ; je suis envoyé pour le châtier.

TAMORA. — Montre-moi mille êtres qui t'aient fait du mal, et je les châtierai tous.

TITUS. — Regarde dans les maudites rues de Rome, et, quand tu trouveras un homme semblable à toi, bon Meurtre, poignarde-le ; c'est un meurtrier !... Toi, va avec lui ; et quand par hasard tu en trouveras un autre qui te ressemble, bon Viol, poignarde-le ; c'est un ravisseur !... Toi, va avec eux ; à la cour de l'empe-

reur, il y a une reine, accompagnée d'un More; tu
pourras la reconnaître aisément à ta propre image,
car elle te ressemble des pieds à la tête; je t'en prie,
inflige-leur quelque mort cruelle, car ils ont été cruels
envers moi et les miens!

TAMORA. — Tu nous as parfaitement instruits;
nous ferons tout cela. Mais veuille d'abord, bon Andronicus, envoyer chercher Lucius, ton fils trois fois
vaillant, qui dirige sur Rome une armée de Goths
belliqueux, et dis-lui de venir banqueter chez toi;
quand il sera ici, à ta fête solennelle, j'amènerai l'impératrice et ses fils, l'empereur lui-même et tous tes
ennemis; et ils s'inclineront et se prosterneront à ta
merci; et tu assouviras sur eux les furies de ton cœur.
Que dit Andronicus de ce projet?

TITUS, *appelant*. — Marcus, mon frère! c'est le
triste Titus qui t'appelle.

Entre Marcus.

Cher Marcus, rends-toi près de ton neveu Lucius;
tu le trouveras au milieu des Goths; dis-lui de venir
chez moi et d'amener avec lui quelques-uns des premiers princes des Goths; dis-lui de faire camper ses
soldats où ils sont; annonce-lui que l'empereur et
l'impératrice festoieront chez moi, et qu'il sera, comme
eux, du festin. Fais cela pour l'amour de moi; et qu'il
fasse ce que je lui dis, s'il tient à la vie de son vieux
père.

MARCUS. — Je vais le faire, et je reviendrai bientôt.
(Il sort.)

TAMORA. — Maintenant je pars pour m'occuper de
ma mission, et j'emmène avec moi mes ministres.

TITUS. — Non, non, que le Meurtre et le Viol restent
avec moi; autrement je te rappelle mon frère, et je ne
veux plus d'autre vengeur que Lucius.

TAMORA, *à part, à ses fils*. — Qu'en dites-vous,
enfants? voulez-vous demeurer près de lui, tandis que
je vais dire à monseigneur l'empereur comment j'ai
gouverné notre comique complot? Cédez à son humeur,
caressez-le, flattez-le, et restez avec lui, jusqu'à mon
retour.

TITUS, *à part.* — Je les connais tous, bien qu'ils me croient fou; et je les attraperai à leurs propres pièges, ces deux infâmes limiers d'enfer, et leur mère.

DÉMÉTRIUS. — Madame, partez comme il vous plaît, laissez-nous ici.

TAMORA. — Au revoir, Andronicus! La Vengeance va maintenant ourdir un complot pour surprendre tes ennemis. *(Elle sort.)*

TITUS. — Je le sais; ainsi, chère Vengeance, au revoir.

CHIRON. — Dis-nous, vieillard, à quoi allons-nous être employés?

TITUS. — Bah! j'ai de l'ouvrage assez pour vous. Publius, ici! Caïus, Valentin!

Entrent Publius et d'autres.

PUBLIUS. — Que voulez-vous?

TITUS. — Connaissez-vous ces deux êtres?

PUBLIUS. — Les fils de l'impératrice, à ce qu'il me semble, Chiron et Démétrius.

TITUS. — Fi, Publius, fi! tu te trompes par trop. L'un est le Meurtre, l'autre s'appelle le Viol! En conséquence garrotte-les, cher Publius; Caïus, Valentin, mettez la main sur eux. Vous m'avez souvent entendu souhaiter cet instant, je le trouve enfin! Donc garrottez-les solidement, et bâillonnez-leur la bouche, s'ils veulent crier. *(Publius et ses compagnons se saisissent de Chiron et de Démétrius. — Titus sort.)*

CHIRON. — Misérables! arrêtez; nous sommes les fils de l'impératrice.

PUBLIUS. — Et c'est pourquoi nous faisons ce qu'il nous commande. Bâillonnez-leur hermétiquement la bouche, qu'ils ne disent pas une parole... Est-il bien attaché?... Ayez soin de les bien attacher.

Rentre Titus Andronicus, accompagné de Lavinia; elle porte un bassin et lui un couteau.

TITUS. — Viens, viens, Lavinia; vois, tes ennemis sont garrottés. Mes maîtres, fermez-leur la bouche, qu'ils ne me parlent pas, mais qu'ils entendent les terribles paroles que je prononce... O scélérats, Chiron et Démétrius! Voilà la source que vous avez souillée de votre fange; voilà le bel été que vous avez mêlé à votre hiver. Vous avez tué son mari; et, pour ce crime infâme, deux de ses frères ont été condamnés à mort; ma main coupée n'a été pour vous qu'un jeu plaisant; ses deux mains, sa langue, et cette chose plus précieuse que mains et que langue, son innocence immaculée, traîtres inhumains, vous les avez violemment ravies. Que diriez-vous, si je vous laissais parler? Scélérats, vous auriez honte d'implorer votre grâce! Écoutez, misérables, comment j'entends vous torturer. Il me reste encore cette main unique pour vous couper la gorge, tandis que Lavinia tiendra entre ses moignons le bassin qui va recevoir votre sang criminel. Vous savez que votre mère doit banqueter avec moi; elle prend le nom de la Vengeance, et me croit fou!... Écoutez, scélérats, je vais broyer vos os, les pulvériser, et, en les mélangeant avec votre sang, j'en ferai une pâte; et de cette pâte je ferai une tourte, que je bourrerai de vos deux têtes infâmes; et je dirai à cette prostituée, à votre maudite mère, de dévorer, comme la terre, son propre produit. Voilà le festin auquel je l'ai conviée, et voilà les mets dont elle sera gorgée; car vous avez traité ma fille plus cruellement que Philomèle; et, plus cruellement que Progné, je me venge. Et maintenant, tendez la gorge... Lavinia, allons, reçois le sang; et, quand ils seront morts, je broierai leurs os en une poudre menue, que j'arroserai de cette odieuse liqueur; et dans cette pâte je ferai cuire leurs ignobles têtes. Allons, allons, que chacun aide à préparer ce banquet, et puisse-t-il être plus sinistre et plus sanglant que le festin des Centaures! *(Il les égorge.)* Maintenant, amenez-les, car je veux être le cuisinier, et faire en sorte qu'ils soient apprêtés quand leur mère viendra. *(Ils sortent.)*

SCÈNE III

Un pavillon devant la maison de Titus.

Entrent Lucius, Marcus *et les* Goths, *avec* Aaron, *prisonnier.*

Lucius. — Oncle Marcus, puisque c'est le désir de mon père que je rentre à Rome, je suis content.

Premier Goth. — Et ton contentement fait le nôtre, quoi qu'il arrive.

Lucius. — Bon oncle, mettez en lieu sûr ce More barbare, ce tigre vorace, ce maudit démon; qu'il ne reçoive aucune nourriture, et enchaînez-le, jusqu'à ce qu'il soit confronté avec l'impératrice, pour attester les forfaits de cette criminelle; et postez en embuscade bon nombre de nos amis; l'empereur, je le crains, ne nous veut pas de bien.

Aaron. — Puisse quelque démon murmurer des imprécations à mon oreille et me souffler, en sorte que ma langue puisse exhaler le venin de haine dont mon cœur est gonflé!

Lucius. — Hors d'ici, chien inhumain! misérable impie! Mes maîtres, aidez mon oncle à l'emmener. (*Les Goths sortent emmenant Aaron. Fanfare.*) Les trompettes annoncent que l'empereur est proche.

> *Nouvelle fanfare. Entrent Saturninus, Tamo-*
> *ra, les tribuns et autres.*

Saturninus. — Eh quoi! le firmament a-t-il plus d'un soleil?

Lucius. — Tu te donnes pour un soleil! A quoi bon?

Marcus. — Empereur de Rome, et vous, neveu, entamez le pourparler. Cette querelle doit être paisiblement débattue. Il est prêt, le festin que l'attentif Titus a ordonné dans une honorable intention, pour la paix, pour l'amour, pour l'union, pour le bonheur de Rome. Veuillez donc avancer et prendre vos places.

SATURNINUS. — Volontiers, Marcus.

> *Hautbois. Les convives prennent place.*
> *Entrent Titus habillé en cuisinier, Lavinia,*
> *voilée, le jeune Lucius et d'autres. Titus pose*
> *un plat sur la table.*

TITUS. — Salut, mon gracieux seigneur; salut, reine redoutée! Salut, Goths belliqueux; salut, Lucius; salut tous!... Si pauvre que soit la chère, elle rassasiera vos appétits; veuillez manger.

SATURNINUS. — Pourquoi t'es-tu ainsi vêtu, Andronicus ?

TITUS. — Pour m'assurer par moi-même que rien ne manque pour fêter dignement Votre Altesse et votre impératrice.

TAMORA. — Nous vous en sommes reconnaissants, bon Andronicus.

TITUS. — Si Votre Altesse connaissait mon cœur, vous le seriez en effet. Monseigneur l'empereur, résolvez-moi ceci : l'impétueux Virginius a-t-il bien fait de tuer sa fille de sa propre main parce qu'elle avait été violée, souillée et déflorée ?

SATURNINUS. — Il a bien fait, Andronicus.

TITUS. — Votre raison, puissant seigneur ?

SATURNINUS. — Parce que sa fille ne devait pas survivre à sa honte, et renouveler sans cesse par sa présence les douleurs de Virginius.

TITUS. — Voilà une raison puissante, forte et décisive. Un tel exemple, un tel précédent, est une vivante exhortation pour moi, le plus misérable des hommes, à agir de même. Meurs, meurs, Lavinia, et ta honte avec toi, et avec ta honte, la douleur de ton père! *(Il tue Lavinia.)*

SATURNINUS. — Qu'as-tu fait, père dénaturé et inhumain ?

TITUS. — J'ai tué celle qui m'a aveuglé de mes larmes; je suis aussi malheureux que Virginius; et j'ai mille raisons de plus que lui pour consommer cet acte de violence; et maintenant le voilà consommé.

SATURNINUS. — Quoi! est-ce qu'elle a été violée ? dis-nous qui a commis cet acte.

TITUS. — Daignez manger! Votre Altesse daignera-t-elle prendre de la nourriture ?

TAMORA. — Pourquoi as-tu tué ainsi ta fille unique ?

TITUS. — Ce n'est pas moi qui l'ai frappée, c'est Chiron et Démétrius; ils l'ont violée, ils lui ont coupé la langue; ce sont eux, ce sont eux qui lui ont causé tous ces maux.

SATURNINUS. — Qu'on aille les chercher immédiatement.

TITUS. — Eh! ils sont là tous deux, rôtis dans ce pâté, dont leur mère s'est si bien régalée, mangeant ainsi la chair qu'elle-même a engendrée. C'est la vérité, c'est la vérité; j'en atteste la pointe affilée de ce couteau. *(Il tue Tamora.)*

SATURNINUS. — Meurs, frénétique misérable, pour cette maudite action. *(Il tue Titus.)*

LUCIUS. — Le fils peut-il voir d'un œil calme couler le sang de son père ? Rétribution pour rétribution, mort pour coup de mort. *(Il tue Saturninus. La foule se disperse terrifiée.)*

MARCUS. — O vous, hommes à la mine consternée, gens et fils de Rome, que ce tumulte disperse comme un essaim d'oiseaux chassés par les vents et par les rafales de la tempête, laissez-moi vous apprendre le moyen de réunir ces épis disséminés en une gerbe unique, ces membres séparés en un seul corps.

UN SEIGNEUR ROMAIN. — Oui, empêchons que Rome ne soit le fléau d'elle-même, et que cette cité, devant laquelle s'inclinent de puissants royaumes, ne fasse comme le proscrit abandonné et désespéré en commettant sur elle-même de honteuses violences. Mais, si ces signes d'une vieillesse chenue, si ces rides de l'âge, graves témoins de ma profonde expérience, ne peuvent commander votre attention, écoutez cet ami chéri de Rome. *(A Lucius.)* Parlez, comme autrefois notre ancêtre, quand dans un langage solennel il fit, à l'oreille tristement attentive de Didon malade d'amour, le récit de cette nuit sinistre et flamboyante où les Grecs subtils surprirent la Troie du roi Priam; dites-nous quel Sinon a enchanté nos oreilles, et comment a été introduit ici l'engin fatal qui porte à notre Troie, à notre Rome, la blessure intestine. Mon cœur n'est pas de roche, ni d'acier; et je ne puis rappeler toutes nos douleurs amères sans que des flots de larmes noient mon récit en me coupant la parole, au moment même où il provoquerait le plus votre attention et exciterait votre plus tendre commisération. Voici un capitaine; qu'il fasse lui-même ce récit; vos cœurs sangloteront et gémiront à ses paroles.

Lucius. — Sachez donc, nobles auditeurs, que les infâmes Chiron et Démétrius sont ceux qui ont assassiné le frère de notre empereur, et que ce sont eux qui ont violé notre sœur : pour leurs horribles crimes nos frères ont été décapités; les larmes de notre père ont été méprisées; on lui a lâchement ravi cette loyale main qui avait lutté jusqu'au bout pour la cause de Rome et envoyé ses ennemis dans la tombe; moi-même enfin, j'ai été injustement banni; les portes ont été fermées sur moi, et, tout éploré, j'ai été chassé, pour aller mendier du secours chez les ennemis de Rome, qui ont noyé leur inimitié dans mes larmes sincères, et m'ont accueilli à bras ouverts comme un ami. Et, sachez-le, c'est moi, proscrit, qui ai assuré le salut de Rome au prix de mon sang; j'ai détourné de son sein le glaive ennemi, au risque d'en plonger la lame dans ma poitrine aventureuse. Hélas! vous le savez, je ne suis pas un fanfaron, moi; mes cicatrices peuvent attester, toutes muettes qu'elles sont, que mon affirmation est juste et pleine de vérité. Mais doucement. Il me semble que je fais une digression excessive en chantant ma louange, moi, indigne. Oh! pardonnez-moi; les hommes font eux-mêmes leur éloge, quand ils n'ont pas près d'eux d'amis qui le fassent.

Marcus. — Maintenant c'est à moi de parler. Voyez cet enfant. *(Il montre l'enfant qu'un serviteur porte dans ses bras.)* Tamora l'a mis au monde; il est l'engeance d'un More impie, principal artisan et promoteur de tous ces maux. Le scélérat est vivant, dans la maison de Titus, pour attester, tout damné qu'il est, que telle est la vérité. Jugez maintenant si Titus a eu raison de se venger de ces outrages inexprimables et intolérables qui dépassent tout ce qu'un vivant peut supporter. Maintenant que vous avez entendu la vérité, que dites-vous, Romains ? Avons-nous eu aucun tort ? Montrez-nous en quoi, et, de cette hauteur même où vous nous voyez en ce moment, nous, les pauvres restes de la famille d'Andronicus, nous allons nous précipiter, tête baissée, la main dans la main, pour broyer nos cervelles sur le pavé rugueux et consommer tout d'un coup la ruine de notre maison. Parlez, Romains, parlez, dites un mot, et Lucius et moi, la main dans la main, comme vous voyez, nous nous précipitons.

ÆMILIUS. — Viens, viens, vénérable Romain, et amène doucement notre empereur par la main, notre empereur Lucius ; car je suis bien sûr que toutes les voix vont le nommer par acclamation.

MARCUS. — Salut, Lucius ! royal empereur de Rome ! *(Aux serviteurs.)* Allez, allez dans la maison désolée du vieux Titus, et traînez ici ce More mécréant, pour qu'il soit condamné à quelque mort affreuse et sanglante, en punition de son exécrable vie.

LES ROMAINS. — Salut à Lucius, le gracieux gouverneur de Rome !

LUCIUS. — Merci, nobles Romains ! puissé-je gouverner de manière à guérir les maux de Rome et à effacer ses malheurs ! Mais, cher peuple, donnez-moi un peu de répit, car la nature m'impose une pénible tâche... Rangez-vous tous... Vous, mon oncle, approchez pour verser des larmes obséquieuses sur ce cadavre ! Oh ! reçois ce baiser brûlant sur tes lèvres pâles et froides ! *(Il embrasse Titus.)* Reçois sur ton visage sanglant ces larmes douloureuses, dernier et sincère hommage de ton noble fils !

MARCUS, *se penchant sur le cadavre*. — Larmes pour larmes, baisers pour baisers d'amour ! Ton frère Marcus prodigue tout cela à tes lèvres. Ah ! quand le tribut de baisers que je te dois serait illimité et infini, je voudrais encore le payer !

LUCIUS, *à son fils*. — Viens ici, enfant, viens, viens, et apprends de nous à fondre en larmes. Ton grand-père t'aimait bien. Que de fois il t'a fait danser sur son genou, et t'a bercé sur sa poitrine aimante, devenue ton oreiller! Que de récits il t'a contés qui convenaient et plaisaient à ton enfance! En reconnaissance, comme un fils affectueux, laisse tomber quelques petites larmes de ton tendre printemps, car c'est ce que te demande la bonne nature; les parents s'associent aux parents dans le chagrin et le malheur; dis-lui adieu, confie-le à la tombe, donne-lui ce gage de tendresse, et prends congé de lui.

LE JEUNE LUCIUS. — O grand-père, grand-père! c'est de tout mon cœur que je voudrais mourir, pour que vous revinssiez à la vie!... O seigneur, je ne puis lui parler à force de sangloter; mes larmes m'étouffent, si j'ouvre la bouche.

Entrent des serviteurs amenant Aaron.

PREMIER ROMAIN. — Vous, tristes Andronicus, finissez-en avec les calamités. Prononcez l'arrêt de cet exécrable scélérat, qui a été le promoteur de ces terribles événements.

LUCIUS. — Qu'on l'enfonce jusqu'à la poitrine dans la terre, et qu'on l'affame; qu'il reste là, réclamant avec rage des aliments; quiconque le secourra ou aura pitié de lui mourra pour cette seule offense. Voilà notre arrêt; que quelques-uns demeurent pour veiller à ce qu'il soit enfoui dans la terre.

AARON. — Oh! pourquoi la colère est-elle silencieuse, et la furie muette? Je ne suis pas un enfant, moi, pour avoir recours à de basses prières et me repentir des méfaits que j'ai commis. J'en commettrais dix mille, pires encore, si je pouvais agir à ma volonté; si dans toute ma vie j'ai fait une bonne action, je m'en repens du fond de l'âme.

LUCIUS. — Que quelques amis dévoués emportent d'ici l'Empereur, et lui donnent la sépulture dans le tombeau de son père. Mon père et Lavinia vont être sur-le-champ déposés dans le monument de notre famille. Pour cette odieuse tigresse, Tamora, pas de rite funèbre, pas une créature en deuil, pas une cloche mortuaire sonnant à son enterrement; mais qu'on la jette aux bêtes féroces et aux oiseaux de proie! Elle

a vécu comme une bête féroce, sans pitié; morte, elle
ne trouvera pas de pitié. Veillez à ce qu'il soit fait
justice d'Aaron ce More maudit, qui a été l'auteur de
nos maux accablants; ensuite nous rétablirons l'ordre
dans l'État, pour empêcher que des événements pareils
n'amènent un jour sa ruine. *(Ils sortent.)*

JULES CÉSAR

NOTICE
SUR
JULES CÉSAR

Si elle a été discutée, la paternité de *Jules César* est à l'heure actuelle incontestée. La pièce fut publiée pour la première fois dans le Folio de 1623. Elle a dû être représentée en 1599 ou en 1600. César est le personnage auquel on trouve les plus nombreuses allusions dans le théâtre de Shakespeare. Il devait fasciner le poète, comme il avait fasciné avant lui prédécesseurs et contemporains, sur le continent et en Angleterre [1].

L'œuvre est sévère, peu faite, au premier abord, pour plaire, pleine de complots, de meurtres et de batailles. Elle est mal composée, ou plutôt sa composition subtile est défendable, mais le manque d'unité peut laisser d'abord le lecteur perplexe. César meurt au début de l'acte III, et, malgré l'apparition de son fantôme à la fin de l'acte IV, il faut quelque ingéniosité pour voir en lui le héros de la tragédie.

Mais lorsqu'on la voit jouer, les « faiblesses » de la pièce — si ce sont des faiblesses — ne frappent point. Les événements se déroulent dramatiques et logiquement enchaînés; les personnages que Shakespeare a trouvés dans Plutarque sont des hommes dont la vérité s'impose à nous. A chaque reprise de la pièce, on y découvre de nouvelles beautés, des idées qu'on y avait à peine soupçonnées. Est-elle fidèle à

1. Citons la pièce latine de Marc-Antoine Muret, *Julius Caesar*, publiée en 1553, le *César* de Jacques Grévin écrit en 1558 et joué en 1561, la *Cornelia* de Robert Garnier (1574) qui fut traduite en anglais par Kyd (1594), et en Angleterre une *Histoire de César et Pompée* qui ne nous est pas parvenue mais dont Stephen Gosson parle en 1582, un *César et Pompée* que nous n'avons pas lui non plus et qui, d'après le *Journal d'Henslowe*, aurait été joué en novembre 1594.

l'histoire ? Pas toujours. Comme à son ordinaire, Shakespeare s'est écarté de Plutarque pour toutes sortes de raisons. Il condense, resserre en un jour ce qui s'était déroulé durant deux ou trois semaines. Il place dans la même journée l'assassinat de César, les discours prononcés sur son cadavre et l'arrivée d'Octave. Le meurtre a pour théâtre le Capitole, ce qui parlait plus à l'imagination du public que le portique de Pompée où en réalité l'événement eut lieu.

Surtout il interprète les Romains que lui fournit l'écrivain grec. Son Jules César est pâle, faible, sénile, a-t-on pu dire, et cela pour que Brutus apparaisse moins coupable, et plus noble par contraste. Le drame condamne Brutus, puisque l'histoire l'avait condamné, mais le personnage reste admirable à côté d'un César qui en vérité ne l'est guère.

Brutus n'est sans doute pas rigoureusement authentique lui non plus. On a pu le comparer à Hamlet, parce que l'un et l'autre sont des hommes de pensée jetés dans l'action. Brutus tue un homme qu'il aime, qui est son ami, — peut-être son père, — non pour le mal qu'il a fait, mais pour celui qu'il pourrait faire, ce qui est déconcertant, dit Coleridge. C'est un personnage complexe; il a au fond de son cœur l'orgueil d'une vertu célèbre qui lui fait forcer un peu sa nature. Les conjurés désirent le persuader de se joindre à eux à cause de cette vertu qui justifie leur dessein à leurs propres yeux et à ceux des autres. Sa générosité imprudente à l'égard de Marc Antoine vient de cette orgueilleuse vertu. L'oraison funèbre qu'il prononce, brève, sèche, honnête, — et en prose, — forme un contraste éclatant avec celle du grand tribun éloquent et mélodramatique à laquelle le vers donne force et séduction : on le voit aux résultats, lorsque la foule se soulève et se rue à la recherche de Brutus et de ses amis.

Aux côtés de Brutus, Cassius reste l'homme moyen, l'homme politique ordinaire, l'envieux qui ne peut souffrir de voir des êtres au-dessus de lui, le jaloux trop maigre qui inquiète César. L'amitié que lui porte Brutus l'ennoblit pourtant et il mérite sans doute l'éloge bref que, sur le champ de bataille de Philippes, son ami prononce sur son cadavre.

C'est Antoine qui domine la seconde partie de la tragédie. Rompu à flatter les grands et à séduire les foules, aristocrate méprisant, brave et dissolu, il sait toucher, sans estimer ceux qu'il touche. Il aime César, et le laisse voir lorsqu'il est seul un instant devant son corps. Il serait supérieur à tous, s'il n'avait en face de lui le froid Octave, l'adversaire de demain.

On pourrait oublier qu'il y a des femmes dans cette pièce austère. Mais Shakespeare se devait de peindre au moins une matrone romaine. Calphurnia, la femme de César, reste vague. Portia, l'épouse de Brutus, fière d'être la fille de Caton, est aussi noble que la Portia de Plutarque. C'est une âme forte dans un corps trop frêle. Si elle est capable de se faire une profonde blessure pour prouver à son époux qu'elle est digne de lui, elle ne peut résister à l'inquiétude dont il est la cause et à la menace qu'elle sent rôder. Sa mort nous fait comprendre l'amour qui l'unissait à Brutus.

Il y a dans la pièce un fantôme. Ce fantôme est chez Plutarque qui le présente comme « le mauvais génie de Brutus ». Shakespeare le rend plus dramatique en lui donnant l'apparence de César. Il devient ainsi le symbole du remords et du châtiment, liant le passé et l'avenir, annonçant la défaite de demain. Après l'avoir vu, Brutus marche vers son destin avec une sérénité qui le grandit encore.

Cette tragédie est-elle plus élisabéthaine que romaine ? On l'a dit et il paraît difficile de le nier complètement. Mais il faut ajouter que cette Rome que Shakespeare évoque avec ses présages, quelques monuments, les noms historiques que le public de l'époque pouvait connaître, où il fait régner une trouble atmosphère qui, jusqu'au moment du meurtre de César, se transforme peu à peu en terreur, cette Rome incontestablement existe, s'impose au spectateur comme au lecteur. Et puis si les héros du poète sont moins romains que ceux de Plutarque ou de Corneille, ils sont vrais d'une vérité éternelle et inoubliables.

PERSONNAGES

MARCUS BRUTUS.
JULES CÉSAR.
ANTOINE,
OCTAVE CÉSAR, } triumvirs après la mort de César.
LÉPIDE,
CASSIUS,
CASCA,
TRÉBONIUS,
LIGARIUS, } conjurés.
DÉCIUS BRUTUS,
MÉTELLUS CIMBER,
CINNA,
FLAVIUS et MARULLUS, tribuns.
CICÉRON,
PUBLIUS, } sénateurs.
POPILIUS LÉNA,
ARTÉMIDORE, sophiste de Cnide.
UN DEVIN.
CINNA, poète.
UN AUTRE POÈTE.
LUCILIUS, TITINIUS, MESSALA, LE JEUNE CATON,
    VOLUMNIUS, amis de Brutus et de Cassius.
VARRON, CLITUS, CLAUDIUS, STRATON, LUCIUS,
    DARDANIUS, serviteurs de Brutus.
PINDARUS, serviteur de Cassius.

PORTIA, femme de Brutus.
CALPHURNIA, femme de César.

SÉNATEURS, CITOYENS, GARDES, GENS DE SERVICE.

La scène est d'abord à Rome, puis à Sardes,
et enfin à Philippes.

ACTE PREMIER

SCÈNE PREMIÈRE

Rome. Une rue.

Entrent FLAVIUS, MARULLUS *et une bande de citoyens.*

FLAVIUS. — Hors d'ici! Au logis, paresseux que vous êtes! Rentrez au logis. Est-ce fête aujourd'hui ? Eh! ne savez-vous pas qu'étant artisans vous ne devez pas sortir un jour ouvrable, sans les insignes de votre profession ?... Parle, toi : de quel métier es-tu ?

PREMIER CITOYEN. — Moi, monsieur ? Charpentier.

MARULLUS. — Où est ton tablier de cuir ? et ta règle ? Que fais-tu ici dans tes plus beaux habits ?... Et vous, monsieur, de quel métier êtes-vous ?

DEUXIÈME CITOYEN. — Ma foi, monsieur, comparé à un ouvrier dans le beau, je ne suis, comme vous diriez, qu'un savetier.

MARULLUS. — Mais quel est ton métier ?... Réponds-moi nettement.

DEUXIÈME CITOYEN. — Un métier, monsieur, que je puis exercer, j'espère, en toute sûreté de conscience : je fais aller les mauvaises mules.

MARULLUS. — Quel métier, drôle ? Mauvais drôle, quel métier ?

DEUXIÈME CITOYEN. — Eh! je vous en supplie, monsieur, ne vous mettez pas ainsi hors de vous. Au fait, si vous vous détraquez, je puis vous remettre en état.

MARULLUS. — Qu'entends-tu par là ? Me remettre en état, insolent !

DEUXIÈME CITOYEN. — Eh mais, monsieur, vous ressemeler.

FLAVIUS. — Tu es donc savetier ? L'es-tu ?

DEUXIÈME CITOYEN. — Ma foi, monsieur, c'est mon alène qui me fait vivre : je ne me mêle des affaires des gens, hommes ou femmes, que par l'alène. Je suis en effet, monsieur, chirurgien de vieilles chaussures: quand elles sont en grand danger, je les recouvre. Les hommes les plus respectables qui aient jamais foulé cuir de vache ont fait leur chemin sur mon ouvrage.

FLAVIUS. — Mais pourquoi n'es-tu pas dans ton échoppe aujourd'hui ? Pourquoi mènes-tu ces gens-là à travers les rues ?

DEUXIÈME CITOYEN. — Ma foi, monsieur, pour user leurs souliers et me procurer plus de travail. Mais, en vérité, monsieur, nous chômons aujourd'hui pour voir César et nous réjouir de son triomphe.

MARULLUS. — Pourquoi vous réjouir ? Quelles conquêtes nous rapporte-t-il ? Quels sont les tributaires qui le suivent à Rome pour orner, captifs enchaînés, les roues de son chariot ? Bûches que vous êtes ! Têtes de pierre, pires que des êtres insensibles ! O cœurs endurcis ! cruels fils de Rome, est-ce que vous n'avez pas connu Pompée ? Bien des fois vous avez grimpé aux murailles, aux créneaux, aux tours, aux fenêtres, et jusqu'au faîte des cheminées, vos enfants dans vos bras, et, ainsi juchés, vous avez attendu patiemment toute une longue journée, pour voir le grand Pompée traverser les rues de Rome ! Et dès que seulement vous voyiez apparaître son chariot, vous poussiez d'une voix unanime une telle acclamation que le Tibre tremblait au fond de son lit à entendre l'écho de vos cris répété par les cavernes de ses rives ! Et aujourd'hui vous vous couvrez de vos plus beaux habits ! Et aujourd'hui vous vous mettez en fête ! Et aujourd'hui vous jetez des fleurs sur le passage de celui qui marche triomphant dans le sang de Pompée ! Allez-vous-en. Courez à vos maisons ! Tombez à genoux ! Priez les Dieux de suspendre le fléau qui doit s'abattre sur une telle ingratitude.

FLAVIUS. — Allez ! allez, mes bons compatriotes, et, en expiation de votre faute, assemblez tous les pauvres gens de votre sorte; menez-les au bord du Tibre, et gonflez ses eaux de vos larmes, jusqu'à ce que le plus infime de ses flots vienne baiser la plus haute de ses rives. *(Les citoyens sortent.)* Voyez comme leur grossier métal s'est laissé toucher. Ils s'évanouissent, la langue enchaînée dans le remords. Allez par là au Capitole; moi, j'irai par ici. Dépouillez les statues, si vous les voyez parées d'ornements sacrés.

MARULLUS. — Le pouvons-nous ? Vous savez que c'est la fête des Lupercales.

FLAVIUS. — N'importe! Ne laissez sur aucune statue les trophées de César. Je vais en chemin chasser la foule des rues; faites-en autant là où vous la verrez s'amasser. Arrachons les plumes naissantes de l'aile de César, et il ne prendra qu'un ordinaire essor; sinon, il s'élèvera à perte de vue, et nous tiendra tous dans une servile terreur. *(Ils sortent.)*

SCÈNE II

La Voie sacrée.

Entrent en procession, au son de la musique, CÉSAR, ANTOINE *paré pour la course,* CALPHURNIA, PORTIA, DÉCIUS, CICÉRON, BRUTUS, CASSIUS *et* CASCA, *suivis d'une foule de gens du peuple, dans laquelle se trouve* UN DEVIN.

CÉSAR. — Calphurnia!

CASCA. — Holà! silence! César parle. *(La musique cesse.)*

CÉSAR. — Calphurnia!

CALPHURNIA. — Me voici, monseigneur.

CÉSAR. — Tenez-vous sur le passage d'Antoine, quand il accomplira sa course... Antoine!

ANTOINE. — César ? Monseigneur ?

CÉSAR. — N'oubliez pas dans votre hâte, Antoine, de toucher Calphurnia. Car nos anciens disent que les femmes infécondes, touchées dans ce saint élan, secouent le charme qui les stérilise.

Antoine. — Je m'en souviendrai. Quand César dit : *Faites ceci*, c'est fait.

César. — En avant! et qu'on n'omette aucune cérémonie! *(Musique.)*

Le Devin, *dans la foule.* — César!

César. — Hé! qui appelle ?

Casca. — Faites taire tout bruit... Silence, encore une fois!

La musique cesse.

César. — Qui m'appelle dans la foule ? J'entends une voix, qui domine la musique, crier : *César!...* Parle! César est prêt à écouter.

Le Devin. — Prends garde aux Ides de Mars.

César. — Quel est cet homme ?

Brutus. — Un devin. Il vous dit de prendre garde aux Ides de Mars.

César. — Amenez-le devant moi, que je voie son visage!

Cassius, *au devin.* — Compagnon, sors de la foule : lève les yeux sur César.

Le devin s'avance.

César. — Qu'as-tu à me dire à présent ? Parle de nouveau.

Le Devin. — Prends garde aux Ides de Mars.

César. — C'est un rêveur : laissons-le... Passons. *(Symphonie. Tous sortent, excepté Brutus et Cassius.)*

Cassius. — Venez-vous voir l'ordre de la course ?

Brutus. — Moi ? non.

Cassius. — Je vous en prie, venez.

Brutus. — Je n'aime pas les jeux... Il me manque un peu de cet esprit folâtre qui est dans Antoine. Que je ne contrarie pas vos désirs, Cassius! Je vous laisse.

Cassius. — Brutus, je vous observe depuis quelque temps. Je ne trouve plus dans vos yeux cette affabilité, cet air de tendresse que j'y trouvais naguère. Vous traitez avec trop de froideur et de réserve votre ami qui vous aime.

Brutus. — Cassius, ne vous y trompez pas. Si j'ai

le front voilé, c'est que mon regard troublé se tourne
sur moi-même. Je suis agité depuis peu par des sentiments contraires, par des préoccupations toutes per-
sonnelles, et peut-être cela a-t-il altéré mes manières;
mais que mes bons amis (et vous êtes du nombre,
Cassius) n'en soient pas affligés; qu'ils ne voient dans
ma négligence qu'une inadvertance du pauvre Brutus
qui, en guerre avec lui-même, oublie de témoigner aux
autres son affection!

CASSIUS. — Je me suis donc bien trompé, Brutus,
sur vos sentiments; et cette méprise est cause que j'ai
enseveli dans mon cœur des pensées d'une grande
importance, de sérieuses méditations. Dites-moi, bon
Brutus : pouvez-vous voir votre visage ?

BRUTUS. — Non, Cassius; car l'œil ne se voit que
réfléchi par un autre objet.

CASSIUS. — C'est juste. Et l'on déplore grandement,
Brutus, que vous n'ayez pas de miroir qui reflète à vos
yeux votre mérite caché et vous fasse voir votre image.
J'ai entendu les personnages les plus respectables de
Rome, l'immortel César excepté, parler de Brutus, et,
gémissant sous le joug qui accable notre génération,
souhaiter que le noble Brutus eût des yeux.

BRUTUS. — Dans quel danger voulez-vous m'entraîner, Cassius, que vous me pressez ainsi de chercher
en moi-même ce qui n'y est pas ?

CASSIUS. — Préparez-vous donc à m'écouter, bon
Brutus; et puisque vous vous reconnaissez incapable
de bien vous voir sans réflecteur, je serai, moi, votre
miroir, et je vous révélerai discrètement à vous-même
ce que vous ne connaissez pas de vous-même. Et ne
vous défiez pas de moi, doux Brutus. Si je suis un
farceur vulgaire; si j'ai coutume de prostituer les serments d'une affection banale au premier flagorneur
venu; si vous me regardez comme un homme qui
cajole les gens, les serre dans ses bras et les déchire
ensuite, comme un homme qui, dans un banquet, fait
profession d'aimer toute la salle, alors tenez-moi pour
dangereux. *(Fanfares et acclamations au loin.)*

BRUTUS. — Que signifie cette acclamation ? Je crains
que le peuple ne choisisse César pour son roi.

CASSIUS. — Ah! vous le craignez? Je dois donc croire que vous ne le voudriez pas.

BRUTUS. — Je ne le voudrais pas, Cassius; et pourtant j'aime bien César... Mais pourquoi me retenez-vous ici si longtemps? Qu'avez-vous à me confier? Si c'est du bien public qu'il s'agit, montrez-moi d'un côté l'honneur, de l'autre la mort, et je les considérerai l'une et l'autre avec le même sang-froid... Et puisse la protection des Dieux me manquer, si je n'aime pas le nom d'honneur plus que je ne crains la mort!

CASSIUS. — Je vous connais cette vertu, Brutus, comme je connais vos traits extérieurs. Eh bien! c'est d'honneur que j'ai à vous parler. Je ne saurais dire ce que vous et les autres hommes vous pensez de cette vie; mais, quant à moi, j'aimerais autant n'être pas que de vivre pour craindre une créature comme moi-même. Je suis né libre comme César; vous aussi. Nous avons été nourris tous deux, et nous pouvons tous deux supporter le froid de l'hiver aussi bien que lui. Une fois, par un jour gris et orageux où le Tibre agité se soulevait contre ses rives, César me dit : *Oserais-tu, Cassius, te jeter avec moi dans ce courant furieux, et nager jusqu'à ce point là-bas ?* Sur ce mot, accoutré comme je l'étais, je plongeai, et le sommai de me suivre; ce qu'il fit en effet. Le torrent rugissait; nous le fouettions de nos muscles robustes, l'écartant et le refoulant avec des cœurs acharnés. Mais avant que nous pussions atteindre le point désigné, César cria : *Au secours, Cassius, ou je me noie!* De même qu'Énée, notre grand ancêtre, prit sur ses épaules le vieil Anchise et l'enleva des flammes de Troie, moi, j'enlevai des vagues du Tibre César épuisé. Et cet homme est aujourd'hui devenu un Dieu! Et Cassius est une misérable créature qui doit se courber, si César lui fait nonchalamment un signe de tête! Il eut une fièvre, quand il était en Espagne; et, quand l'accès le prenait, j'ai remarqué comme il tremblait; c'est vrai : ce Dieu tremblait! Ses lèvres couardes avaient abandonné leurs couleurs, et cet œil, dont un mouvement intimide l'univers, avait perdu son lustre. Je l'ai entendu gémir; oui! et cette langue qui tient les Romains aux écoutes,

et dicte toutes ses paroles à leurs annales, hélas! elle
criait : *Donnez-moi à boire, Titinius!* comme une fillette
malade. O Dieux, je suis stupéfait qu'un homme de si
faible trempe soit le premier de ce majestueux univers et remporte seul la palme. *(Fanfares. Acclamations.)*

BRUTUS. — Une autre acclamation! Je crois qu'on
applaudit à de nouveaux honneurs qui accablent César.

CASSIUS. — Eh! ami, il enjambe cet étroit univers
comme un colosse; et nous autres, hommes chétifs,
nous passons sous ses jambes énormes et nous fure-
tons partout pour trouver des tombes déshonorées.
Les hommes, à de certains moments, sont maîtres de
leurs destinées. Si nous ne sommes que des subalternes,
cher Brutus, la faute en est à nous et non à nos étoiles.
Brutus, César! Qu'y a-t-il dans ce César ? Pourquoi
ce nom résonnerait-il plus haut que le vôtre ? Écrivez-
les tous deux, le vôtre est aussi beau; prononcez-les,
il est aussi gracieux à la bouche; pesez-les, il est d'un
poids égal; employez-les à une incantation, Brutus
évoquera un esprit aussi vite que César. Eh bien, au
nom de tous les Dieux, de quoi se nourrit notre César
pour être devenu si grand ? Siècle, tu es dans la
honte! Rome, tu as perdu la race des nobles cœurs!
Quel est, depuis le grand déluge, le siècle qui n'ait été
glorifié que par un homme ? Jusqu'à présent, quand
a-t-on pu dire en parlant de Rome que son vaste pro-
menoir ne contenait qu'un homme ? Est-ce bien Rome,
la grande cité ? Au fait, elle est assez grande s'il ne s'y
trouve qu'un seul homme. Oh! nous avons ouï dire
à nos pères, vous et moi, qu'il fut jadis un Brutus qui
eût laissé dominer Rome par l'éternel démon aussi
volontiers que par un roi!

BRUTUS. — Que vous m'aimiez, c'est ce dont je ne
doute point. Où vous voudriez m'amener, je l'entre-
vois. Ce que je pense de ceci et de cette époque, je
le révélerai plus tard. Pour le moment, je voudrais,
et je m'adresse à vous en toute affection, ne pas être
pressé davantage. Ce que vous avez dit, je l'examine-
rai; ce que vous avez à dire, je l'écouterai avec patience; et je trouverai un moment opportun pour cau-

ser entre nous de ces grandes choses. Jusqu'alors, mon
noble ami, ruminez ceci : Brutus aimerait mieux être
un villageois que se regarder comme un fils de Rome,
aux dures conditions que ces temps vont probablement nous imposer.

CASSIUS. — Je suis bien aise que mes faibles paroles
aient du moins fait jaillir de Brutus cette étincelle.

Rentrent César et son cortège.

BRUTUS. — Les jeux sont terminés, et César revient.

CASSIUS. — Quand ils passeront, tirez Casca par la
manche, et il vous dira, à sa piquante manière, ce qui
s'est passé de remarquable aujourd'hui.

BRUTUS. — Oui, je le ferai... Mais voyez donc, Cassius! le signe de la colère éclate au front de César, et
tous ceux qui le suivent ont l'air de gens grondés.
La joue de Calphurnia est pâle; et Cicéron a les yeux
d'un furet, ces yeux enflammés que nous lui avons vus
au Capitole quand il était contredit dans les débats
par quelque sénateur.

CASSIUS. — Casca nous dira de quoi il s'agit.

CÉSAR. — Antoine!

ANTOINE. — César?

CÉSAR. — Je veux près de moi des hommes gras,
des hommes à la face luisante et qui dorment les nuits.
Ce Cassius, là-bas, a l'air maigre et famélique; il pense
trop. De tels hommes sont dangereux.

ANTOINE. — Ne le craignez pas, César; il n'est pas
dangereux : c'est un noble Romain, et bien disposé.

CÉSAR. — Je voudrais qu'il fût plus gras, mais je
ne le crains point. Pourtant, si ma gloire était accessible à la crainte, je ne sais quel homme j'éviterais
aussi volontiers que ce sec Cassius. Il lit beaucoup, il
est grand observateur, et il voit clairement à travers
les actions des hommes. Il n'aime pas les jeux, comme
toi, Antoine; il n'écoute pas la musique; rarement il
sourit, et il sourit de telle sorte qu'il semble se moquer
de lui-même et mépriser son humeur de s'être laissé
entraîner à sourire de quelque chose. Des hommes tels
que lui n'ont jamais le cœur à l'aise, tant qu'ils voient

un plus grand qu'eux-mêmes : et voilà pourquoi ils sont fort dangereux. Je te dis ce qui est à craindre plutôt que ce que je crains, car je suis toujours César. Passe à ma droite, car je suis sourd de cette oreille, et dis-moi sincèrement ce que tu penses de lui. *(César sort avec son cortège. — Casca seul reste avec Brutus et Cassius.)*

CASCA. — Vous m'avez tiré par mon manteau : voudriez-vous me parler ?

BRUTUS. — Oui, Casca. Dites-nous : qu'est-il arrivé aujourd'hui, que César a l'air si morose ?

CASCA. — Mais vous étiez avec lui, n'est-ce pas ?

BRUTUS. — En ce cas, je ne demanderais pas à Casca ce qui est arrivé.

CASCA. — Eh bien, on lui a offert une couronne; et, au moment où on la lui offrait, il l'a repoussée avec le revers de sa main, comme ceci; et alors le peuple a poussé une acclamation.

BRUTUS. — Et pourquoi le second cri ?

CASCA. — Eh! pour la même raison.

CASSIUS. — Ils ont vociféré trois fois... Pourquoi la dernière ?

CASCA. — Eh! pour la même raison.

BRUTUS. — Est-ce que la couronne lui a été offerte trois fois ?

CASCA. — Oui, morbleu! Et il l'a repoussée trois fois, mais chaque fois plus mollement; et à chaque refus mes honnêtes voisins acclamaient.

CASSIUS. — Qui lui a offert la couronne ?

CASCA. — Eh! Antoine.

BRUTUS. — Dites-nous de quelle manière, aimable Casca.

CASCA. — Je pourrais aussi bien m'aller pendre que vous le dire. C'était une pure bouffonnerie : je n'y ai pas fait attention. J'ai vu Marc Antoine lui offrir une couronne; encore n'était-ce pas une couronne, c'était une de ces guirlandes, vous savez; et, comme je vous l'ai dit, il l'a repoussée une fois; mais malgré tout, à mon idée, il avait grande envie de la prendre. Alors, l'autre la lui a offerte de nouveau; alors, il l'a repoussée de nouveau; mais, à mon idée,

il avait beaucoup de peine à en écarter ses doigts. Et
alors l'autre la lui a offerte pour la troisième fois;
pour la troisième fois il l'a repoussée; et toujours, à
chaque refus, les badauds vociféraient, et claquaient
des mains, et faisaient voler leurs bonnets de nuit
crasseux, et, parce que César refusait la couronne,
exhalaient une telle quantité d'haleines infectes que
César en a été presque suffoqué; car il s'est évanoui,
et il est tombé. Et pour ma part je n'osais pas rire,
de peur d'ouvrir les lèvres et de recevoir le mauvais air.

CASSIUS. — Doucement, je vous prie! Quoi! César
s'est évanoui?

CASCA. — Il est tombé en pleine place du marché,
et il avait l'écume à la bouche, et il était sans voix!

BRUTUS. — C'est fort vraisemblable : il tombe du
haut mal.

CASSIUS. — Non, ce n'est pas César, c'est vous et
moi, c'est l'honnête Casca, c'est nous qui tombons
du haut mal.

CASCA. — Je ne sais ce que vous entendez par là;
mais je suis sûr que César est tombé. Si la canaille ne
l'a pas applaudi et sifflé, selon qu'elle était contente
ou mécontente de lui, comme elle en use au théâtre
avec les acteurs, je ne suis pas un homme sincère.

BRUTUS. — Qu'a-t-il dit, quand il est revenu à lui?

CASCA. — Morbleu! avant de tomber, quand il a vu
le troupeau populaire se réjouir de ce qu'il refusait
la couronne, il m'a ouvert brusquement son pourpoint
et leur a présenté sa gorge à couper. Que n'étais-je
un de ces artisans! S'il n'est pas vrai qu'alors je l'eusse
pris au mot, je veux aller en enfer parmi les coquins!...
Et sur ce il est tombé. Quand il est revenu à lui, il a
déclaré que, s'il avait fait ou dit quelque chose de
déplacé, il priait Leurs Honneurs de l'attribuer à son
infirmité. Trois ou quatre filles près de moi ont crié :
Hélas! la bonne âme! et lui ont pardonné de tout
leur cœur. Mais il ne faut pas y prendre garde : si
César avait poignardé leurs mères, elles n'auraient
pas fait moins.

BRUTUS. — Et c'est après cela qu'il est revenu si
morose?

CASCA. — Oui.

CASSIUS. — Cicéron a-t-il dit quelque chose ?

CASCA. — Oui, il a parlé grec.

CASSIUS. — Quel sens avaient ses paroles ?

CASCA. — Ma foi, si je puis vous le dire, je ne veux jamais vous revoir en face. Ceux qui l'ont compris souriaient en se regardant et secouaient la tête; mais en vérité c'était du grec pour moi. Je puis vous apprendre encore du nouveau : Marullus et Flavius, pour avoir enlevé les écharpes des images de César, sont réduits au silence. Adieu ! Il y a eu encore bien d'autres sottises, mais je ne m'en souviens plus.

CASSIUS. — Voulez-vous souper avec moi ce soir, Casca ?

CASCA. — Non; je suis engagé.

CASSIUS. — Voulez-vous dîner avec moi demain ?

CASCA. — Oui, si je suis vivant, si ce caprice vous dure, et si votre dîner vaut la peine d'être mangé.

CASSIUS. — Bon ! je vous attendrai.

CASCA. — Soit ! Adieu à tous deux ! *(Il sort.)*

BRUTUS. — Que ce garçon s'est épaissi ! Il était d'une complexion si vive quand il allait à l'école !

CASSIUS. — Tel il est encore, si apathique qu'il paraisse, dans l'exécution de toute entreprise noble ou hardie. Cette rudesse est l'assaisonnement de son bel esprit : elle met les gens en goût et leur fait digérer ses paroles de meilleur appétit.

BRUTUS. — C'est vrai. Pour cette fois je vous quitte. Demain, si vous désirez me parler, j'irai chez vous; ou, si vous le préférez, venez chez moi; je vous attendrai.

CASSIUS. — Je viendrai... Jusque-là, songez à l'univers. *(Brutus sort.)* Oui, Brutus, tu es noble; mais je vois que ta trempe généreuse peut être dénaturée par des influences. Il convient donc que les nobles esprits ne frayent jamais qu'avec leurs pareils. Car quel est l'homme si ferme qui ne puisse être séduit ? César ne peut guère me souffrir, mais il aime Brutus. Aujourd'hui, si j'étais Brutus et qu'il fût Cassius, César ne me dominerait pas... Je veux ce soir jeter par les fenêtres de Brutus des billets d'écritures diverses, qui seront censés venir de divers citoyens : tous auront trait à la haute opinion que Rome a de son nom, et feront vaguement allusion à l'ambition de César. Et, après cela, que César se tienne solidement! car ou nous le renverserons, ou nous endurerons de plus mauvais jours. *(Il sort.)*

SCÈNE III

Rome. Une rue.

Il fait nuit. Tonnerre et éclairs. CASCA, *l'épée à la main, se croise avec* CICÉRON.

CICÉRON. — Bonsoir, Casca! Est-ce que vous avez reconduit César? Pourquoi êtes-vous hors d'haleine? Et pourquoi semblez-vous si effaré?

CASCA. — N'êtes-vous pas ému quand toute la masse de la terre tremble comme une chose mal affermie? O Cicéron, j'ai vu des tempêtes où les vents grondants fendaient les chênes noueux, et j'ai vu l'ambitieux océan s'enfler, et faire rage, et écumer, et s'élever jusqu'aux nues menaçantes; mais jamais avant cette nuit, jamais avant cette heure, je n'avais traversé une tempête ruisselante de feu. Ou il y a une guerre civile dans le ciel, ou le monde, trop insolent envers les Dieux, les provoque à déchaîner la destruction.

CICÉRON. — Quoi! avez-vous vu quelque chose de plus surprenant?

CASCA. — Un esclave public (vous le connaissez bien de vue) a levé sa main gauche qui a flamboyé et brûlé comme vingt torches; et cependant sa main, insensible à la flamme, est restée intacte. En outre (depuis lors je n'ai pas rengainé mon épée), j'ai rencontré près du Capitole un lion qui m'a jeté un éclair, et, farouche, a passé sans me faire de mal. Là étaient entassées une centaine de femmes spectrales, que la peur avait défigurées; elles juraient avoir vu des hommes tout en feu errer dans les rues. Et, hier, l'oiseau de nuit s'est abattu sur la place du marché, en plein midi, huant et criant. Quand de tels prodiges surviennent conjointement, qu'on ne dise pas : *En voici les motifs, ils sont naturels!* car je crois que ce sont des présages néfastes pour la région qu'ils désignent.

CICÉRON. — En effet, c'est une époque étrange; mais les hommes peuvent interpréter les choses à leur manière, et tout à fait à contresens. Est-ce que César vient demain au Capitole ?

CASCA. — Oui; car il a chargé Antoine de vous faire savoir qu'il y serait demain.

CICÉRON. — Bonne nuit donc, Casca! Ce ciel troublé n'invite pas à la promenade.

CASCA. — Adieu, Cicéron! *(Cicéron sort.)*

Entre Cassius, la poitrine nue.

CASSIUS. — Qui est là ?

CASCA. — Un Romain.

CASSIUS. — C'est votre voix, Casca.

CASCA. — Votre oreille est bonne. Cassius, quelle nuit que celle-ci!

CASSIUS. — Une nuit fort agréable aux honnêtes gens.

CASCA. — Qui jamais a vu les cieux si menaçants ?

CASSIUS. — Quiconque a vu la terre si pleine de crimes. Pour moi j'ai marché dans les rues, en m'exposant à cette nuit périlleuse; et défait comme vous me voyez, Casca, j'ai présenté ma poitrine nue aux pierres de la foudre; et quand le sillage bleu de l'éclair semblait ouvrir le sein du ciel, je m'offrais au jet même de sa flamme.

CASCA. — Mais pourquoi tentiez-vous ainsi les cieux ? C'est aux hommes de craindre et de trembler, quand les Dieux tout-puissants nous envoient ces signes, formidables hérauts, pour nous épouvanter.

CASSIUS. — Vous êtes abattu, Casca. Ces étincelles de vie qui devraient être dans un Romain, vous ne les avez pas, ou du moins vous ne les montrez pas. Vous êtes pâle et hagard, et vous vous effrayez, et vous vous étonnez de voir cette étrange impatience des cieux. Mais si vous vouliez en considérer la vraie cause, et chercher pourquoi tous ces feux, pourquoi tous ces spectres glissant dans l'ombre; pourquoi ces oiseaux,

ces animaux enlevés à leur instinct et à leur espèce;
pourquoi tous ces vieillards déraisonnables et ces
enfants calculateurs; pourquoi tous ces êtres dévoyés
de leurs lois, de leurs penchants et de leurs facultés
prédestinées dans une nature monstrueuse, alors vous
concevriez que le ciel leur souffle ces inspirations
nouvelles pour en faire des instruments de terreur,
annonçant un monstrueux état de choses. Maintenant,
Casca, je pourrais te nommer un homme qui tonne,
foudroie, ouvre les tombes et rugit comme le lion
dans le Capitole; un homme qui n'est pas plus puissant que toi ou moi par la force personnelle, et qui
pourtant est devenu prodigieux et terrible comme ces
étranges météores.

CASCA. — C'est de César que vous parlez, n'est-ce
pas, Cassius ?

CASSIUS. — Peu importe de qui. Les Romains d'aujourd'hui ont des nerfs et des membres, ainsi que
leurs ancêtres. Mais, hélas! le génie de nos pères est
mort, et nous sommes gouvernés par l'esprit de nos
mères : notre joug et notre soumission nous montrent
efféminés.

CASCA. — En effet, on dit que demain les sénateurs
comptent établir César comme roi, et qu'il portera la
couronne sur terre et sur mer, partout, excepté en
Italie.

CASSIUS. — Je sais où je porterai ce poignard, alors :
Cassius délivrera Cassius de la servitude. C'est par là,
Dieux, que vous rendez si forts les faibles; c'est par
là, Dieux, que vous déjouez les tyrans. Ni tour de
pierre, ni murs de bronze battu, ni cachot privé d'air,
ni massives chaînes de fer, ne sauraient entraver la
force de l'âme. Une existence, fatiguée de ces barrières
terrestres, a toujours le pouvoir de s'affranchir. Si je
sais cela, le monde entier saura que cette part de
tyrannie que je supporte, je puis la secouer à ma guise.

CASCA. — Je le puis aussi! Tout esclave porte dans
sa propre main le pouvoir de briser sa captivité.

CASSIUS. — Et pourquoi donc César serait-il un
tyran ? Pauvre homme! Je sais bien qu'il ne serait
pas loup, s'il ne voyait que les Romains sont des

brebis. Il ne serait pas lion, si les Romains n'étaient
des biches. Ceux qui veulent faire à la hâte un grand
feu, l'allument avec de faibles brins de paille. Quelle
ordure, quel rebut, quel fumier est donc Rome, pour
n'être plus que l'immonde combustible qui illumine
un être aussi vil que César! Mais, ô douleur! où m'as-
tu conduit? Je parle peut-être devant un esclave volon-
taire : alors, je sais que j'aurai à répondre de ceci.
Mais je suis armé, et les dangers me sont indifférents!

CASCA. — Vous parlez à Casca, à un homme qui
n'est pas un délateur grimaçant. Prenez ma main :
formez une faction pour redresser tous ces griefs; et
je poserai mon pied aussi loin que le plus avancé.

CASSIUS. — C'est un marché conclu. Sachez donc,
Casca, que j'ai déjà engagé plusieurs des plus magna-
nimes Romains à tenter avec moi une entreprise,
pleine de glorieux périls. Je sais qu'ils m'attendent en
ce moment sous le porche de Pompée; car par cette
effroyable nuit, on ne peut ni bouger ni marcher dans
les rues. Et l'aspect des éléments est à l'avenant de
l'œuvre que nous avons sur les bras, sanglant, enflammé
et terrible.

Entre Cinna.

CASCA. — Rangeons-nous un moment, car voici
quelqu'un qui vient en toute hâte.

CASSIUS. — C'est Cinna; je le reconnais à sa démarche : c'est un ami... Cinna, où courez-vous ainsi?

CINNA. — A votre recherche... Qui est là? Métellus
Cimber?

CASSIUS. — Non, c'est Casca : un affilié à notre
entreprise. Ne suis-je pas attendu, Cinna?

CINNA. — J'en suis bien aise. Quelle nuit terrible!
Deux ou trois d'entre nous ont vu d'étranges visions.

CASSIUS. — Ne suis-je pas attendu? dites-moi.

CINNA. — Oui, vous l'êtes. Oh! Cassius, si seulement
vous pouviez gagner le noble Brutus à notre parti!

CASSIUS, *remettant divers papiers à Cinna.* — Soyez
satisfait, bon Cinna. Prenez ce papier, et ayez soin
de le déposer dans la chaire du préteur; que Brutus
puisse l'y trouver! Jetez celui-ci à sa fenêtre; fixez

celui-ci avec de la cire sur la statue du vieux Brutus.
Cela fait, rendez-vous au porche de Pompée, où vous
nous trouverez. Décius Brutus et Trébonius y sont-ils ?

CINNA. — Tous, sauf Métellus Cimber, qui est allé
vous chercher chez vous... C'est bon : je vais me dépê-
cher, et disposer ces papiers comme vous me l'avez
dit.

CASSIUS. — Cela fait, rendez-vous au théâtre de
Pompée. *(Sort Cinna.)* Venez, Casca; avant le jour,
nous irons, vous et moi, faire visite à Brutus : il est
déjà aux trois quarts à nous; et l'homme tout entier
se reconnaîtra nôtre à la première rencontre.

CASCA. — Oh! il est placé bien haut dans le cœur
du peuple. Ce qui en nous paraîtrait un crime, son
prestige, comme la plus riche alchimie, le transformera
en vertu et en mérite.

CASSIUS. — Vous avez bien apprécié l'homme et
son mérite, et le grand besoin que nous avons de lui.
Marchons, car il est plus de minuit; et, avant le jour,
nous irons l'éveiller et nous assurer de lui. *(Ils sortent.)*

ACTE II

SCÈNE PREMIÈRE

Rome. Le verger de Brutus.

Il fait toujours nuit. Entre BRUTUS.

BRUTUS. — Holà! Lucius! Je ne puis, au progrès des astres, juger combien le jour est proche... Lucius! allons! Je voudrais avoir le défaut de dormir aussi profondément... Viendras-tu, Lucius, viendras-tu?... Allons, éveille-toi... Holà, Lucius!

Entre Lucius.

LUCIUS. — Avez-vous appelé, monseigneur?

BRUTUS. — Lucius, mets un flambeau dans mon cabinet. Dès qu'il sera allumé, viens ici m'avertir.

LUCIUS. — J'obéis, monseigneur. *(Il sort.)*

BRUTUS, *rêveur.* — Ce doit être par sa mort! et pour ma part, je n'ai personnellement aucun motif de le frapper que la cause publique. Il veut être couronné! A quel point cela peut changer sa nature, voilà la question. C'est le jour éclatant qui fait surgir la vipère et nous convie à une marche prudente. Le couronner! Cela... Et alors, j'en conviens, nous l'armons d'un dard qu'il peut rendre dangereux à volonté. L'abus de la grandeur, c'est quand elle sépare la pitié du pouvoir. Et, pour dire la vérité sur César, je n'ai jamais vu que ses passions dominassent sa raison. Mais il est d'une vulgaire expérience que la jeune ambition se fait de l'humilité une échelle vers laquelle elle se tourne tant qu'elle monte, mais, dès qu'une fois elle atteint le sommet suprême, elle tourne le dos à l'échelle, et regarde dans les nues, dédaignant les vils degrés par lesquels elle s'est élevée. Voilà ce que pourrait César : donc, pour qu'il ne le puisse pas, prévenons-le. Et, puisque la querelle ne saurait trouver de prétexte dans ce qu'il est aujourd'hui, donnons pour raison que ce qu'il est, une fois agrandi, nous précipiterait dans telles et telles extrémités. Et, en conséquence, regardons-le comme l'embryon d'un serpent qui, à peine éclos, deviendrait malfaisant par nature ; et tuons-le dans l'œuf.

Rentre Lucius.

Lucius. — Le flambeau brûle dans votre cabinet, monsieur. En cherchant sur la fenêtre une pierre à feu, j'ai trouvé ce papier, ainsi scellé, et je suis sûr qu'il n'était pas là quand je suis allé au lit. *(Il remet un pli à Brutus.)*

Brutus. — Allez vous recoucher, il n'est pas jour... N'est-ce pas demain, mon enfant, les Ides de Mars ?

Lucius. — Je ne sais pas, monsieur.

Brutus. — Regardez dans le calendrier, et revenez me le dire.

Lucius. — J'obéis, monsieur. *(Il sort.)*

Brutus. — Les météores qui sifflent dans les airs donnent tant de lumière que je puis lire à leur clarté. *(Il ouvre la lettre et lit.) Brutus, tu dors; éveille-toi et regarde-toi. Faut-il que Rome, etc. Parle, frappe, redresse. Brutus, tu dors. Éveille-toi!*

J'ai ramassé souvent de pareilles adresses jetées sur mon passage. *Faut-il que Rome...* Je dois achever ainsi : Faut-il que Rome tremble sous le despotisme d'un homme ? Quoi! Rome! C'est des rues de Rome que mes ancêtres chassèrent le Tarquin, alors qu'il portait le nom de roi. *Parle, frappe, redresse!* On me conjure donc de parler et de frapper ? O Rome! je t'en fais la promesse : si le redressement est possible, tu obtiendras de Brutus le plein accomplissement de ta demande.

Rentre Lucius.

Lucius. — Monsieur, Mars a traversé quatorze jours. *(On frappe derrière le théâtre.)*

BRUTUS. — C'est bon. Va à la porte : quelqu'un frappe. *(Lucius sort.)* Depuis que Cassius m'a aiguisé contre César, je n'ai pas dormi. Entre l'exécution d'une chose terrible et la conception première, tout l'intérim est une vision fantastique, un rêve hideux. Le génie et ses instruments mortels tiennent alors conseil, et la nature humaine est comme un petit royaume troublé par les ferments d'une insurrection.

Rentre Lucius.

LUCIUS. — Monsieur, c'est votre frère Cassius qui est à la porte : il demande à vous voir.

BRUTUS. — Est-il seul ?

LUCIUS. — Non, monsieur : d'autres sont avec lui.

BRUTUS. — Les connaissez-vous ?

LUCIUS. — Non, monsieur : leurs chapeaux sont rabattus sur leurs oreilles, et leurs visages sont à demi ensevelis dans leurs manteaux, en sorte qu'il m'a été tout à fait impossible de les reconnaître à leurs traits.

BRUTUS. — Faites-les entrer. *(Lucius sort.)* Ce sont les conjurés. O Conspiration ! as-tu honte de montrer ton front sinistre dans la nuit, au moment où le mal est le plus libre ? Oh ! alors, dans le jour, où trouveras-tu une caverne assez noire pour cacher ton monstrueux visage ? Non, ne cherche pas de caverne, ô Conspiration ! Masque-toi sous les sourires de l'affabilité, car si tu marches de ton allure naturelle, l'Érèbe lui-même ne serait pas assez ténébreux pour te dérober au soupçon.

Entrent Cassius, Casca, Décius, Cinna,
Métellus Cimber et Trébonius.

CASSIUS. — Je crois que nous troublons indiscrètement votre repos. Bonjour, Brutus !... Nous vous dérangeons ?

BRUTUS. — Je suis debout depuis une heure ; j'ai été éveillé toute la nuit. Ces hommes qui viennent avec vous me sont-ils connus ?

CASSIUS. — Oui, tous ; et il n'en est pas un qui ne vous honore, pas un qui ne souhaite que vous n'ayez

de vous-même l'opinion qu'en a tout noble Romain.
Celui-ci est Trébonius.

BRUTUS. — Il est le bienvenu ici.

CASSIUS. — Celui-ci, Décius Brutus.

BRUTUS. — Il est le bienvenu aussi.

CASSIUS. — Celui-ci, Casca; celui-ci, Cinna; et
celui-ci, Métellus Cimber.

BRUTUS. — Ils sont tous les bienvenus. Quels soucis
vigilants s'interposent entre vos yeux et la nuit ?

CASSIUS. — Puis-je vous dire un mot ? *(Il cause à
voix basse avec Brutus.)*

DÉCIUS. — C'est ici le levant : n'est-ce pas le jour
qui apparaît ici ?

CASCA. — Non.

CINNA. — Oh! pardon, monsieur, c'est lui; et ces
lignes grises, qui rayent les nuages là-haut, sont les
messagères du jour.

CASCA. — Vous allez confesser que vous vous trompez tous deux. C'est ici, ici même où je pointe mon
épée, que le soleil se lève : il monte au loin dans le
sud, apportant avec lui la jeune saison de l'année.
Dans deux mois environ, c'est beaucoup plus haut
dans le nord qu'il présentera son premier feu; et le
haut orient est ici, juste dans la direction du Capitole.

BRUTUS. — Donnez-moi tous la main, l'un après
l'autre.

CASSIUS. — Et jurons d'accomplir notre résolution.

BRUTUS. — Non, pas de serment! Si la conscience
humaine, la souffrance de nos âmes, les abus du temps,
si ce sont là de faibles motifs, brisons vite, et que
chacun s'en retourne à son lit indolent! laissons la
tyrannie s'avancer tête haute, jusqu'à ce que toutes
nos existences tombent à la loterie du destin. Mais
si ces raisons, comme j'en suis sûr, sont assez brûlantes
pour enflammer les couards et pour aciérer de vaillance
l'énergie mollissante des femmes, alors, concitoyens,
qu'avons-nous besoin d'autre aiguillon que notre
propre cause pour nous stimuler à faire justice ? d'autre
lien que ce secret entre Romains qui ont donné leur
parole et ne l'éluderont pas ? d'autre serment que
l'engagement pris par l'honneur envers l'honneur de

faire ceci ou de périr ? Laissons jurer les prêtres
et les lâches et les hommes cauteleux, et les vieilles
charognes décrépites, et ces âmes souffreteuses qui
caressent l'injure; laissons jurer dans de mauvaises
causes les créatures dont doutent les hommes; mais
ne souillons pas la sereine vertu de notre entreprise,
ni l'indomptable fougue de nos cœurs par cette idée
que notre cause ou nos actes exigent un serment.
Chaque goutte de sang que porte un Romain dans ses
nobles veines est convaincue de bâtardise, s'il enfreint
dans le moindre détail une promesse échappée à ses
lèvres.

CASSIUS. — Mais que pensez-vous de Cicéron ?
Le sonderons-nous ? Je crois qu'il nous soutiendra
très énergiquement.

CASCA. — Ne le laissons pas en dehors.

CINNA. — Non, certes.

MÉTELLUS. — Oh! ayons-le pour nous : ses cheveux
d'argent nous vaudront la bonne opinion des hommes,
et nous achèteront des voix pour louer nos actes. On
dira que son jugement a guidé nos bras; notre jeunesse
et notre imprudence disparaîtront ensevelies dans sa
gravité.

BRUTUS. — Oh! ne le nommez pas; ne nous ouvrons
point à lui : jamais il ne voudra poursuivre ce que
d'autres ont commencé.

CASSIUS. — Eh bien, laissons-le en dehors.

CASCA. — En effet, il n'est pas notre homme.

DÉCIUS. — Ne touchera-t-on qu'à César ?

CASSIUS. — Décius, la question est juste. Il n'est
pas bon, je crois, que Marc Antoine, si chéri de César,
survive à César. Nous trouverons en lui un rusé machi-
nateur; et, vous le savez, ses ressources, s'il sait en
tirer parti, seraient assez étendues pour nous inquiéter
tous. Afin d'empêcher cela, qu'Antoine et César
tombent ensemble!

BRUTUS. — Notre conduite paraîtra trop sanguinaire,
Caïus Cassius, si, après avoir tranché la tête, nous
hachons les membres; si nous laissons la furie du
meurtre devenir de la cruauté : car Antoine n'est
qu'un membre de César. Soyons des sacrificateurs,

mais non des bouchers, Caïus. Nous nous élevons tous
contre l'esprit de César; et dans l'esprit des hommes
il n'y a pas de sang. Oh! si nous pouvions atteindre
l'esprit de César, sans déchirer César! Mais, hélas!
pour cela il faut que César saigne! Aussi, doux amis,
tuons-le avec fermeté, mais non avec rage; découpons-
le comme un mets digne des Dieux, mais ne le mutilons
pas comme une carcasse bonne pour les chiens. Et
que nos cœurs fassent comme ces maîtres subtils qui
excitent leurs serviteurs à un acte de violence et affectent
ensuite de les réprimander! Ainsi notre entreprise sera
une œuvre de nécessité, et non de haine; et, dès qu'elle
paraîtra telle aux yeux de tous, nous serons traités
de purificateurs et non de meurtriers. Et quant à
Marc Antoine, ne pensez plus à lui; car il ne pourra
rien de plus que le bras de César, quand la tête de
César sera tombée.

CASSIUS. — Pourtant, je le redoute; car cette affection enracinée qu'il a pour César...

BRUTUS. — Hélas! bon Cassius, ne pensez plus à lui.
S'il aime César, il n'aura d'action que sur lui-même :
il pourra s'affecter et mourir pour César; et encore
est-ce beaucoup dire, car il est adonné aux plaisirs,
à la dissipation et aux nombreuses compagnies.

TRÉBONIUS. — Il n'est point à craindre : ne le faisons
pas mourir; il est homme à vivre, et à rire plus tard
de tout ceci. (L'horloge sonne.)

BRUTUS. — Silence! comptons les heures.

CASSIUS. — L'horloge a sonné trois coups.

TRÉBONIUS. — Il est temps de nous séparer.

CASSIUS. — Mais on ne sait encore si César voudra,
ou non, sortir aujourd'hui; car depuis peu il est devenu
superstitieux, en dépit de l'opinion arrêtée qu'il avait
autrefois sur les visions, les rêves et les présages. Il
se peut que ces éclatants prodiges, les terreurs inaccou-
tumées de cette nuit, et l'avis de ses augures l'empêchent
aujourd'hui d'aller au Capitole.

DÉCIUS. — Ne craignez pas cela. Si telle est sa résolution, je puis la surmonter. Car il aime à s'entendre
dire que les licornes se prennent avec des arbres, les
ours avec des miroirs, les éléphants avec des trappes,

les lions avec des filets, et les hommes avec des flatte-
ries ; mais quand je lui dis qu'il déteste les flatteurs,
il répond oui à cette flatterie suprême. Laissez-moi
faire. Je puis donner à son humeur la bonne direction,
et je l'amènerai au Capitole.

CASSIUS. — Eh ! nous irons tous le chercher chez lui.

BRUTUS. — A huit heures, au plus tard, n'est-ce pas ?

CINNA. — Oui, au plus tard ; et n'y manquons pas.

MÉTELLUS, — Caïus Ligarius est hostile à César
qui lui a reproché durement d'avoir bien parlé de
Pompée. Je m'étonne qu'aucun de vous n'ait pensé
à lui.

BRUTUS. — Eh bien, mon bon Métellus, allez le
trouver : il m'est dévoué, et je lui ai donné sujet de
l'être. Envoyez-le ici, et je le formerai.

CASSIUS. — La matinée avance sur nous. Nous vous
laissons, Brutus. Sur ce, amis, dispersez-vous ; mais
rappelez-vous tous ce que vous avez dit, et montrez-
vous de vrais Romains.

BRUTUS. — Braves gentilshommes, ayez l'air riant
et serein. Que notre visage ne décèle pas nos desseins !
Soutenons notre rôle, ainsi que nos acteurs romains,
avec une ardeur infatigable et une immuable constance.
Et sur ce, bonjour à tous ! *(Tous sortent, excepté Brutus.)*
Lucius ! enfant !... Il dort profondément ! Peu importe !
Savoure la rosée de miel dont t'accable le sommeil.
Tu n'as pas, toi, de ces images, de ces fantômes que
l'actif souci évoque dans le cerveau des hommes :
voilà pourquoi tu dors si bien.

Entre Portia.

PORTIA. — Brutus, monseigneur !

BRUTUS. — Portia, que voulez-vous ? Pourquoi vous
levez-vous déjà ? Il n'est pas bon pour votre santé
d'exposer ainsi votre frêle complexion à l'âpre fraîcheur
de la matinée.

PORTIA. — Ni pour votre santé non plus. Brutus,
vous vous êtes sans pitié dérobé de mon lit. Hier soir,
à souper, vous vous êtes levé brusquement, et vous
êtes mis à marcher, les bras croisés, rêvant et soupirant ;
et, quand je vous ai demandé ce que vous aviez, vous
m'avez envisagée d'un air dur. Je vous ai pressé de

nouveau; alors, vous vous êtes gratté la tête, et vous avez frappé du pied avec impatience. J'ai eu beau insister, vous n'avez pas répondu; mais, d'un geste de colère, vous m'avez fait signe de vous laisser. J'ai obéi, craignant d'augmenter un courroux qui ne semblait que trop enflammé, et espérant d'ailleurs que c'était uniquement un de ces accès d'humeurs auxquels tout homme est sujet à son heure. Cette anxiété ne vous laisse ni manger, ni parler, ni dormir; et si elle avait autant d'action sur vos traits qu'elle a d'empire sur votre caractère, je ne vous reconnaîtrais pas, Brutus. Mon cher seigneur, apprenez-moi la cause de votre chagrin.

BRUTUS. — Je ne me porte pas bien; voilà tout.

PORTIA. — Brutus est raisonnable; et, s'il avait perdu la santé, il emploierait tous les moyens pour la recouvrer.

BRUTUS. — Eh! c'est ce que je fais... Ma bonne Portia, allez au lit.

PORTIA. — Brutus est malade? Est-il donc salutaire de sortir dans ce déshabillé et d'aspirer les brumes de l'humide matinée? Quoi! Brutus est malade, et il se dérobe à son lit bienfaisant pour braver les miasmes pernicieux de la nuit, pour provoquer l'air moite et impur à augmenter son mal? Non, mon Brutus; c'est dans votre âme qu'est le mal qui vous tourmente; et, en vertu de mes droits et de mon titre, je dois le connaître. Ah! je vous conjure, à genoux, par ma beauté vantée naguère, par tous vos vœux d'amour, et par ce vœu suprême qui nous incorpora l'un à l'autre et nous fit un, de me révéler à moi, votre autre vous-même, votre moitié, ce qui vous pèse ainsi! Quels sont les hommes qui cette nuit sont venus vous trouver? car il en est entré six ou sept qui cachaient leur visage aux ténèbres mêmes.

BRUTUS. — Ne vous agenouillez pas, ma gentille Portia.

PORTIA. — Je n'en aurais pas besoin, si vous étiez mon gentil Brutus. Dans le pacte de notre mariage, dites-moi, Brutus, y a-t-il cette restriction, que je ne dois pas connaître les secrets qui vous touchent?

Ne suis-je un autre vous-même que sous certaines
réserves, dans une certaine mesure, pour vous tenir
compagnie à table, réchauffer votre lit, et causer parfois avec vous ? N'occupé-je que les faubourgs de
votre bon plaisir ? Si c'est là tout, Portia est la concubine de Brutus, et non son épouse.

BRUTUS. — Vous êtes ma vraie et honorable épouse ;
vous m'êtes aussi chère que les gouttes vermeilles
qui affluent à mon triste cœur.

PORTIA. — Si cela était vrai, je connaîtrais ce secret.
Je l'accorde : je suis une femme, mais une femme que
le seigneur Brutus a prise pour épouse. Je l'accorde :
je suis une femme, mais une femme de bonne renommée, la fille de Caton. Croyez-vous que je ne suis pas
plus forte que mon sexe, étant ainsi née et ainsi mariée ?
Dites-moi vos pensées ; je ne les révélerai pas. J'ai
fait une forte épreuve de ma fermeté, en me blessant
volontairement ici, à la cuisse. Je puis porter cette
douleur avec patience : et pourquoi pas les secrets
de mon mari ?

BRUTUS. — O Dieux ! rendez-moi digne de cette
noble femme ! *(On frappe.)* Écoute, écoute ! on frappe.
Portia, rentre un moment ; et tout à l'heure ton sein
partagera les secrets de mon cœur. Je t'expliquerai
tous mes engagements, et les sombres caractères imprimés sur mon front. Quitte-moi vite. *(Sort Portia.)*
Lucius, qui est-ce qui frappe ?

Entrent Lucius et Ligarius.

LUCIUS. — Voici un malade qui voudrait vous
parler.

BRUTUS. — Caïus Ligarius ! celui dont parlait Métellus. *(A Lucius.)* Enfant, éloigne-toi... Caïus Ligarius,
eh bien ?

LIGARIUS. — Agréez le salut d'une voix affaiblie.

BRUTUS. — Oh ! quel moment vous avez choisi,
brave Caïus, pour être emmitouflé ! Que je voudrais
ne pas vous voir malade !

LIGARIUS. — Je ne suis pas malade, si Brutus a en
projet un exploit digne du renom d'honneur.

BRUTUS. — J'ai en projet un exploit de ce genre,

Ligarius. Que n'avez-vous, pour m'entendre, l'oreille
de la santé !

LIGARIUS. — Par tous les Dieux devant qui s'inclinent
les Romains, je secoue ici ma maladie. Ame de Rome !
fils vaillant, issu de généreuses entrailles ! tu as, comme
un exorciste, évoqué mes esprits moribonds. Maintenant, dis-moi de courir, et je m'évertuerai à des choses
impossibles, et j'en viendrai à bout. Que faut-il faire ?

BRUTUS. — Une œuvre qui rendra les hommes
malades bien portants.

LIGARIUS. — Mais n'en est-il pas de bien portants
que nous devons rendre malades ?

BRUTUS. — Oui, nous le devons. Mon Caïus, je
t'expliquerai la chose en nous rendant où nous avons
affaire.

LIGARIUS. — Marchez : et avec une nouvelle flamme
au cœur, je vous suis pour je ne sais quelle entreprise :
il suffit que Brutus me guide.

BRUTUS. — Suis-moi donc. *(Ils sortent.)*

SCÈNE II

Rome. Dans le palais de César.

Tonnerre et éclairs. CÉSAR *entre, en robe de chambre.*

CÉSAR. — Ni le ciel ni la terre n'ont été en paix cette
nuit. Trois fois, dans son sommeil, Calphurnia a crié :
A l'aide ! on assassine César !... (Haussant la voix.)
Y a-t-il quelqu'un ici ?

Entre un serviteur.

LE SERVITEUR. — Monseigneur ?

CÉSAR. — Va dire aux prêtres d'offrir immédiatement un sacrifice, et rapporte-moi leurs opinions sur
le résultat.

LE SERVITEUR. — Oui, monseigneur. *(Il sort.)*

Entre Calphurnia

CALPHURNIA. — Que prétendez-vous, César ? Pense-riez-vous à sortir ? Vous ne bougerez pas de chez vous aujourd'hui.

CÉSAR. — César sortira. Les choses qui m'ont menacé ne m'ont jamais aperçu que de dos; dès qu'elles verront la face de César, elles s'évanouiront.

CALPHURNIA. — César, jamais je ne me suis arrêtée aux présages, mais aujourd'hui ils m'effraient. Il y a ici quelqu'un, sans parler de ce que nous avons vu et entendu, qui raconte d'horribles visions apparues aux gardes. Une lionne a mis bas dans la rue; les tombeaux ont bâillé et exhalé leurs morts. Dans les nues se heurtaient de farouches guerriers de feu, régu-lièrement formés en bataille par lignes et par carrés; et le sang tombait en bruine sur le Capitole. Le bruit du combat retentissait dans l'air : les chevaux hennis-saient, les mourants râlaient; et des spectres criaient et hurlaient à travers les rues. O César, ces choses sont inouïes, et j'en ai peur.

CÉSAR. — Inévitables sont les fins déterminées par les Dieux puissants. César sortira; car ces prédictions s'adressent au monde entier autant qu'à César.

CALPHURNIA. — Quand les mendiants meurent, il n'apparaît pas de comètes; mais les cieux eux-mêmes éclairent la mort des princes.

CÉSAR. — Les lâches meurent bien des fois avant leur mort; les vaillants ne sentent qu'une fois la mort. De tous les prodiges dont j'ai jamais ouï parler, le plus étrange pour moi, c'est que les hommes aient peur, voyant que la mort est une fin nécessaire qui doit venir quand elle doit venir.

Le serviteur rentre.

Que disent les augures ?

LE SERVITEUR. — Ils voudraient que vous ne sortis-siez pas aujourd'hui : en enlevant les entrailles d'une victime, ils n'ont pu trouver le cœur de l'animal.

CÉSAR. — Les Dieux font par là honte à la couardise. César serait un animal sans cœur, si par peur il restait aujourd'hui chez lui. Non, César ne restera pas... Le danger sait fort bien que César est plus dangereux que lui : nous sommes deux lions mis bas le même

jour; mais moi, je suis l'aîné et le plus terrible. Et
César sortira.

CALPHURNIA. — Hélas! monseigneur, votre sagesse
se consume en confiance. Ne sortez pas aujourd'hui.
Déclarez que c'est ma crainte qui vous retient ici, et
non la vôtre. Nous enverrons Marc Antoine au Sénat;
et il dira que vous n'êtes pas bien aujourd'hui. Laissez-
moi vous persuader à genoux.

CÉSAR. — Soit! Antoine dira que je ne suis pas bien :
et, pour te complaire, je resterai chez moi.

Entre Décius.

Voici Décius Brutus! il le leur dira.

DÉCIUS. — César, salut! Bonjour, digne César! Je
viens vous chercher pour aller au Sénat.

CÉSAR. — Et vous êtes venu fort à propos pour
porter nos compliments aux sénateurs, et leur dire que
je ne veux pas venir aujourd'hui. Que je ne le puis,
ce serait faux; que je ne l'ose pas, plus faux encore.
Je ne veux pas venir aujourd'hui. Dites-leur cela,
Décius.

CALPHURNIA. — Dites qu'il est malade.

CÉSAR. — César enverra-t-il un mensonge ? Ai-je
étendu mon bras si loin dans la victoire, pour avoir
peur de déclarer la vérité à des barbes grises ? Décius,
va leur dire que César ne veut pas venir.

DÉCIUS. — Très puissant César, donnez-moi une
raison, que je ne fasse pas rire de moi, quand je leur
dirai cela.

CÉSAR. — La raison est dans ma volonté : je ne veux
pas venir. Cela suffit pour satisfaire le Sénat. Mais,
pour votre satisfaction personnelle, et parce que je
vous aime, je vous dirai la chose. C'est Calphurnia,
ma femme, ici présente, qui me retient chez moi :
elle a rêvé cette nuit qu'elle voyait ma statue, ainsi
qu'une fontaine, verser par cent jets du sang tout pur,
et que nombre de Romains importants venaient en
souriant y baigner leurs mains. Elle voit là des avertis-
sements, des présages sinistres, des calamités imminentes, et c'est à genoux qu'elle m'a supplié de rester
chez moi aujourd'hui.

Décius. — Ce rêve est mal interprété. C'est une vision propice et fortunée. Votre statue, laissant jaillir par maints conduits ce sang où tant de Romains se baignent en souriant, signifie qu'en vous la grande Rome puisera un sang régénérateur dont les hommes les plus illustres s'empresseront de recueillir la teinture, comme une relique, la tache, comme un insigne. Voilà ce que veut dire le rêve de Calphurnia.

César. — Et vous l'avez bien expliqué ainsi.

Décius. — Vous en aurez la preuve, quand vous aurez entendu ce que j'ai à dire. Sachez-le donc : le Sénat a résolu de donner aujourd'hui une couronne au puissant César; si vous lui envoyez dire que vous ne viendrez pas, ses intentions peuvent changer. En outre, la plaisanterie circulerait bien vite, pour peu que quelqu'un s'écriât : *Ajournons le Sénat jusqu'à ce que la femme de César ait fait de meilleurs rêves!* Si César se cache, ne se dira-t-on pas à l'oreille : *Quoi! César a peur ?* Pardonnez-moi, César, mais la tendre, bien tendre sollicitude que j'ai pour votre grandeur me force à vous dire cela, et je fais céder toute considération à mon dévouement.

César. — Que vos frayeurs semblent folles maintenant, Calphurnia! Je suis honteux d'y avoir cédé... Qu'on me donne ma robe! J'irai.

Entrent Publius, Brutus, Ligarius, Métellus, Casca, Trébonius et Cinna.

Et voyez donc Publius qui vient me chercher.

Publius. — Bonjour, César!

César. — Salut, Publius! Quoi, vous aussi, Brutus, si tôt levé! Bonjour, Casca!... Caïus Ligarius, César n'a jamais été votre ennemi autant que cette fièvre qui vous a maigri. Quelle heure est-il ?

Brutus. — César, il est huit heures sonnées.

César. — Je vous remercie de vos peines et de votre courtoisie.

Entre Antoine.

Voyez! Antoine, qui fait ripaille toutes les nuits n'en est pas moins debout... Bonjour, Antoine!

ANTOINE. — Bonjour au très noble César!

CÉSAR. — Dites à tout le monde ici de se préparer.
J'ai tort de me faire attendre ainsi... Tiens, Cinna!...
Tiens, Métellus!... Quoi, Trébonius! J'ai en réserve
pour vous une heure de causerie; pensez à venir me
voir aujourd'hui; tenez-vous près de moi, que je
pense à vous.

TRÉBONIUS. — Oui, César. *(A part.)* Et je me tiendrai
si près, que vos meilleurs amis souhaiteront que j'eusse
été plus loin.

CÉSAR. — Mes bons amis, entrez prendre un peu
de vin avec moi; et aussitôt nous sortirons ensemble,
en amis.

BRUTUS, *à part.* — Paraître, ce n'est pas être, ô
César! Et cette pensée navre le cœur de Brutus. *(Ils
sortent.)*

SCÈNE III

Rome. Les abords du Capitole.

Entre ARTÉMIDORE, *lisant un papier.*

ARTÉMIDORE. — « César, prends garde à Brutus;
fais attention à Cassius; n'approche pas de Casca; aie
l'œil sur Cinna; ne te fie pas à Trébonius; observe bien
Métellus Cimber; Décius Brutus ne t'aime pas; tu as
offensé Caïus Ligarius. Il n'y a qu'une pensée dans tous
ces hommes, et elle est dirigée contre César. Si tu n'es
pas immortel, veille autour de toi; la sécurité ouvre
la voie à la conspiration. Que les Dieux puissants te
défendent!

« Ton ami,
« ARTÉMIDORE. »

Je me tiendrai ici jusqu'à ce que César passe, et je
lui présenterai ceci comme une supplique. Mon cœur
déplore que la vertu ne puisse vivre à l'abri des mor-
sures de l'envie. Si tu lis ceci, ô César tu peux vivre;
sinon, les Destins conspirent avec les traîtres. *(Il sort.)*

SCÈNE IV

Devant la maison de Brutus.

Entrent PORTIA *et* LUCIUS.

PORTIA. — Je t'en prie, enfant, cours au Sénat; ne t'arrête pas à me répondre, mais pars vite. Pourquoi t'arrêtes-tu ?

LUCIUS. — Pour connaître mon message, madame.

PORTIA. — Je voudrais que tu fusses allé et revenu, avant que j'aie pu te dire ce que tu as à faire. O énergie, reste ferme à mon côté! Mets une énorme montagne entre mon cœur et ma langue! J'ai l'âme d'un homme, mais la force d'une femme. Qu'il est difficile aux femmes de garder un secret!... Te voilà encore ici!

LUCIUS. — Madame, que dois-je faire ? Courir au Capitole, et rien de plus ? Revenir auprès de vous, et rien de plus ?

PORTIA. — Si fait, enfant, reviens me dire si ton maître a bonne mine, car il est fort malade. Et note bien ce que fait César, et quels solliciteurs se pressent autour de lui. Écoute, enfant! Quel est ce bruit ?

LUCIUS. — Je n'entends rien, madame.

PORTIA. — Je t'en prie, écoute bien. J'ai entendu comme la rumeur tumultueuse d'une rixe : le vent l'apporte du Capitole.

LUCIUS. — Ma foi, madame, je n'entends rien.

Entre un devin.

PORTIA, *au devin*. — Viens ici, compagnon; de quel côté viens-tu ?

LE DEVIN. — De chez moi, bonne dame.

PORTIA. — Quelle heure est-il ?

LE DEVIN. — Environ neuf heures, madame.

PORTIA. — César est-il allé au Capitole ?

LE DEVIN. — Madame, pas encore ; je vais prendre ma place, pour le voir passer.

PORTIA. — Tu as une supplique pour César, n'est-ce pas ?

LE DEVIN. — Oui, madame : s'il plaît à César de m'entendre, par bonté pour César, je le conjurerai d'être son propre ami.

PORTIA. — Quoi ! est-il à ta connaissance que quelque malheur le menace ?

LE DEVIN. — Aucun que je sache, beaucoup que je redoute. Bonjour ! Ici la rue est étroite ; cette foule qui est sur les talons de César, sénateurs, préteurs, solliciteurs vulgaires, étoufferait peut-être mortellement un faible vieillard. Je vais me placer dans un endroit plus spacieux, et là parler au grand César, quand il passera. *(Il sort.)*

PORTIA. — Il faut que je rentre... Hélas ! quelle faible chose que le cœur d'une femme !... O Brutus ! que les Dieux t'assistent dans ton entreprise !... *(A part.)* Sûrement, ce garçon m'a entendu... *(Haut, à Lucius.)* Brutus a une supplique que César ne veut pas accorder. *(A part.)* Oh ! je me sens défaillir. *(Haut.)* Cours, Lucius, et recommande-moi à monseigneur ; dis-lui que je suis gaie, et reviens me rapporter ce qu'il t'aura dit. *(Ils se séparent.)*

ACTE III

SCÈNE PREMIÈRE

Rome. Le Capitole.

Le Sénat est en séance. La rue qui mène au Capitole est encombrée par la foule au milieu de laquelle on remarque ARTÉMIDORE *et* LE DEVIN. *Fanfares. Entrent dans cette rue* CÉSAR, BRUTUS, CASSIUS, CASCA, DÉCIUS, MÉTELLUS, TRÉBONIUS, CINNA, ANTOINE, LÉPIDE, POPILIUS, PUBLIUS *et autres.*

CÉSAR. — Les Ides de Mars sont arrivées.

LE DEVIN. — Oui, César, mais non passées.

ARTÉMIDORE, *présentant un papier à César.* — Salut, César! Lis cette cédule.

DÉCIUS, *présentant un papier à César.* — Trébonius vous demande de parcourir à loisir son humble requête que voici.

ARTÉMIDORE. — O César, lis d'abord la mienne; car ma requête est celle qui touche César de plus près. Lis-la, grand César!

CÉSAR. — Ce qui nous touche ne viendra qu'en dernier.

ARTÉMIDORE. — Ne diffère pas, César : lis immédiatement.

CÉSAR. — Eh! ce compagnon est-il fou ?

PUBLIUS. — Drôle, fais place.

CASSIUS. — Quoi! vous présentez vos pétitions dans la rue! Venez au Capitole. *(César entre dans le Capitole, suivi de son cortège. Tous les sénateurs se lèvent.)*

POPILIUS, *à Cassius.* — Je souhaite qu'aujourd'hui notre entreprise puisse réussir.

CASSIUS. — Quelle entreprise, Popilius ?

POPILIUS. — Salut! *(Il quitte Cassius, et s'approche de César.)*

BRUTUS, *à Cassius.* — Que dit Popilius Léna ?

CASSIUS. — Il a souhaité qu'aujourd'hui notre entreprise pût réussir. Je crains que notre projet ne soit découvert.

BRUTUS. — Voyez comment il aborde César; observez-le.

CASSIUS. — Casca, hâte-toi, car nous craignons d'être prévenus. Brutus, que faire ? Pour peu que la chose soit connue, c'en est fait de Cassius sinon de César; car je me tuerai.

BRUTUS. — Du calme, Cassius! Popilius Léna ne parle pas de nos projets; car, voyez, il sourit, et César ne change pas.

CASSIUS. — Trébonius connaît son heure; car voyez, Brutus, il écarte Marc Antoine. *(Antoine sort avec Trébonius. César et les sénateurs prennent leur siège.)*

DÉCIUS. — Où est Métellus Cimber ? Qu'il aille à l'instant présenter sa requête à César!

BRUTUS. — Il est en mesure : approchons-nous tous pour le seconder.

CINNA. — Casca, c'est vous qui le premier devez lever le bras.

CASCA. — Sommes-nous tous prêts ?

CÉSAR. — Maintenant, quels sont les abus que César et son Sénat doivent redresser ?

MÉTELLUS. — Très haut, très grand et très puissant César, Métellus Cimber incline devant ton tribunal son humble cœur. *(Il s'agenouille.)*

CÉSAR. — Je dois te prévenir, Cimber. Ces prosternements, ces basses salutations peuvent échauffer le sang des hommes vulgaires, et changer leurs décisions préconçues, leurs résolutions premières, en décrets d'enfants. Ne te leurre pas de cette idée que César a dans les veines un sang rebelle, qui puisse être altéré et mis en fusion par ce qui dégèle les imbéciles, je veux dire par de douces paroles, par de rampantes révérences, par de viles cajoleries d'épagneul. Ton frère est banni par décret. Si tu te confonds pour lui en génuflexions, en prières et en cajoleries, je te repousse de mon chemin comme un chien. Sache que César n'a jamais tort et que sans raison il ne se laisse pas fléchir.

MÉTELLUS. — N'y a-t-il pas une voix plus digne que la mienne pour résonner plus doucement à l'oreille du grand César, en faveur de mon frère banni ?

BRUTUS, *s'avançant*. — Je baise ta main, mais sans flatterie, César, en te demandant que Publius Cimber soit immédiatement autorisé à revenir.

CÉSAR. — Quoi, Brutus!

CASSIUS, *s'avançant*. — Pardon, César! César, pardon! Cassius tombe jusqu'à tes pieds pour implorer la délivrance de Publius Cimber.

CÉSAR. — Je pourrais être ému, si j'étais comme vous. Si j'étais capable de prier pour émouvoir, je serais ému par des prières. Mais je suis constant comme l'étoile polaire qui, pour la fixité et l'immobilité, n'a pas de pareille dans le firmament. Les cieux sont enluminés d'innombrables étincelles ; toutes sont de flamme et toutes brillent; mais il n'y en a qu'une seule qui garde sa place. Ainsi du monde : il est peuplé d'hommes, et ces hommes sont tous de chair et de sang, tous intelligents; mais, dans le nombre, je n'en connais qu'un seul qui demeure à son rang inaccessible et inébranlable; et cet homme, c'est moi. J'en donnerai une légère preuve en ceci même : inflexible pour envoyer Cimber en exil, je suis inflexible pour l'y maintenir.

CINNA, *s'avançant*. — O César!

CÉSAR. — Arrière! Veux-tu soulever l'Olympe?

DÉCIUS, *s'avançant*. — Grand César!

CÉSAR. — Brutus ne s'est-il pas agenouillé en vain?

CASCA, *s'avançant, le poignard à la main*. — Bras, parlez pour moi! (*Casca frappe César au cou. César lui saisit le bras; il est poignardé par plusieurs conjurés, et enfin par Marcus Brutus.*)

CÉSAR. — Toi aussi, Brutus!... Tombe donc, César! (*Il meurt. Les sénateurs et le peuple se retirent en désordre.*)

CINNA. — Liberté, indépendance! La tyrannie est

morte! Courez le proclamer, le crier dans les rues.

CASSIUS. — Qu'on aille aux tribunes publiques crier :
Liberté, indépendance, affranchissement!

BRUTUS. — Peuple et sénateurs! ne vous effrayez
pas : ne fuyez pas, restez calmes. L'ambition a payé
sa dette.

CASCA. — Montez à la tribune, Brutus.

DÉCIUS. — Et Cassius aussi.

BRUTUS. — Où est Publius ?

CINNA. — Ici, tout confondu de cette insurrection.

MÉTELLUS. — Serrons nos rangs, de peur que quelque
ami de César ne parvienne...

BRUTUS. — Que parlez-vous de serrer nos rangs ?...
Publius, rassurez-vous : on n'en veut ni à votre per-
sonne, ni à aucun autre Romain; dites-le à tous,
Publius.

CASSIUS. — Et quittez-nous, Publius, de peur que
le peuple, se ruant sur nous, ne fasse quelque violence
à votre vieillesse.

BRUTUS. — Oui, partez; et que nul ne réponde de
cet acte que nous, les auteurs!

Rentre Trébonius.

CASSIUS. — Où est Antoine ?

TRÉBONIUS. — Il s'est réfugié chez lui, effaré.
Hommes, femmes, enfants courent, les yeux hagards,
criant, comme au jour du jugement.

BRUTUS. — Destins! nous connaîtrons votre bon
plaisir. Nous savons que nous mourrons; ce n'est
que l'époque et le nombre des jours qui tiennent les
hommes en suspens.

CASSIUS. — Aussi, celui qui soustrait vingt ans à la
vie, soustrait autant d'années à la crainte de la mort.

BRUTUS. — Reconnaissez cela, et la mort est un
bienfait. Ainsi nous sommes les amis de César, nous
qui avons abrégé son temps de craindre la mort.
Penchez-vous, Romains, penchez-vous, baignons nos
bras jusqu'au coude dans le sang de César, et teignons-
en nos épées; puis marchons jusqu'à la place du marché
et brandissant nos glaives rouges au-dessus de nos
têtes, crions tous : *Paix! Indépendance! Liberté!*

CASSIUS. — Penchons-nous donc et trempons-nous...

Combien de siècles lointains verront représenter cette
grande scène, notre œuvre, dans des États à naître
et dans les accents encore inconnus!

BRUTUS. — Que de fois on verra le simulacre sanglant de ce César que voilà gisant sur le piédestal de
Pompée, au niveau de la poussière!

CASSIUS. — Chaque fois que cela se verra, on dira
de notre groupe : Voilà les hommes qui donnèrent la
liberté à leur pays!

DÉCIUS. — Eh bien, sortirons-nous ?

CASSIUS. — Oui, tous. Que Brutus ouvre la marche!
et nous lui donnerons pour escorte d'honneur les
cœurs les plus intrépides et les meilleurs de Rome.

Entre un serviteur.

BRUTUS. — Doucement! Qui vient ici ?... Un partisan d'Antoine!

LE SERVITEUR, *pliant le genou.* — Ainsi, Brutus,
mon maître m'a commandé de m'agenouiller; ainsi
Marc Antoine m'a commandé de tomber à vos pieds,
et, m'étant prosterné, de vous parler ainsi :

*Brutus est noble, sage, vaillant; César était puissant,
hardi, royal et aimable. Dis que j'aime Brutus et que je
l'honore. Dis que je craignais César, l'honorais et
l'aimais. Si Brutus daigne permettre qu'Antoine arrive
sain et sauf jusqu'à lui et apprenne comment César a
mérité de mourir, Marc Antoine n'aimera pas César
mort autant que Brutus vivant; mais il suivra la fortune
et les intérêts du noble Brutus, à travers les hasards de
ce régime inexploré, avec un entier dévouement.*

Ainsi parle mon maître Antoine.

BRUTUS. — Ton maître est un sage et vaillant
Romain; je ne l'ai jamais jugé pire. Dis-lui que, s'il
lui plaît de venir en ce lieu, il sera éclairé, et que,
sur mon honneur, il partira sans qu'on le touche.

LE SERVITEUR. — Je vais le chercher immédiatement.
(Il sort.)

BRUTUS. — Je sais que nous l'aurons facilement pour
ami.

CASSIUS. — Je le souhaite; mais cependant j'ai un

pressentiment qui me le fait redouter ; et toujours mes justes appréhensions tombent d'accord avec l'événement.

Rentre Antoine.

BRUTUS. — Mais voici venir Antoine... Soyez le bienvenu, Marc Antoine.

ANTOINE, *se penchant sur le corps de César.* — O puissant César ! Es-tu donc tombé si bas ! Toutes tes conquêtes, tes gloires, tes triomphes, tes trophées se sont rétrécis à ce petit espace !... Adieu ! *(Il se retourne vers les conjurés.)* Je ne sais, messieurs, ce que vous projetez, quel autre ici doit perdre du sang, quel autre a la pléthore. Si c'est moi, je ne connais pas d'heure aussi opportune que l'heure où César est mort, ni d'instruments aussi dignes que ces épées, enrichies du plus noble sang de l'univers. Je vous en conjure, si je vous suis à charge, maintenant que vos mains empourprées sont encore fumantes et moites, satisfaites votre volonté ! Quand je vivrais mille ans, jamais je ne me trouverais si disposé à mourir. Aucun lieu, aucun genre de mort ne me plaira, comme d'être frappé ici, près de César, par vous, l'élite des grands esprits de cet âge.

BRUTUS. — O Antoine ! ne nous demandez pas votre mort. Certes nous devons vous paraître bien sanguinaires et bien cruels, avec de pareilles mains, après une telle action ; mais vous ne voyez que nos mains et leur œuvre encore saignante : vous ne voyez pas nos cœurs : ils sont pleins de pitié ! C'est la pitié pour les douleurs publiques de Rome (la pitié chasse la pitié, comme la flamme chasse la flamme) qui a commis cet attentat sur César. Mais pour vous, Marc Antoine, pour vous nos glaives ont des pointes de plomb. Nos bras, forts pour l'amitié comme pour la haine, nos cœurs frères par l'affection, vous accueillent avec l'empressement de la sympathie, de l'estime et de la déférence.

CASSIUS. — Nulle voix ne sera plus puissante que la vôtre dans la distribution des nouvelles dignités.

BRUTUS. — Prenez seulement patience jusqu'à ce

que nous ayons apaisé la multitude que la frayeur a
mise hors d'elle-même, et alors nous vous expliquerons
pourquoi moi, qui aimais César, je me suis décidé
ainsi à le frapper.

ANTOINE. — Je ne doute pas de votre sagesse. Que
chacun me tende sa main sanglante! Je veux serrer
la vôtre d'abord, Marcus Brutus, puis je prends la
vôtre, Caïus Cassius... Maintenant, Décius Brutus, la
vôtre; maintenant la vôtre, Métellus; la vôtre, Cinna;
la vôtre aussi, mon vaillant Casca; enfin, la dernière,
mais non la moindre en sympathie, la vôtre, bon Trébonius! Messieurs, hélas! que puis-je dire? Ma réputation est maintenant sur un terrain si glissant que,
dilemme fatal, je dois passer à vos yeux pour un lâche
ou pour un flatteur... Que je t'aimais, César, oh! c'est
la vérité. Si ton esprit nous aperçoit maintenant, n'est-
ce pas pour toi une souffrance, plus cruelle que n'a
été ta mort, de voir ton Antoine faisant sa paix avec
tes ennemis, ô grand homme! en présence de ton
cadavre? Si j'avais autant d'yeux que tu as de blessures, tous versant autant de larmes qu'elles dégorgent
de sang, cela me siérait mieux que de conclure un
pacte avec tes ennemis. Pardonne-moi, Jules!... Ici tu
as été cerné, héroïque élan; ici tu es tombé; et ici se
tiennent tes chasseurs, teints de ta dépouille et tout
cramoisis de ta mort. O monde! tu étais la forêt de
cet élan, et c'est bien lui, ô monde, qui te donnait
l'élan! Comme le cerf, frappé par plusieurs princes,
te voilà donc abattu!

CASSIUS. — Marc Antoine!

ANTOINE. — Pardonnez-moi, Caïus Cassius. Les
ennemis de César diraient cela; ce n'est donc de la
part d'un ami qu'une froide modération.

CASSIUS. — Je ne vous blâme pas de louer César
ainsi; mais quelle convention entendez-vous faire
avec nous? Voulez-vous être inscrit au nombre de nos
amis? Ou bien procéderons-nous sans compter sur
vous?

ANTOINE. — C'est avec intention que j'ai serré vos
mains; mais j'ai été, en effet, distrait de la question,
en baissant les yeux sur César. Je suis votre ami à

tous, et je vous aime tous, espérant que vous m'expliquerez comment et en quoi César était dangereux.

BRUTUS. — Autrement, ceci serait un spectacle
sauvage. Nos raisons sont si pleines de justesse que,
fussiez-vous, Antoine, le fils de César, elles vous satis-
feraient.

ANTOINE. — C'est tout ce que je souhaite. Je deman-
derai en outre qu'il me soit permis d'exposer son corps
sur la place publique, et de parler à la tribune, comme
il sied à un ami, dans la cérémonie de ses funérailles.

BRUTUS. — Vous le pourrez, Marc Antoine.

CASSIUS. — Brutus, un mot! *(A part.)* Vous ne savez
pas ce que vous faites là. Ne consentez pas à ce qu'Antoine parle aux funérailles. Savez-vous à quel point le
peuple peut être ému de ce qu'il débitera ?

BRUTUS, *à part.* — Pardon! Je monterai le premier
à la tribune; et j'exposerai les motifs de la mort de
notre César. Je déclarerai que tout ce qu'Antoine a à
dire, il le dit de notre aveu, avec notre permission;
et que, par notre consentement formel, tous les rites
réguliers, tous les usages consacrés doivent être obser-
vés pour César. Loin de nous nuire, cela nous servira.

CASSIUS, *à part.* — Je ne sais pas ce qui peut en
advenir : je n'aime pas cela.

BRUTUS. — Marc Antoine, faites; prenez le corps
de César. Dans votre discours funèbre vous ne nous
blâmerez pas, mais vous direz de César tout le bien
que vous pouvez penser, en déclarant que vous le
faites par notre permission : sans quoi vous ne prendrez aucune part à ses funérailles. Et vous parlerez à la
même tribune que moi, après mon discours terminé.

ANTOINE. — Soit! je ne demande rien de plus.

BRUTUS. — Préparez donc le corps, et suivez-nous.
(Tous sortent, excepté Antoine.)

ANTOINE, *seul, penché sur le cadavre.* — Oh! pardonne-moi, morceau de terre sanglante, si je suis
humble et doux avec ces bouchers! Tu es la ruine de
l'homme le plus noble qui jamais ait vécu dans le
cours des âges. Malheur à la main qui a versé ce sang
précieux! Ici, sur tes plaies, qui, comme autant de
bouches muettes, entrouvrent leurs lèvres de rubis

pour invoquer l'accent et le cri de ma voix, voici ce que je prophétise. La malédiction va s'abattre sur la tête des hommes : la furie domestique et l'atroce guerre civile bouleverseront toutes les parties de l'Italie! Le sang et la destruction seront choses si banales, et les objets d'horreur si familiers, que les mères ne feront que sourire en voyant leurs enfants écartelés par les mains de la guerre! Toute pitié sera étouffée par l'habitude des actions féroces! Et l'esprit de César, acharné à la vengeance, ayant près de lui Até accourue toute brûlante de l'enfer, ira dans ces contrées criant d'une voix souveraine : *Pas de quartier!* et déchaînera les chiens de la guerre, de telle sorte qu'enfin cet acte hideux exhalera partout, au-dessus de la terre, l'odeur des cadavres implorant la sépulture!

Entre un serviteur.

Vous servez Octave César, n'est-ce pas ?

LE SERVITEUR. — Oui, Marc Antoine.

ANTOINE. — César lui a écrit de venir à Rome.

LE SERVITEUR. — Il a reçu la lettre, et il arrive; et il m'a chargé de vous dire de vive voix... *(Apercevant le cadavre.)* Oh! César!

ANTOINE. — Ton cœur est gros : retire-toi à l'écart, et pleure. L'émotion, je le vois, est contagieuse; car mes yeux, en voyant la douleur perler dans les tiens, commencent à se mouiller. Est-ce que ton maître arrive ?

LE SERVITEUR. — Il couche cette nuit à sept lieues de Rome.

ANTOINE. — Retourne en hâte lui dire ce qui est arrivé. Il y a ici une Rome en deuil, une Rome dangereuse, une Rome qui pour Octave n'est pas encore sûre. Cours, et dis-le-lui... Non pourtant; attends un peu. Tu ne t'en retourneras pas que je n'aie porté ce cadavre sur la place publique. Là, je verrai, par l'effet de mon discours, comment le peuple prend le cruel succès de ces hommes sanguinaires; et, selon l'événement, tu exposeras au jeune Octave l'état des choses... Prête-moi main-forte. *(Ils sortent, emportant le corps de César.)*

SCÈNE II

Rome. Le Forum.

Entrent Brutus *et* Cassius, *accompagnés d'une foule de citoyens.*

Les Citoyens. — Nous voulons une explication. Qu'on s'explique!

Brutus. — Suivez-moi donc, et donnez-moi audience, amis. Vous, Cassius, allez dans la rue voisine, et partageons-nous la foule. Que ceux qui veulent m'entendre, restent ici; que ceux qui veulent suivre Cassius, aillent avec lui! et il sera rendu un compte public de la mort de César.

Premier Citoyen. — Je veux entendre parler Brutus.

Deuxième Citoyen. — Je veux entendre Cassius, afin de comparer leurs raisons, quand nous les aurons entendus séparément. *(Cassius sort avec une partie des citoyens. Brutus monte aux Rostres.)*

Troisième Citoyen. — Le noble Brutus est monté. Silence!

Brutus. — Soyez patients jusqu'au bout... Romains, compatriotes et amis, entendez-moi dans ma cause; et faites silence, afin de pouvoir m'entendre. Croyez-moi pour mon honneur, et ayez foi en mon honneur, afin de pouvoir me croire. Censurez-moi dans votre sagesse, et faites appel à votre raison, afin de pouvoir mieux me juger. S'il est dans cette assemblée quelque ami cher de César, à lui je dirai que Brutus n'avait pas pour César moins d'amour que lui. Si alors cet ami demande pourquoi Brutus s'est levé contre César, voici ma réponse : Ce n'est pas que j'aimasse moins César, mais j'aimais Rome davantage. Eussiez-vous préféré voir César vivant et mourir tous esclaves, plutôt que de voir César mort et de vivre tous libres ? César m'aimait, et je le pleure; il fut fortuné, et je m'en réjouis; il fut vaillant, et je l'en admire; mais il fut ambitieux, et je l'ai tué! Ainsi, pour son amitié, des larmes; pour sa fortune, de la joie; pour sa vaillance, de l'admiration; et pour son ambition, la mort! Quel est ici l'homme assez bas pour vouloir être esclave? S'il en est un, qu'il parle! car c'est lui que j'ai offensé. Quel est ici l'homme assez grossier pour ne vouloir pas être Romain? S'il en est un, qu'il parle! car c'est lui que j'ai offensé. Quel est ici l'homme assez vil pour ne pas vouloir aimer sa patrie? S'il en est un, qu'il parle! car c'est lui que j'ai offensé... J'attends une réponse.

Tous Les Citoyens. — Personne, Brutus, personne.

Brutus. — Ainsi je n'ai offensé personne. Je n'ai fait à César que ce que vous feriez à Brutus. Les registres du Capitole exposent les motifs de sa mort, sans atténuer les exploits par lesquels il fut glorieux, ni aggraver les offenses pour lesquelles il subit la mort.

Entrent Antoine et d'autres citoyens portant le corps de César.

Voici venir son corps, mené en deuil par Marc Antoine, Marc Antoine qui, sans avoir eu part à la mort de César, recueillera les bénéfices de cette mort, une place dans la république. Et qui de vous n'en recueillera pas? Un dernier mot, et je me retire : comme j'ai tué mon meilleur ami pour le bien de Rome, je garde le même poignard pour moi-même, alors qu'il plaira à mon pays de réclamer ma mort.

Les Citoyens. — Vive Brutus! Vive, vive Brutus!

Premier Citoyen. — Ramenons-le chez lui en triomphe.

Deuxième Citoyen. — Donnons-lui une statue au milieu de ses ancêtres.

Troisième Citoyen. — Qu'il soit César!

Quatrième Citoyen. — Le meilleur de César sera couronné dans Brutus.

Premier Citoyen. — Ramenons-le jusqu'à sa maison avec des acclamations et des vivats.

Brutus. — Mes compatriotes...

Deuxième Citoyen. — Paix! silence! Brutus parle.

Premier Citoyen. — Paix! holà!

BRUTUS. — Mes bons compatriotes, laissez-moi partir seul, et, à ma considération, restez ici avec Marc Antoine. Faites honneur au corps de César, et faites honneur à la harangue que, pour la gloire de César, Marc Antoine est autorisé à prononcer par notre permission. Je vous en prie, que personne ne parte que moi, avant que Marc Antoine ait parlé! *(Il sort.)*

PREMIER CITOYEN. — Holà, restez! Écoutons Marc Antoine.

TROISIÈME CITOYEN. — Qu'il monte à la chaire publique! Nous l'écouterons. Noble Antoine, montez. *(Antoine monte à la tribune.)*

ANTOINE. — Au nom de Brutus, je vous suis obligé.

QUATRIÈME CITOYEN. — Que dit-il de Brutus ?

TROISIÈME CITOYEN. — Il dit qu'au nom de Brutus il se reconnaît comme notre obligé à tous.

QUATRIÈME CITOYEN. — Il fera bien de ne pas dire de mal de Brutus ici.

PREMIER CITOYEN. — Ce César était un tyran.

TROISIÈME CITOYEN. — Oui, ça, c'est certain. Nous sommes bien heureux que Rome soit débarrassée de lui.

DEUXIÈME CITOYEN. — Silence! Écoutons ce qu'Antoine pourra dire.

ANTOINE. — Généreux Romains...

LES CITOYENS. — Paix! holà! Écoutons-le.

ANTOINE. — Amis, Romains, compatriotes, prêtez-moi l'oreille. Je viens pour ensevelir César, non pour le louer. Le mal que font les hommes vit après eux; le bien est souvent enterré avec leurs os : qu'il en soit ainsi de César! Le noble Brutus vous a dit que César était ambitieux : si cela était, c'était un tort grave, et César l'a gravement expié. Ici, avec la permission de Brutus et des autres (car Brutus est un homme honorable, et ils sont tous des hommes honorables), je suis venu pour parler aux funérailles de César. Il était mon ami fidèle et juste; mais Brutus dit qu'il était ambitieux, et Brutus est un homme honorable. Il a ramené à Rome nombre de captifs, dont les rançons ont rempli les coffres publics : est-ce là ce qui a paru ambitieux dans César ? Quand le pauvre a gémi, César a pleuré : l'ambition devrait être de plus rude étoffe. Pourtant Brutus dit qu'il était ambitieux; et Brutus est un homme honorable. Vous avez tous vu qu'aux Lupercales je lui ai trois fois présenté une couronne royale, qu'il a refusée trois fois : était-ce là de l'ambition ? Pourtant Brutus dit qu'il était ambitieux; et assurément c'est un homme honorable. Je ne parle pas pour contester ce qu'a déclaré Brutus, mais je suis ici pour dire ce que je sais. Vous l'avez tous aimé naguère, et non sans motif; quel motif vous empêche donc de le pleurer ? O jugement, tu as fui les bêtes brutes, et les hommes ont perdu leur raison!... Excusez-moi : mon cœur est dans le cercueil, là, avec César, et je dois m'interrompre jusqu'à ce qu'il me soit revenu.

PREMIER CITOYEN. — Il me semble qu'il y a beaucoup de raison dans ce qu'il dit.

DEUXIÈME CITOYEN. — Si tu considères bien la chose, César a été traité fort injustement.

TROISIÈME CITOYEN. — N'est-ce pas, mes maîtres ? Je crains qu'il n'en vienne un pire à sa place.

QUATRIÈME CITOYEN. — Avez-vous remarqué ses paroles ? Il n'a pas voulu prendre la couronne : donc, il est certain qu'il n'était pas ambitieux!

PREMIER CITOYEN. — Si cela est prouvé, quelques-uns le payeront cher.

DEUXIÈME CITOYEN, *désignant Antoine*. — Pauvre âme! Ses yeux sont rouges comme du feu à force de pleurer.

TROISIÈME CITOYEN. — Il n'y a pas dans Rome un homme plus noble qu'Antoine.

QUATRIÈME CITOYEN. — Maintenant, attention! Il recommence à parler.

ANTOINE. — Hier encore, la parole de César aurait pu prévaloir contre l'univers; maintenant, le voilà gisant, et il n'est pas un misérable qui daigne lui faire honneur! O mes maîtres! si j'étais disposé à exciter vos cœurs et vos esprits à la révolte et à la fureur, je ferais tort à Brutus et tort à Cassius, qui, vous le savez tous, sont des hommes honorables. Je ne veux pas leur faire tort; j'aime mieux faire tort au mort, faire tort à vous-mêmes et à moi, que de faire tort à des hommes si honorables. Mais voici un parchemin avec le sceau de César; je l'ai trouvé dans son cabinet; ce sont ses volontés dernières. Si seulement le peuple entendait ce testament (pardon! je n'ai pas l'intention de le lire), tous accourraient pour baiser les plaies de César mort, pour tremper leurs mouchoirs dans son sang sacré, pour implorer même, en souvenir de lui, un de ses cheveux, qu'ils mentionneraient en mourant dans leurs testaments et transmettraient, comme un précieux legs, à leur postérité!

QUATRIÈME CITOYEN. — Nous voulons entendre le testament : lisez-le, Marc Antoine.

LES CITOYENS. — Le testament! le testament! Nous voulons entendre le testament de César.

ANTOINE. — Ayez patience, chers amis. Je ne dois pas le lire : il ne convient pas que vous sachiez combien César vous aimait. Vous n'êtes pas de bois ni de pierre, vous êtes hommes; et, étant hommes, pour peu que vous entendiez le testament de César, vous vous enflammerez, vous deviendrez furieux. Il n'est pas bon que vous sachiez que vous êtes ses héritiers; car, si vous le saviez, oh! qu'en arriverait-il ?

QUATRIÈME CITOYEN. — Lisez le testament : nous voulons l'entendre, Antoine. Vous nous lirez le testament. Le testament de César.!

ANTOINE. — Voulez-vous patienter ? Voulez-vous attendre un peu ? Je me suis laissé aller trop loin en vous en parlant. Je crains de faire tort aux hommes honorables dont les poignards ont frappé César; je le crains.

QUATRIÈME CITOYEN. — C'étaient des traîtres. Eux, des hommes honorables!

LES CITOYENS. — Le testament! le testament!

DEUXIÈME CITOYEN. — C'étaient des scélérats, des meurtriers. Le testament! Lisez le testament!

ANTOINE. — Vous voulez donc me forcer à lire le testament! Alors faites cercle autour du cadavre de César, et laissez-moi vous montrer celui qui fit ce testament. Descendrai-je ? Me le permettez-vous ?

LES CITOYENS. — Venez, venez.

DEUXIÈME CITOYEN. — Descendez. *(Antoine descend de la tribune.)*

TROISIÈME CITOYEN. — Libre à vous!

QUATRIÈME CITOYEN. — En cercle! plaçons-nous en rond.

PREMIER CITOYEN. — Écartons-nous de la bière, écartons-nous du corps.

DEUXIÈME CITOYEN. — Place pour Antoine! le très noble Antoine!

ANTOINE. — Ah! ne vous pressez pas ainsi sur moi; tenez-vous plus loin!

LES CITOYENS. — En arrière! place! Reculons!

ANTOINE. — Si vous avez des larmes, préparez-vous à les verser à présent. Vous connaissez tous ce manteau. Je me rappelle la première fois que César le mit : c'était un soir d'été, dans sa tente; ce jour-là il vainquit les Nerviens. Regardez! A cette place a pénétré le poignard de Cassius; voyez quelle déchirure a faite l'envieux Casca; c'est par là que le bien-aimé Brutus a frappé, et, quand il a arraché la lame maudite, voyez comme le sang de César l'a suivie! On eût dit que ce sang se ruait au-dehors pour s'assurer si c'était bien Brutus qui avait porté ce coup cruel. Car Brutus, vous le savez, était l'ange de César! O vous, Dieux, jugez avec quelle tendresse César l'aimait! Cette blessure fut pour lui la plus cruelle de toutes. Car, dès que le noble César le vit frapper, l'ingratitude, plus forte que le bras des traîtres, l'abattit; alors se brisa son cœur puissant; et, enveloppant sa face dans son manteau, au pied même de la statue de Pompée, qui ruisse-lait de sang, le grand César tomba! Oh! quelle chute ce fut, mes concitoyens! Alors, vous et moi, nous tous, nous tombâmes, tandis que la trahison sanglante s'ébattait au-dessus de nous. Oh! vous pleurez, à pré-sent! et je vois que vous ressentez l'atteinte de la pitié; ce sont de gracieuses larmes. Bonnes âmes, quoi! vous pleurez, quand vous n'apercevez encore que la robe blessée de notre César! Regardez donc : le voici lui-même, mutilé, comme vous voyez, par des traîtres.

PREMIER CITOYEN. -- O lamentable spectacle!

DEUXIÈME CITOYEN. — O noble César!

TROISIÈME CITOYEN. — O jour funeste!

QUATRIÈME CITOYEN. — O traîtres! scélérats!

PREMIER CITOYEN. — O sanglant, sanglant spectacle!

DEUXIÈME CITOYEN. — Nous serons vengés. Vengeance! Marchons, cherchons, brûlons, incendions, tuons, égorgeons! Que pas un traître ne vive!

ANTOINE. — Arrêtez, concitoyens!

PREMIER CITOYEN. — Paix, là! Écoutons le noble Antoine.

DEUXIÈME CITOYEN. — Nous l'écouterons, nous le suivrons, nous mourrons avec lui.

ANTOINE. — Bons amis, doux amis, que ce ne soit pas moi qui vous provoque à ce soudain débordement de révolte! Ceux qui ont commis cette action sont honorables; je ne sais pas, hélas! quels griefs personnels les ont fait agir; ils sont sages et honorables, et ils vous répondront, sans doute, par des raisons. Je ne viens pas, amis, pour enlever vos cœurs; je ne suis pas orateur, comme l'est Brutus, mais, comme vous le savez tous, un homme simple et franc, qui aime son ami; et c'est ce que savent fort bien ceux qui m'ont donné permission de parler de lui publiquement. Car je n'ai ni l'esprit, ni le mot, ni le mérite, ni le geste, ni l'expression, ni la puissance de parole, pour agiter le sang des hommes. Je ne fais que parler net: je vous dis ce que vous savez vous-mêmes; je vous montre les blessures du doux César, pauvres, pauvres bouches muettes, et je les charge de parler pour moi. Mais si j'étais Brutus et que Brutus fût Antoine, il y aurait un Antoine qui remuerait vos esprits et donnerait à chaque plaie de César une voix capable de soulever les pierres de Rome et de les jeter dans la révolte.

LES CITOYENS. — Nous nous révolterons.

PREMIER CITOYEN. — Nous brûlerons la maison de Brutus.

TROISIÈME CITOYEN. — En marche donc! Allons, cherchons les conspirateurs.

ANTOINE. — Mais écoutez-moi, concitoyens, mais écoutez ce que j'ai à dire.

LES CITOYENS. — Holà! silence! Écoutons Antoine, le très noble Antoine.

ANTOINE. — Eh! amis, vous ne savez pas ce que vous allez faire. En quoi César a-t-il ainsi mérité votre amour ? Hélas! Vous ne le savez pas : il faut donc que je vous le dise. Vous avez oublié le testament dont je vous ai parlé.

LES CITOYENS. — Très vrai!... Le testament! Arrêtons, et écoutons le testament!

ANTOINE. — Voici le testament, revêtu du sceau de César. Il donne à chaque citoyen romain, à chaque homme séparément, soixante-quinze drachmes.

DEUXIÈME CITOYEN. — Très noble César!... Nous vengerons sa mort.

TROISIÈME CITOYEN. — O royal César!

ANTOINE. — Écoutez-moi avec patience.

LES CITOYENS. — Paix! holà!

ANTOINE. — En outre, il vous a légué tous ses jardins, ses bosquets réservés, ses vergers récemment plantés en deçà du Tibre; il vous les a légués, à vous et à vos héritiers, pour toujours, comme lieux d'agrément publics, destinés à vos promenades et à vos divertissements. C'était là un César! Quand en viendra-t-il un pareil ?

PREMIER CITOYEN. — Jamais! jamais! Allons, en marche! en marche! Nous allons brûler son corps à la place consacrée, et avec les tisons incendier les maisons des traîtres! Enlevons le corps.

DEUXIÈME CITOYEN. — Allons chercher du feu.

TROISIÈME CITOYEN. — Jetons bas les bancs.

QUATRIÈME CITOYEN. — Jetons bas les sièges, les fenêtres, tout. *(Sortent les citoyens, emportant le corps.)*

ANTOINE. — Maintenant, laissons faire. Mal, te voilà déchaîné, suis le cours qu'il te plaira.

Entre un serviteur.

Qu'y a-t-il, camarade ?

LE SERVITEUR. — Monsieur, Octave est déjà arrivé à Rome.

ANTOINE. — Où est-il ?

LE SERVITEUR. — Lui et Lépide sont dans la maison de César.

ANTOINE. — Et je vais l'y visiter, de ce pas. Il arrive à souhait : la fortune est en gaieté, et dans cette humeur elle nous accordera tout.

LE SERVITEUR. — J'ai ouï dire à Octave que Brutus et Cassius, comme éperdus, se sont enfuis au galop par les portes de Rome.

ANTOINE. — Sans doute ils ont eu des renseignements sur le peuple et sur la manière dont je l'ai soulevé... Conduis-moi près d'Octave. *(Ils sortent.)*

SCÈNE III

Rome. Une rue.

Entre CINNA *le poète.*

CINNA. — J'ai rêvé cette nuit que je banquetais avec César, et des idées sinistres obsèdent mon imagination. Je n'ai aucune envie d'errer dehors ; pourtant quelque chose m'entraîne.

Entrent des citoyens.

PREMIER CITOYEN, *à Cinna.* — Quel est votre nom ?

DEUXIÈME CITOYEN. — Où allez-vous ?

TROISIÈME CITOYEN. — Où demeurez-vous ?

QUATRIÈME CITOYEN. — Êtes-vous marié, ou garçon ?

DEUXIÈME CITOYEN. — Répondez à chacun directement.

PREMIER CITOYEN. — Oui, et brièvement.

QUATRIÈME CITOYEN. — Oui, et sensément.

TROISIÈME CITOYEN. — Oui, et franchement... Vous ferez bien.

CINNA. — Quel est mon nom ? où je vais ? où je demeure ? si je suis marié, ou garçon ? Et répondre à chacun directement, et brièvement, et sensément, et franchement. Je dis, sensément, que je suis garçon.

DEUXIÈME CITOYEN. — Autant dire que ceux qui se marient sont des idiots. Ce mot-là vous vaudra quelque horion, j'en ai peur... Poursuivez ! Directement !

CINNA. — Directement, je vais aux funérailles de César.

PREMIER CITOYEN. — Comme ami, ou comme ennemi ?

CINNA. — Comme ami.

DEUXIÈME CITOYEN. — Voilà qui est répondu directement.

QUATRIÈME CITOYEN. — Votre demeure! Brièvement!

CINNA. — Brièvement, je demeure près du Capitole.

TROISIÈME CITOYEN. — Votre nom, messire! Franchement!

CINNA. — Franchement, mon nom est Cinna.

PREMIER CITOYEN. — Mettons-le en pièces : c'est un conspirateur.

CINNA. — Je suis Cinna le poète! Je suis Cinna le poète!

QUATRIÈME CITOYEN. — Mettons-le en pièces pour ses mauvais vers, mettons-le en pièces pour ses mauvais vers.

CINNA. — Je ne suis pas Cinna le conspirateur.

DEUXIÈME CITOYEN. — N'importe! Il a nom Cinna : arrachons-lui seulement son nom du cœur, et chassons-le ensuite.

TROISIÈME CITOYEN. — Mettons-le en pièces! mettons-le en pièces! Holà! des brandons! des brandons enflammés! Chez Brutus, chez Cassius! Brûlons tout! Les uns chez Décius, d'autres chez Casca, d'autres chez Ligarius. En marche! partons! *(Ils sortent.)*

ACTE IV

SCÈNE PREMIÈRE

Rome. Chez Antoine.

ANTOINE, OCTAVE et LÉPIDE, *assis autour d'une table.*

ANTOINE. — Ainsi tous ces hommes mourront ; leurs noms sont marqués.

OCTAVE. — Votre frère aussi doit mourir ; y consentez-vous, Lépide ?

LÉPIDE. — J'y consens.

OCTAVE. — Marquez-le, Antoine.

LÉPIDE. — A condition que Publius cessera de vivre, Publius, le fils de votre sœur, Marc Antoine.

ANTOINE. — Il cessera de vivre : voyez ! d'un trait il est condamné. Mais, Lépide, allez à la maison de César ; vous y prendrez le testament de César, et nous verrons à en retrancher quelques legs onéreux.

LÉPIDE. — Çà, vous retrouverai-je ici ?

OCTAVE. — Ou ici, ou au Capitole.

Sort Lépide.

ANTOINE. — C'est un homme nul et incapable, bon à faire des commissions. Convient-il, quand le monde est divisé en trois, qu'il soit un des trois partageants ?

OCTAVE. — Vous en avez jugé ainsi, et vous avez pris son conseil pour décider qui serait voué à la mort, dans notre noir décret de proscription.

ANTOINE. — Octave, j'ai vu plus de jours que vous. Nous n'accumulons les honneurs sur cet homme que pour nous décharger sur lui d'un certain odieux : il ne

les portera que comme l'âne porte l'or, gémissant et
suant sous le faix, conduit ou chassé dans la voie
indiquée par nous; et, quand il aura porté notre
trésor où nous voulons, alors nous lui retirerons sa
charge, et nous le renverrons, comme l'âne débâté,
secouer ses oreilles et paître aux communaux.

OCTAVE. — Faites à votre volonté; mais c'est un
soldat éprouvé et vaillant.

ANTOINE. — Mon cheval l'est aussi, Octave; et c'est
pour cela que je lui assigne sa ration de fourrage.
C'est une bête que j'instruis à combattre, à caracoler,
à s'arrêter court, à courir en avant; le mouvement de
son corps est gouverné par mon esprit. Et, jusqu'à un
certain point, Lépide est ainsi : il veut être instruit,
dressé et lancé. C'est un esprit stérile qui vit d'abjec-
tion, de bribes et d'assimilations, et adopte pour mode
ce qui a été usé et épuisé par les autres hommes. Ne
parlez de lui que comme d'un instrument. Et maintenant, Octave, écoutez de grandes choses... Brutus et
Cassius lèvent des troupes; il faut que nous leur
tenions tête au plus vite. Combinons donc notre
alliance, rassemblons nos meilleurs amis, et déployons
nos meilleures ressources. Allons à l'instant tenir
conseil pour aviser aux plus sûrs moyens de découvrir
les trames secrètes et de faire face aux périls évidents.

OCTAVE. — Oui, agissons! car nous sommes attachés
au poteau et harcelés par une meute d'ennemis; et
plusieurs qui nous sourient recèlent, je le crains, dans
leurs cœurs des millions de perfidies. *(Ils sortent.)*

SCÈNE II

Le cap près de Sardes. Devant la tente de Brutus.

Tambour. Entrent BRUTUS, LUCILIUS, LUCIUS *et des
soldats.* TITINIUS *et* PINDARUS *les rencontrent.*

BRUTUS. — Halte-là!
LUCILIUS. — Le mot d'ordre! Holà! halte!

BRUTUS. — Eh bien, Lucilius, Cassius est-il proche ?

LUCILIUS. — Il est tout près d'ici; et Pindarus est venu pour vous saluer de la part de son maître. *(Pindarus remet une lettre à Brutus.)*

BRUTUS, *après avoir lu la lettre.* — Il me complimente gracieusement... Votre maître, Pindarus, soit par son propre changement, soit par la faute de ses officiers, m'a donné des motifs sérieux de déplorer certains actes; mais, s'il est près d'ici, je vais recevoir ses explications.

PINDARUS. — Je ne doute pas que mon noble maître n'apparaisse tel qu'il est, plein de sagesse et d'honneur.

BRUTUS. — Personne n'en doute... Un mot, Lucilius! que je sache comment il vous a reçu.

LUCILIUS. — Avec courtoisie et avec assez d'égards, mais non avec ces façons familières, avec cette expansion franche et amicale, qui lui étaient habituelles jadis.

BRUTUS. — Tu as décrit là le refroidissement d'un ami chaleureux. Remarque toujours, Lucilius, que, quand l'affection commence à languir et à décliner, elle affecte force cérémonies. La foi naïve et simple est sans artifice; mais les hommes creux sont comme certains chevaux fougueux : au premier abord, ils promettent par leur allure vaillante la plus belle ardeur; mais, dès qu'il leur faut endurer l'éperon sanglant, ils laissent tomber leur crinière, et, ainsi que des haridelles trompeuses, succombent à l'épreuve. Ses troupes arrivent-elles ?

LUCILIUS. — Elles comptent établir leurs quartiers à Sardes, cette nuit; le gros de l'armée, la cavalerie en masse, arrivent avec Cassius. *(Marche militaire derrière le théâtre.)*

BRUTUS. — Écoutez! il est arrivé. Marchons tranquillement à sa rencontre.

Entrent Cassius et des soldats.

CASSIUS. — Halte-là!

BRUTUS. — Halte-là! Faites circuler le commandement.

VOIX DIVERSES, *derrière le théâtre.* — Halte!... Halte!... Halte!

CASSIUS, *à Brutus*. — Très noble frère, vous m'avez fait tort.

BRUTUS. — O vous, Dieux, jugez-moi! Ai-je jamais eu des torts envers mes ennemis ? Si cela ne m'est pas arrivé, comment puis-je avoir fait tort à un frère ?

CASSIUS. — Brutus, cette attitude sévère que vous prenez dissimule des torts; et, quand vous en avez...

BRUTUS. — Cassius, modérez-vous; exposez avec calme vos griefs... Je vous connais bien. Sous les yeux de nos deux armées, qui ne devraient voir entre nous qu'une tendre affection, ne nous disputons pas. Commandez-leur de se retirer. Puis, dans ma tente, Cassius, vous expliquerez vos griefs, et je vous donnerai audience.

CASSIUS. — Pindarus, dites à nos commandants de replier leurs troupes à quelque distance de ce terrain.

BRUTUS. — Lucilius, faites de même; et que nul n'approche de notre tente, avant que notre conférence soit terminée! Que Lucius et Titinius gardent notre porte! *(Ils se retirent.)*

SCÈNE III

Dans la tente de Brutus.

LUCIUS *et* TITINIUS *en faction à l'entrée de la tente. Paraissent* BRUTUS *et* CASSIUS.

CASSIUS. — Que vous m'avez fait tort, voici qui le prouve. Vous avez condamné et flétri Lucius Pella, pour s'être laissé corrompre ici par les Sardiens; et cela, au mépris de la lettre par laquelle j'intercédais pour cet homme, qui m'était connu.

BRUTUS. — Vous vous êtes fait tort à vous-même, en écrivant dans un cas pareil.

CASSIUS. — Dans un temps comme le nôtre, il ne convient pas que la plus légère transgression porte ainsi son commentaire.

BRUTUS. — Permettez-moi de vous le dire, Cassius!

A vous-même on vous reproche d'avoir des démangeaisons aux mains, de trafiquer de vos offices et de
les vendre pour de l'or à des indignes.

CASSIUS. — Moi, des démangeaisons aux mains! En
parlant ainsi, vous savez bien que vous êtes Brutus;
sans quoi ce serait, par les Dieux, votre dernière
parole.

BRUTUS. — Le nom de Cassius pare cette corruption,
et voilà pourquoi le châtiment se voile la face.

CASSIUS. — Le châtiment!

BRUTUS. — Souvenez-vous de Mars, souvenez-vous
des Ides de Mars! N'est-ce pas au nom de la justice
qu'a coulé le sang du grand Jules ? Entre ceux qui
l'ont poignardé, quel est le scélérat qui a attenté à sa
personne autrement que pour la justice ? Quoi! nous
qui avons frappé le premier homme de l'univers pour
avoir seulement protégé des brigands, nous irons
maintenant souiller nos doigts de concussions infâmes,
et vendre le champ superbe de notre immense gloire
pour tout le clinquant qui peut tenir dans cette main
crispée ? J'aimerais mieux être un chien, et aboyer à la
lune, que d'être un pareil Romain.

CASSIUS. — Brutus, ne me harcelez point : je ne
l'endurerai pas. Vous vous oubliez, en prétendant
ainsi me contenir. Je suis un soldat, moi, plus ancien
que vous au service, plus capable que vous de faire
des choix.

BRUTUS. — Allons donc! vous ne l'êtes point, Cassius.

CASSIUS. — Je le suis.

BRUTUS. — Je dis que vous ne l'êtes point.

CASSIUS. — Ne me poussez pas davantage : je m'ou-
lierais. Songez à votre salut : ne me provoquez pas
plus longtemps.

BRUTUS. — Arrière, homme de rien!

CASSIUS. — Est-il possible !

BRUTUS. — Écoutez-moi, car je veux parler. Est-ce
à moi de céder la place à votre colère étourdie ? Est-ce
que je vais m'effrayer des grands yeux d'un forcené ?

CASSIUS. — O Dieux! ô Dieux! faut-il que j'endure
tout ceci!

BRUTUS. — Tout ceci! Oui, et plus encore. Enragez
jusqu'à ce qu'éclate votre cœur superbe; allez montrer
à vos esclaves combien vous êtes colère, et faites
trembler vos subalternes! Est-ce à moi de me déranger
et de vous observer ? Est-ce à moi de me tenir prosterné
devant votre mauvaise humeur ? Par les Dieux, vous
digérerez le venin de votre bile, dussiez-vous en crever!
car, de ce jour, je veux m'amuser, je veux rire de vous,
chaque fois que vous vous emporterez.

CASSIUS. — En est-ce donc venu là!

BRUTUS. — Vous vous dites meilleur soldat que moi :
prouvez-le, justifiez votre prétention; et cela me fera
grand plaisir. Pour ma part, je prendrai volontiers
leçon d'un vaillant homme.

CASSIUS. — Vous me faites tort, vous me faites tort
en tout, Brutus. J'ai dit plus ancien soldat, et non
meilleur. Ai-je dit meilleur ?

BRUTUS. — Si vous l'avez dit, peu m'importe.

CASSIUS. — Quand César vivait, il n'aurait pas osé
me traiter ainsi.

BRUTUS. — Paix! Paix! Vous n'auriez pas osé le
provoquer ainsi.

CASSIUS. — Je n'aurais pas osé ?

BRUTUS. — Non.

CASSIUS. — Quoi! pas osé le provoquer ?

BRUTUS. — Sur votre vie, vous ne l'auriez pas osé.

CASSIUS. — Ne présumez pas trop de mon affection :
je pourrais faire ce que je serais fâché d'avoir fait.

BRUTUS. — Vous avez fait ce que vous devriez être
fâché d'avoir fait. Vos menaces ne me terrifient point,
Cassius; car je suis si fortement armé d'honnêteté,
qu'elles passent près de moi, comme un vain souffle
que je ne remarque pas. Je vous ai envoyé demander
certaines sommes d'or que vous m'avez refusées; car,
moi, je ne sais pas me procurer d'argent par de vils
moyens. Par le ciel, j'aimerais mieux monnayer mon
cœur et couler mon sang en drachmes que d'extorquer
de la main durcie des paysans leur misérable obole
par des voies iniques. Je vous ai envoyé demander de
l'or pour payer mes légions, et vous me l'avez refusé :
était-ce un acte digne de Cassius ? Aurais-je ainsi

répondu à Caïus Cassius ? Lorsque Marcus Brutus deviendra assez sordide pour refuser à ses amis ces vils jetons, Dieux, soyez prêts à le broyer de tous vos foudres!

CASSIUS. — Je ne vous ai pas refusé.

BRUTUS. — Si fait.

CASSIUS. — Non. Il n'était qu'un imbécile, celui qui a rapporté ma réponse... Brutus m'a brisé le cœur. Un ami devrait supporter les faiblesses de son ami; mais Brutus fait les miennes plus grandes qu'elles ne sont.

BRUTUS. — Je ne les dénonce que quand vous m'en rendez victime.

CASSIUS. — Vous ne m'aimez pas.

BRUTUS. — Je n'estime pas vos fautes.

CASSIUS. — Les yeux d'un ami ne devraient pas voir ces fautes-là.

BRUTUS. — Les yeux d'un flatteur ne les verraient pas, parussent-elles aussi énormes que le haut Olympe.

CASSIUS. — Viens, Antoine! Et toi, jeune Octave, viens. Seuls vengez-vous sur Cassius; car Cassius est las du monde, haï de celui qu'il aime, bravé par son frère, repris comme un esclave, toutes ses fautes observées, enregistrées, apprises et retenues par cœur pour lui être jetées à la face! Oh! je pourrais pleurer de mes yeux toute mon âme!... Voici mon poignard, et voici ma poitrine nue, et, dedans, un cœur plus précieux que les mines de Plutus, plus riche que l'or! Si tu es un Romain, prends-le : moi, qui t'ai refusé de l'or, je te donne mon cœur. Frappe, comme tu frappas César; car, je le sais, au moment même où tu le haïssais le plus, tu l'aimais mieux que tu n'as jamais aimé Cassius.

BRUTUS. — Rengainez votre poignard. Emportez-vous tant que vous voudrez, vous avez liberté entière; faites ce que vous voudrez, le déshonneur même ne sera qu'une plaisanterie. O Cassius, vous avez pour camarade un agneau : la colère est en lui comme le feu dans le caillou, qui, sous un effort violent, jette une étincelle hâtive, et se refroidit aussitôt.

CASSIUS. — Cassius n'a-t-il vécu que pour amuser et faire rire son Brutus, chaque fois qu'un ennui ou une mauvaise humeur le tourmente ?

BRUTUS. — Quand j'ai dit cela, j'étais de mauvaise humeur moi-même.

CASSIUS. — Vous le confessez ? Donnez-moi votre main.

BRUTUS. — Et mon cœur aussi.

CASSIUS. — O Brutus!

BRUTUS. — Que voulez-vous dire ?

CASSIUS. — Est-ce que vous ne m'aimez pas assez pour m'excuser, quand cette nature vive que je tiens de ma mère fait que je m'oublie ?

BRUTUS. — Oui, Cassius; et désormais, quand vous vous emporterez contre votre Brutus, il s'imaginera que c'est votre mère qui gronde, et vous laissera faire. *(Bruit derrière le théâtre.)*

LE POÈTE, *derrière le théâtre.* — Laissez-moi entrer pour voir les généraux! Il y a désaccord entre eux : il n'est pas bon qu'ils soient seuls.

LUCILIUS, *derrière le théâtre.* — Vous ne pénétrerez pas jusqu'à eux.

LE POÈTE, *derrière le théâtre.* — Il n'y a que la mort qui puisse m'arrêter.

Entre le poète.

CASSIUS. — Eh bien, qu'y a-t-il ?

LE POÈTE. — Honte à vous, généraux! Fi! que prétendez-vous ? Soyez amis, ainsi qu'il sied à deux tels hommes; car j'ai vu, j'en suis sûr, bien plus de jours que vous.

CASSIUS. — Ah! ah! que ce cynique rime misérablement!

BRUTUS. — Sortez d'ici, drôle; impertinent, hors d'ici!

CASSIUS. — Excusez-le, Brutus : c'est sa manière.

BRUTUS. — Je prendrai mieux son humeur quand il prendra mieux son moment. Qu'est-il besoin à l'armée de ces baladins stupides ? Compagnon, hors d'ici!

CASSIUS. — Arrière, arrière! Allez-vous-en. *(Le poète sort.)*

Entrent Lucilius et Titinius.

BRUTUS. — Lucilius et Titinius, dites aux commandants de préparer le logement de leurs compagnies pour cette nuit.

CASSIUS. — Et puis revenez tous deux, et amenez-nous Messala immédiatement. *(Sortent Lucilius et Titinius.)*

BRUTUS. — Lucius, un bol de vin!

CASSIUS. — Je n'aurais pas cru que vous pussiez vous irriter ainsi.

BRUTUS. — O Cassius, je souffre de tant de douleurs!

CASSIUS. — Vous ne faites pas usage de votre philosophie, si vous êtes accessible aux maux accidentels.

BRUTUS. — Nul ne supporte mieux le chagrin : Portia est morte.

CASSIUS. — Ha! Portia!

BRUTUS. — Elle est morte.

CASSIUS. — Comment ne m'avez-vous pas tué, quand je vous contrariais ainsi ? O perte insupportable et accablante!... De quelle maladie ?

BRUTUS. — Du désespoir causé par mon absence, et de la douleur de voir le jeune Octave et Marc Antoine grossir ainsi leurs forces; car j'ai appris cela en même temps que sa mort. Elle en a perdu la raison, et, en l'absence de ses familiers, elle a avalé de la braise.

CASSIUS. — Et elle est morte ainsi ?

BRUTUS. — Oui, ainsi.

CASSIUS. — O Dieux immortels!

Entre Lucius, avec du vin et des flambeaux.

BRUTUS. — Ne parlez plus d'elle... Donne-moi un bol de vin... En ceci j'ensevelis tout ressentiment, Cassius. *(Il boit.)*

CASSIUS. — Mon cœur est altéré de ce noble toast. Remplis, Lucius, jusqu'à ce que le vin déborde de la coupe. Je ne puis trop boire de l'amitié de Brutus. *(Il boit.)*

Rentre Titinius, avec Messala.

BRUTUS. — Entrez, Titinius. Bien venu, bon Messala! Maintenant asseyons-nous autour de ce flambeau, et délibérons sur les nécessités du moment.

CASSIUS. — Portia, tu as donc disparu!

BRUTUS. — Assez, je vous prie! Messala, des lettres m'apprennent que le jeune Octave et Marc Antoine descendent sur nous avec des forces considérables, dirigeant leur marche vers Philippes.

MESSALA. — J'ai moi-même des lettres de la même teneur.

BRUTUS. — Qu'ajoutent-elles?

MESSALA. — Que, par décrets de proscription et de mise hors la loi, Octave, Antoine et Lépide ont mis à mort cent sénateurs.

BRUTUS. — En cela nos lettres ne s'accordent pas bien : les miennes parlent de soixante-dix sénateurs qui ont péri par leurs proscriptions; Cicéron est l'un d'eux.

CASSIUS. — Cicéron, l'un d'eux!

MESSALA. — Oui, Cicéron est mort, frappé par ce décret de proscription. Avez-vous eu des lettres de votre femme, monseigneur?

BRUTUS. — Non, Messala.

MESSALA. — Et dans vos lettres est-ce qu'on ne vous dit rien d'elle?

BRUTUS. — Rien, Messala.

MESSALA. — C'est étrange, il me semble.

BRUTUS. — Pourquoi cette question? Vous parle-t-on d'elle dans vos lettres?

MESSALA. — Non, monseigneur.

BRUTUS. — Dites-moi la vérité, en Romain que vous êtes.

MESSALA. — Supportez donc en Romain la vérité que je vais dire. Car il est certain qu'elle est morte, et d'une étrange manière.

BRUTUS. — Eh bien, adieu, Portia!... Nous devons tous mourir, Messala. C'est en songeant qu'elle devait mourir un jour, que j'ai acquis la patience de supporter sa mort aujourd'hui.

MESSALA. — Voilà comme les grands hommes doivent supporter les grandes pertes.

CASSIUS. — Je suis là-dessus aussi fort que vous en théorie, mais ma nature ne serait pas capable d'une telle résignation.

BRUTUS. — Allons, animons-nous à notre œuvre!...

Que pensez-vous d'une marche immédiate sur Philippes ?

CASSIUS. — Je ne l'approuve pas.

BRUTUS. — Votre raison ?

CASSIUS. — La voici. Il vaut mieux que l'ennemi nous cherche : il épuisera ainsi ses ressources, fatiguera ses soldats et se fera tort à lui-même, tandis que nous, restés sur place, nous serons parfaitement reposés, fermes et alertes.

BRUTUS. — De bonnes raisons doivent forcément céder à de meilleures. Les populations, entre Philippes et ce territoire, ne nous sont attachées que par une affection forcée, car elles ne nous ont fourni contribution qu'avec peine : l'ennemi, en s'avançant au milieu d'elles, se grossira d'auxiliaires, et arrivera rafraîchi, recruté et encouragé ; avantages que nous lui retranchons, si nous allons lui faire face à Philippes, laissant ces peuples en arrière.

CASSIUS. — Écoutez-moi, mon bon frère...

BRUTUS. — Pardon !... Vous devez noter, en outre, que nous avons tiré de nos amis tout le secours possible, que nos légions sont au complet, que notre cause est mûre. L'ennemi se renforce de jour en jour ; nous, parvenus au comble, nous sommes près de décliner. Il y a dans les affaires humaines une marée montante ; qu'on la saisisse au passage, elle mène à la fortune ; qu'on la manque, tout le voyage de la vie s'épuise dans les bas-fonds et dans les détresses. Telle est la pleine mer sur laquelle nous flottons en ce moment ; et il nous fait suivre le courant tandis qu'il nous sert, ou ruiner notre expédition.

CASSIUS. — Eh bien, puisque vous le voulez, en avant ! Nous marcherons ensemble, et nous les rencontrerons à Philippes.

BRUTUS. — L'ombre de la nuit a grandi sur notre entretien, et la nature doit obéir à la nécessité : faisons-lui donc l'aumône d'un léger repos. Il ne reste plus rien à dire ?

CASSIUS. — Plus rien. Bonne nuit ! Demain de bonne heure nous nous lèverons, et en route !

BRUTUS. — Lucius, ma robe de chambre ! *(Lucius*

sort.) Adieu, bon Messala! Bonne nuit, Titinius!...
Noble, noble Cassius, bonne nuit et bon repos!

CASSIUS. — O mon cher frère, cette nuit avait bien
mal commencé. Que jamais pareille division ne s'élève
entre nos âmes! Non, jamais, Brutus!

BRUTUS. — Tout est bien.

CASSIUS. — Bonne nuit, monseigneur!

BRUTUS. — Bonne nuit, mon bon frère!

TITINIUS et MESSALA. — Bonne nuit, seigneur Brutus!

BRUTUS. — Adieu, tous! (*Sortent Cassius, Titinius
et Messala.*)

Lucius rentre, tenant une robe de chambre.

Donne-moi la robe. Où est ton instrument?

LUCIUS. — Ici, dans la tente.

BRUTUS. — Eh! tu parles d'une voix assoupie!
Pauvre garçon, je ne te blâme pas : tu as trop veillé.
Appelle Claudius et quelques autres de mes hommes;
je les ferai dormir sur des coussins dans ma tente.

LUCIUS, *appelant*. — Varron! Claudius!

Entrent Varron et Claudius.

VARRON. — Monseigneur appelle?

BRUTUS. — Je vous en prie, amis, couchez-vous et
dormez dans ma tente; il se peut que je vous éveille
bientôt pour vous envoyer à mon frère Cassius.

VARRON. — Permettez-nous d'attendre en veillant vos
ordres.

BRUTUS. — Non, je ne le veux pas. Couchez-vous,
mes bons amis : il se peut que je change d'idée. Tiens,
Lucius! voici le livre que j'ai tant cherché; je l'avais
mis dans la poche de ma robe. (*Les serviteurs se
couchent.*)

LUCIUS. — J'étais bien sûr que Votre Seigneurie ne
me l'avait pas donné.

BRUTUS. — Excuse-moi, cher enfant, je suis si
oublieux! Peux-tu tenir ouverts un instant tes yeux
appesantis, et toucher un accord ou deux de ton
instrument?

LUCIUS. — Oui, monseigneur, si cela vous fait plaisir.

BRUTUS. — Cela m'en fait, mon enfant. Je te donne trop de peine, mais tu as bon vouloir.

LUCIUS. — C'est mon devoir, monsieur.

BRUTUS. — Je ne devrais pas étendre tes devoirs au-delà de tes forces, je sais que les jeunes têtes doivent avoir leur temps de sommeil.

LUCIUS. — J'ai déjà dormi, monseigneur.

BRUTUS. — Tant mieux! Tu dormiras encore; je ne te tiendrai pas longtemps; si je vis, je veux être bon pour toi. *(Lucius chante, et s'endort peu à peu.)* C'est un air somnolent... O assoupissement meurtrier! tu poses ta masse de plomb sur cet enfant qui te joue de la musique!... Doux être, bonne nuit! Je ne serai pas assez cruel pour t'éveiller. Pour peu que tu inclines la tête, tu vas briser ton instrument : je vais te l'ôter; et bonne nuit, mon bon garçon! *(Prenant son livre).* Voyons, voyons!... N'ai-je pas plié le feuillet où j'ai interrompu ma lecture ? C'est ici, je crois. *(Il s'assied.)*

Le spectre de César apparaît.

Comme ce flambeau brûle mal!... Ah! qui vient ici ? C'est, je crois, l'affaiblissement de mes yeux qui donne forme à cette monstrueuse apparition. Elle vient sur moi. Es-tu quelque chose ? Es-tu un Dieu, un ange ou un démon, toi qui glaces mon sang et fais dresser mes cheveux ? Dis-moi qui tu es.

LE SPECTRE. — Ton mauvais génie, Brutus.

BRUTUS. — Pourquoi viens-tu ?

LE SPECTRE. — Pour te dire que tu me verras à Philippes.

BRUTUS. — Eh bien, je te reverrai donc ?

LE SPECTRE. — Oui, à Philippes. *(Le spectre s'évanouit.)*

BRUTUS. — Eh bien! je te verrai à Philippes. Maintenant que j'ai repris courage, tu t'évanouis; mauvais génie, je voudrais m'entretenir encore avec toi... Enfant! Lucius!... Varron! Claudius! mes maîtres, éveillez-vous! Claudius!

LUCIUS. — Les cordes sont fausses, monseigneur.

BRUTUS. — Il croit être encore à son instrument... Lucius, éveille-toi.

Lucius. — Monseigneur ?

Brutus.   Est-ce que tu rêvais, Lucius, que tu as crié ainsi ?

Lucius. — Monseigneur, je ne sais pas si j'ai crié.

Brutus. — Oui, tu as crié... As-tu vu quelque chose ?

Lucius. — Rien, monseigneur.

Brutus. — Rendors-toi, Lucius... Allons, Claudius ! Et toi, camarade, éveille-toi !

Varron. — Monseigneur ?

Claudius. — Monseigneur ?

Brutus. — Pourquoi donc, mes amis, avez-vous crié ainsi dans votre sommeil ?

Varron et Claudius. — Avons-nous crié, monseigneur ?

Brutus. — Oui. Avez-vous vu quelque chose ?

Varron. — Non, monseigneur, je n'ai rien vu.

Claudius. — Ni moi, monseigneur.

Brutus. — Allez me recommander à mon frère Cassius. Dites-lui de porter ses forces de bonne heure à l'avant-garde ; nous le suivrons.

Varron et Claudius. — Ce sera fait, monseigneur.
(Ils sortent.)

ACTE V

SCÈNE PREMIÈRE

Les plaines de Philippes.

Entrent OCTAVE, ANTOINE *et leur armée.*

OCTAVE. — Eh bien, Antoine, nos espérances sont justifiées. Vous disiez que l'ennemi ne descendrait pas, mais qu'il tiendrait les collines et les régions supérieures. Ce n'est pas ce qui arrive : voici leurs forces en vue. Ils prétendent nous braver ici, à Philippes, répondant à l'appel avant que nous le leur adressions.

ANTOINE. — Bah! je suis dans leur pensée, et je sais pourquoi ils font cela. Ils seraient bien aises de gagner d'autres parages, et ils descendent sur nous avec la bravoure de la peur, croyant, par cette fanfaronnade, nous inculquer l'idée qu'ils ont du courage; mais ils n'en ont pas.

Entre un messager.

LE MESSAGER. — Préparez-vous, généraux! l'ennemi arrive en masses martiales, arborant l'enseigne sanglante du combat; et il faut agir immédiatement.

ANTOINE. — Octave, portez lentement vos troupes sur le côté gauche de la plaine.

OCTAVE. — C'est moi qui prendrai la droite; prenez la gauche, vous!

ANTOINE. — Pourquoi me contrecarrer en cet instant critique ?

OCTAVE. — Je ne vous contrecarre pas; mais je le veux ainsi.

Marche militaire. Tambours. Entrent Brutus,
Cassius, et leurs troupes; puis Lucilius,
Titinius, Messala et autres.

BRUTUS. — Ils s'arrêtent pour parlementer.

CASSIUS. — Faites halte, Titinius! nous allons avancer et conférer avec eux.

OCTAVE. — Marc Antoine, donnerons-nous le signal de la bataille ?

ANTOINE. — Non, César; nous répondrons à leur attaque. *(Montrant Cassius et Brutus qui s'avancent.)* Sortons des rangs! les généraux voudraient nous dire quelques mots.

OCTAVE, *à ses troupes.* — Ne bougez pas avant le signal.

BRUTUS. — Les paroles avant les coups, n'est-ce pas, compatriotes ?

OCTAVE. — Soit! mais nous n'avons pas, comme vous, de préférence pour les paroles.

BRUTUS. — De bonnes paroles valent mieux que de mauvais coups, Octave.

ANTOINE. — Avec vos mauvais coups, Brutus, vous donnez de bonnes paroles : témoin le trou que vous fîtes dans le cœur de César, en criant : *Salut et longue vie à César!*

CASSIUS. — Antoine, la portée de vos coups est encore inconnue mais quant à vos paroles, elles volent les abeilles de l'Hybla, et leur dérobent leur miel.

ANTOINE. — Mais non leur dard.

BRUTUS. — Oh! oui, et leur voix aussi; car vous leur avez pris leur bourdonnement, Antoine, et très prudemment vous menacez avant de piquer.

ANTOINE. — Misérables, vous n'avez pas fait de même, quand vos vils poignards se sont ébréchés dans les flancs de César : vous montriez vos dents comme des singes, vous rampiez comme des lévriers, et vous vous prosterniez comme des esclaves, baisant les pieds de César, tandis que Casca, ce damné limier, frappait César au cou par-derrière! O flatteurs!

CASSIUS. — Flatteurs!... Brutus, rends-toi grâces : cette langue ne nous offenserait pas ainsi aujourd'hui, si Cassius avait trouvé crédit.

OCTAVE. — Allons, allons, la conclusion! Si l'argu-
mentation nous met en sueur, la preuve exige une
transpiration plus rouge. *(Dégainant.)* Voyez! je tire
l'épée contre les conspirateurs; quand croyez-vous que
cette épée rentrera au fourreau? Pas avant que les
vingt-trois blessures de César ne soient bien vengées
ou qu'un autre César n'ait fourni un meurtre de plus
à l'épée des traîtres!

BRUTUS. — César, tu ne saurais mourir de la main des
traîtres, à moins que tu ne les amènes avec toi.

OCTAVE. — Je l'espère bien: je ne suis pas né pour
mourir par l'épée de Brutus.

BRUTUS. — Oh! quand tu serais le plus noble de ta
race, jeune homme, tu ne saurais mourir d'une mort
plus honorable.

CASSIUS. — Il est indigne d'un tel honneur, cet
écolier mutin, l'associé d'un farceur et d'un libertin!

ANTOINE. — Toujours le vieux Cassius!

OCTAVE. — Allons, Antoine! retirons-nous...
Traîtres, nous vous lançons à la gorge notre défi:
si vous osez combattre aujourd'hui, venez dans la
plaine; sinon, quand vous serez en goût. *(Sortent
Octave, Antoine, et leur armée.)*

CASSIUS. — Allons, vents, soufflez; houle, soulève-
toi; et vogue la barque! La tempête est déchaînée, et
tout est remis au hasard.

BRUTUS. — Holà! Lucilius, écoutez! Un mot!

LUCILIUS. — Monseigneur? *(Brutus et Lucilius
conversent à part.)*

CASSIUS. — Messala!

MESSALA. — Que dit mon général?

CASSIUS. — Messala, c'est aujourd'hui l'anniversaire
de ma naissance; à pareil jour Cassius est né. Donne-
moi ta main, Messala. Sois-moi témoin que contre
mon vouloir, ainsi que Pompée, j'ai été contraint
d'aventurer au hasard d'une bataille toutes nos libertés. Tu sais combien j'étais fermement attaché à
Épicure et à sa doctrine; maintenant, je change de
sentiment, et j'incline à croire aux présages. Quand
nous venions de Sardes, sur notre première enseigne
deux aigles se sont abattus, ils s'y sont perchés, et,

prenant leur pâture des mains de nos soldats, ils nous ont escortés jusqu'ici à Philippes. Ce matin, ils se sont envolés et ont disparu ; et à leur place des corbeaux, des corneilles et des milans planent au-dessus de nos têtes, abaissant leurs regards sur nous, comme sur des victimes agonisantes. Leur ombre semble un dais fatal sous lequel s'étend notre armée, prête à rendre l'âme.

MESSALA. — Ne croyez pas à tout cela.

CASSIUS. — Je n'y crois qu'en partie ; car je suis dans toute la fraîcheur du courage, et résolu à affronter très fermement tous les périls.

BRUTUS. — C'est cela, Lucilius.

CASSIUS. — Maintenant, très noble Brutus, veuillent les Dieux, en nous favorisant aujourd'hui, permettre que, dans la paix de l'amitié, nous menions nos jours jusqu'à la vieillesse ! Mais, puisque les affaires humaines doivent rester incertaines, raisonnons en vue du pire qui puisse arriver. Si nous perdons la bataille, c'est la dernière fois que nous nous parlons : qu'êtes-vous déterminé à faire en ce cas ?

BRUTUS. — A prendre pour règle cette philosophie qui me fit blâmer Caton de s'être donné la mort. Je ne sais comment, mais je trouve lâche et vil de devancer, par crainte de ce qui peut arriver, le terme de l'existence. Je m'armerai de patience, en attendant l'arrêt providentiel des puissances suprêmes qui nous gouvernent ici-bas.

CASSIUS. — Ainsi, si nous perdons cette bataille, vous consentirez à être mené en triomphe à travers les rues de Rome ?

BRUTUS. — Non, Cassius, non ; ne crois pas, toi, noble Romain, que jamais Brutus ira à Rome enchaîné : il porte une âme trop grande. Mais ce jour doit achever l'œuvre que les Ides de Mars ont commencée ; et je ne sais si nous nous reverrons. Disons-nous donc un éternel adieu. Pour toujours, pour toujours, adieu, Cassius ! Si nous nous revoyons, eh bien, nous sourirons ; sinon, nous aurons bien fait de prendre congé l'un de l'autre.

CASSIUS. — Pour toujours, pour toujours, adieu Brutus ! Si nous nous retrouvons, oui, nous sourirons ;

sinon, c'est vrai, nous aurons bien fait de prendre congé l'un de l'autre!

BRUTUS. — En marche donc!... Oh! si l'homme pouvait savoir d'avance la fin de cette journée! Mais il suffit qu'il sache que la journée doit finir, et alors il sait la fin... Allons!... holà! En marche! *(Ils sortent.)*

SCÈNE II

Le champ de bataille.

Alarme. Entrent BRUTUS *et* MESSALA.

BRUTUS. — A cheval, à cheval, Messala! à cheval! Et remets ces bulletins aux légions de l'autre aile. *(Bruyante alarme.)* Qu'elles s'élancent immédiatement! car je n'aperçois plus qu'une molle résistance dans l'aile d'Octave, et un choc soudain va le culbuter. A cheval, à cheval, Messala! Qu'elles se précipitent toutes ensemble! *(Ils sortent.)*

SCÈNE III

Une autre partie du champ de bataille.

Alarme. Entrent CASSIUS *et* TITINIUS.

CASSIUS. — Oh! regarde, Titinius, regarde : les misérables fuient! Moi-même je suis devenu un ennemi pour les miens : cet enseigne que voilà tournait le dos; j'ai tué le lâche, et lui ai repris son drapeau.

TITINIUS. — O Cassius! Brutus a donné trop tôt le signal. Ayant l'avantage sur Octave, il l'a poursuivi avec trop d'ardeur; ses soldats se sont mis à piller, tandis que nous étions tous enveloppés par Antoine.

Entre Pindarus.

PINDARUS. — Fuyez plus loin, monseigneur, fuyez plus loin : Marc Antoine est dans vos tentes, monseigneur! Fuyez donc, noble Cassius, fuyez plus loin.

CASSIUS. — Cette colline est assez loin. Regarde, regarde, Titinius! Sont-ce mes tentes que je vois en flammes ?

TITINIUS. — Ce sont elles, monseigneur.

CASSIUS. — Titinius, si tu m'aimes, monte mon cheval, et troue-le de tes éperons, jusqu'à ce qu'il t'ait transporté à ces troupes là-bas et ramené ici; que je sache avec certitude si ce sont des troupes amies ou ennemies!

TITINIUS. — Je reviens ici aussi vite que la pensée. *(Il sort.)*

CASSIUS. — Toi, Pindarus, monte plus haut sur cette colline. Ma vue a toujours été trouble; regarde Titinius, et dis-moi ce que tu remarques dans la plaine. *(Pindarus sort.)* Ce jour fut le premier où je respirai. Le temps a achevé sa révolution; et je finirai là même où j'ai commencé; ma vie a parcouru son cercle... L'ami, quelles nouvelles ?

PINDARUS, *de la hauteur*. — Oh! monseigneur!

CASSIUS. — Quelles nouvelles ?

PINDARUS. — Titinius est enveloppé par des cavaliers qui le poursuivent à toute bride; cependant il pique des deux encore! Maintenant, ils sont presque sur lui; maintenant, Titinius... Maintenant plusieurs mettent pied à terre... Oh! il met pied à terre aussi... Il est pris! Et, écoutez! ils poussent des cris de joie. *(Acclamations lointaines.)*

CASSIUS. — Descends! Ne regarde pas davantage... Oh! lâche que je suis de vivre si longtemps, pour voir mon meilleur ami pris sous mes yeux!

Entre Pindarus.

(A Pindarus.) Viens ici, l'ami! Je t'ai fait prisonnier chez les Parthes, et je t'ai fait jurer, en te conservant la vie, que tout ce que je te commanderais, tu l'exécuterais. Eh bien, voici le moment de tenir ton serment. Désormais sois libre; et, avec cette bonne lame qui

traversa les entrailles de César, fouille cette poitrine. Ne t'arrête point à répliquer. Tiens! prends cette poignée, et, dès que mon visage sera couvert (il l'est déjà), dirige la lame... César, tu es vengé avec le même glaive qui t'a tué. *(Il meurt.)*

PINDARUS. — Ainsi, je suis libre! Mais je ne le serais pas ainsi devenu, si j'avais osé faire ma volonté. O Cassius! Pindarus va s'enfuir de ce pays vers des parages lointains où jamais Romain ne le reconnaîtra. *(Il sort.)*

> *Titinius, couronné de laurier, rentre avec Messala.*

MESSALA. — Ce n'est qu'un revers pour un revers, Titinius; car Octave est culbuté par les forces du noble Brutus, comme les légions de Cassius le sont par Antoine.

TITINIUS. — Ces nouvelles vont bien rassurer Cassius.

MESSALA. — Où l'avez-vous laissé ?

TITINIUS. — Tout désolé, avec Pindarus, son esclave, sur cette hauteur.

MESSALA. — N'est-ce pas lui que voilà couché à terre ?

TITINIUS. — Il n'est pas couché comme un vivant... O mon cœur!

MESSALA. — N'est-ce pas lui ?

TITINIUS. — Non, ce fut lui, Messala! mais Cassius n'est plus. O soleil couchant, comme tu descends vers la nuit dans tes rouges rayons, ainsi dans son sang rouge le jour de Cassius s'est éteint. Le soleil de Rome est couché! Notre jour est fini! Viennent les nuages, les brumes et les dangers! Notre œuvre est accomplie. La crainte de mon insuccès a accompli cette œuvre !

MESSALA. — La crainte d'un insuccès a accompli cette œuvre. O exécrable erreur, fille de la mélancolie, pourquoi montres-tu à la crédule imagination des hommes des choses qui ne sont pas ? O erreur si vite conçue, jamais tu ne viens au jour heureusement, mais tu donnes la mort à la mère qui t'engendra.

Titinius. — Holà, Pindarus! Où es-tu, Pindarus ?

Messala. — Cherchez-le, Titinius; tandis que je vais rejoindre le noble Brutus, pour frapper son oreille de ce récit; je puis bien dire frapper, car l'acier perçant et la flèche empoisonnée seraient aussi bienvenus à l'oreille de Brutus que l'annonce de ce spectacle.

Titinius. — Hâtez-vous, Messala, pendant que je vais chercher Pindarus. *(Sort Messala.)* Pourquoi m'avais-tu envoyé, brave Cassius ? Est-ce que je n'ai pas rencontré tes amis ? Est-ce qu'ils n'ont pas déposé sur mon front cette couronne de triomphe, en me disant de te la donner ? Est-ce que tu n'as pas entendu leurs acclamations ? Hélas! tu as mal interprété toutes choses. Mais, tiens! reçois cette guirlande sur ton front : ton Brutus m'a ordonné de te la remettre, et je veux exécuter son ordre. *(Il détache sa couronne, et la pose sur le front du cadavre.)* Brutus, accours vite, et vois combien j'honorais Caïus Cassius. *(Il ramasse l'épée de Cassius.)* Avec votre permission, Dieux!... Tel est le devoir d'un Romain. Viens, glaive de Cassius, et trouve le cœur de Titinius! *(Il se frappe, et meurt.)*

Alarme. Messala revient avec Brutus, le jeune Caton, Straton, Volumnius et Lucilius.

Brutus. — Où, Messala ? Où est son corps ?

Messala. — Là-bas; et voyez Titinius qui le pleure.

Brutus. — La face de Titinius est tournée vers le ciel.

Caton. — Il est tué.

Brutus. — O Jules César, tu es encore puissant! Ton esprit erre par le monde, et tourne nos épées contre nos propres entrailles. *(Alarme au loin.)*

Caton. — Brave Titinius! Voyez, n'a-t-il pas couronné Cassius mort!

Brutus. — Existe-t-il encore deux Romains tels que ceux-ci ? O toi, le dernier des Romains, adieu! Il est impossible que jamais Rome enfante ton égal. Amis, je dois plus de larmes à ce mort que vous ne m'en verrez verser... Venez donc, et faites porter son corps à Thassos : ses funérailles n'auront pas lieu dans notre camp : cela nous découragerait... Lucilius, venez; venez

aussi, jeune Caton. Au champ de bataille! Labéon,
Flavius, portez nos troupes en avant. Il est trois heures;
et, avant la nuit, Romains, il faut que nous tentions
la fortune dans un second combat. *(Ils sortent.)*

SCÈNE IV

Le champ de bataille.

*Alarme. Entrent en combattant des soldats des deux
armées, puis* BRUTUS, *le jeune* CATON, LUCILIUS *et
autres.*

BRUTUS. — Encore, compatriotes! encore! Oh!
revenez à la charge.

CATON. — Quel bâtard reculerait ? Qui veut marcher
avec moi ? Je veux proclamer mon nom dans la plaine;
je suis le fils de Marcus Caton, holà! un ennemi des
tyrans, l'ami de ma patrie! Je suis le fils de Marcus
Caton, holà! *(Il charge l'ennemi.)*

BRUTUS. — Et moi, je suis Brutus, Marcus Brutus,
moi! Brutus, l'ami de ma patrie : reconnaissez-moi
pour Brutus! *(Il sort, chargeant l'ennemi. — Caton
est accablé par le nombre, et tombe.)*

LUCILIUS. — O jeune et noble Caton, te voilà donc
à bas! Ah! tu meurs aussi vaillamment que Titinius,
et tu peux être honoré comme le fils de Caton.

PREMIER SOLDAT, *à Lucilius.* — Rends-toi, ou tu
meurs.

LUCILIUS. — Je ne me rends que pour mourir.
(Offrant de l'argent au soldat.) Voici qui te décidera
à me tuer sur-le-champ : tue Brutus, et sois honoré par
sa mort.

PREMIER SOLDAT. — Ne le tuons pas... C'est un
noble prisonnier.

DEUXIÈME SOLDAT. — Place, holà! Dites à Antoine
que Brutus est pris.

PREMIER SOLDAT. — Je dirai la nouvelle... Voici le
général qui vient.

Entre Antoine.

Brutus est pris, Brutus est pris, monseigneur!

ANTOINE. — Où est-il?

LUCILIUS. — En sûreté, Antoine! Brutus est bien
en sûreté. J'ose assurer que nul ennemi ne prendra
vif le noble Brutus. Les Dieux le préservent d'une si
grande honte! Quelque part que vous le trouviez,
soit vivant, soit mort, vous le trouverez toujours Brutus, toujours lui-même.

ANTOINE. — Amis, ce n'est pas Brutus; mais, je
veux que vous le sachiez, c'est une prise qui n'a pas
moins de valeur. Gardez bien cet homme, ayez pour
lui tous les égards. J'aimerais mieux avoir de tels
hommes pour amis que pour ennemis. Allez, et voyez
si Brutus est vivant ou mort; et revenez à la tente
d'Octave nous dire tout ce qui se passe *(Ils sortent.)*

SCÈNE V

Un roc aux abords du champ de bataille.

Entrent BRUTUS, DARDANIUS, CLITUS, STRATON *et*
VOLUMNIUS. STRATON *s'affaisse à terre, et s'endort.*

BRUTUS. — Venez, pauvres amis qui me restez,
reposons-nous sur ce rocher.

CLITUS. — Statilius a montré sa torche; mais, monseigneur, il n'est pas revenu : il est pris ou tué.

BRUTUS. — Assieds-toi, Clitus. Tuer est le mot
d'ordre; c'est chose à la mode aujourd'hui... Écoute,
Clitus. *(Il lui parle bas.)*

CLITUS. — Quoi! moi, monseigneur! Non, pas pour
le monde entier.

BRUTUS. — Silence, donc! Plus un mot!

CLITUS. — Je me tuerai plutôt moi-même.

BRUTUS. — Écoute, Dardanius. *(Il lui parle bas.)*

DARDANIUS. — Moi, faire une pareille action!

CLITUS. — Oh! Dardanius!

DARDANIUS. — Oh! Clitus!

CLITUS. — Quelle sinistre demande Brutus t'a-t-il faite?

DARDANIUS. — Il m'a demandé de le tuer, Clitus! Vois! il médite.

CLITUS. — La douleur emplit ce noble vase au point qu'elle déborde de ses yeux mêmes.

BRUTUS. — Viens ici, bon Volumnius. Écoute! un mot!

VOLUMNIUS. — Que dit monseigneur?

BRUTUS. — Ceci, Volumnius. Le spectre de César m'est apparu nuitamment deux fois : à Sardes, d'abord; et, la nuit dernière, ici, dans les champs de Philippes. Je sais que mon heure est venue.

VOLUMNIUS. — Non, monseigneur.

BRUTUS. — Si fait, j'en suis sûr, Volumnius. Tu vois comment va le monde, Volumnius. Nos ennemis nous ont acculés à l'abîme : il y a plus de dignité à nous y élancer qu'à attendre qu'ils nous y poussent. Bon Volumnius, tu sais que nous allions tous deux ensemble à l'école : au nom de notre vieille affection, je t'en prie, tiens la poignée de mon épée, tandis que je me jetterai sur la lame.

VOLUMNIUS. — Ce n'est pas l'office d'un ami, monseigneur. *(Alarme.)*

CLITUS. — Fuyez, fuyez, monseigneur! il n'y a plus à rester ici.

BRUTUS. — Adieu à vous! et à vous! et à vous, Volumnius!... Straton, tu es resté endormi tout ce temps; adieu à toi aussi, Straton!... Compatriotes, j'ai la joie au cœur en songeant que, dans toute ma vie, je n'ai pas trouvé un homme qui ne me fût fidèle. Je gagnerai à cette désastreuse journée plus de gloire qu'Octave et Marc Antoine n'en obtiendront par cet infâme triomphe. Sur ce, adieu à tous! car la bouche de Brutus a presque achevé le récit de sa vie. La nuit pèse sur mes yeux; mes os veulent reposer, n'ayant travaillé que pour atteindre cette heure-là. *(Alarme.)*

Cris, *derrière le théâtre.* — Fuyez, fuyez, fuyez!

Straton s'éveille, et se relève.

CLITUS. — Fuyez, monseigneur, fuyez.

BRUTUS. — Pars! Je te suis. *(Sortent Clitus, Dardanius et Volumnius.)* Straton, reste auprès de ton seigneur, je te prie; tu es un digne compagnon; un reflet d'honneur est sur ta vie : tiens donc mon épée, et détourne la face, tandis que je me jetterai dessus. Veux-tu, Straton ?

STRATON. — Donnez-moi d'abord votre main. Adieu, monseigneur!

BRUTUS. — Adieu, bon Straton!... César, sois tranquille maintenant! certes, je ne t'ai pas tué avec autant d'ardeur. *(Straton tend l'épée. Brutus se jette sur la pointe, et meurt.)*

> *Alarme. Retraite. Entrent Octave, Antoine;*
> *Messala, Lucilius, prisonniers; puis l'armée*
> *victorieuse.*

OCTAVE, *montrant Straton.* — Quel est cet homme ?

MESSALA. — L'homme de mon général. Straton, où est ton maître ?

STRATON. — Il est délivré de la servitude où vous êtes, Messala. Les vainqueurs ne peuvent faire de lui que des cendres. Car Brutus n'a été vaincu que par lui-même, et nul autre n'a eu la gloire de sa mort.

LUCILIUS. — C'est ainsi que devait finir Brutus!... Je te remercie, Brutus, d'avoir justifié les paroles de Lucilius.

OCTAVE. — Tous ceux qui servirent Brutus, je les recueille. *(A Straton.)* L'ami, veux-tu employer ton temps près de moi ?

STRATON. — Oui, si Messala veut me présenter à vous.

OCTAVE. — Faites-le, bon Messala.

MESSALA. — Comment est mort mon maître, Straton ?

STRATON. — J'ai tenu le glaive, et il s'est jeté dessus.

MESSALA. — Octave, prends donc à ta suite l'homme qui a rendu le dernier service à mon maître.

ANTOINE. — De tous les Romains, ce fut là le plus noble. Tous les conspirateurs, excepté lui, n'agirent que par envie contre le grand César; lui seul pensait loyalement à l'intérêt général et au bien public, en se joignant à eux. Sa vie était paisible, et les éléments si bien combinés en lui, que la nature pouvait se lever et dire au monde entier : « C'était un homme ! »

OCTAVE. — Rendons-lui, avec tout le respect que mérite sa vertu, les devoirs funèbres. Ses os seront déposés cette nuit sous ma tente, dans l'honorable appareil qui sied à un soldat. Sur ce, appelez les combattants au repos ; et nous, retirons-nous, pour partager les gloires de cette heureuse journée. *(Ils sortent.)*

ANTOINE ET CLÉOPATRE

NOTICE
ANTOINE ET CLÉOPATRE

Cette pièce était composée à la date du 20 mai 1608, puisqu'elle fut inscrite ce jour-là au Registre des Libraires. Elle ne parut cependant pour la première fois que longtemps plus tard, dans le Folio de 1623. Beaucoup admettent qu'elle peut avoir été écrite en 1607 ou même à la fin de 1606. Si Shakespeare, plusieurs années après *Jules César*, a remis sur la scène Antoine qui avait déjà joué un rôle si important dans cette tragédie, c'est probablement que le personnage avait pour lui une séduction particulière. Certes le Falstaff des deux parties de *Henri IV* reparaît dans *les Joyeuses Commères de Windsor*, mais, si du moins on en croit la tradition, la reine Élisabeth l'avait demandé. Dans le cas d'Antoine on peut sans doute penser que c'est le poète lui-même qui a voulu suivre jusqu'à sa fin la carrière du général romain. L'histoire célèbre de ses amours avec la reine d'Égypte devait le tenter, comme elle avait tenté avant lui d'autres dramaturges, en Italie, en France et en Angleterre [1]. Les événements historiques au milieu desquels se déroule cette histoire devaient lui sembler dignes des personnages, puisqu'il s'agit de la lutte des triumvirs les uns contre les autres et du conflit de l'Occident et de l'Orient. Est-il enfin absolument interdit de supposer que dans ce couple d'amants célèbres Shakespeare se reconnaissait secrètement, lui et la femme que nous appelons, faute de mieux, la « dame brune des Sonnets » ?

1. Citons, en France, la *Cléopâtre captive* de Jodelle (1552), le *Marc Antoine* de Garnier (1578) dont la sœur de Philip Sidney, la comtesse de Pembroke, donna une adaptation anglaise que Shakespeare ne fut probablement pas sans connaître.

Alors que Corneille, lorsqu'il mêle amour et politique, met l'accent sur l'élément politique, Shakespeare ici mêle étroitement l'histoire de ses amants et celle de Rome, mais s'intéresse surtout, semble-t-il, à la première. Prend-il même l'autre tout à fait au sérieux ? Lorsqu'il nous montre Lépide, qui « porte un tiers du monde », emporté ivre mort par un serviteur, nous raillons comme le font Ménas et Énobarbus ce pitoyable homme d'État. Et Antoine, se penchant pour baiser les lèvres de Cléopâtre, s'écrie : « Que Rome s'abîme dans le Tibre !... La seule noblesse dans la vie, c'est de s'embrasser ainsi. » Il n'en reste pas moins que les autres drames d'amour de Shakespeare sont plus indépendants de l'Histoire qu'*Antoine et Cléopâtre*. Les malheurs de Roméo et Juliette, par exemple, ne sont la conséquence que d'une vieille querelle de famille.

Les amants de Vérone étaient jeunes. Nous avons affaire ici à un général romain qui, à Philippes (42 av. J.-C.), avait dépassé quarante ans et à une reine d'Égypte qui déclare d'elle-même que « le temps [l'a] couverte de rides si profondes ». L'un et l'autre ont un passé qu'ils se reprochent avec cruauté, lorsqu'ils se querellent. Cléopâtre demande à Antoine comment elle pourrait croire qu'il est sincèrement à elle, puisqu'il a trompé et abandonné pour elle sa femme Fulvie. Après Actium Antoine jette au visage de la reine ses amours avec César et d'autres : « Je vous ai trouvée comme un morceau refroidi sur l'assiette de César mort... Que dis-je ? Vous étiez un reste de Cneius Pompée. Sans compter ces heures ardentes, non enregistrées par la renommée vulgaire, que votre luxure avait dérobées. » Cependant cette femme dont il voulait se libérer [1], qu'il sait « incroyablement rusée », quand il l'a quittée pour se rendre à Rome où la situation politique exigeait sa présence, il ne peut l'oublier. Marié à Octavie, il ne songe qu'à retourner

---

1. « Il faut que je brise ces fortes chaînes égyptiennes, où je me perds en folle tendresse. » — « Il faut que je m'arrache à cette reine enchanteresse. » — « Que je voudrais ne jamais l'avoir vue ! » (Acte I, scène II.)

auprès d'elle. C'est là un des points sur lesquels le dramaturge s'écarte de Plutarque, et comme toujours son dessein est clair. Dans la réalité Antoine resta l'époux d'Octavie assez longtemps pour lui donner deux enfants. Mais Shakespeare ne peut admettre que son personnage oublie ainsi la reine d'Égypte et il lui fait dire très précisément « qu'il a laissé à Rome l'oreiller nuptial sans même l'avoir foulé », fidélité un peu invraisemblable peut-être chez ce soldat au passé plein d'aventures.

Octavie, jeune matrone romaine, est plus pâle que la Portia de *Jules César*, mais a une dignité admirable. Shakespeare a évité habilement qu'elle ne rencontre Cléopâtre, car la comparaison eût été désastreuse pour l'une et pour l'autre. Séparées, les deux femmes gardent, l'une son charme vertueux, l'autre son éclat éblouissant.

La reine d'Égypte éclipse tous les autres personnages, et, présente ou absente, reste sans cesse au centre du drame. Malgré ses défauts insignes, elle force l'admiration. Elle est complexe, changeante, mystérieuse, « une femme parfaite », dit Swinburne (qui, bien entendu, ne prononce pas là un jugement moral). Nous ne saurons jamais pourquoi elle a fui au milieu de la bataille avec ses soixante galères « quand les deux chances étaient comme des jumelles du même âge, si même [celle d'Antoine] n'était l'aînée ». Nous ne saurons pas davantage si, avant de périr, elle n'a pas un moment songé à séduire Octave, pour se raviser ensuite, renoncer à cette lâcheté et préférer la mort, une mort qui la rachète de ses faiblesses, où n'entre pas de tristesse et qui est comme une apothéose.

Ce drame d'amour, où les plus grands intérêts du monde romain se trouvent en jeu et où les deux héros se donnent la mort, ne manque pas, ici et là, de gaieté. Shakespeare a rarement mêlé aussi bien le comique au tragique. Qu'il suffise de rappeler la scène II de l'acte I où les propos des servantes de la reine vont jusqu'à la bouffonnerie et, à l'acte II, la scène d'ivresse à bord de la galère de Pompée.

Il est aisé de voir où vont les préférences du poète entre l'Occident et l'Orient. Songeait-il, en mettant l'un et l'autre en balance, à la joyeuse Angleterre d'Élisabeth menacée par l'influence grandissante des Puritains qui allaient bientôt fermer les théâtres de Londres ? On peut se le demander. Il est sûr en tout cas que la nostalgie de l'Orient qu'on y sent contribue à donner à cette tragédie sa beauté.

PERSONNAGES

MARC ANTOINE,
OCTAVE CÉSAR, } triumvirs.
LÉPIDE,
SEXTUS POMPÉE.
DOMITIUS ÉNOBARBUS,
VENTIDIUS,
ÉROS,
SCARUS, } partisans d'Antoine.
DERCÉTAS,
DÉMÉTRIUS,
PHILON,
MÉCÈNE,
AGRIPPA,
DOLABELLA,
PROCULÉIUS, } partisans de César.
THYRÉUS,
GALLUS,
MÉNAS,
MÉNÉCRATE, } partisans de Pompée.
VARRIUS,
TAURUS, lieutenant de César.
CANIDIUS, lieutenant d'Antoine.
SILIUS, officier dans l'armée de Ventidius.
EUPHRONIUS, précepteur des enfants d'Antoine.

ALEXAS,
MARDIAN, } au service de Cléopâtre.
SÉLEUCUS,
DIOMÈDE,
UN DEVIN.
UN PAYSAN.
CLÉOPÂTRE, reine d'Égypte.
OCTAVIE, sœur de César et femme d'Antoine.
CHARMION, } suivantes de Cléopâtre.
IRAS,

OFFICIERS, SOLDATS, MESSAGERS ET AUTRES GENS
DE SERVICE.

La scène se passe successivement dans diverses parties de
l'Empire romain.

ACTE PREMIER

SCÈNE PREMIÈRE

Alexandrie. — Dans le palais de Cléopâtre.

Entrent Démétrius *et* Philon.

Philon. — Non! mais cet enivrement de notre général déborde la mesure. Ses yeux superbes, qui sur les lignes et les bandes guerrières rayonnaient comme l'armure de Mars, abaissent désormais, détournent désormais le feu et la dévotion de leurs regards sur un front basané. Son cœur de capitaine, qui dans les mêlées des grandes batailles faisait éclater les boucles de sa cuirasse, a perdu toute sa trempe, et est devenu un soufflet, un éventail à rafraîchir les ardeurs d'une gipsy... Tenez! les voici qui viennent.

Fanfares. Entrent Antoine et Cléopâtre avec leur suite. Des eunuques agitent des éventails devant la reine.

Faites bien attention, et vous verrez en lui l'un des trois piliers du monde transformé en bouffon d'une prostituée. Regardez, et voyez.

Cléopatre, *à Antoine.* — Si c'est vraiment de l'amour, dis-moi combien il est grand.

Antoine. — Il y a indigence dans l'amour qui peut s'évaluer.

Cléopatre. — Je veux fixer la limite jusqu'où on peut être aimé.

Antoine. — Alors il te faut découvrir un nouveau ciel, une nouvelle terre.

Entre un serviteur.

LE SERVITEUR, *à Antoine*. — Mon bon seigneur, les nouvelles de Rome...

ANTOINE. — M'agacent. Sois bref.

CLÉOPATRE. — Voyons! écoutez-les, Antoine : Fulvie peut-être est irritée; ou, qui sait si l'imberbe César ne vous signifie pas ses ordres souverains : *Fais ceci ou cela, prends ce royaume et affranchis cet autre; obéis, ou nous te condamnons ?*

ANTOINE. — Quoi, mon amour ?

CLÉOPATRE. — Peut-être (oui, c'est bien probable) ne devez-vous pas rester ici plus longtemps; c'est votre congé que César vous envoie. Écoutez-le donc, Antoine. Où est la sommation de Fulvie... de César, veux-je dire ? Non, de tous deux! Faites entrer les messagers. Aussi vrai que je suis reine d'Égypte, tu rougis, Antoine : et ce sang sur ton visage est un hommage à César; ou bien ta joue paye un tribut de honte parce que tu entends gronder la voix stridente de Fulvie... Les messagers!

ANTOINE. — Que Rome s'effondre dans le Tibre! et que l'arche immense de l'Empire édifié s'écroule! Voici mon univers! Les royaumes ne sont que fange; notre fumier terrestre nourrit également la bête et l'homme. La noblesse de la vie, c'est de s'embrasser ainsi *(il embrasse Cléopâtre)*, quand un couple si bien appareillé, quand deux êtres comme nous peuvent le faire! Dans cette sublime étreinte, j'enjoins au monde entier, sous peine de châtiment, de reconnaître que nous sommes incomparables!

CLÉOPATRE. — Excellente imposture! Pourquoi eût-il épousé Fulvie, s'il ne l'aimait pas ? Je ne suis pas la folle que je veux paraître : Antoine sera toujours lui-même...

ANTOINE. — Sans cesse animé par Cléopâtre. Ah! pour l'amour de mon amour et de ses douces heures, ne perdons pas le temps en conférences ardues. Il n'est pas une minute de notre existence qui doive se prolonger désormais sans quelque plaisir : quelle fête ce soir ?

CLÉOPATRE. — Écoutez les ambassadeurs.

ANTOINE. — Fi! reine querelleuse, à qui tout sied, gronder, rire, pleurer; chez qui toutes les passions réussissent pleinement à paraître belles et à se faire admirer ! Pas de messagers !... Seuls tous les deux, ce soir, nous flânerons dans les rues et nous observerons les mœurs du peuple. Venez, ma reine : vous me l'avez demandé la nuit dernière. *(Au serviteur.)* Ne nous parle pas. *(Sortent Antoine et Cléopâtre avec leur suite.)*

DÉMÉTRIUS. — César a-t-il donc pour Antoine si peu d'importance ?

PHILON. — Parfois, seigneur, quand il n'est plus Antoine, il se dépare trop de cette noble dignité qui ne devrait jamais quitter Antoine.

DÉMÉTRIUS. — C'est avec douleur que je le vois confirmer ainsi la médisance vulgaire qui parle de lui à Rome. Mais je veux espérer pour demain une conduite meilleure... Que le repos vous soit heureux ! *(Ils sortent.)*

SCÈNE II

Alexandrie. — Une autre partie du palais.

Entrent CHARMION, IRAS, ALEXAS, *puis* UN DEVIN.

CHARMION. — Seigneur Alexas, suave Alexas, superlatif Alexas, presque parfait Alexas, où est le devin que vous avez tant vanté à la reine ? Oh ! que je connaisse ce mari qui, comme vous dites, doit entrelacer ses cornes de guirlandes !

ALEXAS. — Devin !

LE DEVIN, *s'avançant.* — Plaît-il ?

CHARMION, *montrant le devin.* — Est-ce là l'homme ?... Est-ce vous, monsieur, qui connaissez les choses ?

LE DEVIN. — Dans le livre infini des secrets de la nature je sais lire un peu.

ALEXAS, *à Charmion.* — Montrez-lui votre main.

Entre Énobarbus.

ÉNOBARBUS. — Qu'on dresse vite le dessert ! et qu'il

y ait du vin suffisamment pour boire à la santé de
Cléopâtre!

CHARMION. — Mon bon monsieur, donnez-moi une
bonne destinée.

LE DEVIN. — Je ne la fais pas, je la prédis.

CHARMION. — Eh bien! je vous en prie, prédisez-la-
moi bonne.

LE DEVIN, *examinant la main de Charmion.* — Vous
serez beaucoup plus blanche que vous n'êtes.

CHARMION. — Il veut dire plus blanche de peau.

IRAS. — Non, vous vous peindrez quand vous serez
vieille.

CHARMION. — Aux rides ne plaise!

ALEXAS. — Ne troublez pas sa prescience; soyez
attentive.

CHARMION. — Chut!

LE DEVIN. — Vous aimerez plus que vous ne serez
aimée.

CHARMION. — J'aimerais mieux m'échauffer le foie
à boire.

ALEXAS. — Voyons, écoutez-le.

CHARMION. — Allons, maintenant, quelque excellente aventure! Que, dans une matinée, je sois l'épouse
de trois rois, et leur veuve à tous! Qu'à cinquante ans
j'aie un fils à qui Hérode de Judée rende hommage!
Trouve-moi un moyen de me marier à Octave César,
que je sois l'égale de ma maîtresse.

LE DEVIN. — Vous survivrez à la dame que vous
servez.

CHARMION. — O excellent! j'aime mieux une longue
vie qu'un plat de figues.

LE DEVIN. — Vous avez vu et traversé jusqu'ici
une existence meilleure que celle qui vous attend.

CHARMION. — Alors il est probable que mes enfants
n'auront pas de nom de famille. De grâce, combien
dois-je avoir de garçons et de filles ?

LE DEVIN. — Si chacun de vos désirs avait une
matrice et si chacun était fécond, vous en auriez un
million.

CHARMION. — A d'autres, fou! Je te pardonne tes
contes de sorcière.

ALEXAS, *à Charmion.* — Vous croyez que vos draps sont les seuls confidents de vos désirs.

CHARMION, *au devin.* — Eh bien! voyons, dites à Iras son sort.

ALEXAS. — Nous voulons tous savoir le nôtre.

ÉNOBARBUS. — Le mien, et celui de la plupart d'entre nous, ce sera de nous coucher ivres ce soir.

IRAS, *tendant sa main au devin.* — Voici une paume qui annonce tout au moins la chasteté.

CHARMION. — Juste comme le Nil débordé annonce la famine.

IRAS. — Allez, folle compagne de lit, vous ne vous entendez pas à prédire.

CHARMION. — Non! Si une main onctueuse n'est pas un pronostic de fécondité, il n'est pas vrai que je puisse me gratter l'oreille... Je t'en prie, ne lui prédis qu'une destinée de manœuvre.

LE DEVIN, *après avoir examiné la main d'Iras.* — Vos destins sont pareils.

IRAS. — Mais comment? Mais comment? Donnez-moi des détails.

LE DEVIN. — J'ai dit.

IRAS. — Quoi! je n'ai pas un pouce de chance de plus qu'elle?

CHARMION. — Eh bien, quand vous auriez un pouce de chance de plus que moi, où le souhaiteriez-vous?

IRAS. — Ce n'est pas précisément au bout du nez de mon mari.

CHARMION. — Que le ciel redresse nos mauvaises pensées!... Au tour d'Alexas! Allons! sa bonne aventure! sa bonne aventure!... Oh! qu'il épouse une femme qui ne sache pas se tenir, douce Isis, je t'en supplie! Et que cette femme meure! Et donne-lui-en une pire! Et qu'une pire succède à celle-ci, jusqu'à ce que la pire de toutes le mène en riant à sa tombe, cinquante fois cocu! Bonne Isis, exauce-moi cette prière, quand tu devrais me refuser une chose plus importante. Bonne Isis, je t'en supplie!

IRAS. — Amen! Bonne déesse, exauce cette prière des fidèles! Car, si c'est un crève-cœur de voir un galant homme mal marié, c'est un chagrin mortel de rencon-

trer un affreux maroufle non cocu! Ainsi, bonne Isis,
maintiens les bienséances, et qu'il soit loti congrûment!

CHARMION. — Amen!

ALEXAS. — Ah! vous le voyez! s'il dépendait d'elles
de me faire cocu, elles se feraient putains rien que
pour ça.

ÉNOBARBUS. — Chut! voici Antoine.

CHARMION. — Non, pas lui; la reine!

Entre Cléopâtre.

CLÉOPATRE. — Avez-vous vu Monseigneur?

ÉNOBARBUS. — Non, madame.

CLÉOPATRE. — Est-ce qu'il n'était pas ici?

CHARMION. — Non, madame.

CLÉOPATRE. — Il était disposé à la joie; mais soudain
une idée romaine l'a frappé... Énobarbus!

ÉNOBARBUS. — Madame!

CLÉOPATRE. — Cherchez-le, et amenez-le ici... Où
est Alexas?

ALEXAS. — Ici, madame, à vos ordres... Monseigneur
arrive.

*Entre Antoine, suivi d'un messager et de sa
suite.*

CLÉOPATRE. — Nous ne voulons pas le voir: venez
avec nous. (*Sortent Cléopâtre, Énobarbus, Alexas, Iras,
Charmion et le devin.*)

LE MESSAGER. — Fulvie, ta femme, est entrée la
première en campagne.

ANTOINE. — Contre mon frère Lucius?

LE MESSAGER. — Oui; mais cette guerre a vite pris
fin, et la raison d'État les a réconciliés et réunis contre
César, dont le triomphe les a, dès le premier choc,
chassés d'Italie.

ANTOINE. — Eh bien, quoi de pire?

LE MESSAGER. — Toute mauvaise nouvelle empeste
celui qui la dit.

ANTOINE. — Quand elle concerne un fou ou un
lâche... Continue: les choses passées sont finies pour
moi. C'est ainsi. Celui qui me dit la vérité, quand son
récit recèlerait la mort, je l'écoute comme un flatteur.

LE MESSAGER. — Labiénus (c'est une dure nouvelle) a, avec son armée de Parthes, conquis l'Asie depuis l'Euphrate; sa bannière victorieuse a oscillé de la Syrie à la Lydie et à l'Ionie; tandis que...

ANTOINE. — Antoine, veux-tu dire...

LE MESSAGER. — Oh! Monseigneur!

ANTOINE. — Parle-moi tout net; n'atténue pas le langage public; nomme Cléopâtre comme on l'appelle à Rome; déblatère dans le style de Fulvie, et taxe mes fautes avec toute la licence que la vérité et la malveillance réunies peuvent se permettre en paroles... Oh! nous ne produisons que des ronces, quand les souffles qui nous vivifient s'arrêtent; nous dire nos torts, c'est les sarcler. Adieu pour un moment!

LE MESSAGER. — Votre noble volonté soit faite! *(Il sort.)*

ANTOINE. — Quelle nouvelle de Sicyone ?... Parlez, là-bas.

PREMIER SERVITEUR. — Le courrier de Sicyone!... Y en a-t-il un ?

DEUXIÈME SERVITEUR. — Il attend vos ordres.

ANTOINE. — Qu'il paraisse! Il faut que je brise ces fortes chaînes égyptiennes, ou je me perds en folle tendresse...

Entre un deuxième messager.

Qui êtes-vous ?

DEUXIÈME MESSAGER. — Fulvie, ta femme, est morte.

ANTOINE. — Où est-elle morte ?

DEUXIÈME MESSAGER. — A Sicyone. La durée de sa maladie, avec d'autres choses plus sérieuses qu'il t'importe de savoir, est indiquée ici. *(Il lui remet une lettre.)*

ANTOINE. — Laisse-moi. *(Le messager sort.)* Voilà un grand esprit parti; et je l'ai souhaité! Souvent ce que nos mépris ont chassé loin de nous, nous voudrions le ravoir : le plaisir présent, par sa révolution décroissante, devient l'antipode de lui-même... Elle m'est chère, maintenant qu'elle n'est plus; la main qui l'a repoussée voudrait la ramener... Il faut que je m'arrache à cette reine enchanteresse. Dix mille ca-

lamités, pires que les maux à moi connus, sont couvées
par mon oisiveté... Eh bien, Énobarbus ?

Entre Énobarbus.

ÉNOBARBUS. — Quel est votre bon plaisir, seigneur ?

ANTOINE. — Il faut que je parte d'ici au plus vite.

ÉNOBARBUS. — En ce cas, nous tuons toutes nos
femmes. Nous avons vu combien leur est mortelle
la moindre contrariété : s'il leur faut subir notre départ,
c'est la mort, au bas mot.

ANTOINE. — Il faut que je m'en aille.

ÉNOBARBUS. — Dans une occasion pressante, soit !
que les femmes meurent ! Ce serait dommage de les
sacrifier pour rien ; mais, s'il faut choisir entre elles
et une grande cause, elles doivent être estimées néant.
Au moindre vent qu'elle a de ceci, Cléopâtre se meurt
instantanément ; je l'ai vue se mourir vingt fois pour
de plus pauvres raisons. Je crois qu'il y a dans la
mort un élément qui exerce sur elle une action voluptueuse, tant elle met de célérité à se mourir.

ANTOINE. — Elle est incroyablement rusée.

ÉNOBARBUS. — Hélas ! non, seigneur. Ses passions
ne sont formées que de la plus fine essence de pur
amour. Nous ne pouvons pas appeler soupirs et
larmes ses rafales et ses ondées : ce sont des bourrasques
et des tempêtes plus fortes que n'en peuvent mention-
ner les almanachs. Cela ne peut pas être chez elle une
ruse. Si c'en est une, elle fait tomber les averses aussi
bien que Jupiter.

ANTOINE. — Que je voudrais ne jamais l'avoir vue !

ÉNOBARBUS. — Oh ! seigneur ! En ce cas, vous auriez
perdu le spectacle d'un merveilleux chef-d'œuvre ; et
cette félicité de moins eût jeté du discrédit sur votre
voyage.

ANTOINE. — Fulvie est morte.

ÉNOBARBUS. — Seigneur ?

ANTOINE. — Fulvie est morte.

ÉNOBARBUS. — Fulvie ?

ANTOINE. — Morte !

ÉNOBARBUS. — Eh bien, seigneur, offrez aux Dieux

un sacrifice d'actions de grâces. Quand il plaît à leurs divinités d'enlever à un homme sa femme, l'homme les reconnaît comme les tailleurs de la terre et se console par cette réflexion que, quand une vieille robe est usée, il y a de quoi en faire une neuve. S'il n'y avait pas d'autre femme que Fulvie, vous auriez vraiment reçu un coup, et le cas serait lamentable; mais cette douleur est couronnée d'une consolation. Votre vieille jupe vous vaut un cotillon neuf; et, en vérité, toutes les larmes qui doivent laver ce chagrin-là tiendraient dans un oignon.

ANTOINE. — Les affaires qu'elle a entamées dans l'État ne peuvent tolérer plus longtemps mon absence.

ÉNOBARBUS. — Et les affaires que vous avez entamées ici ne peuvent se passer de vous, surtout celles de Cléopâtre qui dépendent entièrement de votre résidence.

ANTOINE. — Plus de réponses frivoles! Que nos officiers reçoivent avis de notre résolution. Je m'ouvrirai à la reine sur les causes de notre départ, et j'obtiendrai son consentement. Car ce n'est pas seulement la mort de Fulvie et d'autres raisons personnellement urgentes qui nous parlent si puissamment; les lettres de nos amis les plus actifs à Rome nous réclament chez nous. Sextus Pompée a jeté le défi à César, et commande l'empire des mers; notre peuple capricieux, dont l'amour ne s'attache jamais à l'homme méritant que quand ses mérites ne sont plus, fait déjà revivre le grand Pompée avec toutes ses qualités dans son fils. Redoutable par son nom et par sa puissance, plus redoutable encore par son ardeur et par son énergie, Sextus se produit comme le premier des soldats; et son importance, en grandissant, serait un danger pour les flancs du monde. Il y a dans l'avenir plus d'un germe qui, comme le crin du coursier, a déjà la vie, mais pas encore le venin du serpent. Dis à ceux qui servent sous nos ordres que notre bon plaisir exige notre prompt éloignement d'ici.

ÉNOBARBUS. — J'obéis.

(Ils sortent.)

SCÈNE III

Une autre partie du palais.

Entrent CLÉOPATRE, CHARMION, IRAS *et* ALEXAS.

CLÉOPATRE. — Où est-il ?

CHARMION. — Je ne l'ai pas vu depuis.

CLÉOPATRE, *à Alexas.* — Voyez où il est, avec qui, ce qu'il fait. Il est entendu que je ne vous ai pas envoyé. Si vous le trouvez triste, dites que je danse; s'il est gai, annoncez que je me suis brusquement trouvée mal. Vite! et revenez. *(Alexas sort.)*

CHARMION. — Madame, il me semble que, si vous l'aimez tendrement, vous ne prenez pas le moyen de le forcer à la réciprocité.

CLÉOPATRE. — Ne fais-je pas ce que je dois ?

CHARMION. — Cédez-lui en tout, ne le contrariez en rien.

CLÉOPATRE. — Tu enseignes en vraie niaise : ce serait le moyen de le perdre.

CHARMION. — Ne le poussez pas trop à bout; modérez-vous, je vous prie : nous finissons par haïr ce que trop souvent nous craignons. Mais voici Antoine.

Entre Antoine.

CLÉOPATRE. — Je suis malade et triste.

ANTOINE. — Je suis désolé de donner souffle à ma résolution...

CLÉOPATRE. — Aide-moi à sortir, chère Charmion, je vais tomber... Cela ne peut pas durer longtemps ainsi; les flancs d'une créature ne sauraient y résister.

ANTOINE, *se rapprochant.* — Eh bien, ma très chère reine...

CLÉOPATRE. — Je vous en prie, tenez-vous plus loin de moi.

ANTOINE. — Qu'y a-t-il ?

CLÉOPATRE. — Je lis dans ces yeux-là qu'on a de bonnes nouvelles. Que dit la femme mariée ?... Vous pouvez partir... Je voudrais qu'elle ne vous eût jamais donné permission de venir ! Qu'elle n'aille pas dire que c'est moi qui vous retiens ici ! Je n'ai pas de pouvoir sur vous. Vous êtes tout à elle.

ANTOINE. — Les Dieux savent trop bien...

CLÉOPATRE. — Oh ! y eut-il jamais reine si effrontément trahie ?... Pourtant, dès les commencements, j'ai vu poindre la trahison.

ANTOINE. — Cléopâtre !

CLÉOPATRE. — Quand vous ébranleriez de vos protestations le trône des Dieux, comment pourrais-je croire que vous êtes à moi sincèrement, vous qui avez trompé Fulvie ? Extravagante folie de se laisser empêtrer par ces serments des lèvres, rompus aussitôt que proférés !

ANTOINE. — Adorable reine !

CLÉOPATRE. — Non, je vous prie ; ne cherchez pas de prétexte pour votre départ, mais dites adieu et partez. Quand vous imploriez de rester, alors était le temps des paroles !... Pas de départ, alors ! L'éternité était sur nos lèvres et dans nos yeux, la béatitude dans l'arc de nos sourcils ! Rien en nous de si chétif qui n'eût une saveur de ciel ! Tout cela est vrai encore, ou bien toi, le plus grand soldat du monde, tu en es devenu le plus grand menteur !

ANTOINE. — Eh bien, madame ?

CLÉOPATRE. — Je voudrais avoir ta taille : tu apprendrais qu'il y a un cœur en Égypte.

ANTOINE. — Reine, écoutez-moi : l'impérieuse nécessité des temps réclame momentanément nos services ; mais mon cœur tout entier reste en servitude avec vous. Notre Italie étincelle d'estocades civiles ; Sextus Pompée approche des portes de Rome. L'égalité des deux partis domestiques produit l'exigence des factions. Les plus haïs, accrus en forces, croissent en sympathies : le condamné Pompée, riche de la gloire de son père, s'insinue rapidement dans les cœurs de ceux qui n'ont rien gagné au présent état de choses. Leur nombre devient menaçant ; et leur calme, écœuré

d'inaction, voudrait se purger par quelque changement
désespéré. Ma raison personnelle, celle qui doit le
mieux vous rassurer sur mon départ, c'est la mort de
Fulvie.

CLÉOPATRE. — Bien que l'âge n'ait pu me préserver
de la folie, il me préserve de la puérilité... Est-ce que
Fulvie peut mourir ?

ANTOINE. — Elle est morte, ma reine ! *(Lui remettant
un papier.)* Jette les yeux sur ceci, et, à ton loisir
souverain, lis les désordres qu'elle a suscités; enfin,
ma bien-aimée, vois où et quand elle est morte.

CLÉOPATRE. — O le plus faux des amants ! où sont
donc les fioles sacrées que tu devrais remplir de larmes
de douleur ? Ah! je vois, je vois, par la mort de Fulvie,
comment sera reçue la mienne.

ANTOINE. — Ne querellez plus, mais préparez-vous
à apprendre les projets que j'ai en tête : ils existent
ou s'évanouissent au gré de vos avis... Oui, par le feu
qui féconde le limon du Nil, je pars d'ici ton soldat,
ton serviteur, prêt à faire la paix ou la guerre, selon
que tu le désires.

CLÉOPATRE. — Coupe mon lacet, Charmion, viens...
Mais non, laisse-moi; en un instant, je me sens mal et
bien : ainsi aime Antoine.

ANTOINE. — Calme-toi, ma précieuse reine; et
accorde ta pleine confiance à un amour qui affronte
une si honorable épreuve.

CLÉOPATRE. — Fulvie m'y a encouragée!... Je t'en
prie, détourne-toi, et pleure en songeant à elle; puis
dis-moi adieu, et prétends que tes larmes appartiennent
à l'Égyptienne. Par grâce, joue donc une scène de
parfaite dissimulation, et mime l'honneur intègre!

ANTOINE. — Vous m'échaufferez le sang! Assez!

CLÉOPATRE. — Vous pourriez mieux faire encore;
mais cela n'est pas mal.

ANTOINE. — Eh bien, par mon épée!

CLÉOPATRE, *le contrefaisant.* — Et par mon bouclier!...
Il y a progrès; mais ce n'est pas encore parfait. Vois
donc, je t'en prie, Charmion, comme cet Hercule
romain a l'attitude digne de son ancêtre!

ANTOINE. — Je vous laisse, madame.

CLÉOPATRE. — Courtois seigneur, un mot!... Vous et moi, il faut nous séparer, messire... Ce n'est pas ça... Vous et moi, nous nous sommes aimés, messire... Ce n'est pas ça non plus; cela, vous le savez bien!... Il y a quelque chose que je voulais... Oh! mon souvenir est un autre Antoine, et j'ai tout oublié.

ANTOINE. — Si votre royauté n'avait la frivolité pour sujette, je vous prendrais pour la frivolité même.

CLÉOPATRE. — C'est un rude labeur que de porter la frivolité aussi près du cœur que Cléopâtre. Mais pardonnez-moi, seigneur : mes habitudes les plus chères m'assomment, dès qu'elles ne vous plaisent pas. Votre honneur vous appelle loin d'ici : soyez donc sourd à ma folie incomprise, et que tous les Dieux aillent avec vous! Que sur votre épée se pose le laurier Victoire! et que le plus doux succès jonche la route sous vos pas!

ANTOINE. — Partons!... Allons! Nos adieux s'attardent et s'envolent de telle sorte que, résidant ici, tu pars avec moi, et que, m'éloignant d'ici, je reste avec toi!... En route!... *(Ils sortent.)*

SCÈNE IV

Rome. — Dans le palais de César.

Entrent OCTAVE CÉSAR, LÉPIDE *et leur suite.*

CÉSAR. — Vous pouvez le voir, Lépide, et à l'avenir vous le reconnaîtrez, César n'a pas le vice naturel de haïr notre grand collègue. D'Alexandrie voici les nouvelles : il pêche, boit et use en orgie les flambeaux de la nuit; il n'est pas plus viril que Cléopâtre, et la veuve de Ptolémée n'est pas plus efféminée que lui; à peine consent-il à donner audience, ou daigne-t-il à se souvenir qu'il a des collègues. Vous en conviendrez, cet homme-là est l'abrégé de tous les défauts dont l'humanité peut être atteinte.

LÉPIDE. — Je ne puis croire que le mal chez lui soit

suffisant pour ternir tout le bien : les imperfections en lui sont comme les taches du ciel : la noirceur de la nuit ne les rend que plus lumineuses. Elles sont héréditaires plutôt qu'acquises, irrémédiables plutôt qu'arbitraires.

CÉSAR. — Vous êtes trop indulgent. Concédons que ce n'est pas un crime de choir sur le lit de Ptolémée, d'accorder un royaume pour une facétie, de s'asseoir avec un esclave et de lui donner la réplique du gobelet, de battre le pavé à midi et de faire le coup de poing avec des drôles qui sentent la sueur. Admettons que cela lui va bien (et certes il faut être d'une rare organisation pour ne pas être souillé par de pareilles vilenies); pourtant Antoine n'a plus aucune excuse, quand c'est nous qui portons l'énorme poids de ses légèretés. S'il se bornait à remplir ses loisirs de ses voluptés, je laisserais l'indigestion et le rachitisme lui en demander compte; mais perdre ainsi les heures en fêtes, quand il entend le tambour du temps qui le rappelle aussi fort que son intérêt et le nôtre, c'est mériter d'être grondé, comme ces garçons qui, déjà mûris par la science, sacrifient leur éducation à leurs plaisirs présents et se révoltent contre la raison.

Entre un messager.

LÉPIDE. — Voici encore des nouvelles.

LE MESSAGER. — Tes ordres ont été exécutés; et d'heure en heure, très noble César, tu seras instruit de ce qui se passe. Pompée est fort sur mer; et il semble qu'il soit adoré de tous ceux que la crainte seule attachait à César. Vers les ports il voit affluer les mécontents, et la rumeur publique le présente comme une victime.

CÉSAR. — J'aurais dû le prévoir. L'histoire, dès les temps primitifs, nous apprend que celui qui est au pouvoir n'a été désiré que jusqu'à ce qu'il y fût, et que l'homme déchu, non aimé tant qu'il méritait vraiment de l'être, devient cher au peuple dès qu'il lui manque. Cette multitude est comme un roseau errant sur les flots, qui va et vient au gré du courant capricieux et qui se pourrit par son mouvement même.

Entre un deuxième messager.

LE MESSAGER. — César, je t'apporte une nouvelle :
Ménécrate et Ménas, ces fameux pirates, ont asservi
la mer, qu'ils sillonnent et lacèrent avec des quilles
de toute forme. Ils font en Italie maintes chaudes incur-
sions. Les riverains de la mer blêmissent rien que d'y
penser, et la jeunesse exaltée se révolte. Nul vaisseau
ne peut se hasarder sans être aussitôt pris qu'aperçu ;
et le nom de Pompée fait plus de ravages que n'en
feraient ses forces opposées aux nôtres.

CÉSAR. — Antoine, laisse là tes lascives orgies.
Naguère, quand tu fus chassé de Modène, où tu avais
tué les consuls Hirtius et Pansa, la famine marcha sur
tes talons ; tu la combattis, bien qu'élevé délicatement,
avec plus de patience qu'un sauvage. On te vit boire
l'urine des chevaux et cette lie dorée des mares qui
faisait renâcler les bêtes. Ton palais ne dédaignait pas
le fruit le plus âpre du buisson le plus grossier. Comme
le cerf alors que la neige couvre les pâturages, tu
broutais même l'écorce des arbres. Sur les Alpes, à ce
qu'on rapporte, tu mangeas d'une chair étrange que
plusieurs n'avaient pu voir sans mourir. Et tout cela
(souvenir aujourd'hui blessant pour ton honneur !) fut
supporté si héroïquement que ta joue n'en maigrit
même pas !

LÉPIDE. — Pitoyable déchéance !

CÉSAR. — Puissent ses remords le ramener vite à
Rome !... Il est temps que tous deux nous nous mon-
trions dans la plaine ; à cet effet, assemblons immédiatement le conseil. Pompée se renforce de notre inaction.

LÉPIDE. — Demain, César, je serai en mesure de
vous indiquer exactement ce que je puis fournir sur
terre et sur mer pour affronter la crise actuelle.

CÉSAR. — Jusqu'à ce que nous nous revoyions,
je m'occuperai du même objet. Adieu !

LÉPIDE. — Adieu, monseigneur ! Si dans l'intervalle
vous apprenez de nouveaux mouvements au-dehors,
je vous supplie de m'en faire part.

CÉSAR. — N'en doutez pas, seigneur. Je sais que
c'est mon devoir. *(Ils sortent.)*

SCÈNE V

Alexandrie. — Dans le palais.

Entrent CLÉOPATRE, CHARMION, IRAS *et* MARDIAN.

CLÉOPATRE. — Charmion!

CHARMION. — Madame?

CLÉOPATRE. — Ah! ah!... donne-moi à boire de la mandragore.

CHARMION. — Pourquoi, madame?

CLÉOPATRE. — Pour que je puisse dormir ce grand laps de temps où mon Antoine est loin de moi.

CHARMION. — Vous pensez bien trop à lui.

CLÉOPATRE. — Oh! c'est une trahison?

CHARMION. — J'espère que non, madame.

CLÉOPATRE. — Eunuque Mardian!

MARDIAN. — Quel est le bon plaisir de Votre Altesse?

CLÉOPATRE. — Ce n'est pas de t'entendre chanter. Je ne prends aucun plaisir à ce que peut un eunuque. Tu es bien heureux d'être châtré : ta pensée, restée libre, peut ne pas s'envoler d'Égypte... As-tu des passions?

MARDIAN. — Oui, gracieuse madame.

CLÉOPATRE. — En réalité?

MARDIAN. — Pas en réalité, madame; car je ne puis en réalité rien faire que d'innocent; pourtant j'ai des passions furibondes, et je pense à ce que Vénus fit avec Mars.

CLÉOPATRE. — O Charmion! où crois-tu qu'il est maintenant? Est-il debout, ou assis? Est-il à pied, ou à cheval? O heureux cheval chargé du poids d'Antoine! Sois vaillant, cheval! car sais-tu qui tu portes? Le demi-Atlas de cette terre! le bras et le cimier du genre humain! En ce moment il parle et dit tout bas : *Où est mon serpent du vieux Nil?* Car il m'appelle ainsi... Mais je m'enivre du plus délicieux poison. Lui, penser à moi qui suis toute noire des amoureuses caresses de Phébus, à moi que le temps a couverte de rides si profondes!... César au vaste front, quand tu étais ici au-dessus de la terre, j'étais un morceau digne d'un monarque; alors le grand Pompée, immobile, fixait ses yeux dilatés sur mon front; c'était là qu'il voulait jeter l'ancre de son extase et mourir en contemplant celle qui était sa vie!

Entre Alexas.

ALEXAS. — Souveraine d'Égypte, salut!

CLÉOPATRE. — Combien tu ressembles peu à Marc Antoine! Mais tu viens de sa part, et ce merveilleux élixir t'a transfiguré et converti en or. Comment va mon brave Marc Antoine?

ALEXAS. — Savez-vous la dernière chose qu'il a faite, chère reine? Il a appliqué un baiser, le dernier après bien d'autres, sur cette perle orientale... Ses paroles sont rivées à mon cœur.

CLÉOPATRE — Il faut que mon oreille les en arrache.

ALEXAS. — « Ami, s'est-il écrié, dis que le fidèle Romain envoie à la grande Égyptienne ce trésor d'une huître; pour racheter, à ses pieds, la mesquinerie de ce présent, je veux incruster de royaumes son trône opulent : tout l'Orient, dis-le-lui, la nommera sa maîtresse! » Sur ce, il a fait un signe de tête, et il est monté gravement sur un coursier fougueux qui hennissait si haut que, eussé-je voulu parler, son cri bestial m'eût rendu muet!

CLÉOPATRE. — Eh bien! était-il triste, ou gai?

ALEXAS. — Comme la saison de l'année intermédiaire entre la chaleur et le froid : il n'était ni triste ni gai.

CLÉOPATRE. — O disposition bien équilibrée! Remarque bien, remarque bien, bonne Charmion : voilà l'homme; mais remarque bien : il n'était pas triste, car il voulait rester serein pour ceux qui composent leur mine sur la sienne; il n'était pas gai, comme pour leur dire que son souvenir était relégué en Égypte avec toute sa joie; mais il était entre les deux extrêmes. O mélange céleste!... Va, quand tu serais triste ou gai, les transports de tristesse ou de joie te siéraient encore

mieux qu'à nul autre. *(A Alexas.)* As-tu rencontré
mes courriers ?

ALEXAS. — Oui, madame, une vingtaine au moins.
Pourquoi les envoyez-vous ainsi les uns sur les autres ?

CLÉOPATRE. — L'enfant qui naîtra le jour où j'aurai
oublié d'envoyer vers Antoine mourra misérable... De
l'encre et du papier, Charmion!... Sois le bienvenu,
mon bon Alexas!... Charmion, ai-je jamais aimé César
à ce point ?

CHARMION. — Oh! ce brave César!

CLÉOPATRE. — Qu'une seconde exclamation de ce
genre te suffoque! Dis donc : ce brave Antoine!

CHARMION. — Ce vaillant César!

CLÉOPATRE. — Par Isis, je te ferai saigner les dents
si tu compares encore à César mon préféré entre les
hommes.

CHARMION. — Avec votre très gracieuse indulgence,
je ne fais que répéter vos refrains.

CLÉOPATRE. — J'étais alors aux jours de ma pri-
meur, dans toute la verdeur de mon inexpérience... Il
faut avoir le sang glacé pour dire ce que je disais
alors... Mais viens, sortons. Procure-moi de l'encre et
du papier : il aura tous les jours un message de moi,
dussé-je dépeupler l'Égypte!

ACTE II

SCÈNE PREMIÈRE

Messine. — Dans la maison de Pompée.

Entrent POMPÉE, MÉNÉCRATE *et* MÉNAS.

POMPÉE. — Si les Dieux grands sont justes, ils appuieront les actes des hommes justes.

MÉNÉCRATE. — Croyez bien, digne Pompée, que ce qu'ils diffèrent, ils ne le refusent pas.

POMPÉE. — Tandis que nous sommes suppliants au pied de leur trône, elle dépérit, la cause pour laquelle nous supplions.

MÉNÉCRATE. — Ignorants de nous-mêmes, nous implorons souvent notre propre malheur, et les puissances tutélaires nous refusent pour notre bien : ainsi nous trouvons profit à l'insuccès de nos prières.

POMPÉE. — Je réussirai : le peuple m'aime, et la mer est à moi. Ma puissance est à son croissant, et mes pressentiments me disent qu'elle atteindra son plein. Marc Antoine est à dîner en Égypte, et il n'ira pas faire la guerre au-dehors; César amasse de l'argent, tandis qu'il perd des cœurs; Lépide les flatte tous deux, et tous deux le flattent, mais il n'aime ni l'un ni l'autre, et ni l'un ni l'autre ne se soucie de lui.

MÉNÉCRATE. — César et Lépide sont en campagne; ils commandent des forces imposantes.

POMPÉE. — D'où tenez-vous cela ? C'est faux.

MÉNÉCRATE. — De Sylvius, seigneur.

POMPÉE. — Il rêve. Je sais qu'ils sont tous deux à Rome, attendant Antoine. Mais que tous les charmes de l'amour, ô lascive Cléopâtre, adoucissent ta lèvre

flétrie! Que la magie se joigne à la beauté, la luxure
à toutes deux! Enferme le libertin dans une lice de
fêtes; maintiens son cerveau dans les fumées; que des
cuisiniers épicuriens aiguisent son appétit de ragoûts
toujours stimulants! Qu'enfin le sommeil et la bonne
chère prorogent son honneur jusqu'à l'assoupissement
du Léthé!... Eh bien, Varrius ?

Entre Varrius.

VARRIUS. — Ce que je vais annoncer est très certain :
Marc Antoine est d'heure en heure attendu dans Rome;
depuis qu'il est parti d'Égypte, il a eu plus que le temps
d'arriver.

POMPÉE. — J'aurais plus volontiers prêté l'oreille
à une nouvelle moins grave... Ménas, je ne croyais
pas que ce glouton d'amour mettrait son casque pour
une si petite guerre. Comme soldat, il vaut deux fois
les deux autres... Mais n'en soyons que plus fiers
d'avoir pu, au premier mouvement, arracher du giron
de la veuve d'Égypte l'insatiable débauché Antoine.

MÉNAS. — Je ne puis croire que César et Antoine
s'accordent bien ensemble. La femme d'Antoine, qui
vient de mourir, a fait tort à César; son frère a guerroyé
contre lui, sans toutefois, je pense, avoir été suscité par
Antoine.

POMPÉE. — Je ne sais pas, Ménas, comment les
moindres inimitiés ont pu faire trêve aux plus grandes.
N'était que nous nous soulevons contre eux tous, il
est évident qu'ils se querelleraient entre eux, car ils
ont des motifs suffisants pour tirer l'épée; mais comment la crainte que nous leur inspirons peut-elle
raccommoder leurs divisions et cicatriser un différend
inférieur, c'est ce que nous ne savons pas encore. Qu'il
en soit ce que nos Dieux voudront! Il y va de notre
salut de déployer toutes nos ressources. Venez, Ménas.
(Ils sortent.)

SCÈNE II

Rome. — Chez Lépide.

Entrent ÉNOBARBUS *et* LÉPIDE.

LÉPIDE. — Brave Énobarbus, vous feriez un acte méritoire et digne de vous en implorant de votre capitaine un langage doux et conciliant.

ÉNOBARBUS. — Je l'engagerai à répondre comme il lui sied : si César l'irrite, qu'Antoine regarde par-dessus la tête de César, et parle aussi haut que Mars! Par Jupiter, si j'étais porteur de la barbe d'Antoine, je ne me raserais pas aujourd'hui.

LÉPIDE. — Ce n'est pas le moment des rancunes privées.

ÉNOBARBUS. — Tout moment est bon pour la question qu'il fait naître.

LÉPIDE. — Mais les petites questions doivent céder la place aux grandes.

ÉNOBARBUS. — Non, si les petites viennent les premières.

LÉPIDE. — Votre langage est tout de passion. Mais, je vous en prie, ne remuez pas les cendres. Voici venir le noble Antoine.

Entrent Antoine et Ventidius.

ÉNOBARBUS. — Et puis, là-bas, César.

Entrent, d'un autre côté, César, Mécène et Agrippa.

ANTOINE. — Si nous nous accordons bien ici, vite chez les Parthes! Vous entendez, Ventidius ?

CÉSAR. — Je ne sais pas, Mécène; demandez à Agrippa.

LÉPIDE. — Nobles amis, le sujet qui nous réunit ici est d'une gravité suprême : qu'une cause chétive ne produise pas notre déchirement, que les griefs, s'il en est, soient écoutés avec douceur! Quand nous débattons avec violence nos mesquins différends, nous commettons le meurtre en pansant la blessure. Ainsi, nobles collègues, je vous en conjure instamment, touchez les points les plus amers avec les termes les plus doux, et que l'emportement n'aggrave point le mal!

ANTOINE. — C'est bien parlé. Nous serions à la tête de nos armées, et prêts à combattre, que j'en agirais ainsi.

CÉSAR. — Soyez le bienvenu à Rome.

ANTOINE. — Merci!

CÉSAR. — Asseyez-vous.

ANTOINE. — Asseyez-vous, monsieur!

CÉSAR. — Eh bien, voyons. *(Ils s'assoient.)*

ANTOINE. — J'apprends que vous trouvez mauvaises des choses qui ne le sont pas, ou qui, le fussent-elles, ne vous regardent pas.

CÉSAR. — Je serais ridicule, si, pour rien ou pour peu, je me disais offensé; et avec vous surtout, je serais plus ridicule encore, si je vous nommais avec défaveur, sans avoir intérêt à prononcer votre nom.

ANTOINE. — Que je fusse en Égypte, César, cela vous touchait-il?

CÉSAR. — Pas plus que ma résidence ici, à Rome, ne pouvait vous toucher en Égypte. Pourtant, si de là vous intriguiez contre mon pouvoir, votre présence en Égypte pouvait m'occuper.

ANTOINE. — Qu'entendez-vous par intriguer?

CÉSAR. — Vous pouvez facilement saisir ma pensée, après ce qui m'est arrivé. Votre femme et votre frère m'ont fait la guerre; et leurs hostilités vous avaient pour thème; vous étiez leur mot d'ordre.

ANTOINE. — Vous vous méprenez. Jamais mon frère ne m'a mis en avant dans ses actes; je m'en suis enquis, et je tiens mes renseignements de rapporteurs fidèles qui ont tiré l'épée pour vous. Est-ce que bien plutôt il n'attaquait pas mon autorité en même temps que la vôtre? Est-ce qu'il ne faisait pas la guerre contre mes désirs, votre cause étant la mienne? Sur ce point, mes lettres vous ont déjà édifié. Si vous voulez bâcler une querelle, n'ayant pas de motif pour en faire une, cherchez autre chose.

CÉSAR. — Vous vous justifiez en m'imputant des erreurs de jugement; mais vous bâclez vous-même ces excuses-là.

ANTOINE. — Non pas, non pas. Je sais, je suis sûr que vous ne pouviez vous soustraire à l'évidence de ce raisonnement : moi, votre associé dans la cause qu'il combattait, je ne pouvais pas voir d'un œil complaisant cette guerre qui battait en brèche mon repos. Quant à ma femme, je voudrais que vous fussiez uni à un esprit pareil. Le tiers du monde est à vous, et avec un licou vous pourriez aisément le mener; mais une pareille femme, non pas!

ÉNOBARBUS. — Plût aux Dieux que nous eussions tous de pareilles épouses : les hommes pourraient aller en guerre contre les femmes!

ANTOINE. — Oui, César, les implacables commotions que causait son impatience, jointe à une certaine astuce politique, j'en conviens avec douleur, vous ont trop inquiété; mais, vous êtes tenu de reconnaître que je n'y pouvais rien.

CÉSAR. — Je vous ai écrit, pendant vos orgies, à Alexandrie; vous avez mis mes lettres dans votre poche, et par des sarcasmes outrageants éconduit mon messager.

ANTOINE. — Seigneur, il m'est tombé dessus brusquement, sans être autorisé. Alors je venais de festoyer trois rois, et je n'étais plus tout à fait ce que j'avais été le matin; mais, le lendemain, je le lui ai expliqué moi-même; ce qui était même chose que de lui demander pardon. Que ce compagnon ne soit pour rien dans notre brouille! si nous devons nous quereller, rayez-le de la question.

CÉSAR. — Vous avez rompu l'engagement de la foi jurée; et c'est ce que jamais vous n'aurez droit de me reprocher.

LÉPIDE. — Doucement, César.

ANTOINE. — Non, Lépide, laissez-le parler. Il m'est sacré, l'honneur dont il parle, et auquel il suppose que j'ai manqué. Continuez donc, César! Cet engagement de la foi jurée...

CÉSAR. — C'était de me prêter vos armes et vos subsides, à la première réquisition : vous avez tout refusé.

ANTOINE. — Dites plutôt négligé : j'étais alors dans ces heures empoisonnées qui m'ôtaient la conscience de moi-même. Autant que je le pourrai, je vous en témoignerai mes regrets; mais jamais la loyauté ne désertera ma grandeur, pas plus que ma grandeur ne se passera de la loyauté. La vérité est que Fulvie, pour me faire quitter l'Égypte, vous a fait la guerre ici; et moi, le motif innocent, je vous en offre toutes les excuses auxquelles l'honneur, en pareil cas, m'autorise à descendre.

CÉSAR. — C'est parler noblement.

MÉCÈNE. — Veuillez ne pas insister davantage sur vos griefs mutuels. Les oublier, ce serait vous souvenir que les nécessités présentes réclament votre réconciliation.

LÉPIDE. — C'est parler dignement, Mécène.

ÉNOBARBUS. — Ou du moins prêtez-vous votre affection l'un à l'autre pour le moment; et, dès que vous n'entendrez plus parler de Pompée, vous pourrez vous la restituer. Vous aurez le temps de vous chamailler, quand vous n'aurez pas autre chose à faire.

ANTOINE. — Tu n'es qu'un soldat! tais-toi.

ÉNOBARBUS. — J'avais presque oublié que la vérité doit être muette.

ANTOINE. — Vous faites tort à cette réunion solennelle; ainsi, taisez-vous.

ÉNOBARBUS. — Poursuivez donc. Votre auditeur est de pierre.

CÉSAR. — Je ne désapprouve pas le fond, mais la forme de son langage; car il est impossible que nous restions amis, nos pouvoirs étant si peu d'accord dans leurs actes. Pourtant, si je savais une chaîne assez forte pour nous tenir unis, d'un bout du monde à l'autre, je la chercherais.

AGRIPPA. — Permets-moi, César!

CÉSAR. — Parlez, Agrippa.

AGRIPPA. — Tu as du côté maternel une sœur, l'illustre Octavie; le grand Marc Antoine est maintenant veuf.

CÉSAR. — Ne dites pas cela, Agrippa. Si Cléopâtre vous entendait, vous seriez justement taxé d'impertinence.

ANTOINE. — Je ne suis pas marié, César : laissez-moi écouter Agrippa.

AGRIPPA. — Pour vous maintenir en perpétuelle amitié, pour faire de vous des frères, et lier vos cœurs par un nœud indissoluble, qu'Antoine prenne Octavie pour femme! le mari que sa beauté réclame ne doit être rien moins que le premier des hommes; sa vertu et toutes ses grâces parlent une langue ineffable. Grâce à ce mariage, toutes ces petites jalousies qui maintenant semblent si grandes, et toutes ces grandes craintes qui offrent maintenant leurs dangers, seraient réduites à néant; les vérités même deviendraient des demi-mensonges, tandis qu'à présent les demi-mensonges sont des vérités. L'amour qu'elle aurait pour vous deux entraînerait votre mutuel amour et l'amour de tous pour vous deux. Pardonnez-moi ma franchise. Ce n'est pas une idée improvisée, c'est une idée étudiée, ruminée par le dévouement.

ANTOINE. — César parlera-t-il ?

CÉSAR. — Non, pas avant de savoir quel est le sentiment d'Antoine sur ce qui vient d'être dit.

ANTOINE. — Quels pouvoirs aurait Agrippa, pour effectuer ce qu'il propose, si je disais : *Agrippa, soit ?*

CÉSAR. — Le pouvoir de César, et mon pouvoir sur Octavie.

ANTOINE. — Ah! puissé-je à ce bon projet, plein de si belles promesses, ne jamais imaginer d'obstacle!... Donne-moi ta main; accomplis cette action de grâces; et, désormais, qu'un cœur fraternel commande à nos affections et règle nos grands desseins!

CÉSAR. — Voici ma main. Je te lègue une sœur que j'aime comme jamais frère n'aima. Qu'elle vive pour unir nos empires et nos cœurs! Et puissent nos affections ne plus jamais s'envoler!

LÉPIDE. — Je dis avec bonheur : amen!

ANTOINE. — Je ne croyais pas avoir à tirer l'épée contre Pompée, car il m'a accablé de courtoisies extraordinaires tout récemment; il faut que d'abord je le remercie, pour ne pas faire tort à ma réputation de gratitude; et, sur le talon de ce remerciement, je lui jetterai mon défi.

LÉPIDE. — Le temps nous presse. Allons vite chercher Pompée; autrement ce sera lui qui viendra nous chercher.

ANTOINE. — Et où est-il?

CÉSAR. — Aux environs du mont Misène.

ANTOINE. — Quelles sont ses forces sur terre?

CÉSAR. — Imposantes déjà, et sans cesse croissantes; mais sur mer, il est le maître absolu.

ANTOINE. — Tel est le bruit public. Je voudrais que nous nous fussions déjà parlé. Hâtons-nous. Mais, avant de prendre les armes, dépêchons l'affaire dont nous avons causé.

CÉSAR. — Avec le plus grand plaisir. Je vous invite à voir ma sœur, et je vais de ce pas vous conduire à elle.

ANTOINE. — Lépide, ne nous privez pas de votre compagnie.

LÉPIDE. — Noble Antoine, la maladie même ne me retiendrait pas. (Fanfares. Sortent Antoine, César et Lépide.)

MÉCÈNE, à Énobarbus. — Soyez le bienvenu d'Égypte, seigneur!

ÉNOBARBUS. — Moitié du cœur de César, digne Mécène!... Mon honorable ami, Agrippa!

AGRIPPA. — Bon Énobarbus!

MÉCÈNE. — Nous devons être heureux que les choses se soient si bien arrangées. Vous vous êtes bien tenus en Égypte.

ÉNOBARBUS. — Oui, monsieur : nous dormions toutes les heures du jour, et nous abrégions la nuit à boire.

MÉCÈNE. — Huit sangliers rôtis tout entiers à un déjeuner, et pour douze personnes seulement! Est-ce vrai?

ÉNOBARBUS. — Eh! cela n'est qu'une mouche auprès

d'un aigle; nous avons fait des bombances bien plus monstrueuses et bien plus dignes d'être citées.

MÉCÈNE. — C'est une femme bien irrésistible, si les rapports cadrent avec la vérité.

ÉNOBARBUS. — La première fois qu'elle a rencontré Marc Antoine, sur le fleuve Cydnus, elle a emboursé son cœur.

AGRIPPA. — C'est là qu'elle est apparue, en effet, si mes rapports ne me trompent pas.

ÉNOBARBUS. — Je vais vous dire. Le bateau où elle était assise, pareil à un trône étincelant, flamboyait sur l'eau; la poupe était d'or battu; les voiles, de pourpre, et si parfumées que les vents se pâmaient sur elles; les rames étaient d'argent : maniées en cadence au son des flûtes, elles forçaient l'eau qu'elles chassaient à revenir plus vite, comme amoureuse de leurs coups. Quant à sa personne, elle appauvrissait toute description : couchée sous un pavillon de drap d'or, elle effaçait cette Vénus où nous voyons l'art surpasser la nature; à ses côtés, des enfants aux gracieuses fossettes, pareils à des Cupidons souriants, se tenaient avec des éventails diaprés, dont le souffle semblait enflammer les joues délicates qu'il rafraîchissait et faire ce qu'il défaisait.

AGRIPPA. — O splendide spectacle pour Antoine!

ÉNOBARBUS. — Ses femmes, comme autant de Néréides, ou de fées des eaux, lui obéissaient sur un regard, et s'inclinaient dans les plus jolies attitudes. Au timon, c'est une sirène qu'on croirait voir commander; les cordages de soie frémissent au contact de ces mains, moelleuses comme des fleurs, qui font lestement la manœuvre. Du bateau, un étrange et invisible parfum frappe les sens des quais adjacents. La cité avait jeté tout son peuple au-devant d'elle; et Antoine, assis sur un trône au milieu de la place publique, y restait seul, jetant ses sifflements à l'air qui, si le vide avait été possible, serait allé aussi contempler Cléopâtre et aurait fait une brèche à la nature!

AGRIPPA. — La rare Égyptienne!

ÉNOBARBUS. — Quand elle fut descendue en terre, Antoine l'envoya convier à souper. Elle répliqua qu'il valait mieux qu'il fût son hôte, et le décida. Notre courtois Antoine, à qui jamais femme n'a entendu dire le mot *non*, se fait raser dix fois, va au festin, et, pour écot, donne son cœur en payement de ce que ses yeux ont dévoré.

AGRIPPA. — Royale gourgandine! elle a forcé le grand César à mettre son épée au lit; il l'a labourée; et elle a porté moisson.

ÉNOBARBUS. — Je l'ai vue une fois dans la rue sauter quarante pas à cloche-pied : ayant perdu haleine, elle voulut parler et s'arrêta palpitante, si gracieuse qu'elle faisait d'une défaillance une beauté, et qu'à bout de respiration, elle respirait le charme.

MÉCÈNE. — Maintenant, voilà Antoine obligé de la quitter absolument.

ÉNOBARBUS. — Jamais! Il ne la quittera pas. L'âge ne saurait la flétrir, ni l'habitude épuiser sa variété infinie. Les autres femmes rassasient les appétits qu'elles nourrissent; mais elle, plus elle satisfait, plus elle affame. Car les choses les plus immondes séduisent en elle au point que les prêtres saints la bénissent, quand elle se prostitue.

MÉCÈNE. — Si la beauté, la sagesse, la modestie, peuvent fixer le cœur d'Antoine, Octavie est pour lui une bienheureuse fortune.

AGRIPPA. — Partons! Bon Énobarbus, soyez mon hôte tant que vous demeurerez ici.

ÉNOBARBUS. — Je vous remercie humblement, seigneur. *(Ils sortent.)*

SCÈNE III

Rome. — Dans le palais de César.

Entre OCTAVIE, *accompagnée d'un côté par* CÉSAR, *de l'autre par* ANTOINE. UN DEVIN *et des gens de service les suivent.*

ANTOINE. — Le monde et mes hautes fonctions m'arracheront parfois de votre sein.

OCTAVIE. — Sans cesse alors mon genou ploiera devant les Dieux mes prières pour vous.

ANTOINE, *à César.* — Bonne nuit, seigneur !... Mon Octavie, ne lisez pas mes défauts dans les récits du monde : jusqu'ici je n'ai pas gardé la mesure; mais à l'avenir tout sera fait selon la règle. Bonne nuit, chère dame !

OCTAVIE. — Bonne nuit, seigneur !

CÉSAR. — Bonne nuit ! *(Sortent César, Octavie, et les gens de service.)*

ANTOINE, *au devin.* — Eh bien, maraud ! souhaiteriez-vous être en Égypte ?

LE DEVIN. — Plût aux Dieux que je n'en fusse jamais sorti, et que vous ne fussiez jamais venu ici !

ANTOINE. — Votre raison, si vous pouvez ?

LE DEVIN. — Je la vois dans mon désir, si je ne l'ai pas sur les lèvres... Mais retournez vite en Égypte.

ANTOINE. — Dis-moi qui, de César ou de moi, aura la plus haute fortune.

LE DEVIN. — César. Donc, ô Antoine, ne reste pas à ses côtés. Ton démon, c'est-à-dire l'esprit qui t'a en garde, est noble, courageux, hautain, incomparable là où n'est pas celui de César; mais près de lui, ton ange, comme accablé, n'est plus que Frayeur. Donc mets une distance suffisante entre vous deux.

ANTOINE. — Ne parle plus de cela.

LE DEVIN. — A nul autre que toi; jamais, si ce n'est devant toi. Si tu joues avec lui à n'importe quel jeu, tu es sûr de perdre; et il a tant de bonheur naturel qu'il te bat contre toutes les chances; ton lustre s'assombrit, dès qu'il brille près de toi; je répète que ton esprit est tout effrayé de te gouverner, près de lui, mais que, lui absent, il est vraiment noble.

ANTOINE. — Va-t'en, et dis à Ventidius que je veux lui parler. *(Le devin sort.)* Il faut qu'il marche contre les Parthes... Soit science, soit hasard, il a dit vrai... Les dés même lui obéissent; et, dans nos jeux, toute ma supériorité s'évanouit devant son bonheur; si nous tirons au sort, il gagne; ses coqs l'emportent toujours sur les miens, quand tous les calculs sont pour le contraire; et toujours ses cailles battent les miennes dans l'enceinte de la lutte. Je veux retourner en Égypte; j'ai fait ce mariage pour ma tranquillité, soit! Mais c'est en Orient qu'est mon plaisir.

Entre Ventidius.

Ah! venez, Ventidius. Vous allez marcher contre les Parthes; votre commission est prête; suivez-moi pour la recevoir. *(Ils sortent.)*

SCÈNE IV

Rome. — Une place publique.

Entrent LÉPIDE, MÉCÈNE *et* AGRIPPA.

LÉPIDE. — Ne vous dérangez pas plus longtemps; je vous en prie, rejoignez vite vos généraux.

AGRIPPA. — Seigneur, que Marc Antoine prenne seulement le temps d'embrasser Octavie! et nous marchons.

LÉPIDE. — Jusqu'à ce que je vous voie dans ce costume de soldat qui vous ira si bien à tous deux, adieu!

MÉCÈNE. — D'après mes conjectures sur ce voyage, nous serons au mont Misène avant vous, Lépide.

LÉPIDE. — La route que vous suivez est beaucoup plus courte; mes affaires m'en écarteront beaucoup; vous gagnerez deux jours sur moi.

MÉCÈNE *et* AGRIPPA. — Seigneur, bon succès!

LÉPIDE. — Adieu! *(Ils sortent.)*

SCÈNE V

Alexandrie. — Dans le palais.

Entrent CLÉOPATRE, CHARMION, IRAS, ALEXAS, *et des gens de service.*

CLÉOPATRE. — Donnez-moi de la musique, de la

musique, ce mélancolique aliment de nous tous, les
affairés d'amour!

UN SERVITEUR. — La musique! Holà!

Entre Mardian.

CLÉOPATRE. — Laissons cela... Allons jouer au bil-
lard. Viens, Charmion.

CHARMION. — Mon bras me fait mal. Jouez plutôt
avec Mardian.

CLÉOPATRE. — Pour une femme, autant jouer avec
un eunuque qu'avec une femme. *(A Mardian.)* Allons,
voulez-vous jouer avec moi, messire ?

MARDIAN. — Aussi bien que je puis, madame.

CLÉOPATRE. — Et dès que le bon vouloir est démon-
tré, il a beau être insuffisant, l'acteur a droit au pardon... Mais non, je ne veux plus... Donnez-moi ma
ligne. Nous irons au fleuve; là, ma musique jouant au
loin, j'amorcerai des poissons aux fauves nageoires;
mon hameçon recourbé percera leurs visqueuses
mâchoires; et, à chaque poisson que j'enlèverai, je
m'imaginerai que c'est un Antoine, et je dirai : « Ah!
ah! vous êtes pris! »

CHARMION. — L'amusante journée, où vous fîtes
ce pari à qui pêcherait le plus, et où votre plongeur
accrocha à l'hameçon d'Antoine un poisson salé qu'il
retira avec transport!

CLÉOPATRE. — Ce temps-là! oh! quel temps! Je
me moquai de lui, à lui ôter la patience; et, le soir
venu, je me moquai de lui à la lui rendre; le lendemain
matin, avant neuf heures, je le restituai, ivre, à son
lit; puis je le couvris de mes robes et de mes manteaux,
tandis que je portais son épée de Philippes.

Entre un messager.

Oh! d'Italie!... Entasse tes fécondes nouvelles dans
mon oreille longtemps stérile.

LE MESSAGER. — Madame, madame...

CLÉOPATRE. — Antoine est mort! Si tu dis cela,
drôle, tu assassines ta maîtresse; mais s'il est libre

et bien portant, si c'est ainsi que tu me le présentes,
voilà de l'or, et voici mes veines les plus bleues à baiser ; une main que des rois ont pressée de leurs lèvres
et n'ont baisée qu'en tremblant !

Le Messager. — D'abord, madame, il est bien.

Cléopatre. — Tiens ! voilà de l'or encore. Mais fais
attention, maraud. Nous avons coutume de dire que
les morts sont bien ; si c'est à cela que tu veux en venir,
cet or que je te donne, je le ferai fondre, et je le verserai
dans ta gorge mal embouchée.

Le Messager. — Bonne madame, écoutez-moi.

Cléopatre. — Eh bien, va ! j'y consens ; mais il n'y
a rien de bon dans ta figure. Si Antoine est libre et
en pleine santé, que sert d'avoir cette mine sinistre
pour trompeter de si bonnes nouvelles ? S'il n'est pas
bien, tu devrais arriver comme une Furie couronnée
de serpents, et non sous la forme d'un homme.

Le Messager. — Vous plaira-t-il de m'écouter ?

Cléopatre. — J'ai envie de te frapper avant que
tu parles. Mais si tu dis qu'Antoine est vivant, bien
portant, l'ami de César et non pas son captif, je t'en-
fouirai sous une pluie d'or et sous une grêle de perles
fines.

Le Messager. — Madame, il est bien...

Cléopatre. — Bien dit !

Le Messager. — Et l'ami de César.

Cléopatre. — Tu es un honnête homme !

Le Messager. — César et lui sont plus grands amis
que jamais.

Cléopatre. — Fais-toi une fortune avec moi !

Le Messager. — Mais, madame...

Cléopatre. — Je n'aime pas ce *mais :* il affaiblit un
si bon commencement. Fi de ce *mais !* Ce *mais* est
comme un geôlier qui va produire quelque monstrueux
malfaiteur. Je t'en prie, ami, verse toute ta charge
dans mon oreille, le bien et le mal à la fois. Il est
ami avec César, en pleine santé, dis-tu, et libre, dis-tu ?

Le Messager. — Libre, madame ! non ; je n'ai point
fait un pareil rapport ; il est attaché à Octavie.

Cléopatre. — Pour quel bon office ?

Le Messager. — Pour le meilleur, l'office du lit.

CLÉOPÂTRE. — Je pâlis, Charmion.

LE MESSAGER. — Madame, il est marié à Octavie.

CLÉOPÂTRE. — Que la peste la plus venimeuse fonde sur toi! *(Elle le frappe et le terrasse.)*

LE MESSAGER. — Bonne madame, patience!

CLÉOPÂTRE. — Que dites-vous?... *(Elle le frappe encore.)* Hors d'ici, horrible drôle! Ou je vais chasser tes yeux comme des billes devant moi; je vais dénuder ta tête... *(Elle le secoue violemment.)* Je te ferai fouetter avec le fer, étuver dans la saumure, et confire à la sauce ardente.

LE MESSAGER. — Gracieuse madame, si j'apporte la nouvelle, je n'ai pas fait le mariage.

CLÉOPÂTRE. — Dis que cela n'est pas, et je te donnerai une province, et je rendrai ta fortune splendide; le coup que tu as reçu te fera pardonner de m'avoir mise en rage; et je te gratifierai de tous les dons que ton humilité peut mendier.

LE MESSAGER. — Il est marié, madame.

CLÉOPÂTRE. — Misérable, tu as vécu trop longtemps. *(Elle tire un couteau.)*

LE MESSAGER. — Ah! je me sauve. Que prétendez-vous, madame? Je n'ai fait aucune faute. *(Il s'enfuit.)*

CHARMION. — Bonne madame, contenez-vous : l'homme est innocent.

CLÉOPÂTRE. — Il est des innocents qui n'échappent pas au coup de foudre... Que l'Égypte s'effondre dans le Nil! et que toutes les créatures bienfaisantes se changent en serpents! Rappelez cet esclave; toute furieuse que je suis, je ne le mordrai pas... Rappelez-le. *(Quelqu'un sort.)*

CHARMION. — Il a peur de revenir.

CLÉOPÂTRE. — Je ne lui ferai pas de mal; ces mains perdent leur noblesse en frappant un plus petit que moi, alors que seule je me suis mise en cet état.

Rentre le messager.

Approchez, monsieur! Il peut être honnête, mais il n'est jamais bon d'apporter une mauvaise nouvelle. Donnez à un gracieux message une légion de langues;

mais laissez les mauvaises nouvelles s'annoncer elles-
mêmes par le coup qui nous frappe.

Le Messager. — J'ai fait mon devoir.

Cléopatre. — Est-il marié? Je te haïrai de ma pire
haine, si tu dis encore oui.

Le Messager. — Il est marié, madame.

Cléopatre. — Que les Dieux te confondent! Tu
persistes donc toujours?

Le Messager. — Faut-il que je mente, madame?

Cléopatre. — Oh! je voudrais que tu mentisses,
quand la moitié de mon Égypte devrait être submergée
et faire une citerne pour les serpents squameux! Va,
sors d'ici! Quand tu aurais le visage de Narcisse, à
moi tu me paraîtrais affreux... Il est marié?

Le Messager. — J'implore le pardon de Votre
Altesse.

Cléopatre. — Il est marié?

Le Messager. — Ne vous offensez pas de ce que je
ne veuille pas vous offenser; me punir pour ce que
vous me faites faire me semble bien inique. Il est marié
à Octavie.

Cléopatre. — Oh! si son exemple avait pu te rendre
fourbe, toi qui ne l'es pas!... Quoi! tu es sûr de cela?
Va-t'en d'ici. La marchandise que tu as rapportée
de Rome est trop chère pour moi. Qu'elle te reste
sur les bras, et sois ruiné par elle! *(Le messager sort.)*

Charmion. — Bonne Altesse, patience!

Cléopatre. — En louant Antoine, j'ai déprécié César.

Charmion. — Maintes fois, madame.

Cléopatre. — J'en suis bien payée à présent!
Emmenez-moi d'ici... Je me sens défaillir... Oh! Iras!
Charmion!... Ce n'est rien... Va trouver cet homme,
bon Alexas; commande-lui de te dire les traits d'Octavie, ses années, ses inclinations; qu'il n'oublie pas la
couleur de ses cheveux!... Rapporte-moi vite ses
paroles... *(Alexas sort.)* Renonçons à lui pour toujours... Mais non, Charmion! Si, d'un côté, il a le masque
de Gorgone, de l'autre, c'est Mars! *(A Mardian.)* Dis
à Alexas de me rapporter quelle taille elle a... Plains-
moi, Charmion, mais ne me parle pas... Menez-moi
dans ma chambre. *(Ils sortent.)*

SCÈNE VI

Près du cap Misène.

POMPÉE *et* MÉNAS *arrivent d'un côté, au son des tambours et des trompettes; de l'autre,* CÉSAR, LÉPIDE, ANTOINE, ÉNOBARBUS, MÉCÈNE, *avec une escorte de soldats.*

POMPÉE. — J'ai vos otages, vous avez les miens, et nous allons causer avant de combattre.

CÉSAR. — Il est fort juste que nous en venions d'abord aux paroles; aussi t'avons-nous envoyé d'avance nos propositions écrites; pour peu que tu les aies examinées, fais-nous savoir si elles suffisent pour enchaîner ton épée mécontente et ramener en Sicile toute cette belle jeunesse qui autrement devra périr ici.

POMPÉE. — Écoutez-moi, vous trois, seuls sénateurs de ce vaste univers, agents suprêmes des Dieux! Je ne vois pas pourquoi mon père manquerait de vengeurs, lui qui a laissé un fils et des amis, quand Jules César, qui apparut au bon Brutus à Philippes, vous a vus là travailler pour lui. Qu'est-ce qui poussa le pâle Cassius à conspirer? Qu'est-ce qui décida le très honoré, l'honnête Romain Brutus et ses compagnons d'armes, courtisans de la belle liberté, à ensanglanter le Capitole? C'est qu'ils ne voulurent voir dans un homme qu'un homme. Et voilà ce qui m'a porté à équiper cette flotte dont le poids fait écumer l'Océan irrité, et avec laquelle j'entends châtier l'ingratitude dont la haineuse Rome accabla mon noble père.

CÉSAR. — A votre aise!

ANTOINE. — Tu ne parviendras pas à nous effrayer, Pompée, avec toutes tes voiles : nous saurons te répliquer sur mer; sur terre, tu sais tout ce que tu as de moins que nous.

POMPÉE. — Sur terre, en effet, tu as de plus que moi

la maison de mon père; mais, puisque le coucou se niche toujours ailleurs que chez lui, restes-y tant que tu pourras.

LÉPIDE. — Veuillez nous dire (car tout ceci est hors de la question) comment vous accueillez les offres que nous vous avons transmises.

CÉSAR. — Voilà le point.

ANTOINE. — Ne te laisse pas décider par nos prières, mais considère quel parti il vaut mieux embrasser.

CÉSAR. — Et quelles conséquences aurait pour toi l'ambition d'une plus haute fortune.

POMPÉE. — Vous m'avez fait offre de la Sicile et de la Sardaigne, à condition que je nettoierais la mer des pirates et que j'enverrais à Rome certaines mesures de blé. Cette convention faite, nous devons nous séparer sans une entaille à nos épées, sans une balafre à nos boucliers.

CÉSAR, ANTOINE, LÉPIDE. — Voilà nos offres.

POMPÉE. — Sachez donc que j'étais venu ici, devant vous, en homme préparé à accepter ces offres. Mais Marc Antoine m'a causé quelque impatience. *(A Antoine.)* Dussé-je perdre mon mérite en le rappelant, vous saurez que, quand César et votre frère étaient aux prises, votre mère est venue en Sicile et y a trouvé un accueil amical.

ANTOINE. — Je l'ai appris, Pompée; et je suis tout disposé à vous offrir libéralement les remerciements que je vous dois.

POMPÉE. — Donnez-moi votre main. Je ne m'attendais pas, seigneur, à vous rencontrer ici.

ANTOINE. — Les lits sont moelleux en Orient. Merci à vous de m'avoir fait revenir ici plus tôt que je ne comptais! car j'y ai gagné.

CÉSAR, *à Pompée.* — Depuis la dernière fois que je vous ai vu, vous avez changé.

POMPÉE. — Vraiment je ne sais pas quels comptes l'âpre fortune tient sur mon visage; en tout cas, jamais elle n'envahira mon sein, jusqu'à faire de mon cœur son vassal!

LÉPIDE, *à Pompée.* — Heureuse réunion!

POMPÉE. — Je l'espère, Lépide... Ainsi, nous sommes

d'accord; je demande que notre convention soit mise par écrit, et scellée de nous.

CÉSAR. — C'est la première chose que nous devons faire.

POMPÉE. — Il faut nous fêter les uns les autres, avant de nous séparer; tirons au sort à qui commencera.

ANTOINE. — Ce sera moi, Pompée.

POMPÉE. — Non, Antoine, laissons décider le sort; mais, que vous soyez le premier ou le dernier, votre estimable cuisine égyptienne aura toute la vogue. J'ai ouï dire que Jules César s'était engraissé à festiner là-bas.

ANTOINE. — Vous avez ouï dire bien des choses.

POMPÉE. — Je n'ai que de courtoises pensées, messire.

ANTOINE. — Et d'aussi courtoises paroles.

POMPÉE. — Voilà ce que j'ai ouï dire. Et j'ai ouï dire aussi qu'Apollodore porta...

ÉNOBARBUS. — Suffit. Il l'a fait.

POMPÉE. — Porta quoi, je vous prie ?

ÉNOBARBUS. — Certaine reine à César dans un matelas.

POMPÉE. — Je te reconnais à présent. Comment vas-tu, soldat ?

ÉNOBARBUS. — Fort bien; et il est probable que je continuerai, car j'aperçois quatre banquets en perspective.

POMPÉE. — Laisse-moi serrer ta main; je ne t'ai jamais haï; je t'ai vu combattre, et j'ai envié ta valeur.

ÉNOBARBUS. — Monsieur, je ne vous ai jamais beaucoup aimé; mais je vous ai loué, quand vous méritiez dix fois plus d'éloges que je ne vous en donnais.

POMPÉE. — Jouis de ta franchise : elle ne te sied pas mal. Je vous invite tous à bord de ma galère. Ouvrez la marche, seigneurs.

CÉSAR, ANTOINE, LÉPIDE. — Montrez-nous le chemin, monsieur.

POMPÉE. — Venez. *(Sortent Pompée, César, Antoine, Lépide, les soldats et les gens de la suite.)*

MÉNAS, *à part.* — Ton père, Pompée, n'aurait jamais

fait ce traité-là. *(Haut, à Énobarbus.)* Vous et moi, nous nous sommes connus, monsieur.

ÉNOBARBUS. — Sur mer, je crois.

MÉNAS. — En effet, monsieur.

ÉNOBARBUS. — Vous avez fait merveilles sur l'eau.

MÉNAS. — Et vous, sur terre.

ÉNOBARBUS. — Je louerai toujours qui me loue. Aussi bien, on ne peut nier ce que j'ai fait sur terre.

MÉNAS. — Ni ce que j'ai fait sur l'eau.

ÉNOBARBUS. — Si, il y a quelque chose que vous pouvez nier pour votre sûreté même : vous avez été un grand bandit sur mer.

MÉNAS. — Et vous, sur terre.

ÉNOBARBUS. — En ce cas, je nie mes services... Mais donnez-moi la main, Ménas. Si nos yeux avaient cette autorité, ils pourraient saisir ici deux bandits qui s'embrassent. *(Ils se tendent la main.)*

MÉNAS. — Le visage d'un homme ne ment pas, quoi que fasse sa main.

ÉNOBARBUS. — En revanche, il n'est pas de jolies femmes dont le visage ne soit fourbe.

MÉNAS. — Il ne les calomnie pas : elles volent les cœurs.

ÉNOBARBUS. — Nous étions venus ici pour nous battre avec vous.

MÉNAS. — Pour ma part, je suis fâché que cela ait tourné en boissons. Aujourd'hui Pompée perd sa fortune à rire.

ÉNOBARBUS. — Si cela est, pour sûr il ne la regagnera pas à pleurer.

MÉNAS. — Vous l'avez dit, monsieur. Nous n'attendions pas Marc Antoine ici. Dites-moi, est-ce qu'il est marié à Cléopâtre ?

ÉNOBARBUS. — La sœur de César s'appelle Octavie.

MÉNAS. — C'est vrai, monsieur; elle était la femme de Caïus Marcellus.

ÉNOBARBUS. — Mais elle est maintenant la femme de Marcus Antonius.

MÉNAS. — Que dites-vous, monsieur ?

ÉNOBARBUS. — C'est la vérité.

MÉNAS. — Alors, César et lui sont liés pour toujours.

ÉNOBARBUS. — Si j'étais tenu de prédire le sort de cette union, je ne prophétiserais pas ainsi.

MÉNAS. — Je crois que la politique a plus fait dans ce mariage que l'amour.

ÉNOBARBUS. — Je le crois aussi; mais vous verrez que le lien même qui semble resserrer leur amitié, l'étranglera. Octavie est d'un abord austère, froid et calme.

MÉNAS. — Et quel est l'homme qui ne voudrait voir sa femme ainsi ?

ÉNOBARBUS. — Celui qui lui-même n'est pas ainsi; et cet homme est Marc Antoine. Il retournera à son ragoût égyptien; alors les soupirs d'Octavie attiseront la colère dans César; et, comme je viens de le dire, ce qui est la force de leur amitié deviendra la cause immédiate de leur rupture. Antoine laissera son affection où elle est; il n'a épousé ici que l'occasion.

MÉNAS. — Cela pourrait bien être. Allons, monsieur, venez-vous à bord ? J'ai un toast pour vous.

ÉNOBARBUS. — J'y répondrai, monsieur : nous avons dressé nos gosiers en Égypte.

MÉNAS. — Venez. Partons. *(Ils sortent.)*

SCÈNE VII

A bord de la galère de Pompée, près du cap Misène.
Un pont de bois rejoint la galerie.

Musique. Entrent deux ou trois SERVITEURS, *portant une table servie.*

PREMIER SERVITEUR. — Ils vont venir, camarade. Déjà plusieurs ont la plante des pieds presque déracinée; le moindre vent va les abattre.

DEUXIÈME SERVITEUR. — Lépide est haut en couleur.

PREMIER SERVITEUR. — Ils lui ont fait boire leur rebut.

DEUXIÈME SERVITEUR. — Quand les deux autres se piquent à l'endroit sensible, il leur crie : *Assez!* et,

tout en les réconciliant avec sa prière, il se réconcilie
avec la liqueur.

PREMIER SERVITEUR. — Mais il ne fait qu'envenimer
la guerre entre lui et son bon sens.

DEUXIÈME SERVITEUR. — Tout cela, pour être compté
dans la société des hommes supérieurs! Moi, j'aimerais
mieux avoir un roseau dont je pourrais me servir
qu'une pertuisane que je ne pourrais pas soulever.

PREMIER SERVITEUR. — Être admis dans les sphères
hautes sans y faire sentir son action, c'est ressembler à
ces orbites où les yeux ne sont plus et qui font un vide
pitoyable dans le visage.

> *Fanfares. Entrent César, Antoine, Pompée,*
> *Lépide, Agrippa, Mécène, Énobarbus, Ménas*
> *et autres capitaines. Tous se mettent à table.*

ANTOINE, *à César*. — C'est ainsi qu'ils font, seigneur:
ils mesurent la crue du Nil à une certaine échelle sur
la pyramide, et ils savent, selon le niveau élevé, bas
ou moyen de l'étiage, s'il y aura disette ou abondance.
Plus le Nil monte, plus il promet; lorsqu'il se retire,
le laboureur sème son grain sur le limon et la vase,
et bientôt obtient moisson.

LÉPIDE, *d'une voix avinée*. — Vous avez là d'étranges
serpents.

ANTOINE. — Oui, Lépide.

LÉPIDE. — Votre serpent d'Égypte naît de votre
fange par l'opération de votre soleil; de même votre
crocodile.

ANTOINE. — C'est vrai.

POMPÉE. — Asseyons-nous, et du vin! A la santé
de Lépide!

LÉPIDE. — Je ne suis pas aussi bien que je le devrais,
mais jamais je ne serai hors de raison.

ÉNOBARBUS, *à part*. — Non, jusqu'à ce que vous
dormiez. Jusque-là, je crains bien que vous ne soyez
dedans.

LÉPIDE. — Eh! certainement j'ai ouï dire que les
pyramides de Ptolémée étaient de très belles choses;
sans contredit, j'ai ouï dire ça.

MÉNAS, *bas, à Pompée*. — Pompée, un mot!

POMPÉE, *bas*, *à Ménas*. — Dis-le-moi à l'oreille : qu'est-ce ?

MÉNAS, *bas*, *à Pompée*. — Quitte ton siège, je t'en supplie, capitaine, que je te dise un mot!

POMPÉE, *bas*, *à Ménas*. — Attends! tout à l'heure! *(Haut.)* Cette rasade pour Lépide!

LÉPIDE. — Quelle espèce d'être est votre crocodile ?

ANTOINE. — Il est formé, monsieur, comme lui-même; et il est aussi large qu'il a de largeur; il est juste aussi haut qu'il l'est, et il se meut avec ses propres organes; il vit de ce qui le nourrit; et, dès que les éléments dont il est formé se décomposent, il opère sa transmigration.

LÉPIDE. — De quelle couleur est-il ?

ANTOINE. — De sa propre couleur.

LÉPIDE. — C'est un étrange serpent !

ANTOINE. — C'est vrai; et ses larmes sont humides.

CÉSAR, *bas*, *à Antoine*. — Cette description le satisfera-t-elle ?

ANTOINE, *bas*, *à César*. — Oui, avec la santé que Pompée lui porte. Autrement, ce serait un épicurien bien difficile.

POMPÉE, *bas*, *à Ménas*. — Allez vous faire pendre, mon cher, allez!... Me parler de quoi ?... Arrière! Obéissez... *(Haut.)* Où est la coupe que j'ai demandée ?

MÉNAS, *bas*, *à Pompée*. — Au nom de mes services, si tu veux bien m'entendre, lève-toi de ton tabouret.

POMPÉE, *bas*, *à Ménas*. — Tu es fou, je crois. De quoi s'agit-il ? *(Il se lève, et se retire à l'écart avec Ménas.)*

MÉNAS. — J'ai toujours eu le chapeau bas devant ta fortune.

POMPÉE. — Tu m'as toujours servi avec une grande fidélité. Après ? *(Aux convives.)* Soyez joyeux, seigneurs!

ANTOINE. — Lépide, défiez-vous des bancs de sable : vous sombrez.

MÉNAS, *bas*, *à Pompée*. — Veux-tu être seigneur de tout l'univers ?

POMPÉE, *bas*, *à Ménas*. — Que dis-tu ?

MÉNAS. — Encore une fois, veux-tu être seigneur de l'univers entier ?

POMPÉE. — Comment serait-ce possible ?

MÉNAS. — Accepte seulement, et, tout pauvre que tu me crois, je suis homme à te donner tout l'univers.

POMPÉE. — As-tu beaucoup bu ?

MÉNAS. — Non, Pompée; je me suis abstenu de la coupe. Tu es, si tu l'oses, le Jupiter terrestre : tout ce que l'Océan enclôt, tout ce que le ciel embrasse, est à toi, si tu le veux.

POMPÉE. — Montre-moi par quelle voie.

MÉNAS. — Ces partageurs du monde, les triumvirs, sont dans ton vaisseau; laisse-moi couper le cordage, et, quand nous serons au large, sautons-leur à la gorge : tout est à toi

POMPÉE. — Ah! tu aurais dû le faire sans m'en avertir. De ma part, ce serait une vilenie; de la tienne, c'eût été un bon service. Tu devais savoir que mon intérêt ne guide pas mon honneur, mais est guidé par lui. Regrette que ta langue ait jamais trahi ton action. Faite à mon insu, je l'aurais trouvée bien faite. Mais maintenant je dois la condamner. N'y pense plus, et bois. *(Il revient près des convives.)*

MÉNAS, *à part.* — Puisque c'est ainsi, je ne veux plus suivre ta fortune éventée. Qui cherche une chose et la repousse quand elle s'offre, ne la retrouvera plus.

POMPÉE. — A la santé de Lépide!

ANTOINE. — Qu'on le porte à la côte!... Je vous ferai raison pour lui, Pompée.

ÉNOBARBUS, *une coupe à la main.* — A toi, Ménas!

MÉNAS. — Volontiers, Énobarbus.

POMPÉE, *à l'esclave qui verse à boire.* — Remplis jusqu'à cacher la coupe.

ÉNOBARBUS, *montrant un esclave qui emporte Lépide.* — Voilà un fort gaillard, Ménas.

MÉNAS. — Pourquoi ?

ÉNOBARBUS. — Il porte un tiers du monde, mon cher; ne vois-tu pas ?

MÉNAS. — Alors le tiers du monde est ivre; que ne l'est-il tout entier pour pouvoir rouler plus aisément!

ÉNOBARBUS. — Bois donc, et aide à le mettre en branle.

MÉNAS. — Viens.

POMPÉE, *à Antoine*. — Ce n'est pas encore là une fête d'Alexandrie ?

ANTOINE. — Cela en approche... Choquons les coupes ! Holà ! La santé de César !

CÉSAR. — Je me passerais bien de celle-là. C'est un labeur monstrueux : me laver le cerveau pour ne le rendre que plus trouble !

ANTOINE. — Soyez l'enfant de la circonstance.

CÉSAR. — Bois donc ! je te donnerai la réplique ; mais j'aurais mieux aimé jeûner pendant quatre jours, que de boire tant en un seul.

ÉNOBARBUS, *à Antoine*. — Eh ! mon brave empereur ! si nous dansions maintenant la bacchanale égyptienne pour célébrer notre boire ?

POMPÉE. — Volontiers, bon soldat. *(Tous se lèvent de table.)*

ANTOINE. — Allons ! tenons-nous tous par la main jusqu'à ce que le vin triomphant ait plongé nos sens dans un doux et délicieux Léthé !

ÉNOBARBUS. — Prenons-nous tous la main. Qu'une musique retentissante batte nos oreilles ! Pendant ce temps-là, je vous placerai ; puis cet enfant chantera, et chacun entonnera le refrain aussi haut que ses vigoureux poumons pourront lancer leur volée. *(La musique joue. Énobarbus place tous les convives, la main dans la main.)*

CHANSON

Viens, toi, monarque du vin,
Bacchus joufflu, à l'œil rose !
Que nos soucis soient noyés dans tes cuves,
Et nos cheveux couronnés de tes grappes !

TOUS, *en chœur*.

Verse-nous jusqu'à ce que le monde tourne,
Verse-nous jusqu'à ce que le monde tourne.

CÉSAR, *se retirant*. — Que voudriez-vous de plus ?... Pompée, bonne nuit !... *(A Antoine.)* Bon frère, laissez-moi vous emmener : nos graves affaires répugnent à

tant de légèreté!... Gentils seigneurs, séparons-nous ;
vous voyez, nous avons les joues en feu : le vigoureux
Énobarbus est plus faible que le vin, et ma propre
langue balbutie ce qu'elle dit ; peu s'en faut que
l'extravagante orgie ne nous ait tous hébétés. Qu'est-
il besoin de plus de paroles ? Bonne nuit ! Bon Antoine,
votre main !

Pompée. — Je veux veiller sur vous jusqu'à la côte.

Antoine, *chancelant.* — Fort bien, monsieur. Donnez-moi votre main.

Pompée. — O Antoine, vous avez la maison de mon
père... Mais quoi ! nous sommes amis. Allons ! descen-
dons dans le bateau.

Énobarbus. — Prenez garde de tomber. *(Pompée,
César, Antoine et leur suite s'embarquent.)* Ménas, je
n'irai pas à terre.

Ménas. — Non ! dans ma cabine ! Hé ! les tambours !
les trompettes ! les flûtes ! Hé ! que Neptune nous
entende dire un bruyant adieu à ces grands compagnons ! Sonnez ! Peste soit de vous ! Sonnez donc !
(Fanfares et tambours.)

Énobarbus, *interpellant ceux qui s'embarquent.* —
Ho, là-bas ! voilà mon bonnet ! *(Il agite son bonnet.)*

Ménas. — Holà !... Noble capitaine, venez ! *(Sortent
Énobarbus et Ménas.)*

ACTE III

SCÈNE PREMIÈRE

En Syrie.

Entre, comme après une victoire, VENTIDIUS, accompagné de SILIUS et d'autres Romains, officiers et soldats. On porte devant lui le corps de Pacorus, fils d'Orodès, roi des Parthes.

VENTIDIUS. — Enfin, en dépit de tes flèches, Parthie, te voilà frappée! Enfin la Fortune daigne faire de moi le vengeur de Marcus Crassus... Que le corps de ce fils du roi soit porté devant notre armée!... Ton Pacorus, Orodès, nous paye Marcus Crassus.

SILIUS. — Noble Ventidius, tandis que ton épée est encore chaude du sang des Parthes, poursuis les fugitifs; galope à travers la Médie, la Mésopotamie et tous les repaires où se dispersent les vaincus. Alors ton grand capitaine Antoine te mettra sur un char triomphal, et posera des couronnes sur ta tête.

VENTIDIUS. — O Silius! Silius! j'en ai fait assez. Un subalterne, remarque bien, peut accomplir un trop grand exploit. Car retient ceci, Silius : Mieux vaut rester inactif qu'acquérir par nos actes une trop haute gloire en l'absence de celui que nous servons. César et Antoine ont eu plus de succès par leurs officiers qu'en personne : Sossius, mon prédécesseur en Syrie, lieutenant d'Antoine, par une accumulation de renommée trop vite acquise, perdit la faveur du maître. Celui qui en guerre fait plus que ne peut son capitaine devient le capitaine de son capitaine; et l'ambition, cette vertu du soldat, doit mieux aimer une défaite qu'une

victoire qui la dessert. Je pourrais faire plus pour
le bien d'Antoine, mais cela l'offenserait ; et dans cette
offense mes exploits disparaîtraient.

SILIUS. — Ventidius, tu as les qualités sans lesquelles
un soldat et son épée diffèrent à peine. Tu écriras à
Antoine ?

VENTIDIUS. — Je lui signifierai humblement ce qu'en
son nom, ce magique cri de guerre, nous avons effectué ;
comment, grâce à ses bannières et à ses troupes bien
payées, le cheval indompté du Parthe a été surmené
par nous.

SILIUS. — Où est-il maintenant ?

VENTIDIUS. — Il se rend à Athènes. Là, aussi vite
que nous le permettra le poids du butin, nous paraî-
trons devant lui... En avant, marchons ! *(Ils sortent.)*

SCÈNE II

Rome. — Dans le palais de César.

Entrent, d'un côté, AGRIPPA, *de l'autre,* ÉNOBARBUS.

AGRIPPA. — Quoi ! ces frères se sont-ils déjà séparés ?

ÉNOBARBUS. — Ils ont terminé avec Pompée qui
est parti ; tous trois scellent le traité. Octavie pleure
de quitter Rome ; César est triste ; et Lépide, depuis
le festin de Pompée, est, à ce que dit Ménas, troublé
par les pâles couleurs.

AGRIPPA. — Ce noble Lépide !

ÉNOBARBUS. — Ce digne homme ! oh ! comme il
aime César !

AGRIPPA. — Oui, mais combien il adore Marc
Antoine !

ÉNOBARBUS. — César ? Eh, c'est le Jupiter des
hommes !

AGRIPPA. — Qu'est-ce qu'Antoine ? Le Dieu de
Jupiter.

ÉNOBARBUS. — Parlez-vous de César ? Ah ! c'est le
sans-pareil !

AGRIPPA. — D'Antoine ? Oh! c'est le phénix d'Arabie!

ÉNOBARBUS. — Voulez-vous louer César ? Dites César, et restez-en là.

AGRIPPA. — En vérité, il les accable tous deux d'excellents éloges.

ÉNOBARBUS. — Mais c'est César qu'il aime le mieux; pourtant il aime Antoine. Oh! ni cœurs, ni langues, ni chiffres, ni scribes, ni bardes, ni poètes, ne pourraient imaginer, exprimer, évaluer, écrire, chanter, nombrer son amour pour Antoine! Mais pour César, à genoux, à genoux, et admirez!

AGRIPPA. — Il les aime tous deux.

ÉNOBARBUS. — Ils sont les ailes dont il est le hanneton. Aussi... *(Fanfares.)* C'est le boute-selle! Adieu, noble Agrippa!

AGRIPPA. — Bonne chance, digne soldat, et adieu!

Entrent César, Antoine, Lépide et Octavie.

ANTOINE, *à César.* — Pas plus loin, seigneur!

CÉSAR. — Vous m'enlevez une grande partie de moi-même; traitez-moi bien en elle... Sœur, sois comme épouse telle que ma pensée te rêve, toujours à la hauteur de mes plus vastes promesses. Très noble Antoine, que ce modèle de vertu qui est mis entre nous comme le ciment de notre affection, pour la tenir édifiée, ne soit pas un bélier qui en ébranle la forteresse! Car mieux eût valu que notre amitié se passât de ce lien, s'il ne nous est pas également précieux à tous deux.

ANTOINE. — Ne m'offensez pas par votre défiance.

CÉSAR. — J'ai dit.

ANTOINE. — Vous ne trouverez pas, si susceptible que vous soyez, le moindre sujet à l'inquiétude que vous semblez avoir. Sur ce, que les Dieux vous gardent et décident les cœurs des Romains à servir vos projets! Nous allons nous séparer ici.

CÉSAR. — Sois heureuse, ma sœur chérie, sois heureuse! Que les éléments te soient propices, et fassent de joie ton humeur! Sois heureuse!

OCTAVIE, *les larmes aux yeux.* — Mon noble frère!

ANTOINE. — Avril est dans ses yeux; c'est le printemps de l'amour, et voici les averses qui l'inaugurent... Consolez-vous!

OCTAVIE, *à César.* — Seigneur, soyez bienfaisant à la maison de mon mari et...

CÉSAR. — Quoi, Octavie?

OCTAVIE. — Je vais vous le dire à l'oreille. *(Elle s'entretient tout bas avec son frère.)*

ANTOINE. — Sa langue ne veut pas obéir à son cœur, et son cœur ne peut pas animer sa langue. C'est le duvet du cygne qui flotte sur la vague au plus fort de la marée et n'incline d'aucun côté.

ÉNOBARBUS, *bas, à Agrippa.* — César pleurera-t-il?

AGRIPPA. — Il a un nuage sur la face.

ÉNOBARBUS. — Il serait cheval que cette tache le défigurerait; à plus forte raison, un homme.

AGRIPPA. — Bah, Énobarbus! Lorsque Antoine reconnut Jules César mort, il poussa presque des rugissements, et il pleura lorsqu'à Philippes il reconnut Brutus tué.

ÉNOBARBUS. — C'est que cette année-là il était tourmenté d'un gros rhume : il se lamentait sur ce qu'il avait volontairement anéanti. Croyez à ses larmes quand je pleurerai moi-même.

CÉSAR. — Non, chère Octavie! vous aurez toujours de mes nouvelles; jamais le temps ne devancera ma pensée envolée vers vous.

ANTOINE. — Allons, seigneur, allons! je lutterai d'amour avec vous... Tenez! je vous embrasse!... Puis je vous laisse, et je vous donne aux Dieux.

CÉSAR. — Au revoir! soyez heureux!

LÉPIDE, *à Antoine.* — Que toute la pléiade des astres éclaire ta voie radieuse!

CÉSAR. — Adieu! adieu! *(Il embrasse Octavie.)*

ANTOINE. — Adieu! *(Fanfares. Ils sortent.)*

SCÈNE III

Alexandrie. — Dans le palais.

Entrent CLÉOPATRE, CHARMION, IRAS *et* ALEXAS.

CLÉOPATRE. — Où est l'homme ?

ALEXAS. — Il est à moitié effrayé de venir.

CLÉOPATRE. — Allons! allons! Venez ici, monsieur.

Entre le messager.

ALEXAS. — Bonne Majesté, Hérode de Judée n'ose jeter les yeux sur vous, que quand vous êtes bien disposée.

CLÉOPATRE. — Je veux avoir la tête de cet Hérode. Mais comment cela, maintenant que j'ai perdu Antoine par qui j'aurais pu l'exiger ?... Approche.

LE MESSAGER. — Très gracieuse Majesté...

CLÉOPATRE. — As-tu aperçu Octavie ?

LE MESSAGER. — Oui, reine redoutée.

CLÉOPATRE. — Où ?

LE MESSAGER. — A Rome, madame. Je l'ai regardée en face, je l'ai vue marcher entre son frère et Marc Antoine.

CLÉOPATRE. — Est-elle aussi grande que moi ?

LE MESSAGER. — Non, madame.

CLÉOPATRE. — L'as-tu entendue parler ? A-t-elle la voix perçante, ou basse ?

LE MESSAGER. — Madame, je l'ai entendue parler : sa voix est basse.

CLÉOPATRE. — Cela n'a rien de si gracieux!... Elle ne peut lui plaire longtemps.

CHARMION. — Lui plaire! O Isis! c'est impossible.

CLÉOPATRE. — Je le crois, Charmion : voix sourde et taille naine!... Quelle majesté a sa démarche ? Rappelle-toi, si jamais tu as vu la vraie majesté.

LE MESSAGER. — Elle se traîne; sa marche ne fait qu'un avec son repos; elle a un corps plutôt qu'une animation : c'est une statue plutôt qu'une vivante.

CLÉOPATRE. — Est-ce certain ?

LE MESSAGER. — Oui, ou je ne sais pas observer.

CHARMION. — Il n'est pas en Égypte trois hommes dont le diagnostic soit plus sûr.

CLÉOPATRE. — Il s'y connaît bien, je m'en aperçois... Il n'y a encore rien en elle... Le gaillard a un bon jugement.

CHARMION. — Excellent.

CLÉOPATRE, *au messager*. — Estime son âge, je t'en prie.

LE MESSAGER. — Madame, elle était veuve...

CLÉOPATRE. — Veuve ?... Charmion, tu entends !

LE MESSAGER. — Et je crois qu'elle a bien trente ans.

CLÉOPATRE. — As-tu sa figure dans l'esprit ? Est-elle longue, ou ronde ?

LE MESSAGER. — Ronde jusqu'à l'excès.

CLÉOPATRE. — La plupart de ceux qui sont ainsi sont niais... Ses cheveux, de quelle couleur ?

LE MESSAGER. — Bruns, madame; et son front est aussi bas qu'elle peut le souhaiter.

CLÉOPATRE, *lui jetant une bourse*. — Voici de l'or pour toi. Tu ne dois pas prendre mal mes premières vivacités. Je veux te faire repartir : je te trouve très bon pour l'emploi. Va te préparer : nos lettres sont prêtes. *(Le messager sort.)*

CHARMION. — C'est un homme convenable.

CLÉOPATRE. — Oui, vraiment : je me repens beaucoup de l'avoir ainsi rudoyé... Eh ! à l'en croire, cette créature n'est pas grand-chose.

CHARMION. — Oh ! rien, madame !

CLÉOPATRE. — L'homme a sans doute vu la majesté : il doit s'y connaître.

CHARMION. — S'il a vu la majesté ? Bonne Isis !... lui qui vous a servie si longtemps !

CLÉOPATRE. — J'ai encore une question à lui faire, chère Charmion. Mais peu importe ! Tu me l'amèneras là où je vais écrire. Tout peut encore s'arranger.

CHARMION. — Je vous le garantis, madame. *(Tous sortent.)*

SCÈNE IV

Athènes. — Dans le palais d'Antoine.

Entrent ANTOINE *et* OCTAVIE

ANTOINE. — Non, non, Octavie, pas seulement cela :
ce tort serait excusable, comme mille autres de semblable importance ; mais il a engagé une nouvelle
guerre contre Pompée ; il a fait son testament, et l'a
lu en public. A peine y a-t-il parlé de moi ; quand forcément il m'a dû un témoignage honorable, c'est froide-
ment et à contrecœur qu'il me l'a rendu ; il m'a mesuré
très étroitement l'éloge ; les meilleures occasions de
me louer, il les a rejetées, ou ne les a saisies que du
bout des lèvres.

OCTAVIE. — O mon bon seigneur, ne croyez pas
tout, ou, si vous devez tout croire, ne vous irritez
pas de tout. Jamais femme ne fut plus malheureuse
que moi, si cette rupture a lieu ! Être placée entre
deux partis, et prier pour tous deux ! Les Dieux bons
se moqueront de mes prières, lorsque je leur dirai :
Oh ! bénissez mon seigneur, mon mari ! et qu'annulant
ce souhait, je leur crierai tout aussi fort : *Oh ! bénissez
mon frère !* Succès au mari, succès au frère, une prière
détruit l'autre ; point de moyen terme entre ces extrêmes.

ANTOINE. — Douce Octavie, que votre préférence
incline vers le côté qui fait le plus d'efforts pour la
fixer ! Si je perds mon honneur, je me perds moi-même :
mieux vaudrait pour vous ne pas m'avoir que m'avoir
ainsi dégradé. Mais, comme vous le demandez, vous
pouvez intervenir entre nous. Pendant ce temps,
madame, je ferai des préparatifs de guerre qui contien-
dront votre frère. Mettez-y toute votre diligence. Ainsi
vos désirs seront exaucés.

OCTAVIE. — Merci à mon seigneur ! Que le puissant
Jupiter fasse par moi, bien faible, bien faible femme,
votre réconciliation ! La guerre entre vous deux, ce

serait comme si le monde s'entrouvrait, et qu'il fallût combler le gouffre avec des cadavres.

ANTOINE. — Dès que vous reconnaîtrez le moteur de ceci, tournez de son côté votre déplaisir : car nos fautes ne peuvent jamais être tellement égales que votre affection flotte également entre elles. Préparez votre départ; choisissez votre cortège, et faites, coûte que coûte, les commandes dont vous aurez fantaisie. *(Ils sortent.)*

SCÈNE V

Athènes. — Une autre partie du palais.

ÉNOBARBUS *et* ÉROS *se rencontrent.*

ÉNOBARBUS. — Eh bien, ami Éros ?

ÉROS. — Il est arrivé d'étranges nouvelles, messire.

ÉNOBARBUS. — Quoi donc, l'homme ?

ÉROS. — César et Lépide ont fait la guerre à Pompée.

ÉNOBARBUS. — C'est vieux... Quelle en est l'issue ?

ÉROS. — César, après s'être servi de Lépide dans la guerre contre Pompée, l'a renié comme collègue; il n'a pas voulu qu'il eût part à la gloire de la campagne; non content de cela, il l'accuse d'avoir aupavarant écrit des lettres à Pompée; et, sur sa seule affirmation, il l'arrête. Voilà le pauvre triumvir à l'ombre, jusqu'à ce que la mort l'ait élargi de prison.

ÉNOBARBUS. — Ainsi, ô monde, il ne te reste plus qu'une paire de mâchoires; tu auras beau leur jeter tous les aliments que tu possèdes, elles grinceront des dents l'une contre l'autre... Où est Antoine ?

ÉROS. — Il se promène dans le jardin... comme ceci : il écrase le fétu qui se trouve devant lui, en criant : *Ce niais de Lépide!* et il menace à la gorge celui de ses officiers qui a assassiné Pompée.

ÉNOBARBUS. — Notre grande flotte est équipée.

ÉROS. — Contre l'Italie et César. Autre chose, Domitius : monseigneur vous réclame immédiatement.

Mes nouvelles, j'aurais dû les remettre à un autre moment.

ÉNOBARBUS. — C'est sans doute pour un rien, mais n'importe. Conduisez-moi à Antoine.

ÉROS. — Venez, messire. *(Ils sortent.)*

SCÈNE VI

Rome. — Dans le palais de César.

Entrent CÉSAR, AGRIPPA *et* MÉCÈNE.

CÉSAR. — Au mépris de Rome, il a fait tout cela. Bien plus, à Alexandrie, voici en détail ce qui s'est passé. En place publique, au haut d'un tribunal argenté, Cléopâtre et lui dans des chaires d'or ont été publiquement intronisés ; à leurs pieds étaient assis Césarion, qu'ils appellent le fils de mon père, et tous les enfants illégitimes que leurs débauches ont depuis lors engendrés entre eux. A Cléopâtre il a donné l'établissement d'Égypte ; puis, de la basse Syrie, de Chypre et de Lydie il l'a faite reine absolue.

MÉCÈNE. — Et cela, en public ?

CÉSAR. — Sur la grande place où se font les exercices. Là il a proclamé ses fils rois des rois ; la grande Médie, la Parthie et l'Arménie, il les a données à Alexandre ; à Ptolémée il a assigné la Syrie, la Cilicie et la Phénicie. Quant à elle, c'est sous l'accoutrement de la déesse Isis qu'elle a paru ce jour-là ; et souvent déjà elle avait donné audience, dit-on, dans ce costume.

MÉCÈNE. — Il faut que Rome en soit informée.

AGRIPPA. — Et, déjà écœurée de tant d'insolence, Rome retirera son estime à Antoine.

CÉSAR. — Le peuple sait tout ; il vient de recevoir ses accusations.

AGRIPPA. — Qui accuse-t-il ?

CÉSAR. — César. Il se plaint de ce qu'ayant dépouillé de la Sicile Sextus Pompée, je ne lui aie point baillé sa part de l'île ; puis il dit m'avoir prêté des vaisseaux

que je ne lui ai point rendus ; enfin il se fâche de ce
que Lépide ait été déposé du triumvirat, et, cela étant,
de ce que nous détenions tous ses revenus.

AGRIPPA. — Sire, il faut répondre à cela.

CÉSAR. — C'est déjà fait ; et le messager est parti.
Je lui dis que Lépide était devenu trop cruel, qu'il
abusait de son autorité, et qu'il a mérité sa déposition ;
quant à ce que j'ai conquis, je lui en accorde sa part,
pourvu que, dans son Arménie et dans les autres
royaumes qu'il a conquis, il me fasse la mienne.

MÉCÈNE. — Il n'y consentira jamais.

CÉSAR. — Alors je ne dois pas consentir à ce qu'il
demande.

Entre Octavie.

OCTAVIE. — Salut, César ! salut, monseigneur ! salut,
très cher César !

CÉSAR. — Qui m'eût dit que jamais je t'appellerais
abandonnée.

OCTAVIE. — Vous ne m'avez jamais appelée ainsi,
et vous n'avez pas sujet de le faire.

CÉSAR. — Pourquoi donc nous surprenez-vous
ainsi ? Vous n'arrivez pas comme la sœur de César ;
la femme d'Antoine devrait avoir une armée pour
huissier, et les hennissements des chevaux devraient
annoncer son approche, longtemps avant qu'elle
paraisse ; les arbres du chemin devraient être chargés
de gens, et l'attente publique devrait languir à souhaiter sa venue trop lente. Oui, la poussière aurait dû
monter jusqu'au faîte du ciel, soulevée par votre
cortège populaire. Mais vous êtes venue à Rome
comme une fille du marché, et vous avez prévenu la
manifestation de notre amour, oubliant que l'affection,
restée cachée, reste souvent méconnue. Nous aurions
été à votre rencontre par terre et par mer, vous rendant à chaque étape un nouvel hommage.

OCTAVIE. — Mon bon seigneur, je n'étais pas forcée
d'arriver ainsi, je l'ai fait de mon plein gré. Monseigneur, Marc Antoine, apprenant que vous faisiez des
préparatifs de guerre, en a instruit mon oreille affligée ;
sur quoi, j'ai imploré de lui la grâce de revenir.

CÉSAR. — Et cette grâce, il vous l'a vite accordée, puisque vous étiez l'obstacle entre sa luxure et lui.

OCTAVIE. — Ne dites pas cela, monseigneur.

CÉSAR. — J'ai les yeux sur lui, et la nouvelle de ses actes m'arrive avec le vent... Savez-vous où il est maintenant ?

OCTAVIE. — A Athènes, monseigneur.

CÉSAR. — Non, ma sœur trop outragée : Cléopâtre l'a rappelé d'un signe. Il a livré son empire à une prostituée, et tous deux maintenant lèvent pour la guerre tous les rois de la terre. Il a rassemblé Bocchus, le roi de Libye, Archélaüs, de Cappadoce, Philadelphos, roi de Paphlagonie, le roi de Thrace, Adallas, le roi Malchus d'Arabie, le roi de Pont, Hérode de Judée, Mithridate, roi de Comagène, Polémon et Amintas, les rois de Médie et de Lycaonie, avec un vaste arrière-ban de sceptres.

OCTAVIE. — Oh! malheureuse que je suis d'avoir le cœur partagé entre deux parents qui s'accablent l'un l'autre!

CÉSAR. — Soyez la bienvenue ici. Vos lettres ont retardé notre rupture, jusqu'au moment où j'ai reconnu combien vous étiez outragée et combien notre négligence était dangereuse. Reprenez courage. Ne vous laissez pas déconcerter par des temps qui amoncellent au-dessus de votre bonheur ces sombres nécessités; mais laissez, impassible, les choses déterminées par le destin suivre leur cours. Soyez la bienvenue à Rome, vous, ce que j'ai de plus cher. Vous avez été insultée au-delà de toute idée; et les Dieux grands, pour vous faire justice, nous ont pris pour ministres, nous et tous ceux qui vous aiment. Consolez-vous; et soyez pour toujours la bienvenue près de nous.

AGRIPPA. — Soyez la bienvenue, madame.

MÉCÈNE. — Chère dame, soyez la bienvenue. Tous les cœurs dans Rome vous aiment et vous plaignent. Seul l'adultère Antoine, dans l'excès de ses abominations, vous renie, et abandonne sa puissance à une impure qui le fait gronder contre nous.

OCTAVIE. — Est-il vrai, seigneur ?

CÉSAR. — Rien de plus certain. Sœur, soyez la bien-

venue. Je vous en prie, ne perdez jamais patience...
Ma sœur bien-aimée! *(Ils sortent.)*

SCÈNE VII

Le camp d'Antoine près d'Actium.

Entrent CLÉOPATRE *et* ÉNOBARBUS.

CLÉOPATRE. — Je ne te tiens pas quitte, sois-en sûr.

ÉNOBARBUS. — Mais pourquoi ? pourquoi ? pourquoi ?

CLÉOPATRE. — Tu t'es opposé à ma présence dans
cette guerre, et tu as dit qu'elle n'était pas convenable.

ÉNOBARBUS. — Voyons! l'est-elle ? l'est-elle ?

CLÉOPATRE. — Ne l'est-elle pas ? Dis-nous pourquoi
nous ne devrions pas être ici en personne ?

ÉNOBARBUS, *à part*. — Je sais bien ce que je pourrais
répondre; si nous allions en guerre avec les chevaux
et les juments tout ensemble, les chevaux deviendraient
absolument inutiles, car les juments porteraient cha-
cune un cavalier et son cheval.

CLÉOPATRE. — Qu'est-ce que vous dites ?

ÉNOBARBUS. — Votre présence ne peut qu'embarrasser Antoine, et distraire de son cœur, de son cerveau,
de son temps, ce qu'il n'en doit pas aliéner. Il est
déjà accusé de légèreté, et l'on dit à Rome que ce sont
vos femmes et l'eunuque Photin qui dirigent cette
guerre.

CLÉOPATRE. — Que Rome s'effondre, et que pour-
rissent toutes les langues qui parlent contre nous! Je
porte, moi aussi, le poids de cette guerre, et je dois
au royaume que je préside d'y figurer comme un
homme. Cesse de me contredire : je ne resterai pas en
arrière.

ÉNOBARBUS. — Eh bien! j'ai fini... Voici l'empereur.

Entrent Antoine et Canidius.

ANTOINE. — N'est-il pas étrange, Canidius, que,

de Tarente et de Brindes, il ait pu si vite fendre la mer Ionienne, et prendre Toryne ? *(A Cléopâtre.)* Vous savez cela, ma charmante ?

CLÉOPATRE. — La rapidité n'est jamais plus admirée que par les paresseux.

ANTOINE. — Excellente épigramme, qui ferait honneur au plus vaillant des hommes et qui tance notre indolence!... Canidius, nous voulons le combattre sur mer.

CLÉOPATRE. — Oui, sur mer! Serait-ce possible ailleurs ?

CANIDIUS. — Pourquoi cette résolution, monseigneur ?

ANTOINE. — Parce qu'il nous y provoque!

ÉNOBARBUS. — Monseigneur l'a bien provoqué, lui, à un combat singulier.

CANIDIUS. — Oui, et vous lui avez offert la bataille à Pharsale, où César se mesura avec Pompée. Mais, vos propositions n'étant pas à son avantage, il les repousse. Eh bien! repoussez les siennes.

ÉNOBARBUS. — Vos navires ne sont pas bien équipés : vos matelots sont des muletiers, des moissonneurs, tous gens enlevés de vive force; sur la flotte de César sont des marins qui souvent ont combattu Pompée. Ses vaisseaux sont faciles à manier; les vôtres sont lourds. Aucune honte pour vous à refuser le combat sur mer, quand vous y êtes prêt sur terre.

ANTOINE. — Sur mer! sur mer!

ÉNOBARBUS. — Très digne sire, vous annulez par là la stratégie consommée que vous avez sur terre; vous divisez votre armée, composée surtout de fantassins aguerris; vous laissez inactive votre expérience renommée; vous écartez les moyens qui assurent le succès; et, pour vous jeter à la merci de la chance et du hasard, vous renoncez aux plus solides garanties.

ANTOINE. — Je combattrai sur mer.

CLÉOPATRE. — J'ai soixante vaisseaux; César n'en a pas de meilleurs.

ANTOINE. — Nous brûlerons le superflu de notre marine; et, avec le reste complètement équipé, de la pointe d'Actium nous repousserons César, s'il ap-

proche. Au cas où nous échouons, alors nous pouvons
agir sur terre.

Entre un messager.

Ton message ?

LE MESSAGER. — La nouvelle est vraie, monseigneur :
l'ennemi est signalé ; César a pris Toryne.

ANTOINE. — Se peut-il qu'il y soit en personne ?
C'est impossible ! Il est étrange que ses forces soient
là !... Canidius, tu commanderas sur terre nos dix-
neuf légions et nos douze mille chevaux... Nous allons
à bord... Partons, ma Thétis !

Entre un soldat.

Eh bien ! brave soldat ?

LE SOLDAT. — O noble empereur, ne combats pas
sur mer ; ne te risque pas sur des planches pourries.
Te défies-tu de cette épée et de ces miennes cicatrices ?
Laisse les Égyptiens et les Phéniciens patauger ; nous,
nous avons coutume de vaincre debout sur terre, en
combattant pied à pied.

ANTOINE. — Bien, bien ! Partons. *(Sortent Antoine,
Cléopâtre et Énobarbus.)*

LE SOLDAT. — Par Hercule, je crois que je suis dans
le vrai.

CANIDIUS. — Oui, soldat ! Mais ses actions n'obéissent plus à leur règle légitime. Notre meneur est mené,
et nous sommes les soldats des femmes.

LE SOLDAT. — Vous commandez sur terre les légions
et toute la cavalerie, n'est-ce pas ?

CANIDIUS. — Marcus Octavius, Marius Justeius,
Publicola et Célius tiennent sur mer ; nous, nous com-
mandons toutes les forces de terre. Cette rapidité de
César passe toute croyance.

LE SOLDAT. — Quand il était encore à Rome, son
armée s'acheminait par petits détachements, de manière
à dépister tous les éclaireurs.

CANIDIUS. — Quel est son lieutenant, savez-vous ?

LE SOLDAT. — Un nommé Taurus, dit-on.

CANIDIUS. — Oh ! je connais l'homme.

Entre un messager.

LE MESSAGER. — L'empereur demande Canidius.

CANIDIUS. — Le temps est en travail d'événements,
et il en enfante à chaque minute. *(Ils sortent.)*

SCÈNE VIII

Un plateau près d'Actium.

Entrent CÉSAR, TAURUS, *des officiers et des soldats.*

CÉSAR. — Taurus!
TAURUS. — Monseigneur ?
CÉSAR. — N'agis pas sur terre; reste compact;
n'offre pas la bataille avant que nous ayons fini sur
mer; n'outrepasse point les ordres que contient cet
écrit. *(Il lui remet un rouleau.)* Notre fortune dépend
de ce hasard suprême. *(Ils sortent.)*

SCÈNE IX

Entrent ANTOINE *et* ÉNOBARBUS.

ANTOINE. — Plaçons nos escadres sur ce côté de
la colline en vue de l'armée de César; de là nous pourrons découvrir le nombre de ses vaisseaux et manœu-
vrer en conséquence. *(Ils sortent.)*

SCÈNE X

*Entrent, d'un côté, les troupes d'Antoine, conduites par
Canidius; de l'autre celles de César, commandées par
Taurus. Après qu'elles ont défilé, on entend le bruit
d'un combat naval. Fanfares d'alarme. Rentre* ÉNO-
BARBUS.

ÉNOBARBUS. — Néant, néant, tout à néant! Je n'en
puis voir davantage. — L'*Antoniade*, le vaisseau

amiral égyptien, tourne le gouvernail et fuit avec
soixante voiles; à le voir, mes yeux se sont aveuglés.

Entre Scarus.

SCARUS. — A nous, Dieux et Déesses, et tout le
céleste synode!

ÉNOBARBUS. — D'où vient ton émotion?

SCARUS. — Le plus beau tiers du monde est perdu
par pure ineptie! Nous avons perdu en baisers des
royaumes et des provinces.

ÉNOBARBUS. — Quel aspect présente le combat?

SCARUS. — De notre côté, tous les signes de la peste
qui précèdent la mort! Cette monture à ribauds, cette
rosse d'Égypte, que la lèpre l'étouffe! Au milieu de la
bataille, quand les deux chances étaient comme des
jumelles du même âge, si même la nôtre n'était l'aînée,
je ne sais quel taon la pique ainsi qu'une vache en juin!
Elle déploie les voiles et s'enfuit!

ÉNOBARBUS. — J'en ai été témoin : mes yeux,
malades de ce spectacle, n'ont pu l'endurer plus longtemps.

SCARUS. — Une fois qu'elle a viré de bord, la noble
victime de sa magie, Antoine, secoue ses ailes marines,
et, comme un canard éperdu, vole après elle, laissant la
bataille au plus fort de l'action. Je n'ai jamais vu une
affaire si honteuse; l'expérience, l'énergie, l'honneur,
n'ont jamais attenté ainsi à eux-mêmes.

ÉNOBARBUS. — Hélas! hélas!

Entre Canidius.

CANIDIUS. — Notre fortune sur mer a perdu le
souffle, et sombre lamentablement. Si notre général
s'était montré ce qu'il était jadis, tout aurait bien été.
Oh! il nous a donné l'exemple de la fuite bien lâchement.

ÉNOBARBUS. — Ah! vous en êtes là? Alors, bonsoir
cette fois!

CANIDIUS. — Ils se sont enfuis vers le Péloponnèse.

SCARUS. — La route en est aisée, et j'irai y attendre
l'événement.

CANIDIUS. — Je vais me rendre à César avec mes légions et ma cavalerie : six rois déjà m'ont montré la voie de la soumission.

ÉNOBARBUS. — Moi, je veux suivre encore la fortune blessée d'Antoine, bien que ma raison se tourne avec le vent contre moi. *(Ils sortent.)*

SCÈNE XI

Alexandrie. — Dans le palais.

Entrent ANTOINE *et plusieurs serviteurs.*

ANTOINE. — Écoutez! la terre me somme de ne plus la fouler! Elle a honte de me porter!... Amis, approchez! Je me suis tellement attardé dans ce monde que j'ai pour toujours perdu mon chemin... J'ai là un navire chargé d'or : prenez-le, partagez-vous-le; fuyez, et faites votre paix avec César.

LES SERVITEURS. — Nous, fuir! Jamais.

ANTOINE. — J'ai fui moi-même, et j'ai appris aux poltrons à se sauver et à montrer leurs épaules... Amis, partez; je me suis moi-même décidé pour une voie où je n'ai pas besoin de vous; partez! Mon trésor est dans le port, prenez-le!... Oh! j'ai couru après ce que je rougis maintenant de regarder! Mes cheveux mêmes en sont révoltés, car les blancs reprochent aux bruns tant de témérité, et ceux-ci reprochent à ceux-là tant de couardise et d'ineptie!... Amis, partez; vous aurez des lettres de moi pour quelques amis qui vous balayeront l'accès auprès de César. Je vous en prie, n'ayez pas l'air triste et ne me faites pas d'objections; prenez l'avis que proclame mon désespoir; abandonnez qui s'abandonne. Vite au rivage! Je vais vous livrer ce navire et ce trésor. Laissez-moi un peu, je vous prie! Oui, je vous en prie, laissez-moi! Voyez-vous! j'ai perdu le droit de commander; aussi, je vous prie! Je vous rejoindrai tout à l'heure. *(Il s'assied.)*

*Entre Éros, puis Cléopâtre, soutenue par
Charmion et Iras.*

ÉROS, *à Cléopâtre*. — Ah! bonne madame, allez le
consoler!

IRAS. — Allez, chère reine!

CHARMION. — Allez! Que pouvez-vous faire de
mieux?

CLÉOPATRE. — Laissez-moi m'asseoir!... O Junon!
*(Elle s'affaisse comme en défaillance. Éros la montre à
Antoine.)*

ANTOINE. — Non, non, non, non, non!

ÉROS. — Voyez un peu, sire.

ANTOINE. — O fi! fi! fi!

CHARMION. — Madame!

IRAS. — Madame! O bonne impératrice!

ÉROS. — Sire! sire!

ANTOINE. — Oui, seigneur, oui! A Philippes, il
tenait son épée comme un danseur, tandis que je
frappais le maigre et ridé Cassius; et ce fut moi qui
anéantis ce fou de Brutus! Lui, il n'agissait que par ses
lieutenants; il n'avait aucune pratique des manœuvres
hardies de la guerre! Aujourd'hui pourtant... N'importe!

CLÉOPATRE, *se redressant*. — Ah! rangez-vous!

ÉROS, *à Antoine*. — La reine, monseigneur, la reine!

IRAS. — Allez à lui, madame! Parlez-lui! Il est
anéanti par l'humiliation.

CLÉOPATRE. — Eh bien, soutenez-moi... Oh! *(Elle
s'arrête, puis va lentement vers Antoine, supportée par
ses femmes.)*

ÉROS, *à Antoine*. — Très noble sire, levez-vous : la
reine s'avance; sa tête s'incline, et la mort va la saisir;
rien qu'un mot de consolation! et vous la sauvez!

ANTOINE. — J'ai forfait à la gloire! Reculade
ignoble!

ÉROS. — Sire, la reine!

ANTOINE, *se détournant*. — Oh! où m'as-tu réduit,
Égyptienne? Vois! je ne puis te cacher ma confusion,
qu'en regardant, derrière, les ruines de mon honneur!

CLÉOPATRE. — O monseigneur! monseigneur! Pardonnez à mes voiles peureuses! Je ne croyais pas que vous me suivriez.

ANTOINE. — Égyptienne, tu savais trop bien que mon cœur était attaché par toutes ses cordes à ton gouvernail, et que tu me remorquerais. Tu savais ta pleine suprématie sur mon âme, et qu'un signe de toi pourrait me faire enfreindre l'ordre même des Dieux.

CLÉOPATRE. — Oh! pardon!

ANTOINE. — Maintenant il faut que j'envoie d'humbles supplications à ce jeune homme; il faut que je biaise, et que je rampe dans tous les méandres de la bassesse, moi qui avais pour hochet la moitié du monde, qui faisais et défaisais les fortunes!... Vous saviez à quel point vous m'aviez conquis, et que mon épée, affaiblie par ma passion, lui obéirait en tout.

CLÉOPATRE. — Oh! pardon! pardon! *(Elle pleure.)*

ANTOINE. — Ne pleure pas, te dis-je! une seule de tes larmes vaut tout ce qui a été gagné et perdu. Donne-moi un baiser... Voici ce qui me dédommage... J'ai envoyé le précepteur de nos enfants; est-il de retour?... Mon amour, je ne sais quel plomb pèse sur moi... Du vin, holà! et à souper!... La fortune sait que, plus elle menace, plus je la nargue. *(Ils sortent.)*

SCÈNE XII

Le camp de César en Égypte.

Entrent CÉSAR, DOLABELLA, THYREUS *et d'autres.*

CÉSAR. — Qu'on fasse paraître l'envoyé d'Antoine! *(A Dolabella.)* Le connaissez-vous?

DOLABELLA, — César, c'est son maître d'école! Jugez à quel point il est dépouillé, puisqu'il vous envoie une si pauvre plume de son aile, lui qui pour messagers avait des rois à foison, il y a quelques lunes à peine!

Entre Euphronius.

CÉSAR. — Approche, et parle.

EUPHRONIUS. — Si peu que je sois, je viens de la part d'Antoine ; j'étais naguère aussi insignifiant pour ses desseins que la goutte de rosée perdue sur la feuille du myrte l'est pour cette vaste mer.

CÉSAR. — Soit ! Déclare ta mission.

EUPHRONIUS. — Antoine salue en toi le maître de ses destinées, et demande à vivre en Égypte ; en cas de refus, il restreint sa demande et te prie de le laisser respirer entre les cieux et la terre, comme personne privée, dans Athènes ; voilà pour lui. Quant à Cléopâtre, elle confesse ta grandeur, se soumet à ta puissance, et implore de toi pour ses enfants le diadème des Ptolémées maintenant à la merci de ta faveur.

CÉSAR. — Pour Antoine, je suis sourd à sa requête. Quant à la reine, je consens à l'entendre et à la satisfaire, pourvu qu'elle chasse d'Égypte son amant dégradé ou lui ôte la vie. Cela fait, elle ne priera pas en vain. Telle est ma réponse à tous deux.

EUPHRONIUS, *s'inclinant*. — Que la fortune te suive !

CÉSAR. — Qu'on le reconduise à travers nos lignes ! *(Euphronius sort avec une escorte. A Thyréus.)* Voici le moment d'essayer ton éloquence. Pars vite ; détache Cléopâtre d'Antoine : promets-lui, en notre nom, ce qu'elle demande ; ajoute même des offres de ton chef ; les femmes, même en plein bonheur, ne sont pas fortes ; mais la misère parjurerait la vestale immaculée. Montre ton savoir-faire, Thyréus ; et, quant à ta récompense, tu promulgueras toi-même l'édit qui pour nous sera loi.

THYRÉUS. — Je pars, César.

CÉSAR. — Observe comment Antoine supporte sa chute, et épie tous les mouvements par lesquels se manifeste son action.

THYRÉUS. — J'obéirai, César.

SCÈNE XIII

Alexandrie. — Dans le palais.

Entrent CLÉOPATRE, ÉNOBARBUS, CHARMION *et* IRAS.

CLÉOPATRE. — Que devons-nous faire, Énobarbus ?

ÉNOBARBUS. — Méditer, et mourir.

CLÉOPATRE. — Est-ce Antoine ou moi qu'il faut accuser de ceci ?

ÉNOBARBUS. — Antoine seul, qui a voulu faire de son désir le maître de sa raison! Qu'importait que vous eussiez fui de ce terrible front de bataille où les rangs opposés se renvoyaient l'épouvante ? Pourquoi vous a-t-il suivie ? Les démangeaisons de son affection n'auraient pas dû troubler en lui le capitaine, au moment suprême où les deux moitiés du monde se heurtaient et où son empire était en cause. Il y avait pour lui honte autant que désastre à suivre vos étendards en fuite, et à laisser là sa flotte effarée.

CLÉOPATRE. — Paix, je te prie!

Entrent Antoine et Euphronius.

ANTOINE. — Est-ce là sa réponse ?

EUPHRONIUS. — Oui, monseigneur.

ANTOINE. — Ainsi la reine aura droit à ses courtoisies si elle veut me sacrifier.

EUPHRONIUS. — C'est ce qu'il dit.

ANTOINE. — Il faut qu'elle sache cela. *(Montrant sa tête à Cléopâtre.)* A l'enfant César envoie cette tête grisonnante, et jusqu'au bord il remplira tes souhaits de royaumes.

CLÉOPATRE. — Cette tête, monseigneur!

ANTOINE, *à Euphronius.* — Retourne à lui; dis-lui qu'il porte sur son front la rose de la jeunesse, et que le monde attend de lui quelque action d'éclat : son argent, ses vaisseaux, ses légions pourraient aussi bien appartenir à un lâche; ses lieutenants pourraient vaincre au

service d'un enfant aussi heureusement que sous les
ordres de César. C'est pourquoi je le provoque à
mettre de côté ces splendides avantages, et à se mesurer
avec Antoine déclinant, épée contre épée, seul à seul.
Je vais le lui écrire. Suis-moi. *(Sortent Antoine et
Euphronius.)*

ÉNOBARBUS. — Oui ! comme il est vraisemblable que
César au faîte de la victoire voudra désarmer son
bonheur et s'exhiber en spectacle aux prises avec un
bretteur ! Je le vois, le jugement des hommes s'altère
avec leur fortune ; et les dignités extérieures entraînent
les facultés intérieures après elles dans la déchéance.
Comment a-t-il pu rêver, ayant l'intelligence des proportions, que César en sa plénitude se mesurerait avec
son dénûment !... César, tu as vaincu sa raison aussi.

Entre un serviteur.

LE SERVITEUR. — Un envoyé de César !

CLÉOPATRE. — Quoi ! sans plus de cérémonie !
Voyez, mes femmes ! ils se bouchent le nez devant la
rose épanouie, ceux qui l'adoraient en bouton...
Introduisez-le, monsieur. *(Le serviteur sort.)*

ÉNOBARBUS. — Mon honnêteté et moi, nous com-
mençons à nous quereller. La loyauté qui reste dévouée
aux fous fait de notre foi une pure folie... Pourtant,
celui qui a la force de garder allégeance à son seigneur
déchu est le vainqueur du vainqueur de son maître, et
gagne une place dans l'histoire !

Entre Thyréus.

CLÉOPATRE. — La volonté de César !

THYRÉUS. — Écoutez-la en particulier.

CLÉOPATRE. — Il n'y a ici que des amis : parlez hardiment.

THYRÉUS. — Peut-être aussi sont-ils les amis d'Antoine.

ÉNOBARBUS. — Il lui faut autant d'amis qu'en a
César, monsieur ; sinon, nous lui sommes inutiles. S'il
plaît à César, notre maître s'élancera au-devant de son
amitié. Quant à nous, vous le savez, nous sommes à
qui il est, et alors nous serons acquis à César.

THYRÉUS. — Soit !... Écoutez-moi donc, illustre reine. César vous conjure d'oublier tout, dans votre situation présente, excepté qu'il est César.

CLÉOPÂTRE. — Poursuivez : c'est d'une générosité royale.

THYRÉUS. — Il sait que vous ne vous êtes pas attachée à Antoine par amour, mais par crainte.

CLÉOPÂTRE. — Oh !

THYRÉUS. — Aussi, les balafres faites à votre honneur l'émeuvent-elles de pitié, comme des plaies causées par la violence, mais imméritées.

CLÉOPÂTRE. — César est un Dieu, et il reconnaît ce qui est bien vrai : mon honneur n'a pas été cédé, il a été conquis.

ÉNOBARBUS, *à part.* — Pour être sûr de cela, je vais le demander à Antoine... Maître, maître, tu fais eau de toutes parts, et nous n'avons plus qu'à te laisser sombrer, car ce que tu as de plus cher t'abandonne. *(Il sort.)*

THYRÉUS. — Dirai-je à César ce que vous désirez de lui ? Il sollicite les demandes afin de les accorder. Il serait charmé que de sa fortune vous fissiez un bâton pour vous appuyer ; mais combien son zèle serait enflammé, s'il apprenait de moi que vous avez quitté Antoine, et que vous vous êtes mise sous la protection du maître de l'univers ?

CLÉOPÂTRE. — Quel est votre nom ?

THYRÉUS. — Mon nom est Thyréus.

CLÉOPÂTRE. — Très aimable messager, dites au grand César que par votre intermédiaire je baise sa main triomphante ; dites-lui que je suis prête à déposer ma couronne à ses pieds, et à m'agenouiller devant lui ; dites-lui que de son souffle souverain il peut me signifier le sort de l'Égypte.

THYRÉUS. — Vous prenez le parti le plus noble. Quand la sagesse et la fortune sont en lutte, si la première n'ose que ce qu'elle peut, aucun hasard ne peut l'ébranler. Laissez-moi par grâce déposer mon hommage sur votre main.

CLÉOPÂTRE. — Souvent le père de votre César, après avoir rêvé de royaumes à conquérir, imprima ses lèvres à cette place indigne, comme s'il pleuvait des baisers! *(Thyréus lui baise la main.)*

Entrent précipitamment Antoine et
Énobarbus.

ANTOINE. — Des faveurs, par Jupiter tonnant!... Qui es-tu, drôle ?

THYRÉUS. — Le strict exécuteur des ordres de l'homme le plus puissant et le plus digne d'être obéi.

ÉNOBARBUS. — Vous allez être fouetté.

ANTOINE, *appelant.* — Holà! qu'on vienne! *(A Thyréus.)* Ah! mon oiseau de proie!... Par les Dieux et les démons, l'autorité fond sous moi! Naguère, quand je criais : « Holà! » comme des enfants qui se bousculent, des rois s'élançaient me criant : « Que voulez-vous ? » N'avez-vous pas d'oreilles ? Je suis encore Antoine! *(Des serviteurs paraissent.)* Emmenez-moi ce gueux, et fouettez-le.

ÉNOBARBUS. — Mieux vaut jouer avec un lionceau, qu'avec un vieux lion mourant.

ANTOINE. — Lunes et étoiles! fouettez-le... Quand ils seraient là vingt des plus grands tributaires qui reconnaissent César, si je les trouvais à ce point insolents avec la main de cette femme... Comment se nomme-t-elle depuis qu'elle n'est plus Cléopâtre?... Donnez-lui le fouet, compagnons, jusqu'à ce que vous le voyiez grimacer, comme un enfant, et geindre en implorant merci... Emmenez-le.

THYRÉUS. — Marc Antoine!...

ANTOINE. — Entraînez-le, et, dès qu'il sera fouetté, ramenez-le... Ce valet de César lui portera un message de notre part. *(Les serviteurs emmènent Thyréus. A Cléopâtre.)* Vous étiez à moitié flétrie avant que je vous connusse... Ah! ai-je donc laissé à Rome l'oreiller nuptial, sans même l'avoir foulé; ai-je donc renoncé à avoir une race légitime de la perle des femmes, pour être trompé par une créature qui regarde des laquais ?

CLÉOPATRE. — Mon bon seigneur!...

ANTOINE. — Vous avez toujours été une hypocrite... Mais, dès que nous nous endurcissons dans le vice, ô misère! les Dieux sages ferment nos yeux; ils laissent tomber notre pure raison dans notre propre ordure, nous font adorer nos erreurs, et rient de nous, quand nous nous pavanons sur le chemin de notre ruine!

CLÉOPATRE. — Oh! en est-ce venu là ?

ANTOINE. — Je vous ai trouvée comme un morceau refroidi sur l'assiette de César mort... Que dis-je! vous étiez un reste de Cnéius Pompée. Sans compter ces heures ardentes, non enregistrées par la renommée vulgaire, que votre luxure avait dérobées!... Car, j'en suis sûr, si vous êtes capable de deviner ce que peut être la vertu, vous ne savez pas ce que c'est!

CLÉOPATRE. — Pourquoi tout ceci ?

ANTOINE. — Permettre qu'un drôle fait pour recevoir un salaire et pour dire : *Dieu vous le rende!* soit familier avec ma compagne de jeux, avec votre main, avec ce sceau royal, garant de la foi des grands cœurs!... Oh! que ne suis-je sur la montagne de Basan, pour y rugir plus haut que les troupeaux à cornes! Car j'ai de farouches griefs; et les exprimer humainement, ce serait faire comme le condamné qui, la corde au cou, remercie le bourreau de sa dextérité!

Thyréus revient avec les serviteurs.

ANTOINE. — Est-il fouetté ?

PREMIER SERVITEUR. — Solidement, monseigneur.

ANTOINE. — A-t-il crié ? A-t-il imploré son pardon ?

PREMIER SERVITEUR. — Il a demandé grâce.

ANTOINE, *à Thyréus.* — Si ton père vit encore, il regrettera que tu ne sois pas né fille; et toi, tu te repentiras d'avoir suivi César dans son triomphe, puisque tu as été fouetté pour l'avoir suivi; désormais, que la blanche main d'une femme te donne la fièvre! tremble, rien qu'à la voir! Retourne vers César, raconte-lui ta réception, songe à lui dire qu'il m'irrite, pour autant qu'il fait trop de superbe et m'a en mépris. En rabâchant sur ce que je suis, il oublie ce que je fus. Il m'irrite, au moment même où je suis si facile à aigrir, lorsque les astres propices, qui jusqu'ici ont été mes guides, se sont échappés de leurs orbites, et ont lancé leurs feux dans les abîmes de l'enfer! S'il trouve mau-

vais ce que je dis et ce que j'ai fait, dis-lui qu'il a par-
devers lui Hipparque, mon affranchi, et qu'il peut à
plaisir le fouetter, le pendre ou le torturer, afin que
nous soyons égaux. Insiste pour cela toi-même, et
va-t'en avec tes marques sur le dos. *(Sort Thyréus.)*

CLÉOPATRE. — Avez-vous fini ?

ANTOINE. — Hélas! notre lune terrestre est maintenant éclipsée; et cela seul suffirait pour annoncer la
chute d'Antoine.

CLÉOPATRE. — Attendons qu'il ait achevé.

ANTOINE, *à Cléopâtre.* — Pour flatter César, vous
échangez des regards avec un drôle qui lui attache ses
aiguillettes!

CLÉOPATRE. — Ne pas me connaître encore!

ANTOINE. — Êtes-vous donc de glace pour moi ?

CLÉOPATRE. — Ah! cher, si je suis ainsi, que de mon
cœur glacé le ciel engendre une grêle empoisonnée à sa
source! et que le premier grêlon tombe dans ma gorge
pour se dissoudre avec ma vie! que le second frappe
Césarion! Que successivement tous les fruits de mes
entrailles, et mes braves Égyptiens, soient lapidés par
cet ouragan en fusion! Et que tous restent gisant sans
tombes, jusqu'à ce que les mouches et les insectes du
Nil les ensevelissent en les dévorant!

ANTOINE. — Je suis satisfait. César s'établit sous
Alexandre; c'est là que je veux combattre sa destinée.
Nos forces de terre ont noblement tenu; notre flotte
dispersée s'est ralliée et vogue dans sa menace navale.
Qu'étais-tu donc devenu, mon courage ?... Écoutez,
madame : si je reviens encore une fois du champ de
bataille, pour baiser ces lèvres, je veux apparaître
couvert de sang. Moi et mon épée, nous allons gagner
notre chronique. Il y a de l'espoir encore!

CLÉOPATRE. — Voilà enfin mon vaillant seigneur!

ANTOINE. — Mes muscles, mon cœur, mon souffle,
vont être triplés, et je veux combattre sans merci.
Quand mes heures coulaient insouciantes et propices,
les vaincus rachetaient de moi leur vie avec un bon
mot; mais, maintenant, je vais grincer des dents, et
envoyer dans les ténèbres tous ceux qui m'arrêteront...
Allons! ayons encore une nuit joyeuse : qu'on appelle

à moi tous mes tristes capitaines, et qu'on remplisse nos coupes! Encore une fois narguons la cloche de minuit.

CLÉOPATRE. — C'est aujourd'hui l'anniversaire de ma naissance; je croyais qu'il serait pauvrement fêté; mais puisque mon seigneur est redevenu Antoine, je veux être Cléopâtre.

ANTOINE. — Tout ira bien encore.

CLÉOPATRE. — Qu'on appelle auprès de monseigneur tous ses nobles capitaines!

ANTOINE. — Faites. Nous voulons leur parler; et ce soir je forcerai le vin à sourdre sous leurs cicatrices... Venez, ma reine! il y a encore de la sève, là! La prochaine fois que je combattrai, je rendrai la mort amoureuse de moi; car je vais rivaliser avec sa faux pestilentielle. *(Sortent Antoine, Cléopâtre et les serviteurs.)*

ÉNOBARBUS. — Le voilà résolu à éclipser la foudre! Être furieux, c'est n'avoir plus peur à force d'effarement; dans cette humeur-là, une colombe attaquerait une autruche. Je le vois, c'est toujours aux dépens de sa cervelle que notre capitaine reprend du cœur. Quand la valeur entame la raison, elle dévore le glaive avec lequel elle combat... Je vais chercher un moyen de le quitter. *(Il sort.)*

ACTE IV

SCÈNE PREMIÈRE

Le camp de César à Alexandrie.

Entrent CÉSAR, *lisant une lettre*, AGRIPPA, MÉCÈNE *et autres.*

CÉSAR. — Il me traite d'enfant, et me morigène comme s'il avait le pouvoir de me chasser d'Égypte. Mon messager, il l'a battu de verges; il me provoque à un combat singulier, César contre Antoine! Que le vieux ruffian sache que j'ai beaucoup d'autres moyens de mourir, et qu'en attendant je me moque de son défi.

MÉCÈNE. — César doit penser que, quand un homme si grand est pris de rage, c'est qu'il est aux abois. Ne lui donnez pas de répit, mais vite profitez de son égarement. Jamais la fureur n'a fait bonne garde pour elle-même.

CÉSAR. — Faites savoir à nos meilleurs chefs que demain la dernière de tant de batailles sera livrée par nous... Il y a dans nos rangs assez de déserteurs de l'armée d'Antoine pour l'aller chercher... Veillez à ce que ce soit fait, et qu'on festoie les troupes! nous regorgeons de vivres, et elles ont bien mérité cette prodigalité. Pauvre Antoine! *(Ils sortent.)*

SCÈNE II

Alexandrie. — Dans le palais.

Entrent ANTOINE, CLÉOPATRE, ÉNOBARBUS, CHARMION, IRAS, ALEXAS *et autres.*

ANTOINE. — Il ne veut pas se battre avec moi, Domitius ?

ÉNOBARBUS. — Non.

ANTOINE. — Pourquoi pas ?

ÉNOBARBUS. — Il pense qu'étant vingt fois plus fortuné que vous, il risquerait vingt contre un.

ANTOINE. — Demain, soldat, je veux me battre sur terre et sur mer ; ou je survivrai, ou je donnerai à ma gloire mourante un bain de sang qui la fera revivre. Es-tu prêt à bien te battre ?

ÉNOBARBUS. — Je frapperai en criant : « Pas de quartier ! »

ANTOINE. — Bien dit ! Allons ! qu'on appelle les gens de ma maison ! Que cette nuit il y ait profusion à notre banquet !

Entrent des serviteurs. Il leur tend successivement la main.

Donne-moi la main, toi, tu as toujours été bien fidèle... Et toi aussi... Et toi... Et toi... Vous m'avez bien servi, et vous aviez des rois pour compagnons.

CLÉOPATRE, *à part, à Énobarbus.* — Que signifie ceci ?

ÉNOBARBUS, *à part, à Cléopâtre.* — C'est un de ces traits bizarres que la douleur décoche de l'âme.

ANTOINE. — Et toi aussi, tu es un serviteur fidèle ! Je voudrais me multiplier en autant d'hommes que vous êtes, et vous voir tous réunis en un Antoine, pour pouvoir vous servir aussi bien que vous m'avez servi !

LES SERVITEURS. — Aux Dieux ne plaise !

ANTOINE. — Allons, mes bons camarades ! assistez-moi cette nuit encore : ne ménagez pas mes coupes, et

traitez-moi, comme quand tout un empire était votre
compagnon et obéissait à mes ordres.

CLÉOPATRE, *à part, à Énobarbus.* — Que prétend-il ?

ÉNOBARBUS, *à part, à Cléopâtre.* — Faire pleurer ses
amis.

ANTOINE. — Aidez-moi cette nuit encore. Peut-être
est-ce la fin de votre service; peut-être ne me verrez-
vous plus, ou ne verrez-vous de moi qu'une forme
mutilée; peut-être, demain, servirez-vous un autre
maître. Je vous regarde tous en homme qui vous fait
ses adieux. Mes fidèles amis, je ne vous renvoie pas;
j'ai, comme maître, épousé votre bon service, et je ne
m'en déferai qu'à la mort. Assistez-moi cette nuit
deux heures, pas davantage; et que les Dieux vous en
récompensent! *(Tous les serviteurs fondent en larmes.)*

ÉNOBARBUS. — Que prétendez-vous, sire ? Pourquoi leur donner ce découragement ? Voyez! ils
pleurent; et moi, âne que je suis, j'ai un oignon dans
l'œil. Par pudeur, ne nous transformez pas en femmes.

ANTOINE. — Assez! assez! assez! Que la sorcière
m'emporte, si j'avais cette intention! Que l'allégresse
germe où sont tombées ces larmes! Mes généreux amis,
vous prenez ce que je dis dans un sens trop douloureux;
je vous parlais pour vous encourager, quand je vous
demandais d'incendier cette nuit avec des torches!
Sachez, mes chers cœurs, que j'ai bon espoir pour
demain. Si je vous conduis au combat, c'est que j'en
attends la victoire et la vie plutôt que la mort et la
gloire. Allons souper; venez, et noyons les réflexions.
(Tous sortent.)

SCÈNE III

Alexandrie. — Devant le palais.

Entrent DEUX SOLDATS.

PREMIER SOLDAT. — Bonne nuit, frère! Demain est le
jour.

DEUXIÈME SOLDAT. — Oui, qui décidera de tout :

bonne chance! N'avez-vous entendu rien d'étrange dans les rues ?

PREMIER SOLDAT. — Rien. Quelles nouvelles ?

DEUXIÈME SOLDAT. — Ce n'est probablement qu'une rumeur. Bonne nuit à vous!

PREMIER SOLDAT. — Allons, mon cher, bonne nuit!

Entrent deux autres soldats.

DEUXIÈME SOLDAT, *aux nouveaux venus*. — Soldats, attention au poste!

TROISIÈME SOLDAT. — Attention, vous aussi! Bonne nuit, bonne nuit! *(Les deux premiers soldats se mettent en faction au fond du théâtre.)*

QUATRIÈME SOLDAT, *au troisième*. — Nous, ici! *(Ils se postent sur le devant de la scène.)* Si demain notre flotte l'emporte, j'ai la conviction absolue que nos gens de terre tiendront bon.

TROISIÈME SOLDAT. — C'est une brave armée, et pleine de résolution. *(Musique de hautbois sous la scène.)*

QUATRIÈME SOLDAT. — Silence! Quel est ce bruit ?

PREMIER SOLDAT. — Écoutez! écoutez!

DEUXIÈME SOLDAT. — Chut!

PREMIER SOLDAT. — De la musique dans l'air!

TROISIÈME SOLDAT. — Sous terre!

QUATRIÈME SOLDAT. — C'est bon signe, n'est-ce pas ?

TROISIÈME SOLDAT. — Non.

PREMIER SOLDAT. — Paix, vous dis-je! Qu'est-ce que cela signifie ?

DEUXIÈME SOLDAT. — C'est le Dieu Hercule, tant aimé d'Antoine, qui l'abandonne aujourd'hui.

PREMIER SOLDAT. — Avançons! Voyons si les autres sentinelles entendent comme nous. *(Ils s'avancent dans la direction d'un autre poste.)*

DEUXIÈME SOLDAT, *appelant*. — Eh bien! camarades ?

PLUSIEURS SOLDATS, *répondant à la fois*. — Eh bien! eh bien! entendez-vous ?

PREMIER SOLDAT. — Oui. N'est-ce pas étrange ?

TROISIÈME SOLDAT. — Entendez-vous, camarades ? entendez-vous ?

PREMIER SOLDAT. — Suivons le bruit jusqu'à la limite de nos quartiers; voyons comment il cessera.

PLUSIEURS SOLDATS. — Volontiers. Voilà qui est étrange! *(Tous sortent.)*

SCÈNE IV

Alexandrie. — Dans le palais. Le jour se lève.

Entrent ANTOINE *et* CLÉOPATRE *suivis de* CHARMION, d'IRAS *et d'autres.*

ANTOINE. — Éros! Mon armure, Éros!

CLÉOPATRE. — Dormez un peu.

ANTOINE. — Non, ma poule... Éros, viens donc! Mon armure, Éros.

Entre Éros, avec une armure.

Viens, mon brave, couvre-moi de fer. Si la fortune n'est pas pour nous aujourd'hui, c'est que nous la bravons... Allons! *(Éros se met en devoir de l'équiper.)*

CLÉOPATRE. — Ah! je veux aider, moi aussi. *(Prenant une pièce de l'armure.)* Où se met ceci?

ANTOINE. — Ah! laisse ça, laisse ça... Tu es l'armurière de mon cœur... Tu te trompes!... tu te trompes!... Ceci! ceci! *(Antoine désigne la cuirasse. Cléopâtre la prend et la lui met.)*

CLÉOPATRE. — Doucement! là! Je veux vous aider... Voilà comment ça doit être.

ANTOINE. — Bien, bien! Nous réussirons à présent... Allons! mon brave, va t'équiper.

ÉROS. — Tout de suite, sire.

CLÉOPATRE. — Est-ce que ce n'est pas bien bouclé?

ANTOINE. — A merveille, à merveille! Celui qui débouclera ceci avant qu'il nous plaise de l'ôter pour nous reposer, aura entendu une tempête... Tu tâtonnes, Eros, et ma reine est un écuyer bien plus adroit que toi... Dépêchons-nous. O mon amour, que ne peux-tu me voir combattre aujourd'hui, et assister à

mes royales occupations! tu verrais quel ouvrier je
suis!

Entre un officier armé.

Bonjour! Sois le bienvenu; tu as l'air d'un homme
chargé d'une mission belliqueuse. Pour l'ouvrage que
nous aimons nous nous levons de bonne heure, et
nous y allons avec joie.

PREMIER OFFICIER. — Mille combattants, sire,
quoique ce soit bien tôt, ont déjà rivé leur armure et
vous attendent aux portes. *(Acclamations mêlées au
bruit des trompettes.)*

Entrent des officiers et des soldats.

DEUXIÈME OFFICIER. — La matinée est belle... Bonjour, général!

TOUS. — Bonjour, général!

ANTOINE. — Voilà qui est bien embouché, mes
enfants! Le matin, précoce comme le génie d'un jeune
homme qui doit faire parler de lui, commence de
bonne heure... *(A Éros, qui achève de l'armer.)* Ainsi,
ainsi... Allons, donne-moi cela... de cette façon... Bien...
(A Cléopâtre.) Sois heureuse, ma dame, quoi qu'il
advienne de moi! *(Il l'embrasse.)* C'est un baiser de
soldat; mais je serais blâmable et digne des plus
humiliants reproches, si je m'arrêtais à de plus minu-
tieux compliments; je dois te quitter maintenant,
comme un homme d'acier... Vous qui voulez combattre,
suivez-moi de près; je vais vous conduire à l'œuvre...
Adieu! *(Sortent Antoine, Éros, les officiers et les soldats.)*

CHARMION. — Vous plairait-il de vous retirer dans
votre chambre ?

CLÉOPATRE. — Conduis-moi. Il part vaillamment.
Ah! si lui et César avaient pu décider cette grande
guerre dans un combat singulier! Alors Antoine... Mais
maintenant... Eh bien! marchons. *(Elles sortent.)*

SCÈNE V

Le camp d'Antoine près d'Alexandrie.

Les trompettes sonnent. Entre ANTOINE, *accompagné
d'*ÉROS ; *il rencontre* LE SOLDAT *qui l'a interpellé
à Actium.*

LE SOLDAT. — Fassent les Dieux que cette journée
soit heureuse pour Antoine !

ANTOINE. — Ah ! que n'ai-je été décidé par tes conseils
et par tes cicatrices à combattre sur terre !

LE SOLDAT. — Si tu l'avais fait, les rois qui se sont
révoltés et le soldat qui t'a quitté ce matin marche-
raient encore à ta suite.

ANTOINE. — Qui donc a déserté ce matin ?

LE SOLDAT. — Qui ? Quelqu'un qui était toujours
près de toi. Appelle Énobarbus, il ne t'entendra plus,
ou du camp de César il répondra : *Je ne suis plus des
tiens.*

ANTOINE. — Que dis-tu ?

LE SOLDAT. — Seigneur, il est avec César.

ÉROS. — Seigneur, ses coffres et ses trésors, il a tout
laissé ici.

ANTOINE. — Est-il parti vraiment ?

LE SOLDAT. — Rien de plus certain.

ANTOINE. — Va, Éros, renvoie-lui ses trésors ; fais
vite, et n'en retiens pas une obole, je te le défends ;
écris-lui la plus affectueuse lettre d'adieu, je la signerai ;
dis-lui que je souhaite que désormais il n'ait plus de
motif de changer de maître... Oh ! ma fortune a cor-
rompu les honnêtes gens... Dépêche-toi... Énobarbus ! *(Ils sortent.)*

SCÈNE VI

Le camp de César devant Alexandrie.

Fanfares. Entre CÉSAR, *accompagné d'*AGRIPPA, *d'*ÉNO-
BARBUS *et d'autres.*

CÉSAR. — Pars, Agrippa, et engage la bataille.
Notre volonté est qu'Antoine soit pris vivant; fais-le
savoir.

AGRIPPA. — J'obéis, César. *(Il sort.)*

CÉSAR. — Le temps de la paix universelle est proche;
si cette journée est heureuse, les trois parties du monde
porteront spontanément l'olive.

Entre un messager.

LE MESSAGER. — Antoine est arrivé sur le champ de
bataille.

CÉSAR. — Va, dis à Agrippa de poster les déserteurs à l'avant-garde, afin qu'Antoine épuise en
quelque sorte sa furie sur lui-même. *(Sortent César et
sa suite.)*

ÉNOBARBUS. — Alexas a trahi; envoyé en Judée pour
les intérêts d'Antoine, il a persuadé au grand Hérode
de passer à César et d'abandonner Antoine, son maître:
pour la peine, César l'a fait pendre. Canidius et les
autres qui ont déserté ont obtenu de l'emploi, mais
non une honorable confiance. J'ai mal agi, et je m'en
accuse si amèrement que je n'aurai plus de joie.

Entre un soldat de César.

LE SOLDAT. — Énobarbus, Antoine te renvoie tous
tes trésors, grossis de ses largesses. Son messager est
venu sous ma garde, et il est maintenant dans ta tente
à décharger ses mules.

ÉNOBARBUS. — Je vous donne tout.

LE SOLDAT. — Ne vous moquez pas, Énobarbus, je
vous dis la vérité. Vous feriez bien d'escorter le mes-

sager jusqu'à la sortie du camp; je dois me rendre à
mon poste, sans quoi je l'aurais fait moi-même. Votre
empereur est toujours un Jupiter. *(Il sort.)*

ÉNOBARBUS, *seul*. — Je suis le vrai scélérat de l'univers, et je le sens tout le premier. O Antoine, mine de
générosité, de quel prix tu aurais payé mes fidèles services, toi qui couronnes d'or ma turpitude! Mon cœur
se gonfle; si le remords violent ne le brise pas, un
moyen plus violent devancera le remords; mais le
remords suffira, je le sens. Moi, combattre contre toi!
Non... Je veux chercher un fossé où mourir; le plus
immonde est le meilleur pour la fin de ma vie! *(Il sort.)*

SCÈNE VII

Le champ de bataille. Bruit de combat.
Tambours et trompettes.

Entre AGRIPPA, *suivi d'autres combattants.*

AGRIPPA. — Retirons-nous, nous nous sommes
engagés trop avant. César lui-même a de la besogne, et
la résistance excède ce que nous attendions. *(Ils
sortent.)*

> *Bruit de combat. Entrent Antoine et Scarus*
> *blessé.*

SCARUS. — O mon brave empereur, voilà ce qui
s'appelle combattre! Si nous avions fait de même tout
d'abord, ils auraient été repoussés jusque chez eux avec
des chiffons autour de la tête.

ANTOINE. — Tu saignes abondamment.

SCARUS. — J'avais ici une blessure en forme de T;
elle est maintenant faite comme un H.

ANTOINE. — Ils font retraite.

SCARUS. — Nous les chasserons dans des trous; j'ai
encore place pour six balafres.

> *Entre Éros.*

ÉROS. — Ils sont battus, seigneur; et notre avantage
a tout l'effet d'une belle victoire.

SCARUS. — Taillons-leur les épaules, et attrapons-les comme nous prendrions des lièvres, par-derrière; c'est plaisir de houspiller un fuyard.

ANTOINE. — Je te récompenserai une fois pour ta joyeuse humeur et dix fois pour ta bonne vaillance. Viens!

SCARUS. — Je vous suis clopin-clopant. *(Ils sortent.)*

SCÈNE VIII

Sous les murs d'Alexandrie.

Entre ANTOINE, *en marche militaire.* SCARUS *et toute l'armée le suivent.*

ANTOINE. — Nous l'avons chassé jusque dans son camp! Qu'on coure en avant annoncer à la reine nos exploits! Demain, avant que le soleil nous voie, nous verserons le sang qui nous a échappé aujourd'hui. Je vous remercie tous; car vous avez le bras vaillant, et vous vous êtes battus, non comme si vous serviez autrui, mais comme si ma cause avait été celle de chacun de vous; vous vous êtes tous montrés des Hectors. Entrez dans la ville, embrassez vos femmes, vos amis, et racontez-leur vos exploits, tandis qu'avec des larmes de joie ils laveront les caillots de vos blessures et baiseront vos plaies honorées. *(A Scarus.)* Donne-moi ta main. *(Cléopâtre arrive avec sa suite.)* C'est à cette grande fée que je veux vanter tes exploits, pour qu'elle te bénisse de sa reconnaissance. *(A Cléopâtre.)* O toi, lumière du jour, étreins mon cou bardé de fer; toute radieuse, élance-toi, en dépit de cette armure, sur mon cœur, pour t'y laisser soulever par les élans du triomphe!

CLÉOPATRE, *le prenant dans ses bras.* — Seigneur des seigneurs, ô héroïsme infini! Te voilà donc revenu souriant, après avoir échappé au grand piège des hommes.

ANTOINE. — Mon rossignol, nous les avons chassés

jusqu'à leurs lits. *(Portant la main à ses cheveux.)* Eh bien, ma fille, bien que les gris soient quelque peu mêlés aux bruns, nous avons encore assez de cervelle pour nourrir notre énergie et pour tenir tête à la jeunesse. *(Montrant Scarus.)* Regarde cet homme; confie à ses lèvres ta main sympathique... Baise cette main, mon guerrier... Il a combattu aujourd'hui comme si un Dieu, hostile au genre humain, avait pris sa forme pour détruire.

CLÉOPATRE. — Ami, je vais te donner une armure d'or, qui appartenait à un roi.

ANTOINE. — Il l'a bien méritée, fût-elle couverte d'escarboucles comme le char sacré de Phébus!... Donne-moi ta main; faisons à travers Alexandrie une marche joyeuse; portons devant nous nos boucliers balafrés comme leurs maîtres. Si notre grand palais était assez vaste pour camper cette armée, nous souperions tous ensemble, et nous boirions à la ronde à la journée de demain qui nous promet un royal péril... Trompettes, assourdissez la ville de vos fanfares cuivrées; et qu'on y mêle le cliquetis de nos tambourins, en sorte que le ciel et la terre se fassent écho pour applaudir à notre approche! *(Ils sortent.)*

SCÈNE IX

Le camp de César pendant la nuit. La lune brille.

DES SOLDATS *sont en sentinelle. Entre* ÉNOBARBUS.

PREMIER SOLDAT. — Si nous ne sommes pas relevés avant une heure, nous devrons retourner au corps de garde. La nuit est brillante, et l'on dit que nous serons en bataille dès la deuxième heure du matin.

DEUXIÈME SOLDAT. — La journée a été dure pour nous.

ÉNOBARBUS. — O nuit, sois-moi témoin...

TROISIÈME SOLDAT. — Quel est cet homme ?

DEUXIÈME SOLDAT. — Approchons, et écoutons-le.

ÉNOBARBUS. — Sois témoin, ô lune sacrée, quand

l'histoire jettera sur les traîtres un souvenir flétrissant,
sois témoin que le pauvre Énobarbus s'est repenti
devant ta face!

PREMIER SOLDAT. — Énobarbus!

TROISIÈME SOLDAT. — Silence! Écoutons encore.

ÉNOBARBUS. — O souveraine maîtresse de la mélancolie profonde, déverse sur moi les humides poisons de
la nuit, afin que cette vie, rebelle à ma volonté, ne
m'accable plus. Jette mon cœur contre la pierre dure de
ma faute; et que, desséché par la douleur, il s'y brise
en poussière pour en finir avec toute sombre pensée!
O Antoine, plus généreux que ma révolte n'est infâme,
pardonne-moi pour ta part; et qu'alors le monde
m'inscrive sur le registre des déserteurs et des trans-
fuges! O Antoine! ô Antoine! *(Il meurt.)*

DEUXIÈME SOLDAT. — Parlons-lui.

PREMIER SOLDAT. — Écoutons-le bien; car les choses
qu'il dit peuvent intéresser César.

TROISIÈME SOLDAT. — Oui. Mais il dort.

PREMIER SOLDAT. — Je crois plutôt qu'il s'évanouit;
car jamais prière aussi déchirante n'a appelé le sommeil.

DEUXIÈME SOLDAT. — Allons à lui. *(Ils s'approchent
du cadavre.)*

TROISIÈME SOLDAT. — Éveillez-vous, éveillez-vous,
seigneur; parlez-nous.

DEUXIÈME SOLDAT, *le secouant.* — Entendez-vous,
seigneur?

PREMIER SOLDAT. — La main de la mort l'a atteint.
(Roulement de tambour au loin.) Écoutez! les tambours
éveillent solennellement l'armée endormie... Portons-le
au corps de garde. C'est quelqu'un de notable. Notre
faction est amplement terminée.

TROISIÈME SOLDAT. — Allons, portons-le : il peut
encore revenir. *(Ils sortent avec le corps.)*

SCÈNE X

*Un terrain accidenté entre les deux camps. On aperçoit
un bois de pins sur une éminence.*

Arrivent ANTOINE *et* SCARUS *suivis de troupes en marche.*

ANTOINE. — Aujourd'hui tous leurs préparatifs sont
pour un combat naval; nous ne leur plaisons pas sur
terre.

SCARUS. — On se battra sur terre et sur mer, monseigneur.

ANTOINE. — Je voudrais qu'on pût se battre dans le
feu et dans l'air; là aussi nous les attaquerions. Mais
écoute : notre infanterie, postée sur les hauteurs qui
avoisinent la ville, restera avec nous; les ordres sont
donnés à la flotte, et elle a déjà quitté la rade. Allons
chercher une position d'où nous puissions découvrir
leur ordre de bataille et observer leurs manœuvres.
(Ils sortent.)

SCÈNE XI

Entre CÉSAR *à la tête de ses troupes.*

CÉSAR. — Nous resterons immobiles sur terre, à
moins que nous ne soyons attaqués, et nous ne le
serons pas, je crois, car ses meilleures troupes sont
employées au service de ses galères. Gagnons les vallées,
et gardons nos plus grands avantages. *(Ils sortent.)*

SCÈNE XII

Rentrent ANTOINE *et* SCARUS.

ANTOINE. — Ils ne se sont pas encore abordés. De
l'endroit où ce pin s'élève je découvrirai tout; je

reviendrai te dire immédiatement quelle apparence ont les choses. *(Il sort.)*

SCARUS. — Les hirondelles ont bâti leurs nids dans les voiles de Cléopâtre : les augures prétendent qu'ils ne savent pas, qu'ils ne peuvent pas dire... Ils ont l'air lugubre, et n'osent exprimer leur pensée. Antoine est vaillant et abattu; et, par accès, sa fortune agitée le remplit d'espoir ou de crainte, à la vue de ce qu'il a et de ce qu'il n'a pas. *(Bruit lointain annonçant un combat naval.)*

Rentre Antoine.

ANTOINE. — Tout est perdu! Cette noire Égyptienne m'a trahi; ma flotte s'est rendue à l'ennemi; et les voilà là-bas qui jettent leurs bonnets en l'air et qui boivent tous ensemble comme des amis longtemps éloignés... Triple prostituée! c'est toi qui m'as vendu à ce novice, et mon cœur ne fait plus la guerre qu'à toi seule... *(A Scarus.)* Dis-leur à tous de fuir, car, dès que je serai vengé de ma charmeresse, j'aurai fini... Dis-leur à tous de fuir! va! *(Sort Scarus.)* O soleil, je ne verrai plus ton lever! La Fortune et Antoine se séparent ici; c'est ici que nous nous serrons la main... Que tout en soit venu là! Les cœurs qui rampaient à mes talons, et dont je comblais les désirs, fondent et distillent leur baume sur le florissant César; et le cèdre reste dépouillé qui les ombrageait tous. Je suis trahi! O âme noire d'Égypte! Sinistre charmeresse, dont un regard m'envoyait à la guerre ou me rappelait au foyer, dont le sein était ma couronne et mon but suprême! Véritable gipsy, elle m'a, par ses impostures, entraîné au cœur de la ruine. Holà, Éros! Éros!

Entre Cléopâtre.

Ah! enchanteresse! arrière!

CLÉOPATRE. — Pourquoi mon seigneur est-il furieux contre sa bien-aimée?

ANTOINE. — Évanouis-toi! ou je te donnerai ce que tu mérites, et je ferai tort au triomphe de César. Qu'il te prenne, et qu'il t'expose aux acclamations des plébéiens! Suis son char, comme l'opprobre le plus grand de tout ton sexe. Monstre prodigieux, sois exhibée aux

badauds, pour la plus chétive obole ; et que la patiente
Octavie te laboure le visage de ses ongles aiguisés !
(Cléopâtre sort.) Tu as bien fait de t'enfuir, si c'est
un bien de vivre ; pourtant, mieux eût valu pour toi
succomber sous ma furie, car cette mort t'en eût
épargné mille... Holà ! Éros !... La chemise de Nessus
est sur moi : ô toi, Alcide, mon ancêtre, enseigne-moi
ta rage. Puissé-je, moi aussi, lancer Lichas sur les
cornes de la lune, et, à l'aide de ces bras qui brandis-
saient la plus lourde massue, m'anéantir héroïquement !... Cette sorcière mourra : elle m'a vendu au
marmouset romain, et je succombe sous sa trahison ;
elle mourra pour cela. A moi, Éros ! *(Il sort.)*

SCÈNE XIII

Alexandrie. — Dans le palais de Cléopâtre.

Entrent CLÉOPATRE, CHARMION, IRAS *et* MARDIAN.

CLÉOPATRE. — A mon secours, mes femmes ! Oh !
il est plus furieux que le fils de Télamon frustré du
bouclier d'Achille ; le sanglier de Thessalie n'était pas
plus écumant.

CHARMION. — Rendez-vous au tombeau. Enfermez-
vous là, et faites-lui dire que vous êtes morte. La sépa-
ration de l'âme et du corps n'est pas plus déchirante
que la perte de la grandeur.

CLÉOPATRE. — Au tombeau ! Mardian, va lui annoncer que je me suis tuée ; dis-lui que mon dernier mot a
été : *Antoine !* et, je t'en prie, attendris-le par ton récit.
Pars, Mardian, et reviens m'apprendre comment il
prend ma mort. Au tombeau ! *(Tous sortent.)*

SCÈNE XIV

Alexandrie. — Dans le palais d'Antoine.

Entrent ANTOINE *et* ÉROS.

ANTOINE. — Éros, tu me vois encore ?

ÉROS. — Oui, noble seigneur.

ANTOINE. — Nous voyons parfois un nuage qui
ressemble à un dragon, parfois une vapeur ayant la
forme d'un ours ou d'un lion, d'une citadelle flanquée
de tours, d'une roche pendante, d'une montagne den-
telée ou d'un bleu promontoire couronné d'arbres, qui
font des signes au monde et jettent à nos regards une
aérienne moquerie! Tu as vu ces météores : ce sont les
spectacles du sombre Vesper.

ÉROS. — Oui, monseigneur.

ANTOINE. — Rien que le temps d'y penser, et ce qui
tout à l'heure était un cheval, la nuée le rature et le
rend indistinct comme de l'eau dans de l'eau.

ÉROS. — En effet, monseigneur.

ANTOINE. — Eh bien, mon bon serviteur Éros, ton
capitaine est comme un de ces corps-là. Je suis encore
Antoine, mais je ne puis plus garder cette forme visible,
ô mon serviteur! C'est pour l'Égyptienne que j'ai fait
la guerre; et cette reine, dont je croyais posséder le
cœur comme elle possédait le mien (mon cœur qui, si
j'en fusse resté maître, se serait attaché un million de
cœurs, maintenant aliénés), cette reine, Éros, a battu les
cartes pour César et triché ma gloire pour le triomphe
de mon ennemi!... Va, ne pleure pas, doux Éros : il
nous reste encore nous-même pour mettre fin à nous-
même.

Entre Mardian.

ANTOINE. — Oh! ton infâme maîtresse! Elle m'a
volé mon épée!

MARDIAN. — Non, Antoine! Ma maîtresse t'aimait,
et sa fortune s'était associée sans réserve à la tienne.

ANTOINE. — Arrière, eunuque impudent! Tais-toi!
Elle m'a trahi, et elle mourra.

MARDIAN. — La mort est une dette qui ne se paye
qu'une fois, et elle l'a acquittée. Ce que tu voulais
faire est fait; ses dernières paroles ont été : *Antoine!*
très noble Antoine! Alors un cri déchirant lui a brisé
dans la gorge le nom d'Antoine, suspendu entre son
cœur et ses lèvres; elle a rendu l'âme, gardant ton nom
enseveli en elle.

ANTOINE. — Elle est donc morte ?

MARDIAN. — Morte!

ANTOINE. — Éros, désarme-moi : la tâche de la
longue journée est finie, et nous devons dormir.
(A Mardian.) Pars d'ici sain et sauf, et tiens-toi pour
bien payé de ta peine. Va. *(Mardian sort.)* Allons,
défais tout cela. *(Éros lui enlève son armure, pièce à*
pièce.) Le bouclier à sept peaux d'Ajax ne saurait
contenir les battements de mon cœur. Oh! déchirez-
vous, mes flancs! Mon cœur, sois plus fort que ton
récipient, et brise ta frêle enveloppe... Vite, Éros, vite!
Je ne suis plus un soldat... Lambeaux de mon armure,
allez! Vous avez été noblement portés!... Laisse-moi
un instant. *(Éros sort.)* Je vais te rejoindre, Cléopâtre,
et implorer mon pardon. Oui, il le faut, car maintenant
tout délai est torture... Puisque la torche est éteinte,
couchons-nous, sans plus tarder. Maintenant, tout
labeur s'évertuerait en pure perte; la force ne ferait
que s'embarrasser par ses efforts mêmes. Apposons
notre sceau, et tout est fini... Éros!... Je viens, ma reine...
Éros!... Attends-moi. Là où les âmes couchent sur des
fleurs nous irons la main dans la main, et nous éblcoui-
rons les esprits de notre auguste apparition; Didon et
son Énée perdront leur cortège, et la foule des spectres
nous suivra... Allons, Éros, Éros!

Rentre Éros.

ÉROS. — Que veut monseigneur ?

ANTOINE. — Depuis que Cléopâtre est morte, je vis
dans un tel déshonneur que les Dieux détestent ma
bassesse. Moi, qui avec mon épée taillais le monde, et
qui sur le dos du vert Neptune faisais des cités avec mes
vaisseaux, je m'accuse de n'avoir pas le courage d'une

femme. Je suis moins magnanime que celle qui, en mourant, vient de dire à César : *Je suis vaincue par moi seule!*... Tu as juré, Éros, que, si jamais les circonstances l'exigeaient (et elles l'exigent maintenant), si jamais je voyais derrière moi l'inévitable poursuite du déshonneur et de l'horreur, alors, sur mon commandement, tu m'occirais. Fais-le! le moment est venu. Ce n'est pas moi que tu frapperas, c'est César que tu dépouilleras. Rappelle la couleur sur ta joue.

ÉROS. — Que les Dieux retiennent mon bras! Ferai-je donc ce que toutes les flèches parthes, bien qu'ennemies, n'ont pu faire ?

ANTOINE. — Éros, voudrais-tu donc d'une fenêtre, dans la grande Rome, voir passer ton maître, les bras croisés, le cou ployé sous le châtiment, le visage abattu par une poignante humiliation, tandis que, traîné devant lui, le trône roulant du fortuné César narguerait sa honte captive ?

ÉROS. — Non, je ne voudrais pas voir cela.

ANTOINE. — Approche donc; car je ne puis être guéri que par une blessure. Tire cette honnête épée que tu as portée si utilement pour ton pays.

ÉROS. — Oh! grâce, seigneur!

ANTOINE. — Quand je t'ai affranchi, n'as-tu pas juré de faire cela dès que je t'en requerrais ? Fais-le donc vite; ou tous tes services passés ne sont plus pour moi que des hasards involontaires. Tire ton épée, et approche.

ÉROS. — Détourne de moi ce noble visage où respire la majesté de tout un monde.

ANTOINE, *détournant la têe.* — Allons!

ÉROS. — Mon épée est tirée.

ANTOINE. — Qu'elle fasse donc vite la chose pour laquelle tu l'as tirée!

ÉROS. — Mon maître chéri, mon capitaine et mon empereur! laissez-moi, avant de frapper ce coup sanglant, laissez-moi vous dire adieu.

ANTOINE. — C'est dit, l'ami : adieu!

ÉROS. — Adieu, grand chef! Frapperai-je maintenant ?

ANTOINE. — Maintenant, Éros!

ÉROS. — Eh bien donc, voilà! *(Il se jette sur son épée.)* C'est ainsi que j'échappe à la douleur de tuer Antoine. *(Il expire.)*

ANTOINE. — Ami trois fois plus noble que moi-même, tu me montres, vaillant Éros, qu'il faut que je fasse ce que tu n'as pu faire. Ma reine et Éros m'ont, par leur brave exemple, rappelé à la dignité : je veux être un fiancé pour la mort, et courir à elle comme au lit d'une bien-aimée. Allons! Éros, ton maître meurt ton disciple : voilà ce que tu m'as appris. *(Il se jette sur son épée.)* Eh quoi! pas encore mort! pas mort! Holà, gardes!... Oh! Achevez-moi!

Entrent Dercétas et des gardes.

PREMIER GARDE. — Quel est ce bruit?

ANTOINE. — J'ai mal fait ma besogne, amis. Oh! achevez ce que j'ai commencé.

DEUXIÈME GARDE. — L'étoile est tombée!

PREMIER GARDE. — Et les temps sont consommés!

TOUS. — Hélas, et malheur!

ANTOINE. — Que celui qui m'aime me frappe à mort!

PREMIER GARDE. — Ce ne sera pas moi.

DEUXIÈME GARDE. — Ni moi.

TROISIÈME GARDE. — Ni aucun de nous. *(Les gardes sortent.)*

DERCÉTAS. — Ta mort et ta fortune font fuir tes partisans. *(Ramassant l'épée d'Antoine.)* Cette épée apportée à César avec cette nouvelle me fera bien recevoir de lui.

Entre Diomède.

DIOMÈDE. — Où est Antoine?

DERCÉTAS. — Là, Diomède, là.

DIOMÈDE. — Est-il vivant?... Veux-tu pas répondre, l'homme? *(Dercétas sort.)*

ANTOINE. — Est-ce toi, Diomède? Tire ton épée, et donne-moi un coup suffisant pour me tuer.

DIOMÈDE. — Très excellent seigneur, ma maîtresse Cléopâtre m'a envoyé vers toi.

ANTOINE. — Quand t'a-t-elle envoyé?

DIOMÈDE. — A l'instant, monseigneur.

ANTOINE. — Où est-elle?

DIOMÈDE. — Enfermée dans son sépulcre. Elle avait une crainte prophétique de ce qui est arrivé. Voyant que, par une défiance à jamais injustifiable, vous la soupçonniez d'avoir traité avec César, et que votre rage ne pouvait plus se guérir, elle vous avait envoyé dire qu'elle était morte; mais depuis, craignant l'effet de ce message, elle m'a envoyé vous déclarer la vérité; et j'ai peur d'être venu trop tard.

ANTOINE. — Trop tard, bon Diomède... Appelle ma garde je te prie.

DIOMÈDE. — Holà! la garde de l'empereur! La garde, holà! Venez, votre maître appelle.

Entrent plusieurs gardes.

ANTOINE. — Portez-moi, mes bons amis, où s'est retirée Cléopâtre; c'est le dernier service que je vous commanderai.

PREMIER GARDE. — Quelle douleur pour nous, sire, que vous n'ayez pu survivre au dernier de vos partisans fidèles!

TOUS. — Jour accablant!

ANTOINE. — Ah! mes braves camarades, n'accordez pas au destin cruel la jouissance de votre douleur : accueillons bien l'ennemi qui vient nous châtier, et nous le châtions par notre apparente insouciance. Enlevez-moi! Je vous ai souvent menés : portez-moi à votre tour, mes bons amis, et recevez, tous, mes remerciements. *(Les gardes sortent, emportant Antoine.)*

SCÈNE XV

Alexandrie. — Devant un monument funéraire percé de fenêtres dans sa partie supérieure.

CLÉOPATRE, CHARMION *et* IRAS *paraissent à la principale de ces fenêtres.*

CLÉOPATRE. — O Charmion, je ne sortirai jamais d'ici.

CHARMION. — Consolez-vous, chère madame.

CLÉOPATRE. — Non, je ne veux pas; tous les événements étranges et terribles sont les bienvenus, mais je méprise les consolations. Ma douleur, pour être proportionnée à sa cause, doit être immense comme elle. *(Arrive Diomède.)* Eh bien! est-il mort?

DIOMÈDE. — La mort est sur lui, mais il n'est pas mort; regardez aux abords de votre monument : ses gardes l'amènent.

Entre Antoine porté par ses gardes.

CLÉOPATRE. — O soleil, brûle la vaste sphère où tu te meus, et que les ténèbres couvrent la face trop changeante du monde!... O Antoine! Antoine! Antoine!... Charmion, à l'aide! A l'aide! Iras! A l'aide, vous, mes amis, là-bas! Montons-le jusqu'ici.

ANTOINE. — Silence! Ce n'est pas la valeur de César qui a renversé Antoine, c'est Antoine qui a triomphé de lui-même.

CLÉOPATRE. — Cela devait être : nul autre qu'Antoine ne devait vaincre Antoine. Mais quel malheur que cela soit!

ANTOINE. — Je suis mourant, Égypte, je suis mourant, mais j'implore de la mort un répit, jusqu'à ce que, de tant de milliers de baisers, j'aie déposé sur tes lèvres le pauvre dernier.

CLÉOPATRE. — Je n'ose pas, cher (mon cher seigneur, pardon!), je n'ose pas descendre, de peur d'être prise. Jamais l'impérieuse parade du fortuné César ne sera rehaussée par ma présence. Si les couteaux, les poisons, les serpents, ont une pointe, un dard, une action, je suis sauvegardée. Ta femme Octavie, avec ses regards prudes et son sang-froid impassible, n'aura pas l'honneur de me dévisager... Mais viens, viens, Antoine... Aidez-moi, mes femmes! Il faut que nous le montions! Assistez-moi, mes bons amis. *(Elle jette par la fenêtre des cordes auxquelles les gardes attachent Antoine; puis elle hisse celui-ci, avec l'aide de ses femmes.)*

ANTOINE. — Oh! vite! ou je suis à bout.

CLÉOPATRE, *tirant sur les cordes.* — Voilà un exer-

cice, en vérité!... Combien monseigneur est pesant!
Notre force s'en va toute dans la douleur qui nous
accable. Si j'avais le pouvoir de la grande Junon, Mer-
cure t'enlèverait sur ses robustes ailes et te déposerait
aux côtés de Jupiter... Viens! Encore un petit effort!...
Les souhaits furent toujours des niaiseries... Oh! viens,
viens, viens! *(Elle attire Antoine à elle, et le tient
embrassé.)* Sois le bienvenu, le bienvenu! Meurs où tu
as vécu, et revis sous les baisers. Si mes lèvres avaient
le pouvoir de te ranimer, je les userais ainsi!

Tous. — Accablant spectacle!

Antoine. — Je meurs, Égypte, je meurs! Donnez-
moi du vin, que je puisse parler un peu!

Cléopatre. — Non, laisse-moi parler, laisse-moi
proférer de telles invectives que cette perfide ménagère,
la Fortune, brise son rouet de dépit.

Antoine. — Un seul mot, reine bien-aimée! Assurez
auprès de César votre honneur et votre vie... Oh!

Cléopatre. — Ce sont deux choses inconciliables.

Antoine. — Charmante, écoutez-moi : de tous
ceux qui approchent César, ne vous fiez qu'à Proculéius.

Cléopatre. — Je me fierai à ma résolution et à mon
bras, jamais à quelqu'un qui approche César.

Antoine. — Ne vous lamentez point pour la misérable mutation de ma fortune à la fin de mes jours;
mais charmez vos pensées en les reportant sur les pros-
pérités premières où j'ai vécu, le plus puissant prince de
l'univers et le plus glorieux. Je meurs aujourd'hui, mais
sans bassesse, et je rends mon cimier, sans lâcheté, à un
compatriote : Romain, par un Romain je suis vaincu
vaillamment... Maintenant mon esprit s'en va : je n'en
puis plus... *(Il expire.)*

Cléopatre. — Veux-tu donc mourir, ô le plus noble
des hommes ? As-tu pas souci de moi ? Resterai-je donc
dans ce triste monde qui, en ton absence, n'est plus
que fumier ?... Oh! voyez, mes femmes! le couronne-
ment du monde s'écroule... Monseigneur! Oh! flétri
est le laurier de la guerre, l'étendard du soldat est
abattu; les petits garçons et les petites filles sont désormais à la hauteur des hommes; plus de supériorité! Il

n'est rien resté de remarquable sous l'empire de la lune. *(Elle s'évanouit.)*

CHARMION. — Oh! du calme, madame!

IRAS. — Elle est morte aussi, notre souveraine.

CHARMION. — Madame!

IRAS. — Maîtresse!

CHARMION. — O madame, madame, madame!

IRAS. — Royale Égypte! Impératrice!

CHARMION. — Silence, silence, Iras!

CLÉOPATRE, *revenant à elle.* — Je ne suis plus qu'une femme, soumise aux mêmes passions misérables que la laitière qui fait la plus humble besogne... Je devrais jeter mon sceptre à la face des Dieux injurieux, en leur disant que ce monde valait le leur avant qu'ils nous eussent volé notre trésor. Tout n'est plus que néant; la patience est sottise, et l'impatience est bonne pour un chien enragé... Est-ce donc un crime de s'élancer dans la secrète demeure de la mort, avant que la mort ose venir à nous?... Comment vous trouvez-vous, femmes? Allons, allons, bon courage!... Eh bien, Charmion!... Mes nobles filles!... Ah! femmes, femmes, voyez! notre flambeau est consumé, il s'est éteint... *(Aux gardes restés en bas.)* Du courage, mes bons amis! Nous allons l'ensevelir; et puis, l'acte vraiment brave et vraiment noble, nous l'accomplirons à la grande façon romaine, et nous rendrons la mort fière de nous obtenir. Allons, sortons : l'enveloppe de ce vaste esprit est déjà froide. Ah! femmes, femmes, venez! nous n'avons plus pour amis que notre courage et la fin la plus prompte. *(Elles sortent, emportant le corps d'Antoine.)*

ACTE V

SCÈNE PREMIÈRE

Le camp de César devant Alexandrie.

Entrent CÉSAR, AGRIPPA, DOLABELLA, MÉCÈNE, GAL-
LUS, PROCULÉIUS *et autres.*

CÉSAR. — Allez à lui, Dolabella, sommez-le de se
rendre, dites-lui que, dans un pareil dénûment, il nous
oppose des délais dérisoires.

DOLABELLA. — J'obéis, César. *(Sort Dolabella.)*

Entre Dercétas, apportant l'épée d'Antoine.

CÉSAR. — Que signifie ceci ? Qui es-tu donc, toi qui
oses paraître ainsi devant nous ?

DERCÉTAS. — Je m'appelle Dercétas ; j'ai servi
Marc Antoine, l'homme le plus digne d'être le mieux
servi. Tant qu'il a pu rester debout et parler, il a été
mon maître, et je n'ai tenu à la vie que pour l'employer
contre ses ennemis. S'il te plaît de me prendre à ton
service, ce que j'ai été pour lui, je le serai pour César ;
si cela ne te plaît pas, je t'abandonne ma vie.

CÉSAR. — Qu'est-ce que tu dis là ?

DERCÉTAS. — Je dis, ô César, qu'Antoine est mort.

CÉSAR. — L'écroulement d'une si grande existence
aurait dû faire un bien autre craquement. Le globe
bouleversé aurait dû lancer les lions dans les rues des
cités, et les citoyens dans les antres... La mort d'Antoine n'est pas une catastrophe isolée : dans son nom
tenait une moitié du monde.

DERCÉTAS. — Il est mort, César, mais non sous le

glaive de la justice publique, non sous un couteau soudoyé; c'est de sa propre main, de cette main qui a écrit sa gloire dans ses actes, qu'Antoine, avec le courage que lui inspirait le cœur, s'est déchiré le cœur... Voici son épée, je l'ai volée à sa blessure; regarde-la, teinte encore du plus noble sang.

CÉSAR. — Soyez tristes à votre aise, amis! Que les Dieux me châtient, si ce n'est pas là une nouvelle à inonder les yeux des rois!

AGRIPPA. — Chose étrange que la nature nous force à déplorer nos succès les mieux prémédités!

MÉCÈNE. — Les opprobres et les mérites se balançaient en lui.

AGRIPPA. — Jamais plus rare esprit ne pilota l'humanité. Mais vous, Dieux, vous nous donnez toujours quelques faiblesses pour nous faire hommes. César est ému.

MÉCÈNE. — Quand un miroir si spacieux est placé devant lui, il faut bien qu'il s'y voie.

CÉSAR. — O Antoine! c'est moi qui t'ai réduit à ceci... Mais il est des maladies qui exigent le coup de lancette. Il fallait forcément ou que je t'offrisse le spectacle d'une pareille chute, ou que j'assistasse à la tienne : nous ne pouvions pas tenir ensemble dans l'univers. Pourtant laisse-moi te pleurer avec ces larmes suprêmes qui saignent du cœur! O toi, mon frère, mon associé au but de toute entreprise, mon collègue dans l'empire, mon ami, mon compagnon à la face des guerres, bras droit de mon corps, cœur où le mien allumait ses pensées, pourquoi faut-il que nos étoiles irréconciliables aient rompu ainsi notre égalité!... Écoutez-moi, mes bons amis...

Entre un messager.

Mais je vous dirai cela dans un meilleur moment : la mine de cet homme annonce quelque message; écoutons ce qu'il dit... D'où venez-vous ?

LE MESSAGER. — Je ne suis qu'un pauvre Égyptien. La reine, ma maîtresse, confinée dans le domaine qui lui reste, son tombeau, désire être instruite de tes intentions, afin de se décider d'avance sur le parti qu'il lui faut prendre.

CÉSAR. — Dis-lui de se rassurer; elle saura bientôt, par quelqu'un des nôtres, quel traitement honorable et cordial nous lui réservons. César ne peut vivre que généreux.

LE MESSAGER. — Qu'ainsi les Dieux te conservent! *(Il sort.)*

CÉSAR. — Approchez, Proculéius. Allez lui dire qu'elle ne craigne de nous aucune humiliation; donnez-lui les consolations que la violence de sa douleur exigera, de peur que, dans son orgueil, elle ne nous échappe par quelque coup mortel. Cléopâtre, vivant à Rome, serait pour nous un éternel triomphe! Allez, et revenez au plus vite nous apprendre ce qu'elle dit, et ce que vous pensez d'elle.

PROCULÉIUS. — J'obéis, César. *(Il sort.)*

CÉSAR. — Gallus, allez avec lui. *(Gallus sort.)* Où est Dolabella, pour seconder Proculéius?

AGRIPPA et MÉCÈNE, *appelant.* — Dolabella!

CÉSAR. — Laissez! Je me rappelle maintenant à quelle mission il est employé : il sera prêt à temps... Venez avec moi dans ma tente : vous verrez avec quelle répugnance je me suis engagé dans cette guerre; quel calme et quelle douceur j'ai toujours montrés dans mes lettres. Venez avec moi : vous verrez les preuves que je puis vous en donner. *(Ils sortent.)*

SCÈNE II

L'intérieur du monument funèbre. Au fond, une grille.

Entrent CLÉOPATRE, CHARMION *et* IRAS.

CLÉOPATRE. — Ma désolation commence à prendre meilleur courage. Chose misérable que d'être César! Il n'est pas la Fortune; il n'est que son valet, le ministre de ses caprices. En revanche, il est grand d'accomplir l'acte qui met fin à tous les autres, l'acte qui garrotte les

accidents et verrouille les vicissitudes, l'acte qui endort
et dégoûte à jamais de la fange qu'ont pour nourrice le
mendiant et César.

Proculéius, Gallus et des soldats entrent au
fond du théâtre, et se placent derrière la
grille.

PROCULÉIUS, *du dehors*. — César envoie saluer la
reine d'Égypte, et l'invite à réfléchir aux demandes
qu'elle désire se voir accorder par lui.

CLÉOPATRE, *de l'intérieur du monument*. — Quel est
ton nom ?

PROCULÉIUS. — Mon nom est Proculéius.

CLÉOPATRE. — Antoine m'a parlé de vous, et m'a dit
de me fier à vous ; mais je ne me soucie guère d'être
trompée, n'ayant plus que faire de la fidélité. Si votre
maître veut avoir une reine pour mendiante, allez lui
dire que la majesté, pour garder son décorum, ne peut
mendier moins qu'un royaume. S'il lui plaît de me donner pour mon fils l'Égypte qu'il a conquise, il me donnera, sur ce qui m'appartient, assez pour que je le
remercie à genoux.

PROCULÉIUS. — Ayez bonne espérance : vous êtes
tombée entre des mains vraiment princières ; ne craignez rien ; n'hésitez point à tout commettre au bon
vouloir de mon seigneur ; sa générosité est si vaste
qu'elle déborde sur tous ceux qui la réclament. Laissez-moi lui annoncer votre gracieuse soumission ; et
vous trouverez un vainqueur qui appellera la bonté à
votre aide, dès que vous implorerez sa clémence.

CLÉOPATRE. — Dites-lui, je vous prie, que je suis la
vassale de sa fortune, et que je lui remets l'autorité
qu'il a conquise. Je m'instruis d'heure en heure dans la
science d'obéir, et je serais bien aise de le voir face à
face.

PROCULÉIUS. — Je vais le lui dire, chère dame.
Prenez courage, car je sais que votre malheur émeut de
pitié celui qui l'a causé.

Pendant la dernière partie de ce dialogue,
des gardes ont dressé une échelle contre une
fenêtre pratiquée au haut du monument. A

peine Proculéius a-t-il achevé de parler qu'il s'élance au haut de l'échelle, suivi de deux soldats, et pénètre dans l'intérieur du mausolée.

GALLUS, *aux soldats restés en dehors.* — Vous voyez combien il était aisé de la surprendre! Gardez-la jusqu'à ce que César vienne. *(Il s'éloigne.)*

IRAS, *apercevant Proculéius.* — O reine!

CHARMION. — O Cléopâtre! tu es prise, ma reine!

CLÉOPATRE, *tirant une dague.* — Vite, vite, mes bonnes mains!

PROCULÉIUS, *lui retenant le bras.* — Arrêtez, noble dame, arrêtez. N'attentez pas ainsi à vous-même; je viens vous sauver et non vous perdre.

Tandis que Proculéius désarme Cléopâtre, les deux soldats qui l'ont suivi ouvrent la grille du monument et s'y placent en faction avec le reste des gardes qui entrent en foule.

CLÉOPATRE, *à Proculéius.* — Vous ne me sauvez que de la mort, qui délivre jusqu'aux chiens de la douleur!

PROCULÉIUS. — Cléopâtre, ne trompez pas la générosité de mon maître, en vous détruisant vous-même. Que le monde voie se manifester sa noblesse d'âme, sans que votre mort y mette obstacle!

CLÉOPATRE. — Où es-tu, Mort? Viens ici, viens, viens, viens, et prends-moi : une reine vaut bien un tas d'enfants et de misérables!

PROCULÉIUS. — Oh! du calme, madame!

CLÉOPATRE. — Monsieur, je ne veux plus manger; je ne veux plus boire, monsieur; et, puisqu'il faut perdre le temps en explications frivoles, je ne veux plus dormir... Je ruinerai cette mortelle demeure, en dépit de César. Sachez-le, monsieur! je ne veux pas paraître garrottée à la cour de votre maître, ni me laisser insulter par le regard hautain de la stupide Octavie. Croientils donc qu'ils vont me traîner et m'exhiber sous les huées de la valetaille insolente de Rome? Plutôt avoir un fossé de l'Égypte pour ma plus douce sépulture! Plutôt être couchée toute nue sur la vase du Nil, et y devenir la proie horrible des moustiques! Plutôt avoir

pour gibet les hautes pyramides de mon pays, et y être
pendue à des chaînes!

PROCULÉIUS. — Vous vous créez des terreurs dont
l'exagération vous sera prouvée par César.

Entre Dolabella.

DOLABELLA. — Proculéius, César, ton maître, sait ce
que tu as fait et t'envoie demander. Quant à la reine, je
la prends sous ma garde.

PROCULÉIUS. — Soit! Dolabella, j'y consens de grand
cœur... soyez bon pour elle. *(A Cléopâtre.)* Je dirai à
César ce qui vous plaira, si vous voulez m'employer
près de lui.

CLÉOPATRE. — Dites-lui que je voudrais mourir.
(Proculéius sort.)

DOLABELLA. — Très noble impératrice, vous avez
entendu parler de moi.

CLÉOPATRE. — Je ne puis dire.

DOLABELLA. — Assurément, vous me connaissez.

CLÉOPATRE. — Peu importe, monsieur, ce que j'ai
ouï dire et ce que je sais. Vous éclatez de rire quand un
enfant ou une femme vous raconte son rêve : n'est-ce
pas là votre manie ?

DOLABELLA. — Je ne comprends pas, madame.

CLÉOPATRE. — Eh bien, j'ai rêvé qu'il y avait un
empereur nommé Antoine... Oh! que ne puis-je refaire
un pareil somme pour revoir un homme pareil!

DOLABELLA. — Si vous permettez...

CLÉOPATRE. — Son visage était comme les cieux : on
y voyait briller une lune et un soleil qui, dans leur
cours, illuminaient le petit orbe terrestre.

DOLABELLA, — Souveraine créature...

CLÉOPATRE. — Il enjambait l'Océan; son bras levé
faisait un cimier au monde; sa voix était harmonieuse
comme les sphères, quand elle parlait à des amis; mais,
quand il voulait dominer et ébranler l'univers, c'était
le cri de la foudre. Sa générosité n'avait pas d'hiver :
c'était un automne fécondé par la moisson elle-même.
Ses plaisirs étaient autant de dauphins qui s'ébattaient
au-dessus de l'élément où ils vivaient. Dans sa livrée

erraient des couronnes et des tortils; des royaumes et des îles étaient la monnaie qui tombait de ses poches.

DOLABELLA. — Cléopâtre!

CLÉOPATRE. — Crois-tu qu'il puisse y avoir, ou qu'il y ait jamais eu un homme comme celui dont j'ai rêvé?

DOLABELLA. — Non, gracieuse madame.

CLÉOPATRE. — Vous en avez menti, à la face des Dieux! Mais, qu'il ait existé, ou qu'il doive exister jamais, un pareil être dépasse les proportions du rêve. La nature est bien souvent impuissante à rivaliser avec les créations merveilleuses de la pensée; mais, en concevant un Antoine, la nature l'emporterait sur la pensée et condamnerait au néant toutes les fictions.

DOLABELLA. — Écoutez-moi, madame : votre perte est aussi grande que vous-même, et votre douleur répond à son immensité. Puissé-je ne jamais obtenir un succès désiré, s'il n'est pas vrai que votre affliction rebondit, par contrecoup, jusqu'au fond de mon cœur!

CLÉOPATRE. — Je vous remercie, monsieur... Savez-vous ce que César entend faire de moi?

DOLABELLA. — Je répugne à vous dire ce que je voudrais que vous connussiez.

CLÉOPATRE. — Ah! je vous en prie, monsieur!

DOLABELLA. — Quoique César soit magnanime...

CLÉOPATRE. — Il veut me traîner en triomphe?

DOLABELLA. — Il le veut, madame! Je le sais.

UNE VOIX, *du dehors.* — Faites place, là... César!

Entrent César, Gallus, Proculéius, Mécène, Séleucus, et autres personnages de la suite.

CÉSAR. — Où est la reine d'Égypte?

DOLABELLA, *à Cléopâtre.* — C'est l'empereur, madame. *(Cléopâtre se jette aux pieds de César.)*

CÉSAR. — Relevez-vous. Ne vous agenouillez pas. Je vous en prie, debout! Debout, Égypte!

CLÉOPATRE. — Sire, les Dieux le veulent ainsi : à mon maître et seigneur il me faut obéir.

CÉSAR. — Ne vous mettez point en tête d'idées pénibles : les injures que vous nous avez faites, bien que le souvenir en soit écrit avec notre sang, ne sont plus pour nous que les effets du hasard.

CLÉOPATRE. — Seigneur unique du monde, je ne puis présenter ma propre cause assez bien pour qu'elle paraisse juste ; mais je confesse avoir cédé aux faiblesses qui déjà trop souvent ont fait la honte de notre sexe.

CÉSAR. — Cléopâtre, sachez que nous sommes plus disposé à atténuer tout qu'à tout aggraver. Si vous vous conformez à nos intentions, qui sont pour vous des plus bienveillantes, vous trouverez un bénéfice à ce changement ; mais si vous cherchez à me rendre responsable d'une cruauté, en suivant l'exemple d'Antoine, vous vous priverez de mes bienfaits, et vous exposerez vos enfants à une destruction dont je les sauverai si vous vous fiez à moi... je vais prendre congé de vous.

CLÉOPATRE. — Vous pouvez aller à travers le monde entier : il est à vous ; et nous, vos écussons, vos insignes de victoire, nous resterons fixés à la place qui vous plaira. *(Lui remettant un papier.)* Tenez, mon bon seigneur.

CÉSAR. — Je prendrai conseil de vous pour tout ce qui concerne Cléopâtre.

CLÉOPATRE. — Voici le bordereau des sommes, de l'argenterie et des bijoux qui sont en ma possession ; c'est un relevé exact, à quelques vétilles près... Où est Séleucus ?

SÉLEUCUS. — Ici, madame.

CLÉOPATRE. — Voici mon trésorier, monseigneur : sommez-le, à ses risques et périls, de dire si je me suis rien réservé pour moi-même. Dites la vérité, Séleucus.

SÉLEUCUS. — Madame, j'aimerais mieux sceller mes lèvres que de dire, à mes risques et périls, ce qui n'est pas.

CLÉOPATRE. — Qu'ai-je donc caché ?

SÉLEUCUS. — Assez pour racheter ce que vous avez déclaré.

CÉSAR. — Voyons, ne rougissez pas, Cléopâtre : j'approuve en ceci votre sagesse.

CLÉOPATRE. — Voyez, César ! oh ! voyez comme le succès attire tout ! Mes gens sont désormais à vous ; et, si nous changions de situation, les vôtres seraient à moi. L'ingratitude de ce Séleucus m'exaspère. O esclave aussi peu digne de foi que l'amour mercenaire! *(Elle s'avance vers lui menaçante. Séleucus recule devant elle.)* Ah! tu recules? Tu auras beau reculer, je te garantis que j'attraperai tes yeux, eussent-ils des ailes! Maroufle, scélérat sans âme, chien! ô prodige de bassesse!

CÉSAR. — Bonne reine, laissez-nous vous supplier.

CLÉOPATRE. — O César, quelle blessante indignité! Quoi! lorsque tu daignes me venir voir ici, et faire les honneurs de ta grandeur à une si chétive créature, il faut que mon propre serviteur ajoute à la somme de mes disgrâces le surcroît de sa perfidie! Admettons, bon César, que j'aie réservé quelques colifichets de femme, des bagatelles sans valeur, de ces riens qu'on offre aux amis les plus familiers; admettons que j'aie mis à part quelque présent plus noble pour Livie et pour Octavie, afin de me concilier leur intercession, est-il juste que je sois dénoncée par un homme que j'ai nourri?... O Dieux! ce nouveau coup rend ma chute plus profonde. *(A Séleucus.)* Je t'en prie, va-t'en! ou j'attiserai ma colère sous les cendres de mon malheur... Si tu étais un homme, tu aurais pitié de moi.

CÉSAR. — Retirez-vous, Séleucus. *(Séleucus sort.)*

CLÉOPATRE. — Qu'on le sache! nous, les grands de la terre, nous sommes toujours blâmés pour ce que font les autres; et, dès que nous tombons, nous avons à répondre personnellement des fautes d'autrui. Ah! nous sommes bien à plaindre.

CÉSAR. — Cléopâtre, rien de ce que vous avez réservé ou déclaré ne sera mis au bilan de notre conquête. Tout est encore à vous : disposez-en à votre gré. Croyez bien que César n'est pas homme à vous marchander des choses qui sont vendues par les marchands. Rassurez-vous donc; ne vous faites pas une prison imaginaire; non, chère reine, car nous entendons ne régler votre sort que d'après vos conseils. Mangez et dormez; notre bienveillante compassion vous est tellement acquise que nous resterons votre ami. Sur ce, adieu!

CLÉOPATRE. — Mon maître! mon seigneur!

CÉSAR. — Ne m'appelez pas ainsi... Adieu! *(César sort avec sa suite.)*

CLÉOPATRE. — Il me flagorne, mes filles, il me flagorne pour que je n'aie plus le sentiment de ma dignité. Mais écoute, Charmion! *(Elle parle bas à Charmion.)*

IRAS. — Finissons-en, madame; le jour brillant est passé, et nous sommes à l'heure des ténèbres.

CLÉOPATRE, *à Charmion.* — Pars vite; j'ai déjà donné des ordres, et tout est préparé; va dire qu'on se dépêche.

CHARMION. — J'obéis, madame.

Rentre Dolabella.

DOLABELLA. — Où est la reine?

CHARMION, *montrant Cléopâtre.* — Vous la voyez, seigneur. *(Charmion sort.)*

CLÉOPATRE. — Dolabella!

DOLABELLA. — Madame, fidèle au serment que vous avez exigé de moi et que mon affection se fait scrupule de tenir, je viens vous prévenir que César a décidé de reprendre son chemin par la Syrie; dans trois jours, il vous enverra devant, vous et vos enfants. Faites votre profit de cet avis. J'ai rempli votre désir et ma promesse.

CLÉOPATRE. — Dolabella, je resterai votre débitrice.

DOLABELLA. — Et moi, votre serviteur. Adieu, bonne reine! il faut que je retourne auprès de César.

CLÉOPATRE. — Adieu, et merci! *(Dolabella sort.)* Eh bien! Iras, qu'en penses-tu? Marionnette égyptienne, tu vas être exhibée dans Rome, ainsi que moi : de misérables artisans, avec des tabliers, des équerres et des marteaux crasseux, nous hisseront à la portée de tous les regards; leurs haleines épaisses, rancies par une nourriture grossière, feront un nuage autour de nous, et nous serons forcées d'en aspirer la vapeur.

IRAS. — Aux Dieux ne plaise!

CLÉOPATRE. — Oui, cela est certain, Iras. D'insolents licteurs nous rudoieront comme des filles publiques; de sales rimeurs nasilleront sur nous des ballades; des comédiens expéditifs nous parodieront en impromptu, et figureront nos orgies d'Alexandrie. Antoine sera représenté ivre; et je verrai quelque garçon criard singer la grande Cléopâtre dans la posture d'une prostituée.

IRAS. — O Dieux bons!

CLÉOPATRE. — Oui, cela est certain.

IRAS. — Je ne le verrai jamais; car mes ongles, je suis sûre, sont plus forts que mes yeux.

CLÉOPATRE. — Certes, voilà le moyen de déjouer leurs préparatifs et d'écraser leurs projets sous le ridicule!...

Entre Charmion.

Eh bien, Charmion?... Mes femmes, parez-moi comme une reine, allez me chercher mes plus beaux vêtements : je vais encore sur le Cydnus à la rencontre d'Antoine... Vite, Iras!... Oui, ma noble Charmion, nous allons en finir; et, quand tu auras achevé cette tâche, je te donnerai congé jusqu'au jour du jugement. *(A Iras.)* Apporte-moi ma couronne et le reste. *(Sort Iras. Rumeur au-dehors.)* D'où vient ce bruit?

Entre un garde.

LE GARDE. — Il y a ici un homme de la campagne qui veut absolument être admis devant Votre Altesse : il vous apporte des figues.

CLÉOPATRE. — Qu'il entre! *(Sort le garde.)* Quelle noble action peut s'accomplir avec un pauvre instrument! Il m'apporte la liberté. Ma résolution est fixée, et je n'ai plus rien d'une femme en moi. Désormais de la tête aux pieds je suis un marbre impassible; désormais la lune variable n'est plus ma planète.

Rentre le garde, accompagné d'un paysan portant une corbeille chargée de figues.

LE GARDE. — Voilà l'homme.

CLÉOPATRE. — Retire-toi, et laisse-nous. *(Le garde sort. Au paysan.)* As-tu là ce joli reptile du Nil qui tue sans faire souffrir?

LE PAYSAN. — Oui vraiment, je l'ai; mais je ne voudrais pas être le particulier qui vous engagerait à y toucher, car sa morsure est immortelle : ceux qui en meurent n'en reviennent jamais ou n'en reviennent que rarement.

CLÉOPATRE. — Te rappelles-tu quelqu'un qui en soit mort ?

LE PAYSAN. — Beaucoup de personnes, hommes et femmes. J'ai entendu parler de l'une d'elles, pas plus tard qu'hier : une très honnête femme, mais quelque peu adonnée au mensonge, ce qu'une femme ne doit jamais être, si ce n'est en tout honneur; j'ai ouï comme quoi elle est morte de la morsure de la bête, quelle peine elle a sentie. Eh bien, vraiment, elle fait du reptile un excellent rapport. Mais celui qui croirait toutes les choses que disent les femmes ne serait pas sauvé par la moitié de celles qu'elles font. Ce qui est infaillible, c'est que le reptile est un singulier reptile.

CLÉOPATRE. — Va-t'en d'ici. Adieu!

LE PAYSAN. — Je vous souhaite bien du plaisir avec le reptile. *(Il dépose le panier.)*

CLÉOPATRE. — Adieu!

LE PAYSAN. — Il faut toujours vous rappeler, voyez-vous! que le reptile obéit à son instinct.

CLÉOPATRE. — Oui, oui. Adieu!

LE PAYSAN. — Voyez-vous! le reptile ne doit être confié qu'à la garde de personnes prudentes; car, vraiment, il n'y a pas de bonté dans le reptile.

CLÉOPATRE. — Sois sans inquiétude : on y veillera.

LE PAYSAN. — Très bien. Ne lui donnez rien, je vous prie, car il ne vaut pas la nourriture.

CLÉOPATRE. — Et moi, me mangerait-il ?

LE PAYSAN. — Ne me croyez pas assez simple pour ignorer que le diable lui-même ne mangerait pas une femme. Je sais que la femme est un mets digne des Dieux, quand ce n'est pas le diable qui l'accommode. Mais, vraiment, ces putassiers de diables font grand tort aux Dieux dans les femmes; car sur dix que créent les Dieux, les diables en gâtent cinq.

CLÉOPATRE. — C'est bien. Va-t'en, adieu!

LE PAYSAN. — Oui, ma foi, je vous souhaite bien du plaisir avec le reptile. *(Il sort.)*

> *Iras rentre, apportant un manteau royal, une couronne et autres insignes dont elle aide Cléopâtre à se revêtir. Tout en habillant la reine, qui continue de parler, elle prend le*

*temps de plonger son bras dans la corbeille
où sont cachés les aspics, et l'en retire, sans
que sa maîtresse s'en aperçoive.*

CLÉOPATRE. — Donne-moi ma robe... Pose ma couronne... Je sens en moi d'immortelles ardeurs. Désormais le jus de la grappe d'Égypte ne mouillera plus ma lèvre... Lestement, lestement, bonne Iras, vite! Il me semble que j'entends Antoine qui appelle : je le vois se dresser pour louer ma noble action; je l'entends qui se moque du bonheur de César, bonheur que les Dieux accordent aux hommes pour justifier leurs futures colères... Époux, j'arrive! Qu'à ce nom si doux mon courage soit mon titre! Je suis d'air et de feu; mes autres éléments, je les lègue à une plus infime existence... Bon!... avez-vous fini ? Venez donc, et recueillez la dernière chaleur de mes lèvres... Adieu, bonne Charmion! Iras, un long adieu! *(Elle les embrasse. Iras chancelle, et tombe morte.)* Y a-t-il donc un aspic sur mes lèvres! Quoi, tu tombes ? Si tu peux si doucement te séparer de la nature, le coup de la mort est comme l'étreinte d'un amant, qui blesse et qu'on souhaite... Es-tu donc immobile ? Si tu t'évanouis ainsi, tu déclares au monde qu'il n'est pas digne d'un adieu.

CHARMION. — Nuages épais, dissolvez-vous en pluie, que je puisse dire : Les Dieux eux-mêmes pleurent!

CLÉOPATRE. — Ceci m'accuse de lâcheté : si elle rencontre la première Antoine dans son tourbillon, il lui demandera de mes nouvelles en lui accordant ce baiser qui est pour moi le ciel. *(A l'aspic qu'elle applique sur son sein.)* Viens, misérable tueur, défais avec ta dent acérée le nœud ardu de cette vie; pauvre bête venimeuse, irrite-toi et dépêche... Oh! que ne peux-tu parler, pour que je t'entende appeler le grand César âne stupide!

CHARMION. — O étoile d'Orient!

CLÉOPATRE. — Silence! silence! Ne vois-tu pas mon enfant à la mamelle qui tète sa nourrice en l'endormant ?

CHARMION. — Oh! finissons! finissons!

CLÉOPATRE. — Aussi suave qu'un baume, aussi doux que l'air, aussi tendre... O Antoine! *(Appliquant un autre aspic à son bras.)* Allons, je veux te prendre, toi aussi... Pourquoi resterais-je... *(Elle expire.)*

CHARMION. — Dans ce monde désert ?... Adieu donc!... Maintenant, ô Mort! tu peux te vanter d'avoir en ta possession une créature incomparable! *(Lui fermant les yeux.)* Rideaux frangés, fermez-vous! Et puisse le Dieu d'or Phébus ne jamais être contemplé d'un regard si royal!... Votre couronne est de travers : je vais la redresser, et puis j'agirai.

> *Entrent précipitamment plusieurs gardes.*

PREMIER GARDE — Où est la reine ?

CHARMION. — Parlez doucement, ne l'éveillez pas.

PREMIER GARDE. — César a envoyé...

CHARMION. — Un messager trop lent. *(Elle s'applique un aspic.)* Oh! viens! vite! dépêche! Je te sens déjà.

PREMIER GARDE. — Arrivez vite, holà! Il y a quelque malheur. César est trahi.

DEUXIÈME GARDE. — Dolabella vient d'être envoyé par César... Appelez-le!

PREMIER GARDE, *considérant Cléopâtre.* — Quelle est cette besogne ?... Charmion, cela est-il beau ?

CHARMION. — Très beau, et convenable à une princesse extraite de la race de tant de rois! Ah! soldats! *(Elle expire.)*

> *Entre Dolabella.*

DOLABELLA. — Que se passe-t-il ici ?

DEUXIÈME SOLDAT. — Toutes mortes!

DOLABELLA. — César, tes conjectures viennent de se réaliser. Tu arrives pour voir accomplir l'acte redouté que tu avais tant cherché à prévenir.

VOIX, *au-dehors.* — Place, là! Place à César!

> *Entrent César et sa suite.*

DOLABELLA. — Ah! seigneur, vous étiez un trop infaillible augure : ce que vous craigniez s'est accompli.

CÉSAR. — C'est une fin héroïque! Elle avait pénétré

nos intentions, et, en vraie reine, elle a tout décidé à sa guise... Comment sont-elles mortes ? Je ne vois pas couler leur sang.

DOLABELLA. — Qui les a quittées le dernier ?

PREMIER GARDE. — Un simple campagnard qui leur a apporté des figues ; voici son panier.

CÉSAR. — Ces figues étaient donc empoisonnées ?

PREMIER GARDE. — O César ! cette Charmion vivait, il n'y a qu'un moment ; elle était debout, et parlait ; je l'ai trouvée raccoutrant le diadème de sa maîtresse morte ; elle était toute tremblante, et soudain elle s'est affaissée.

CÉSAR. — O noble faiblesse ! Si elles avaient avalé du poison, cela se reconnaîtrait à quelque enflure extérieure ; mais Cléopâtre semble endormie, comme si elle voulait attirer un autre Antoine dans le filet tout-puissant de sa grâce.

DOLABELLA. — Là, sur son sein, il y a un épanchement de sang et une légère tuméfaction ; la même marque est à son bras.

PREMIER SOLDAT. — C'est la trace d'un aspic : ces feuilles de figuier ont sur elles la bave que laissent les aspics dans les cavernes du Nil.

CÉSAR. — Il est très probable qu'elle est morte ainsi, car son médecin m'a dit qu'elle avait recherché par d'innombrables expériences les genres de mort les plus doux. Emportez-la sur son lit, et retirez ses femmes de ce monument. Elle sera ensevelie auprès de son Antoine ; nulle tombe sur la terre n'aura enveloppé un couple aussi fameux. De si grands événements frappent ceux mêmes qui les ont faits ; et leur histoire vivra dans la pitié des âges aussi longtemps que la gloire de celui qui a rendu leur fin lamentable. Notre armée, avec une pompe solennelle, assistera à ces funérailles ; et ensuite à Rome ! Allez, Dolabella ! veillez à ce que le meilleur ordre préside à cette grande solennité. *(Tous sortent.)*

CORIOLAN

NOTICE
SUR
CORIOLAN

Coriolan a pour sujet un épisode de la guerre de Rome contre les Volsques; Shakespeare a trouvé ce sujet chez Plutarque. S'il suit souvent sa source avec fidélité, il ne s'interdit pas de prendre avec elle, quand cela lui convient, de grandes libertés. Il resserre, ajoute, omet, dans l'intérêt de la force dramatique de sa pièce. Il mêle à l'histoire que lui a fournie l'écrivain grec une passionnante étude psychologique, celle du héros, Coriolan, — héros « ibsénien », a-t-on dit, comme celui de *l'Ennemi du peuple*, — et une philosophie pessimiste de la vie, qui n'est pas nouvelle chez lui, qui va s'accusant avec les années, et qui trouve son expression la plus désespérée dans *Timon d'Athènes*.

La tragédie fut publiée pour la première fois dans le Folio de 1623. Sa date de composition est inconnue. On la fixe généralement, en se fondant sur l'étude du style et de la versification, aux environs de 1608-1609. Le sujet était assez peu connu. Trop sévère pour plaire, trop subtil peut-être pour être intelligible à un vaste public. Il devait être repris en 1625 par le dramaturge français Alexandre Hardy chez qui il est plus austère encore. S'il a séduit Shakespeare, c'est d'abord, sans doute, parce que les histoires romaines de Plutarque le fascinaient. Il dut y voir aussi l'occasion de dire beaucoup de choses qu'il pensait sur la société et sur les hommes. Il faut signaler enfin qu'on a voulu voir dans le personnage de Volumnia, la mère de Coriolan, à qui Shakespeare a donné beaucoup plus d'importance qu'elle n'en a chez Plutarque, un souvenir de la propre mère du poète, Mary Shakespeare, morte en septembre 1608.

Le personnage de Coriolan domine la tragédie; c'est celui d'un héros surhumain par ses vertus et par ses erreurs. Il est moins complexe que la plupart des héros shakespeariens. C'est un obstiné qui suit farouchement sa passion sans s'inquiéter, comme Macbeth le fait, des conséquences de ses actes. Il n'hésite point, n'a pas de scrupules. Orgueilleux, impatient, sûr de lui, il suit son chemin. Il méprise le peuple, mais il est ambitieux ou plutôt il sait que les services qu'il a rendus à sa patrie lui donnent le droit de devenir consul. Il aspire donc à obtenir cette charge. Si les suffrages du Sénat lui sont acquis, il lui faut gagner ceux de la plèbe. Cela lui est pénible et il fait campagne auprès d'elle avec hauteur. Bien qu'elle ait peu de sympathie pour lui, elle lui accorde un moment ses voix. Mais les deux tribuns Brutus et Sicinius, vils politiciens égoïstes et fourbes, ont l'art de l'amener à se rétracter. Blessé, Coriolan prononce des paroles méprisantes qui dressent le peuple contre lui. Il n'échappe à la mort que de justesse et est condamné au bannissement. Il passe à l'ennemi, les Volsques, contre lesquels il vient de se signaler par des exploits et auxquels il a infligé une sanglante et honteuse défaite.

Que devient alors le sentiment de l'honneur chez l'orgueilleux patriote ? Shakespeare, allant sur ce point plus loin que Plutarque, a tenté l'analyse. Coriolan est noble et fier, mais il n'a pas, pour user des mots d'Amyot, « cette froideur et douceur tempérée par le jugement de bonne doctrine et de raison » et il est voué à la catastrophe. Il est loyal à sa parole, mais c'est surtout parce qu'il doit cette loyauté à son nom et à ses illustres ancêtres, ce qui n'est qu'à moitié noble. Il se retourne contre sa patrie parce qu'elle a été ingrate envers lui, ce qui est le fait d'un ambitieux.

Il faut se hâter d'ajouter qu'il est en partie excusé par la bassesse de la plèbe : Shakespeare a accusé à dessein le contraste entre celle-ci et son héros. La foule de *Coriolan* est, comme celle de *Jules César*, inconstante, capricieuse et, à l'occasion, barbare et cruelle. Elle ne justifie pas la conduite de Coriolan, elle l'explique, surtout lorsque nous considérons ses représentants, les misérables tribuns Sicinius et Brutus.

On a appelé parfois cette pièce « le drame de l'ingratitude populaire ». C'était sans doute simplifier les choses. Mais que Shakespeare nous ait invités à admirer son héros sévère et malheureux nous paraît hors de doute. Il n'est pas douteux non plus qu'il trahit dans cette œuvre une certaine difficulté à comprendre l'idéal d'une république, celui de cette jeune Rome que Plutarque avait vue mieux que lui. Un soulèvement populaire, pour le dramaturge élisabéthain, comme pour Dickens plus tard, ce n'est qu'une émeute. Il fait certes quelques efforts pour expliquer les réactions de la foule, insiste sur l'insolence de Coriolan, insolence qui est la cause des infortunes et de la mort du héros. Ses plébéiens restent néanmoins des enfants cruels ou, comme on l'a dit, des « sans-culottes déchaînés », lâches même dans la victoire, avides surtout de butin.

Comme *Timon d'Athènes*, la pièce nie qu'il soit possible de vivre, qu'il y ait une solution. Sa conclusion est un pessimisme absolu, fondé sur l'ingratitude des hommes, thème cher à Shakespeare. Est-ce là l'impartialité philosophique dont parle Coleridge ? C'est plutôt, semble-t-il, le cri de douleur d'un cœur malheureux.

PERSONNAGES

CAIUS MARCIUS CORIOLAN, patricien romain.
TITUS LARTIUS, } généraux dans la guerre contre les Volsques.
COMINIUS,
MÉNÉNIUS AGRIPPA, ami de Coriolan.
SICINIUS VÉLUTUS, } tribuns du peuple.
JUNIUS BRUTUS,
LE JEUNE MARCIUS, fils de Coriolan.
UN HÉRAUT ROMAIN.
TULLUS AUFIDIUS, général des Volsques.
UN LIEUTENANT D'AUFIDIUS.
NICANOR, Romain.
ADRIEN, Volsque.
UN CITOYEN D'ANTIUM.
DEUX GARDES VOLSQUES.

VOLUMNIE, mère de Coriolan.
VIRGILIE, femme de Coriolan.
VALÉRIE, amie de Virgilie.
UNE SUIVANTE DE VIRGILIE.

SÉNATEURS ROMAINS ET VOLSQUES, PATRICIENS, ÉDILES, LICTEURS,
SOLDATS, CITOYENS, CONJURÉS, MESSAGERS,
SERVITEURS.

La scène est tantôt à Rome, tantôt à Corioles et à Antium.

ACTE PREMIER

SCÈNE PREMIÈRE

Rome. — Une rue.

Entre une foule de CITOYENS *mutinés, armés de bâtons, de massues et d'autres armes.*

PREMIER CITOYEN. — Avant que nous allions plus loin, écoutez-moi.

PLUSIEURS CITOYENS, *à la fois.* — Parlez, parlez.

PREMIER CITOYEN. — Vous êtes tous résolus à mourir plutôt qu'à subir la famine ?

TOUS. — Résolus, résolus.

PREMIER CITOYEN. — Et d'abord vous savez que Caïus Marcius est le principal ennemi du peuple ?

TOUS. — Nous le savons, nous le savons.

PREMIER CITOYEN. — Tuons-le, et nous aurons le blé au prix que nous voudrons. Est-ce là votre verdict ?

TOUS. — Assez de paroles! A l'œuvre! En avant, en avant!

DEUXIÈME CITOYEN. — Un mot, dignes citoyens!

PREMIER CITOYEN. — On nous appelle pauvres citoyens : il n'y a de dignité que pour les patriciens. Le superflu de nos gouvernants suffirait à nous soulager. Si seulement ils nous cédaient des restes sains encore, nous pourrions nous figurer qu'ils nous secourent par humanité; mais ils nous trouvent déjà trop coûteux. La maigreur qui nous afflige, effet de notre misère, est comme un inventaire détaillé de leur opulence; notre détresse est profit pour eux. Vengeons-nous à coups de piques, avant de devenir des squelettes. Car, les Dieux le savent, ce qui me fait parler, c'est la faim du pain et non la soif de la vengeance.

DEUXIÈME CITOYEN. — Prétendez-vous agir spécialement contre Caïus Marcius ?

PLUSIEURS CITOYENS. — Contre lui d'abord : il est le limier du peuple.

DEUXIÈME CITOYEN. — Mais considérez-vous les services qu'il a rendus à son pays ?

PREMIER CITOYEN. — Certainement, et c'est avec plaisir qu'on lui en tiendrait compte, s'il ne se payait pas lui-même en orgueil.

DEUXIÈME CITOYEN. — Allons! parlez sans malveillance.

PREMIER CITOYEN. — Je vous dis que ce qu'il a fait d'illustre, il l'a fait dans ce but. Les gens de conscience timorée ont beau dire volontiers qu'il a tout fait pour son pays; il a tout fait pour plaire à sa mère et pour servir son orgueil, qui, certes, est à la hauteur de son mérite.

DEUXIÈME CITOYEN. — Vous lui faites un crime d'une irrémédiable disposition de nature. Du moins vous ne pouvez pas dire qu'il est cupide.

PREMIER CITOYEN. — Si je ne le puis, je ne suis pas pour cela à court d'accusations. Il a plus de vices qu'il n'en faut pour lasser les récriminations. *(Cris au loin.)* Quels sont ces cris ? L'autre côté de la ville est en mouvement. Pourquoi restons-nous ici à bavarder ? Au Capitole !

TOUS. — Allons, allons !

PREMIER CITOYEN. — Doucement!... Qui vient là ?

Entre Ménénius Agrippa.

DEUXIÈME CITOYEN. — Le digne Ménénius Agrippa! En voilà un qui a toujours aimé le peuple.

PREMIER CITOYEN. — Il est assez honnête. Si tous les autres étaient comme lui!

MÉNÉNIUS. — Que voulez-vous donc faire, mes concitoyens ? Où allez-vous avec des bâtons et des massues ? Qu'y a-t-il ? Parlez, je vous prie.

PREMIER CITOYEN. — Notre projet n'est pas ignoré

des sénateurs : depuis quinze jours, ils ont eu vent de
nos intentions; nous allons les leur signifier par des
actes. Ils disent que les pauvres solliciteurs ont la voix
forte : ils sauront que nous avons aussi le bras fort.

MÉNÉNIUS. — Quoi! mes maîtres, mes bons amis,
mes honnêtes voisins, vous voulez donc votre ruine ?

PREMIER CITOYEN. — C'est impossible, monsieur :
nous sommes déjà ruinés.

MÉNÉNIUS. — Amis, croyez-moi! les patriciens ont
pour vous la plus charitable sollicitude. Pour vos
besoins, pour vos souffrances au milieu de cette disette,
autant vaudrait frapper le ciel de vos bâtons que les
lever contre le gouvernement romain : il poursuivra sa
course en broyant dix mille freins plus solides que
celui que vous pourrez jamais vraisemblablement lui
opposer. Quant à la disette, ce ne sont pas les patriciens, ce sont les Dieux qui la font; et près d'eux vos
genoux vous serviront mieux que vos bras. Hélas!
vous êtes entraînés par la calamité à une calamité plus
grande. Vous calomniez les nautoniers de l'État : ils
veillent sur vous en pères, et vous les maudissez comme
des ennemis!

PREMIER CITOYEN. — Eux, veiller sur nous!... Oui,
vraiment!... Ils n'ont jamais veillé sur nous. Ils nous
laissent mourir de faim, quand leurs magasins regorgent
de grain, font des édits en faveur de l'usure pour soutenir les usuriers, rappellent chaque jour quelque acte
salutaire établi contre les riches, et promulguent des
statuts chaque jour plus vexatoires pour enchaîner et
opprimer le pauvre. Si les guerres ne nous dévorent, ce
seront eux. Et voilà tout l'amour qu'ils nous portent!

MÉNÉNIUS. — De deux choses l'une : ne vous
défendez pas d'une étrange malveillance, ou laissez-
vous accuser de folie. Je vais vous conter une jolie fable.
Il se peut que vous l'ayez déjà entendue; mais, comme
elle sert à mes fins, je me risquerai à la débiter encore.

PREMIER CITOYEN. — Soit! je l'entendrai, monsieur.
Mais ne croyez pas leurrer notre misère avec une fable.
N'importe! si ça vous plaît, narrez toujours.

MÉNÉNIUS. — Un jour, tous les membres du corps
humain se mutinèrent contre le ventre, l'accusant et se

plaignant de ce que lui seul il demeurait au milieu du corps, paresseux et inactif, absorbant comme un gouffre la nourriture, sans jamais porter sa part du labeur commun, là où tous les autres organes s'occupaient de voir, d'entendre, de penser, de diriger, de marcher, de sentir et de subvenir, par leur mutuel concours, aux appétits et aux désirs communs du corps entier. Le ventre répondit...

PREMIER CITOYEN. — Voyons, monsieur, quelle réponse fit le ventre ?

MÉNÉNIUS. — Je vais vous le dire, monsieur. Avec une espèce de sourire qui ne venait pas de la rate, mais de certaine région (car, après tout, je puis aussi bien faire sourire le ventre que le faire parler), il répondit dédaigneusement aux membres mécontents, à ces mutins qui se récriaient contre ses accaparements, exactement comme vous récriminez contre nos sénateurs parce qu'ils ne sont pas traités comme vous...

PREMIER CITOYEN. — Voyons la réponse du ventre... Quoi ! si la tête portant couronne royale, l'œil vigilant, le cœur, notre conseiller, le bras, notre soldat, le pied, notre coursier, notre trompette, la langue, et tant d'autres menus auxiliaires qui défendent notre constitution, si tous...

MÉNÉNIUS. — Eh bien ! après ? Ce gaillard-là veut-il pas me couper la parole ! Eh bien ! après ? eh bien ! après ?

PREMIER CITOYEN. — Si tous étaient molestés par le ventre vorace, qui est la sentine du corps...

MÉNÉNIUS. — Eh bien ! après ?

PREMIER CITOYEN. — Si tous ces organes se plaignaient, que pouvait répondre le ventre ?

MÉNÉNIUS. — Je vais vous le dire. Si vous voulez m'accorder un peu de ce que vous n'avez guère, un moment de patience, vous allez entendre la réponse du ventre.

PREMIER CITOYEN. — Vous mettez le temps à la dire !

MÉNÉNIUS. — Notez bien ceci, l'ami ! Votre ventre, toujours fort grave, gardant son calme, sans s'emporter comme ses accusateurs, répondit ainsi : *Il est bien vrai, mes chers conjoints, que je reçois le premier toute*

la nourriture qui vous fait vivre; et c'est chose juste,
puisque je suis le grenier et le magasin du corps entier.
Mais, si vous vous souvenez, je renvoie tout par les
rivières du sang, jusqu'au palais du cœur, jusqu'au trône
de la raison; et, grâce aux conduits sinueux du corps
humain, les nerfs les plus forts et les moindres veines
reçoivent de moi ce simple nécessaire qui le fait vivre. Et,
bien que tous à la fois, mes bons amis... C'est le ventre
qui parle, remarquez bien.

PREMIER CITOYEN. — Oui, monsieur. Parfaitement,
parfaitement!

MÉNÉNIUS. — *... bien que tous à la fois vous ne puis-*
siez voir ce que je fournis à chacun de vous, je puis vous
prouver, par un compte rigoureux, que je vous transmets
toute la farine et ne garde pour moi que le son. Qu'en
dites-vous?

PREMIER CITOYEN. — C'était une réponse. Quelle
application en faites-vous?

MÉNÉNIUS. — Le Sénat de Rome est cet excellent
ventre, et vous êtes les membres révoltés. Car, ses
conseils et ses mesures étant bien examinés, les affaires
étant dûment digérées dans l'intérêt de la chose
publique, vous reconnaîtrez que les bienfaits généraux
que vous recueillez procèdent ou viennent de lui, et
nullement de vous-mêmes... Qu'en pensez-vous, vous,
le gros orteil de cette assemblée?

PREMIER CITOYEN. — Moi, le gros orteil! Pourquoi
le gros orteil?

MÉNÉNIUS. — Parce qu'étant l'un des plus infimes,
des plus bas, des plus pauvres de cette édifiante rébellion, tu marches le premier. Mâtin de la plus triste
race, tu cours en avant de la meute, dans l'espoir de
quelques reliefs. Allons! préparez vos massues et vos
bâtons les plus raides. Rome est sur le point de se battre
avec ses rats. Il faut qu'un des deux partis succombe...

Entre Caïus Marcius.

Salut, noble Marcius!

MARCIUS. — Merci! *(Aux citoyens.)* De quoi s'agit-
il, factieux vils qui, à force de gratter la triste vanité qui
vous démange, avez fait de vous des galeux?

PREMIER CITOYEN. — Nous n'avons jamais de vous une bonne parole.

MARCIUS. — Celui qui t'accorderait une bonne parole serait un flatteur au-dessous du dégoût... Que vous faut-il, aboyeurs, à qui ne conviennent ni la paix ni la guerre ? L'une vous épouvante, l'autre vous rend insolents. Celui qui compte sur vous trouve, le moment venu, au lieu de lions, des lièvres, au lieu de renards, des oies. Non! vous n'êtes pas plus sûrs qu'un tison ardent sur la glace, qu'un grêlon au soleil. Votre vertu consiste à exalter celui que ses fautes ont abattu, et à maudire la justice qui l'a frappé. Qui mérite la gloire mérite votre haine; et vos affections sont les appétits d'un malade qui désire surtout ce qui peut augmenter son mal. S'appuyer sur votre faveur, c'est nager avec des nageoires de plomb et vouloir abattre un chêne avec un roseau. Se fier à vous ? Plutôt vous pendre! À chaque minute vous changez d'idée : vous trouvez noble celui que vous haïssiez tout à l'heure, infâme celui que vous couronniez. Qu'y a-t-il ? Pourquoi, dans les divers quartiers de la cité, criez-vous ainsi contre ce noble Sénat qui, sous l'égide des Dieux, vous tient en respect et empêche que vous ne vous dévoriez les uns les autres ? *(A Ménénius.)* Que réclament-ils ?

MÉNÉNIUS. — Du blé au prix qu'il leur plaît : ils disent que la ville en regorge.

MARCIUS. — Les pendards! ils parlent! Assis au coin du feu, ils prétendent juger ce qui se fait au Capitole, qui a chance d'élévation, qui prospère et qui décline, épousent telle faction, forment des alliances conjecturales, fortifient leur parti, et ravalent celui qu'ils n'aiment pas au-dessous de leurs savates! Ils disent que le blé ne manque pas! Ah! si la noblesse mettait de côté ses scrupules et me laissait tirer l'épée, je ferais de ces milliers de manants une hécatombe de cadavres aussi haute que ma lance!

MÉNÉNIUS. — Ma foi! je crois ceux-ci presque complètement persuadés; car, si ample que soit leur manque de sagesse, ils sont d'une couardise démesurée. Mais, je vous prie, que dit l'autre attroupement ?

MARCIUS. — Il s'est dispersé. Ah! les pendards! Ils

disaient qu'ils étaient affamés, soupiraient des maximes que... la faim brise les murs de pierre, qu'il faut que les chiens mangent, que... la nourriture est faite pour toutes les bouches, que... les Dieux n'ont pas envoyé le blé pour les riches seulement... C'est en centons de cette sorte qu'ils ont éventé leurs plaintes. On leur a répondu en leur accordant leur requête. Étrange requête, capable de frapper au cœur la noblesse et de faire pâlir le pouvoir le plus hardi! Alors ils ont jeté leurs bonnets en l'air comme pour les accrocher aux cornes de la lune, et ont exalté leur animosité en acclamations.

MÉNÉNIUS. — Que leur a-t-on accordé ?

MARCIUS. — Cinq tribuns de leur choix pour défendre leur vulgaire politique : ils ont élu Junius Brutus, Sicinius Vélutus, et je ne sais qui. Sangdieu! la canaille aurait démantelé la ville, avant d'obtenir cela de moi. Cette concession entamera peu à peu le pouvoir et fournira un thème de plus en plus fort aux arguments de l'insurrection.

MÉNÉNIUS. — C'est étrange.

MARCIUS, *à la foule.* — Allons! retournez chez vous, racaille.

Entre un messager.

LE MESSAGER. — Où est Caïus Marcius ?

MARCIUS. — Ici. De quoi s'agit-il ?

LE MESSAGER. — La nouvelle, monsieur, c'est que les Volsques ont pris les armes.

MARCIUS. — J'en suis bien aise : nous allons avoir le moyen de dégorger un superflu fétide... Voici l'élite de nos anciens.

Entrent Cominius, Titus Lartius, vieillard en cheveux blancs, et d'autres sénateurs; puis Junius Brutus et Sicinius Vélutus.

PREMIER SÉNATEUR. — Marcius, vous nous aviez dit vrai : les Volsques ont pris les armes.

MARCIUS. — Ils ont un chef, Tullus Aufidius, qui vous donnera de la besogne. J'ai la faiblesse d'être jaloux de sa vaillance; et si je n'étais moi, c'est lui que je voudrais être.

COMINIUS. — Vous vous êtes déjà mesurés.

MARCIUS. — Quand la moitié du monde serait aux prises avec l'autre, et quand il serait de mon parti, je passerais à l'ennemi, rien que pour faire la guerre contre lui : c'est un lion que je suis fier de relancer.

PREMIER SÉNATEUR. — Eh bien! digne Marcius, accompagnez Cominius dans cette guerre.

COMINIUS, *à Marcius.* — C'est une promesse déjà faite.

MARCIUS. — Oui, monsieur; et je la tiendrai... Titus Lartius, tu vas me voir encore une fois attaquer Tullus en face. Quoi! serais-tu perclus ? Te récuserais-tu ?

TITUS. — Non, Caïus Marcius : je m'appuierai sur une béquille, et je combattrai avec l'autre plutôt que de renoncer à cette lutte.

MÉNÉNIUS. — O vrai preux!

PREMIER SÉNATEUR. — Accompagnez-nous jusqu'au Capitole, où je sais que nos meilleurs amis nous attendent.

TITUS, *au premier sénateur.* — Ouvrez la marche... Suivez, Cominius; et nous autres, nous viendrons après... A vous le pas!

COMINIUS. — Noble Marcius!

PREMIER SÉNATEUR, *à la foule.* — En route! à vos logis! partez.

MARCIUS. — Non! qu'ils nous suivent! Les Volsques ont beaucoup de blé : emmenons ces rats pour ronger leurs provisions... Respectables mutins, votre valeur donne de beaux fruits. De grâce! suivez-nous. *(Sortent les sénateurs Cominius, Titus Lartius, Marcius et Ménénius. Les citoyens se dispersent.)*

SICINIUS. — Vit-on jamais un homme aussi arrogant que ce Marcius ?

BRUTUS. — Il n'a pas d'égal.

SICINIUS. — Quand nous avons été élus tribuns du peuple...

BRUTUS. — Avez-vous remarqué ses lèvres et ses yeux ?

SICINIUS. — Non, mais ses sarcasmes.

BRUTUS. — Une fois emporté, il n'hésiterait pas à narguer les Dieux!

Sicinius. — A bafouer la chaste lune!

Brutus. — La guerre le dévore. Il devient trop fier de sa vaillance.

Sicinius. — Sa nature, chatouillée par le succès, dédaigne jusqu'à l'ombre qu'il foule en plein midi. Mais je m'étonne que son insolence daigne se laisser commander par Cominius.

Brutus. — La renommée à laquelle il vise et dont il est déjà paré ne saurait s'acquérir et se conserver plus aisément qu'au second rang. Car le moindre revers passera pour être la faute du général, celui-ci eût-il accompli tout ce qui est possible à un homme; et la censure étourdie s'écriera : *Oh! si Marcius avait conduit l'affaire!*

Sicinius. — Et puis, si les choses vont bien, l'opinion, qui est si entichée de Marcius, en ravira tout le mérite à Cominius.

Brutus. — Bref, la moitié de la gloire de Cominius sera pour Marcius, Marcius n'en fût-il pas digne, et toutes ses fautes seront à la gloire de Marcius, ne l'eût-il en rien mérité.

Sicinius. — Allons savoir comment l'expédition s'effectue, et quelles forces, outre son énergie personnelle, l'assisteront dans cette campagne.

Brutus. — Allons! *(Ils sortent.)*

SCÈNE II

Corioles. — Le Sénat.

Entrent Tullus Aufidius *et* les sénateurs.

Premier Sénateur. — Ainsi, Aufidius, votre opinion est que ceux de Rome ont pénétré nos conseils et connaissent nos menées ?

Aufidius. — N'est-ce pas votre avis ? Quel projet a jamais été médité dans cet État et mis matériellement à exécution avant que Rome en eût été prévenue ? Il y a quatre jours à peine que j'ai eu des nouvelles de là;

voici les paroles mêmes : je crois que j'ai la lettre ici; oui, la voici! *(Il lit :)* « Ils ont levé des forces, mais on ne sait si c'est pour l'est ou pour l'ouest. La disette est grande, le peuple révolté. Le bruit court que Cominius, Marcius, votre vieil ennemi, plus haï de Rome que de vous, et Titus Lartius, un Romain très vaillant, doivent tous trois diriger cette expédition vers son but, très probablement contre vous. Prenez-y garde. »

PREMIER SÉNATEUR. — Notre armée est en campagne : nous n'avons jamais douté que Rome ne fût prête à nous tenir tête.

AUFIDIUS. — Et vous avez cru sage de tenir cachés vos grands desseins jusqu'au moment où ils devront se révéler d'eux-mêmes; mais il semble qu'avant d'éclore ils aient été connus de Rome. Leur découverte va circonscrire notre plan, qui était de surprendre plusieurs villes, avant même que Rome sût que nous étions sur pied.

DEUXIÈME SÉNATEUR. — Noble Aufidius, prenez votre commission, courez à vos troupes, et laissez-nous seuls garder Corioles. S'ils viennent camper sous nos murs, amenez votre armée pour les chasser. Mais vous reconnaîtrez, je crois, que leurs préparatifs n'étaient pas contre nous.

AUFIDIUS. — Oh! n'en doutez pas; je parle sur des certitudes. Il y a plus : quelques détachements de leurs forces sont déjà en marche, et tout droit sur Corioles. Je laisse Vos Seigneuries. Si nous venons à nous rencontrer, Caïus Marcius et moi, nous nous sommes juré de ne cesser le combat que quand l'un des deux ne pourrait plus agir.

TOUS LES SÉNATEURS. — Que les Dieux vous assistent!

AUFIDIUS. — Et gardent Vos Seigneuries!

PREMIER SÉNATEUR. — Adieu!

DEUXIÈME SÉNATEUR. — Adieu!

TOUS. — Adieu! *(Ils sortent.)*

SCÈNE III

Rome. — Dans la maison de Marcius.

Entrent VOLUMNIE *et* VIRGILIE; *elles s'assoient sur deux petits tabourets, et cousent.*

VOLUMNIE. — Je vous en prie, ma fille, chantez, ou exprimez-vous avec moins de découragement. Si mon fils était mon mari, je trouverais une jouissance plus vive dans cette absence, où il gagne de l'honneur, que dans les embrassements du lit nuptial, où il me prouverait le plus d'amour. Alors que ce fils unique de mes entrailles était tout délicat, et que son adolescence, à force de grâce, attirait sur lui tous les regards; quand, suppliée tout un jour par un roi, une autre mère n'aurait pas consenti à céder pour une heure la joie de le voir, je pensai, moi, qu'une telle beauté voulait être achevée par l'honneur et ne vaudrait guère mieux qu'un portrait pendu au mur, si la gloire ne l'animait pas, et je me plus à lui faire chercher le danger là ou il pouvait trouver le renom. Je l'envoyai à une guerre cruelle, dont il revint le front couronné de chêne. Je te le déclare, ma fille, au moment où j'appris que j'avais mis au monde un enfant mâle, je n'étais pas plus frémissante de joie qu'au jour où, pour la première fois, je vis que cet enfant s'était montré un homme.

VIRGILIE. — Mais s'il était mort dans cette affaire, madame ?

VOLUMNIE. — Alors son beau renom aurait été mon fils, et j'y aurais trouvé une postérité. Je parle sincèrement : si j'avais douze fils, tous égaux dans mon amour, tous aussi chers à mon cœur que notre bon Marcius, j'aimerais mieux en voir mourir onze noblement pour leur patrie qu'un seul se gorger d'une voluptueuse inaction.

Entre une suivante.

LA SUIVANTE. — Madame Valérie vient vous rendre visite, madame.

Virgilie, *à Volumnie*. — Je vous en conjure, permettez-moi de me retirer.

Volumnie. — Non, vraiment... Je crois entendre
d'ici le tambour de votre mari; je le vois traîner Aufidius par les cheveux, les Volsques fuyant devant lui,
comme des enfants devant un ours; je crois le voir
frapper du pied en s'écriant : *Suivez-moi, lâches, vous*
avez été engendrés dans la peur, bien que nés à Rome.
Alors, essuyant son front sanglant avec son gantelet de
mailles, il s'avance, pareil au moissonneur qui doit
tout faucher ou perdre son salaire.

Virgilie. — Son front sanglant! O Jupiter! pas de
sang!

Volumnie. — Taisez-vous, folle! Le sang sied mieux
à un homme que l'or au trophée. Le sein d'Hécube
allaitant Hector n'était pas plus aimable que le front
d'Hector crachant le sang sous le coup des épées
grecques... Dites à Valérie que nous sommes prêtes à
lui faire accueil. *(La suivante sort.)*

Virgilie. — Que les Dieux protègent mon seigneur
contre le farouche Aufidius!

Volumnie. — Il écrasera sous son genou la tête
d'Aufidius et lui passera sur le cou.

Entre Valérie, introduite par la suivante et
suivie de son huissier.

Valérie. — Mesdames, bonjour à toutes deux!

Volumnie. — Chère madame!

Virgilie. — Je suis bien aise de voir Votre Grâce.

Valérie. — Comment allez-vous toutes deux ? Vous
êtes des ménagères émérites. Que cousez-vous là ? Joli
ouvrage, en vérité!... Comment va votre petit garçon ?

Virgilie. — Je vous remercie; fort bien, bonne
madame.

Volumnie. — Il aime mieux regarder des épées et
entendre un tambour que de voir son maître d'école.

Valérie. — Sur ma parole! il est tout à fait le fils de
son père : c'est un bien joli enfant, je vous jure. Croiriez-
vous que, mercredi dernier, je suis restée toute une
demi-heure à le regarder ? Il a un air si résolu! Je le
voyais courir après un papillon doré; il l'a pris, l'a

lâché, a recouru après, l'a repris, puis l'a relâché et rattrapé encore; alors, exaspéré, soit par une chute qu'il avait faite, soit par toute autre raison, il l'a déchiré à belles dents; oh! je vous garantis qu'il l'a déchiqueté!

VOLUMNIE. — Une boutade comme en a son père!

VALÉRIE. — Vraiment, là, c'est un noble enfant.

VIRGILIE. — Un écervelé, madame.

VALÉRIE, *à Virgilie*. — Allons! laissez de côté votre couture; je veux que vous flâniez avec moi cette après-midi.

VIRGILIE. — Non, bonne madame, je ne sortirai pas.

VALÉRIE. — Vous ne sortirez pas?

VOLUMNIE. — Si fait, si fait.

VIRGILIE. — Non, vraiment! Excusez-moi : je ne franchirai pas notre seuil que monseigneur ne soit revenu de la guerre.

VALÉRIE. — Fi! vous vous emprisonnez très déraisonnablement. Allons! venez visiter cette bonne dame qui fait ses couches.

VIRGILIE. — Je lui souhaite un prompt rétablissement, et je la visiterai de mes prières; mais je ne puis aller chez elle.

VOLUMNIE. — Et pourquoi, je vous prie?

VIRGILIE. — Ce n'est pas par crainte d'une fatigue ni par manque d'amitié.

VALÉRIE. — Vous voulez être une autre Pénélope; pourtant on dit que toute la laine qu'elle fila en l'absence d'Ulysse ne servit qu'à remplir Ithaque de mites. Venez donc. Je voudrais que votre batiste fût aussi sensible que votre doigt; par pitié, vous cesseriez de la piquer. Allons! vous viendrez avec nous.

VIRGILIE. — Non, chère madame! Pardonnez-moi : décidément je ne sortirai pas.

VALÉRIE. — Là, vraiment, venez avec moi; et je vous donnerai d'excellentes nouvelles de votre mari.

VIRGILIE. — Oh! bonne madame, il ne peut y en avoir encore.

VALÉRIE. — Si fait. Je ne plaisante pas avec vous : on a eu de ses nouvelles hier soir.

VIRGILIE. — Vraiment, madame?

VALÉRIE. — Rien de plus vrai; je les ai ouï dire à un

sénateur. Voici : Les Volsques ont en campagne une
armée contre laquelle le général en chef Cominius s'est
porté avec une partie de nos troupes romaines. Votre
mari et Titus Lartius ont mis le siège devant la cité de
Corioles ; ils ne doutent nullement de vaincre et d'achever promptement la guerre. Voilà la vérité, sur mon
honneur ! Ainsi, je vous prie, venez avec nous.

VIRGILIE. — Excusez-moi, bonne madame ; je vous
obéirai en tout plus tard.

VOLUMNIE. — Laissez-la, madame ; dans l'état où elle
est, elle ne ferait que troubler notre franche gaieté.

VALÉRIE. — Ma foi ! je le crois... Adieu donc !...
Allons ! bonne et chère dame... Je t'en prie, Virgilie,
mets ta solennité à la porte, et sors avec nous.

VIRGILIE. — Non. Une fois pour toutes, madame, je
ne le peux pas. Je vous souhaite bien du plaisir.

VALÉRIE. — Soit ! Adieu donc ! *(Elles sortent par
différents côtés.)*

SCÈNE IV

Sous les remparts de Corioles.

Entrent, tambours battants, enseignes déployées, MAR-
CIUS *et* TITUS LARTIUS, *suivis d'officiers et de soldats.
Un messager vient à eux.*

MARCIUS. — Voici des nouvelles qui arrivent. Je gage
qu'ils se sont battus.

LARTIUS. — Mon cheval contre le vôtre, que non !

MARCIUS. — C'est dit.

LARTIUS. — Convenu.

MARCIUS, *au messager.* — Dis-moi ! notre général
a-t-il rencontré l'ennemi ?

LE MESSAGER. — Ils sont en présence, mais ne se sont
encore rien dit.

LARTIUS. — Ainsi, votre bon cheval est à moi.

MARCIUS. — Je vous le rachète.

LARTIUS. — Non, je ne veux ni le vendre ni le donner,

mais je veux bien vous le prêter pour cinquante ans...
Qu'on fasse sommation à la ville !

MARCIUS, *au messager.* — A quelle distance de nous
sont les deux armées ?

LE MESSAGER. — A un mille et demi.

MARCIUS. — Alors nous entendrons leur trompette ;
et eux, la nôtre. O Mars, je t'en conjure, aide-nous à en
finir ici, que nous puissions avec nos épées fumantes
marcher au secours de nos frères, dans la plaine ! *(Aux
trompettes.)* Allons ! soufflez votre ouragan.

> *On sonne un parlementaire. Paraissent, sur
> les remparts, des sénateurs et des citoyens
> armés.*

Tullus Aufidius est-il dans vos murs ?

PREMIER SÉNATEUR. — Non ! Et il n'est personne ici
qui vous craigne moins que lui, si peu qu'il vous craigne
(Rappel au loin.) Écoutez ! nos tambours font accourir
notre jeunesse. Nous briserons nos murailles plutôt
que de nous y laisser parquer. Nos portes, qui semblent
fermées, n'ont pour barreaux que des roseaux : elles
s'ouvriront d'elles-mêmes. Entendez-vous, au loin ?
(Tumulte lointain.) C'est Aufidius. Écoutez quel
ravage il fait dans votre armée enfoncée.

MARCIUS. — Oh ! ils sont aux prises !

LARTIUS. — Que leur vacarme nous serve de leçon !...
Des échelles, holà ! *(Les Volsques font une sortie.)*

MARCIUS. — Ils ne nous craignent pas ! Ils sortent de
la ville ! Allons ! mettez vos boucliers en avant de vos
cœurs, et combattez avec des cœurs plus inflexibles que
des boucliers... Avancez, brave Titus. Leur dédain pour
nous dépasse toutes nos prévisions : j'en sue de fureur...
Marchons, camarades : celui qui recule, je le prends
pour un Volsque, et je lui fais sentir ma lance. *(On
sonne la charge. Les Romains et les Volsques sortent en
combattant. Les Romains sont repoussés jusqu'à leurs
retranchements.)*

> *Rentre Marcius.*

MARCIUS. — Que tous les fléaux du sud fondent sur
vous, vous, hontes de Rome ! vous, troupeaux de... Que

la peste vous plâtre d'ulcères, en sorte que vous soyez abhorrés, avant d'être vus et que vous vous renvoyiez l'infection à un mille sous le vent! Ames d'oie qui assumez figures d'homme, comment avez-vous pu fuir devant des gueux que des singes battraient ? Pluton et enfer! tous blessés par-derrière! Rien que des dos rougis et des faces blêmies par la déroute et la peur fébrile! Reformez-vous, et revenez à la charge; sinon, par les feux du ciel, je laisse là l'ennemi, et c'est à vous que je fais la guerre! Prenez-y garde! En avant! Si vous tenez bon, nous les renverrons à leurs femmes, comme ils nous ont poursuivis jusqu'à nos retranchements!

> *On sonne une nouvelle charge. Les Romains reviennent contre les Volsques. Les Volsques se retirent dans Corioles, et Marcius les poursuit jusqu'aux portes de la ville.*

Voilà les portes béantes; secondez-moi bien; la fortune les ouvre pour les poursuivants et non pour les fuyants. Remarquez-moi et imitez-moi.

> *Il entre dans la ville, et les portes se referment sur lui.*

Premier Soldat. — Quelle folie! ce n'est pas moi qui en ferai autant.

Deuxième Soldat. — Ni moi.

Troisième Soldat. — Voyez! ils l'ont enfermé. *(Tumulte.)*

Tous. — Il est dans la marmite, je le garantis.

> *Entre Titus Lartius*

Lartius. — Qu'est devenu Marcius ?

Tous. — Tué, sans doute.

Premier Soldat. — En courant sur les talons des fuyards, il est entré avec eux; soudain ils ont refermé leurs portes; et il est resté seul pour tenir tête à toute la ville.

Lartius. — O noble compagnon qui, vulnérable, est plus brave que son invulnérable épée, et qui résiste, quand elle plie! On t'abandonne, Marcius! Une escarboucle de ta grosseur serait un moins riche joyau que toi. Tu étais un homme de guerre selon le vœu de Caton : non seulement tu étais rude et âpre aux coups de main ; mais, par ton regard terrible et par l'éclat foudroyant de ta voix, tu faisais frissonner tes ennemis, comme si le monde avait la fièvre et tremblait.

> *Marcius, couvert de sang, poursuivi par l'ennemi, reparaît par les portes de la ville.*

PREMIER SOLDAT. — Voyez, seigneur.

LARTIUS. — C'est Marcius. Courons le délivrer ou mourir avec lui.

> *Tous pénètrent, en se battant, dans la ville.*

SCÈNE V

Dans la ville de Corioles. — Une rue.

Entrent des ROMAINS *chargés de dépouilles.*

PREMIER ROMAIN. — J'emporterai ça à Rome.

DEUXIÈME ROMAIN. — Et moi ça.

TROISIÈME ROMAIN, *jetant un outil d'étain.* — Foin ! j'ai pris ça pour de l'argent. *(Le tumulte continue au loin.)*

> *Entrent Marcius et Titus Lartius, précédés d'un trompette.*

MARCIUS. — Voyez ces maraudeurs qui estiment leur temps au prix d'une drachme fêlée ! Des coussins, des cuillers de plomb, de la ferraille de rebut, des pourpoints que le bourreau enterrerait avec ceux qui les portaient, ces misérables gueux emballent tout avant que le combat soit fini... A bas ces lâches ! Entendez-vous le vacarme que fait notre général ? Allons à lui ! L'homme que hait mon âme, Aufidius, est là-bas, massacrant nos Romains. Donc, vaillant Titus, prenez des forces suffisantes pour garder la ville, tandis que moi, avec ceux qui en ont le courage, je courrai au secours de Cominius.

LARTIUS. — Noble sire, ton sang coule; tu as déjà soutenu un trop violent effort pour engager une seconde lutte.

MARCIUS. — Messire, point de louange! Ce que j'ai fait ne m'a pas encore échauffé. Adieu! Le sang que je perds est un soulagement plutôt qu'un danger pour moi. C'est ainsi que je veux apparaître à Aufidius et le combattre.

LARTIUS. — Puisse cette belle Déesse, la Fortune, s'énamourer de toi, et, par ses charmes puissants, détourner l'épée de tes adversaires! Hardi gentilhomme, que le succès soit ton page!

MARCIUS. — Qu'il te soit ami, autant qu'à ceux qu'il place le plus haut! Sur ce, adieu!

LARTIUS. — Héroïque Marcius! *(Sort Marcius. Au trompette.)* Toi, va sonner la trompette sur la place du marché, et fais-y venir tous les officiers de la ville. C'est là qu'ils connaîtront nos intentions. En route! *(Ils sortent.)*

SCÈNE VI

Une plaine, à quelque distance de Corioles.

Entrent COMINIUS *et ses troupes, faisant retraite.*

COMINIUS. — Reprenez haleine, mes amis. Bien combattu! Nous nous sommes comportés en Romains, sans folle obstination dans la résistance, sans couardise dans la retraite. Croyez-moi, messieurs, nous serons encore attaqués. Tandis que nous luttions, des bouffées de vent nous faisaient ouïr par intervalles la marche guerrière de nos amis. Dieux de Rome, assurez leur succès comme nous souhaitons le nôtre, en sorte que nos deux armées, se joignant d'un front souriant, puissent vous offrir un sacrifice en action de grâces.

Entre un messager.

Ta nouvelle?

LE MESSAGER. — Les citoyens de Corioles ont fait
une sortie et livré bataille à Titus et à Marcius. J'ai vu
nos troupes repoussées jusqu'à leurs retranchements,
et alors je suis parti.

COMINIUS. — Si vrai que tu puisses dire, tu me
sembles un triste messager. Depuis quand es-tu parti ?

LE MESSAGER. — Depuis plus d'une heure, monseigneur.

COMINIUS. — Il n'y a pas plus d'un mille d'ici
là. Tout à l'heure nous entendions leurs tambours.
Comment as-tu pu perdre une heure à faire un mille,
et m'apporter si tard ta nouvelle ?

LE MESSAGER. — Les éclaireurs des Volsques m'ont
donné la chasse et forcé de faire un détour de trois ou
quatre mille environ : autrement, monsieur, j'aurais
apporté mon message depuis une demi-heure.

Entre Marcius.

COMINIUS. — Qui donc s'avance là-bas, pareil à un
écorché ? O Dieux ! il a l'allure de Marcius ; oui, je l'ai
déjà vu dans cet état.

MARCIUS. — Suis-je arrivé trop tard ?

COMINIUS. — Le berger ne distingue pas mieux le
tonnerre d'un tambourin que je ne distingue la voix de
Marcius de celle d'un homme inférieur.

MARCIUS. — Suis-je arrivé trop tard ?

COMINIUS. — Oui, si vous ne revenez pas couvert du
sang d'autrui, mais du vôtre.

MARCIUS, *embrassant Cominius.* — Oh! laissez-moi
vous étreindre d'un bras aussi énergique que quand je
faisais l'amour, sur un cœur aussi joyeux qu'au jour
de mes noces, quand les flambeaux m'éclairèrent jusqu'au lit conjugal!

COMINIUS. — Fleur des guerriers, qu'est devenu
Titus Lartius ?

MARCIUS. — Il est occupé à rendre des décrets,
condamnant les uns à mort, les autres à l'exil, rançon-
nant celui-ci, graciant ou menaçant celui-là, tenant
Corioles au nom de Rome, comme un humble lévrier
en laisse, qu'il peut lâcher à volonté.

COMINIUS. — Où est le drôle qui m'a dit qu'on vous avait chassés jusqu'à vos retranchements ? Où est-il ? Qu'on l'appelle !

MARCIUS. — Laissez-le tranquille : il a rapporté la vérité. Quant à nos gentilshommes de la canaille (fi ! des tribuns pour eux !), jamais la souris n'a fui le chat comme ils ont lâché pied devant des gueux pires qu'eux-mêmes.

COMINIUS. — Mais comment avez-vous eu le dessus ?

MARCIUS. — Est-ce le moment de le dire ? Je ne le crois pas... Où est l'ennemi ? Êtes-vous maîtres de la plaine ? Sinon, pourquoi vous reposez-vous avant de l'être ?

COMINIUS. — Marcius, nous avons le désavantage du combat, et nous faisons retraite pour assurer notre succès.

MARCIUS. — Quel est leur ordre de bataille ? Savez-vous en quel endroit ils ont placé leurs meilleurs soldats ?

COMINIUS. — Autant que j'en puis juger, Marcius, les bandes qui sont au front de leur bataille sont les Antiates, leur élite, commandés par Aufidius, le cœur même de leur espérance.

MARCIUS. — Je vous adjure, par tous les combats où nous avons guerroyé, par le sang que nous avons versé ensemble, par nos vœux d'éternelle amitié, mettez-moi droit à l'encontre d'Aufidius et de ses Antiates ; ne laissez pas échapper le moment ; mais, remplissant l'air d'épées et de lances en arrêt, mettons l'heure présente à l'épreuve.

COMINIUS. — Je pourrais souhaiter que vous fussiez conduit à un bain salutaire et que des baumes vous fussent appliqués ; mais je n'ose jamais repousser vos demandes. Choisissez donc ceux qui peuvent le mieux aider à votre entreprise.

MARCIUS. — Ce sont tous ceux qui ont la meilleure volonté. Si parmi ces hommes il en est un (et ce serait un péché d'en douter) qui aime la couleur dont vous me voyez fardé, qui craigne moins pour sa personne que pour sa renommée, qui pense qu'une mort vaillante vaut mieux qu'une mauvaise vie, et qui préfère sa patrie à lui-même, que ce brave unique ou tous les braves comme lui expriment leurs sentiments en levant ainsi le bras et suivent Marcius! *(Marcius lève son épée. Tous l'imitent en poussant des acclamations; des soldats jettent leurs bonnets en l'air et veulent porter Marcius en triomphe. Marcius les repousse.)* Oh! laissez-moi! me prenez-vous pour une épée? Si ces démonstrations ne sont pas des semblants, qui de vous ne vaut pas quatre Volsques? Pas un de vous qui ne puisse opposer au grand Aufidius un bouclier aussi inflexible que le sien! Je dois, en vous remerciant tous, ne choisir qu'un certain nombre. Les autres soutiendront l'action dans un autre combat, quand l'occasion l'exigera. Veuillez vous mettre en marche; et que quatre d'entre vous désignent pour mon expédition les hommes les plus dispos!

COMINIUS. — En avant, camarades! Prouvez que cette démonstration est sérieuse, et vous aurez, comme nous, votre part dans le triomphe. *(Ils sortent.)*

SCÈNE VII

Devant les portes de Corioles.

TITUS LARTIUS, *ayant posté des sentinelles aux portes de Corioles, sort de la ville au son du tambour et de la trompette, pour aller se joindre à Cominius et à Marcius. Il apparaît, accompagné d'*UN LIEUTENANT, *d'un piquet de soldats et d'*UN ÉCLAIREUR.

LARTIUS. — Ainsi, que les portes soient gardées! Exécutez les ordres que je vous ai remis. Si j'envoie, expédiez les centuries à notre secours : le reste suffira pour tenir quelque temps. Si nous sommes battus en campagne, nous ne pourrons garder la ville.

LE LIEUTENANT. — Ne doutez pas de notre vigilance, monsieur.

LARTIUS. — Rentrez, et fermez vos portes sur nous. *(Le lieutenant se retire. A l'éclaireur.)* Allons! guide, conduis-nous au camp romain.

SCÈNE VIII

Un champ de bataille, entre le camp romain et le camp volsque.

Alarme. Entrent MARCIUS *et* AUFIDIUS.

MARCIUS. — Je ne veux combattre qu'avec toi, car je te hais plus qu'un parjure.

AUFIDIUS. — Nous avons haine égale. L'Afrique n'a pas de serpent que j'abhorre plus que ton importune gloire. Fixe ton pied !

MARCIUS. — Que le premier qui bouge meure esclave de l'autre, et que les Dieux le damnent ensuite !

AUFIDIUS. — Si je fuis, Marcius, relance-moi comme un lièvre.

MARCIUS. — Il y a trois heures à peine, Tullus, que je combattais seul dans votre ville de Corioles ; j'ai fait ce que j'ai voulu. Ce n'est pas de mon sang que tu me vois ainsi masqué. Venge-toi donc, et tords ta valeur jusqu'au suprême effort.

AUFIDIUS. — Quand tu serais Hector, le héros dont se targue votre race, tu ne m'échapperais pas ici. *(Ils se battent. Des Volsques viennent au secours d'Aufidius.)* Auxiliaires plus officieux que vaillants, vous me faites honte par votre injurieuse assistance. *(Les Volsques sortent en combattant, poursuivis par Marcius.)*

SCÈNE IX

Le camp romain.

Alarme. La retraite est sonnée au loin. Fanfares. Entrent, d'un côté, COMINIUS *et des Romains ; de l'autre côté,* MARCIUS, *le bras en écharpe, suivi d'autres Romains.*

COMINIUS. — Si je te disais tout ce que tu as fait aujourd'hui, tu ne croirais pas à tes actes. Mais je

raconterai cela ailleurs, et, en m'écoutant, des sénateurs mêleront les larmes aux sourires; d'illustres
patriciens commenceront par hausser les épaules et
finiront par s'extasier; des dames frissonneront d'épouvante et de joie, avides de m'entendre encore; et les
sombres tribuns, qui, à l'égal des plébéiens infects,
détestent ta grandeur, s'écrieront à contrecœur : *Nous
remercions les Dieux d'avoir donné à notre Rome un
pareil soldat !* Tu es venu prendre ta part de notre festin, comme si tu n'avais pas déjà assouvi ta vaillance.

> *Entre Titus Lartius, ramenant son armée de
> la poursuite de l'ennemi.*

LARTIUS, *montrant Coriolan à Cominius.* — O général, voici le coursier; nous sommes le caparaçon.
Avez-vous vu ?

MARCIUS. — Assez, je vous prie ! Ma mère, qui a bien
le droit de vanter son sang, m'afflige quand elle me
loue. J'ai fait, comme vous, ce que j'ai pu, animé,
comme vous, par l'amour de ma patrie. Quiconque a
prouvé sa bonne volonté a accompli autant que moi.

COMINIUS. — Vous ne serez pas le tombeau de votre
mérite. Il faut que Rome sache la valeur des siens. Ce
serait une réticence pire qu'un larcin, et comme une
calomnie, de cacher vos actions et de taire des exploits
que la louange doit porter aux nues, pour n'être que
modeste. Permettez-moi donc, je vous conjure, pour
rendre hommage à ce que vous êtes, et non pour récom-
penser ce que vous avez fait, de haranguer l'armée
devant vous.

MARCIUS. — J'ai quelques blessures sur le corps, et
elles me cuisent quand je les entends rappeler.

COMINIUS. — Si elles étaient oubliées, elles pourraient s'envenimer par l'ingratitude et se gangrener
mortellement. De tous les chevaux que nous avons
pris (et il y en a quantité d'excellents), de tout le butin
que nous avons conquis sur le champ de bataille et
dans la cité, nous vous offrons le dixième : prélevez-le
donc, avant la distribution générale, à votre volonté.

MARCIUS. — Je vous remercie, général; mais je ne
puis décider mon cœur à accepter pour mon épée un

loyer mercenaire : je le refuse, et je ne veux que la part revenant à tous ceux qui ont assisté à l'affaire. *(Longues fanfares. Tous crient : « Marcius! Marcius! » en agitant leurs casques et leurs lances. Cominius et Lartius restent tête découverte.)* Puissent ces instruments, que vous profanez ainsi, perdre à jamais leur son! Si les tambours et les trompettes se changent en flatteurs sur le champ de bataille, que les cours et les cités ne soient plus que grimaçante adulation! Si l'acier s'amollit comme la soie du parasite, que celle-ci devienne notre cuirasse de guerre! Assez, vous dis-je! Parce que je n'ai pas lavé mon nez qui saignait, parce que j'ai terrassé quelque débile pauvret, ce qu'ont fait obscurément beaucoup d'entre vous, vous m'exaltez, de vos acclamations hyperboliques, comme si mon faible mérite voulait être mis au régime des louanges frelatées par le mensonge!

Cominius. — C'est trop de modestie; vraiment vous êtes plus cruel pour votre gloire que reconnaissant envers nous qui vous glorifions sincèrement. Résignez-vous : si vous vous emportez contre vous-même, nous vous traiterons comme un furieux qui médite sa propre destruction, et nous vous garrotterons pour pouvoir en sûreté raisonner avec vous... Qu'il soit donc connu du monde entier, comme de nous, qu'à Caïus Marcius appartient la palme de cette victoire! En témoignage de quoi je lui donne, tout harnaché, mon noble destrier si connu dans le camp; et désormais, pour ce qu'il a fait devant Corioles, appelons-le, aux applaudissements et aux acclamations de toute l'armée, Caius Marcius Coriolan!... Puisse-t-il toujours porter noblement ce surnom! *(Fanfares, tambours et trompettes.)*

Tous. — Caïus Marcius Coriolan!

Coriolan. — Je vais me laver, et, quand mon visage sera net, vous verrez bien si je rougis ou non. N'importe! je vous remercie. Je m'engage à monter votre coursier, et, en tout temps, à soutenir aussi haut que je pourrai le beau nom dont vous me couronnez.

Cominius. — Sur ce, à notre tente! Avant de nous reposer, il nous faut écrire nos succès à Rome... Vous, Titus Lartius, retournez à Corioles, et envoyez-nous à

Rome les notables de la ville, qui traiteront avec nous pour leurs intérêts et les nôtres.

LARTIUS. — J'obéirai, monseigneur.

CORIOLAN. — Les Dieux commencent à se jouer de moi. Moi qui tout à l'heure refusais des présents royaux, je suis réduit à mendier une faveur de mon général.

COMINIUS. — D'avance elle est accordée... Qu'est-ce?

CORIOLAN. — J'ai logé quelque temps, ici même, à Corioles, chez un pauvre homme qui m'a traité en ami. Je l'ai vu faire prisonnier; il m'a imploré; mais alors Aufidius s'offrait à ma vue, et la fureur a étouffé ma pitié. Je vous demande d'accorder la liberté à mon pauvre hôte.

COMINIUS. — O noble demande!... Fût-il l'égorgeur de mon fils, qu'il soit libre comme le vent! Délivrez-le, Titus.

LARTIUS. — Son nom, Marcius?

CORIOLAN. — Oublié, par Jupiter! Je suis las, et ma mémoire est fatiguée. Est-ce que nous n'avons pas de vin, ici?

COMINIUS. — Allons à notre tente. Le sang se fige sur votre visage : il est temps qu'on y prenne garde. Allons! *(Ils sortent.)*

SCÈNE X

Le camp des Volsques.

Fanfares. Bruit de cornets. Entre TULLUS AUFIDIUS, *couvert de sang, accompagné de deux ou trois* SOL- DATS.

AUFIDIUS. — La ville est prise!

PREMIER SOLDAT. — Elle sera restituée à de bonnes conditions.

AUFIDIUS. — Des conditions! Je voudrais être Romain; car je ne puis plus, en restant Volsque, être ce que je suis... Des conditions! Est-ce qu'un traité peut contenir de bonnes conditions pour celle des parties qui est à la merci de l'autre ?... Cinq fois, Marcius, je me suis battu avec toi; cinq fois tu m'as vaincu; et tu me vaincrais, je le crois, toujours, quand nous nous rencontrerions autant de fois que nous mangeons... Par les éléments! si jamais nous nous trouvons barbe contre barbe, il sera ma victime, ou je serai la sienne. Ma jalousie n'a plus la même loyauté : naguère je comptais l'accabler à force égale, épée contre épée, mais maintenant je le frapperai n'importe comment; ou la rage ou la ruse aura raison de lui.

PREMIER SOLDAT. — C'est le démon.

AUFIDIUS. — Il est plus audacieux, mais moins subtil. Ma valeur est empoisonnée par la souillure qu'il lui a faite : pour lui, elle s'arrachera à son essence. En vain le sommeil, le sanctuaire, le dénuement, la maladie, le temple, le Capitole, les prières des prêtres, l'heure du sacrifice, toutes ces sauvegardes contre la furie opposeront leur privilège et leur impunité vermoulue à ma haine envers Marcius. Partout où je le trouverai, fût-ce chez moi, sous la protection de mon frère, en dépit même du droit hospitalier, je veux plonger dans son cœur ma main farouche! Allez, vous, à la ville, sachez quelle force l'occupe et quels sont les otages destinés pour Rome.

PREMIER SOLDAT. — Est-ce que vous n'y viendrez pas ?

AUFIDIUS. — Je suis attendu dans le bois de cyprès. Je vous en prie (c'est au sud des moulins de la ville, vous savez), revenez me dire comment vont les choses, pour que, sur leur marche, je puisse accélérer la mienne.

PREMIER SOLDAT. — J'obéirai, monsieur. *(Ils sortent.)*

ACTE II

SCÈNE PREMIÈRE

Rome. — Une rue.

Entrent MÉNÉNIUS, SICINIUS *et* BRUTUS.

MÉNÉNIUS. — L'augure me dit que nous aurons des nouvelles ce soir.

BRUTUS. — Bonnes ou mauvaises ?

MÉNÉNIUS. — Peu conformes aux vœux du peuple, car il n'aime pas Marcius.

SICINIUS. — La nature apprend aux animaux mêmes à reconnaître leurs amis.

MÉNÉNIUS. — Et qui donc le loup aime-t-il, je vous prie ?

SICINIUS. — L'agneau.

MÉNÉNIUS. — Oui, pour le dévorer, comme vos plébéiens affamés voudraient dévorer le noble Marcius.

BRUTUS. — Lui! c'est un agneau, en effet, qui bêle comme un ours.

MÉNÉNIUS. — C'est un ours, en effet, qui vit comme un agneau. Vous êtes deux vieillards : répondez-moi à ce que je vais vous demander.

LES DEUX TRIBUNS. — Voyons, monsieur.

MÉNÉNIUS. — Quel pauvre défaut a donc Marcius, qui ne se retrouve pas énorme chez vous ?

BRUTUS. — Marcius n'a pas de pauvre défaut : il est gorgé de tous les vices.

SICINIUS. — Spécialement d'orgueil.

BRUTUS. — Et surtout de jactance.

MÉNÉNIUS. — Voilà qui est étrange. Savez-vous comment vous êtes jugés tous les deux ici, dans la cité, j'entends par nous, les gens du bel air ? Le savez-vous ?

Les Deux Tribuns. — Eh bien! comment sommes-nous jugés ?

Ménénius. — Puisque vous parlez d'orgueil... Vous ne vous fâcherez pas ?

Les Deux Tribuns. — Dites, dites, monsieur, dites!

Ménénius. — D'ailleurs, peu importe; car le plus mince filou de prétexte est capable de vous dépouiller de toute votre patience. Lâchez les rênes de votre humeur, et fâchez-vous à plaisir, du moins si c'est un plaisir pour vous de vous fâcher. Vous reprochez à Marcius d'être orgueilleux ?

Brutus. — Nous ne sommes pas seuls à le faire, monsieur.

Ménénius. — Je sais que vous savez faire bien peu de choses, seuls : il vous faut nombre d'assistances, sans quoi vos actions seraient merveilleusement rares; vos facultés sont trop dans l'enfance pour que, seuls, vous puissiez faire beaucoup. Vous parlez d'orgueil, besaciers! Oh! si vous pouviez jeter vos regards par-dessus vos épaules et faire la revue intérieure de vos personnes! Oh! si vous le pouviez...

Brutus. — Eh bien! après, monsieur ?

Ménénius. — Eh bien! vous apercevriez deux magis-trats (*alias*, deux sots) incapables, orgueilleux, violents et têtus, comme personne à Rome.

Sicinius. — Vous aussi, Ménénius, vous êtes suffi-samment connu.

Ménénius. — Je suis connu pour être un patricien de belle humeur, aimant une coupe de vin ardent que n'a pas refroidi une goutte du Tibre; ayant, dit-on, le léger défaut de céder au premier élan; vif et prenant feu à la plus triviale excitation; un mortel, enfin, plus familier avec la fesse de la nuit qu'avec le front de l'aurore. Ce que je pense, je le dis, et je dépense toute ma malice en paroles. Quand je rencontre des hommes d'État tels que vous (je ne puis vraiment pas vous appeler des Lycurgues), si la boisson que vous m'offrez affecte mon palais désagréablement, je fais une grimace. Je ne puis dire que Vos Seigneuries ont bien élucidé la matière, quand je vois l'ânerie entrer comme ingrédient dans la majeure partie de vos phrases; et, quoiqu'il me faille tolérer ceux qui disent que vous êtes des hommes graves et vénérables, ils n'en ont pas moins menti par la gorge, ceux qui déclarent que vous avez bonne mine. Est-ce parce que vous voyez tout ça dans la carte de mon microcosme que vous me trouvez suffisamment connu? Quel vice votre aveugle sagacité découvret-elle dans mon caractère, si, comme vous dites, je suis suffisamment connu?

BRUTUS. — Allons, monsieur, allons! nous vous connaissons suffisamment.

MÉNÉNIUS. — Vous ne connaissez ni moi, ni vous, ni quoi que ce soit. Vous ambitionnez les coups de chapeau et les courbettes des pauvres hères; vous épuisez toute une sainte matinée à ouïr une chicane entre une vendeuse d'oranges et un marchand de canules, et vous ajournez cette controverse de trois oboles à une seconde audience. Quand vous entendez une discussion entre deux parties, s'il vous arrive d'être pincés par la colique, vous faites des figures de mascarade, vous arborez le drapeau rouge contre toute patience, et, hurlant après un pot de chambre, vous renvoyez l'affaire sanglante, embrouillée de plus belle par votre intervention; et tout l'accord que vous établissez entre les plaideurs, c'est de les traiter l'un et l'autre de fripons. Vous êtes un couple étrange!

BRUTUS. — Allez, allez! on sait fort bien que vous êtes plus parfait comme farceur à table que nécessaire comme législateur au Capitole.

MÉNÉNIUS. — Nos prêtres eux-mêmes deviendraient moqueurs, s'ils rencontraient des objets aussi ridicules que vous. Ce que vous dites de plus sensé ne vaut pas la peine de remuer vos barbes; et ce serait faire à vos barbes de trop nobles obsèques que d'en rembourrer le coussin d'un ravaudeur ou de les ensevelir dans le bât d'un âne. Et vous osez dire que Marcius est fier, lui qui, estimé au plus bas, vaut tous vos prédécesseurs depuis Deucalion, parmi lesquels les meilleurs peut-être ont été bourreaux de père en fils. Le bonsoir à Vos Révérences! Ma cervelle serait infectée par une plus longue conversation avec vous, pâtres des bestiaux plébéiens. J'oserai prendre congé de vous. *(Brutus et Sicinius se retirent au fond de la scène.)*

Entrent Volumnie, Virgilie, Valérie et leurs suivantes.

Eh bien! mes belles, mes nobles dames (et la Lune, descendue sur terre, ne serait pas plus noble), où suivez-vous si vite vos regards?

VOLUMNIE. — Honorable Ménénius, mon fils Marcius approche; pour l'amour de Junon, partons!

MÉNÉNIUS. — Ha! Marcius revient?

VOLUMNIE. — Oui, digne Ménénius, dans le plus éclatant triomphe.

MÉNÉNIUS, *jetant son bonnet en l'air*. — Reçois mon bonnet, Jupiter; je te remercie. Ho! ho! Marcius revient!

VOLUMNIE. — Tenez! voici une lettre de lui; le gouvernement en a une autre, sa femme une autre; et je crois qu'à la maison il y en a une pour vous.

MÉNÉNIUS. — Je veux mettre le branle-bas chez moi toute la nuit : une lettre pour moi!

VIRGILIE. — Oui, certainement, il y a une lettre pour vous; je l'ai vue.

MÉNÉNIUS. — Une lettre pour moi! Voilà qui me donne un fonds de santé pour sept années, pendant lesquelles je vais faire la nique au médecin. Comparée à ce cordial, la plus souveraine prescription de Galien n'est qu'une drogue d'empirique, ne valant guère mieux qu'une médecine de cheval... Est-ce qu'il n'est pas blessé? Il avait coutume de revenir blessé.

VIRGILIE. — Oh! non, non, non.

VOLUMNIE. — Oh! il est blessé! et j'en rends grâce aux Dieux.

MÉNÉNIUS. — Moi aussi, s'il ne l'est pas trop. Les blessures lui vont bien... Rapporte-t-il la victoire dans sa poche?

VOLUMNIE. — Sur son front, Ménénius : il revient pour la troisième fois avec la couronne de chêne.

MÉNÉNIUS. — A-t-il corrigé Aufidius solidement?

VOLUMNIE. — Titus Lartius a écrit qu'ils se sont battus, mais qu'Aufidius a échappé.

MÉNÉNIUS. — Et il était temps pour lui, je le garantis ; s'il avait tenu bon, il eût été étrillé comme je ne voudrais pas l'être pour tous les coffres de Corioles et ce qu'il y a d'or dedans. Le Sénat est-il informé de tout cela ?

VOLUMNIE. — Mesdames, partons... Oui, oui, oui : le Sénat a eu des lettres du général qui attribuent à mon fils tout l'honneur de la guerre : il a, dans cette campagne, dépassé du double ses premières prouesses.

VALÉRIE. — En vérité, on dit de lui des choses prodigieuses.

MÉNÉNIUS. — Prodigieuses ! oui ; mais je vous garantis qu'il a bien payé pour ça !

VIRGILIE. — Les Dieux veuillent qu'elles soient vraies !

VOLUMNIE. — Vraies ? Ah ! bon !

MÉNÉNIUS. — Vraies ? Je jurerais qu'elles sont vraies... Où est-il blessé ? *(Aux tribuns qui s'avancent.)* Dieu garde Vos Révérences ! Marcius revient : il a de nouveaux sujets d'orgueil. *(A Volumnie.)* Où est-il blessé ?

VOLUMNIE. — A l'épaule et au bras gauches. Il aura là de larges cicatrices à montrer au peuple, quand il réclamera le poste qui lui est dû. A l'expulsion de Tarquin il reçut sept blessures.

MÉNÉNIUS. — Une au cou et deux à la cuisse. Je lui en connais neuf.

VOLUMNIE. — Avant cette dernière expédition, il avait sur lui vingt-cinq blessures.

MÉNÉNIUS. — A présent c'est vingt-sept. Chaque balafre a été la tombe d'un ennemi. *(Fanfares et acclamations.)* Écoutez ! les trompettes !

VOLUMNIE. — Ce sont les émissaires de Marcius : devant lui il porte le fracas, et derrière lui il laisse les larmes. La mort, ce noir esprit, réside dans son bras nerveux : il s'élève, retombe, et alors des hommes meurent.

> *Symphonie. Les trompettes sonnent. Arrivent Cominius et Titus Lartius ; entre eux Coriolan, couronné d'une guirlande de chêne, et suivi d'officiers et de soldats. Un héraut le précède.*

LE HÉRAUT. — Sache, Rome, que Marcius a combattu seul dans les murs de Corioles et y a gagné avec honneur le surnom de Coriolan, qui fera dans la gloire cortège à Caïus Marcius. Sois le bienvenu à Rome, illustre Coriolan! *(Fanfare)*.

TOUS. — Bienvenu à Rome, illustre Coriolan!

CORIOLAN. — Assez! cela me fait mal au cœur! Assez, je vous en prie!

COMINIUS, *montrant Volumnie*. — Voyez donc, monsieur! Votre mère!

CORIOLAN. — Oh! vous avez, je le sais, imploré les Dieux pour ma prospérité. *(Il plie le genou.)*

VOLUMNIE. — Debout, mon vaillant soldat, debout! Mon doux Marcius, mon digne Caïus, mon héros nommé à nouveau par la gloire... Comment donc? n'est-ce pas Coriolan qu'il faut que je t'appelle?... Mais regarde ta femme! *(Virgilie pleure de joie.)*

CORIOLAN, *à Virgilie*. — Salut, mon gracieux silence! Aurais-tu donc ri, si j'étais revenu dans un cercueil, toi qui pleures de me voir triompher? Ah! ma chère, elles ont ces yeux-là, les veuves de Corioles et les mères qui ont perdu leurs fils.

MÉNÉNIUS. — Qu'aujourd'hui les Dieux te couronnent!

CORIOLAN. — Vous voilà donc encore! *(A Valérie.)* O ma charmante dame, pardon!

VOLUMNIE. — Je ne sais de quel côté me tourner. *(Saluant Lartius.)* Oh! soyez le bienvenu. *(A Cominius.)* Le bienvenu, général!... Soyez les bienvenus tous.

MÉNÉNIUS. — Cent mille fois bienvenus! Je pourrais pleurer, et je pourrais rire; je suis allègre et accablé. *(A Coriolan.)* Le bienvenu! Qu'une malédiction frappe aux racines du cœur quiconque n'est pas heureux de te voir!... Vous êtes trois dont Rome devrait raffoler: pourtant, au témoignage de tous, nous avons ici, chez nous, de vieux sauvageons sur lesquels on ne saurait enter la moindre sympathie pour vous. N'importe! soyez les bienvenus, guerriers! Une ortie ne s'appellera jamais qu'ortie, et le défaut d'un sot que sottise.

COMINIUS. — Toujours le même.

CORIOLAN. — Ménénius, toujours, toujours!

LE HÉRAUT, *à la foule.* — Faites place là, et avancez.

CORIOLAN, *à sa femme et à sa mère.* — Votre main!... et la vôtre! Avant que j'aille abriter ma tête sous notre toit, il faut que je fasse visite à ces bons patriciens qui m'ont accablé de compliments et d'honneurs!

VOLUMNIE. — J'ai assez vécu pour voir mettre le comble à mes plus chers désirs et à l'édifice de mes rêves. Il n'y manque plus qu'une seule chose, et je ne doute pas que notre Rome ne te la confère.

CORIOLAN. — Sachez-le, ma bonne mère, j'aime mieux les servir à ma guise que les commander à la leur.

COMINIUS. — En marche! au Capitole! *(Fanfares de cornets. Le cortège sort, comme il est entré. Tous se retirent, excepté les deux tribuns.)*

BRUTUS. — Toutes les bouches parlent de lui, et toutes les vues troubles mettent des besicles pour le voir. La nourrice bavarde laisse son poupon geindre dans des convulsions, tandis qu'elle jase de lui; la souillon de cuisine fixe son plus beau fichu autour de son cou enfumé et grimpe aux murs pour l'apercevoir. Les auvents, les bornes, les fenêtres sont encombrés, les gouttières remplies, les pignons surchargés de figures diverses, toutes pareillement attentives à le voir. Les flamines, qui se montrent si rarement, fendent le flot populaire et s'essoufflent pour conquérir une place vulgaire. Nos dames, se dévoilant, abandonnent le blanc et le rose, qui luttent sur leurs joues délicates, aux licencieux ravages des baisers brûlants de Phébus. C'est une cohue! On dirait que le Dieu qui le guide, quel qu'il soit, s'est furtivement insinué dans sa personne mortelle et donne de la grâce à ses allures.

SICINIUS. — Du coup, je le garantis consul.

BRUTUS. — Alors notre autorité risque fort de sommeiller durant son gouvernement.

SICINIUS. — Il n'aura pas la modération d'exercer ses fonctions dans les limites où elles doivent commencer et finir; mais il perdra le pouvoir même qu'il a conquis.

BRUTUS. — C'est ce qui doit nous rassurer.

SICINIUS. — N'en doutez pas : les gens du peuple que

nous représentons, mus par leurs anciennes rancunes, oublieront à la moindre occasion ses titres récents ; et cette occasion, je suis sûr que lui-même se fera gloire de la leur fournir.

BRUTUS. — Je l'ai entendu jurer que, s'il briguait le consulat, il ne voudrait jamais paraître en place publique, affublé des vêtements râpés du suppliant, ni, comme c'est l'usage, montrer ses blessures aux plébéiens pour mendier leurs voix puantes.

SICINIUS. — C'est vrai.

BRUTUS. — Ce sont ses paroles. Oh ! il aimerait mieux renoncer à la charge que de l'obtenir autrement que par les vœux des gentilshommes et le désir des nobles.

SICINIUS. — Tout ce que je souhaite, c'est qu'il persiste dans cette idée et qu'il la mette à exécution.

BRUTUS. — Il est très probable qu'il le fera.

SICINIUS. — Le résultat sera pour lui, comme le veulent nos intérêts, une destruction certaine.

BRUTUS. — Et tel il doit être pour lui ou pour notre autorité. Dans ce but, rappelons sourdement aux plébéiens quelle haine Marcius a toujours eue pour eux ; comment, s'il l'avait pu, il aurait fait d'eux des bêtes de somme, réduit au silence leurs défenseurs et confisqué leurs franchises, ne leur accordant pas, en fait d'action et de capacité humaines, une âme plus élevée, plus apte aux choses de ce monde, qu'à ces chameaux de guerre qui reçoivent leur pitance pour porter des fardeaux, et une volée de coups pour avoir plié sous le faix.

SICINIUS. — Cette idée, suggérée dans une occasion où son insolence déchaînée offensera le peuple (et les occasions ne manqueront pas, pour peu qu'on l'excite, chose aussi aisée que de lancer un chien sur un troupeau), suffira à allumer le feu de paille qui doit, en flamboyant, le noircir à jamais.

Entre un messager.

BRUTUS. — Qu'y a-t-il ?

LE MESSAGER. — Vous êtes mandés au Capitole. On croit que Marcius sera consul. J'ai vu les muets se presser pour le voir, et les aveugles pour l'entendre. Les

matrones lui jetaient leurs gants, les dames et les jeunes
filles leurs écharpes et leurs mouchoirs, quand il pas-
sait ; les nobles s'inclinaient comme devant la statue de
Jupiter ; et les gens du commun lançaient une grêle de
bonnets, un tonnerre d'acclamations. Je n'ai jamais
rien vu de pareil.

BRUTUS. — Allons au Capitole, ayant l'œil et
l'oreille aux aguets, le cœur à la hauteur des événements !

SICINIUS. — Je vous accompagne. *(Ils sortent.)*

SCÈNE II

La salle du Sénat, au Capitole.

Entrent DEUX OFFICIERS, *qui posent des coussins.*

PREMIER OFFICIER. — Vite ! vite ! ils sont tout près
d'ici... Combien y a-t-il de candidats pour le consulat ?

DEUXIÈME OFFICIER. — Trois, dit-on ; mais chacun
pense que Coriolan l'emportera.

PREMIER OFFICIER. — C'est un brave compagnon,
mais il est diantrement fier, et il n'aime pas le commun
peuple.

DEUXIÈME OFFICIER. — Ma foi ! il y a nombre de
grands personnages qui ont flatté le peuple et ne l'ont
jamais aimé ; et il en est d'autres que le peuple a aimés
sans savoir pourquoi. Or, si le peuple aime sans savoir
pourquoi, il peut haïr sans meilleur motif. Donc, en ne
se souciant ni de sa haine ni de son amour, Coriolan
prouve qu'il connaît à fond sa disposition, et il le lui
fait bien voir par sa noble indifférence.

PREMIER OFFICIER. — S'il ne se souciait ni de la haine
ni de l'amour des plébéiens, il lui serait égal de leur faire
du bien ou du mal ; mais il met plus de zèle à rechercher
leur haine qu'ils n'en peuvent mettre à la lui accorder ;
il ne néglige rien pour se déclarer ouvertement leur
ennemi. Or, affecter ainsi de provoquer leur rancune

et leur colère, c'est un tort aussi grave que celui qu'il
réprouve, les flatter pour être aimé d'eux.

DEUXIÈME OFFICIER. — Il a bien mérité de sa patrie.
Il ne s'est pas élevé par de trop faciles degrés, comme
ceux qui, à force de souplesse et de courtoisie envers le
peuple, ont gagné leurs insignes sans avoir rien fait
d'ailleurs pour s'assurer son estime et sa faveur. Mais,
lui, il a arboré ses titres à tous les yeux, ses exploits
dans tous les cœurs, si bien qu'il y aurait une coupable
ingratitude à garder le silence et à ne pas avouer la
vérité : la contester serait une médisance, qui se démen-
tirait d'elle-même en soulevant partout la réprobation
et le murmure.

PREMIER OFFICIER. — N'en parlons plus : c'est un
digne homme. Faisons place : les voici.

> *Symphonie. Entrent, précédés de licteurs, le
> consul Cominius, Ménénius, Coriolan, un
> grand nombre d'autres sénateurs, puis Sici-
> nius et Brutus. Les sénateurs s'asseyent sur
> leurs sièges respectifs; les tribuns s'asseyent
> à part.*

MÉNÉNIUS. — Ayant décidé l'affaire des Volsques
et le rappel de Titus Lartius, il nous reste, et c'est le
principal objet de cette réunion supplémentaire, à
reconnaître les nobles services de celui qui a si bien
combattu pour son pays. Veuillez donc, vénérables et
graves Anciens, inviter le consul actuel, notre général
dans cette heureuse campagne, à nous parler un peu
des nobles exploits accomplis par Caïus Marcius Coriolan, que nous sommes venus ici remercier et récom-
penser par des honneurs dignes de lui.

PREMIER SÉNATEUR. — Parlez, bon Cominius.
N'omettez aucun détail, et obligez-nous à confesser
plutôt l'impuissance de l'État à s'acquitter que la
défaillance de notre gratitude. (*Aux tribuns.*) Chefs du
peuple, nous réclamons votre plus bienveillante attention, et ensuite votre favorable intervention auprès du
peuple pour le faire adhérer à ce qui se décidera ici.

SICINIUS. — Nous sommes rassemblés pour une cordiale entente; et nous sommes de tout cœur disposés à
honorer et à exalter le héros de cette réunion.

BRUTUS. — Et nous serons d'autant plus ravis de le faire, s'il s'attache désormais à témoigner pour le peuple une plus affectueuse estime que par le passé.

MÉNÉNIUS. — C'est de trop! c'est de trop! Vous auriez mieux fait de garder le silence. Vous plaît-il d'écouter Cominius ?

BRUTUS. — Très volontiers. Mais pourtant mon observation était plus convenable que votre boutade.

MÉNÉNIUS. — Il aime vos plébéiens; mais ne le forcez pas à coucher avec eux. Digne Cominius, parlez. *(A Coriolan qui se lève pour sortir.)* Non! gardez votre place.

PREMIER SÉNATEUR. — Asseyez-vous, Coriolan; ne rougissez pas d'entendre ce que vous avez fait de glorieux.

CORIOLAN. — Que Vos Seigneuries me pardonnent! J'aimerais mieux avoir de nouveau à panser mes blessures que d'entendre dire comment je les ai reçues.

BRUTUS. — Monsieur, ce ne sont pas, j'espère, mes paroles qui vous arrachent à votre siège ?

CORIOLAN. — Non, monsieur. Souvent néanmoins les paroles m'ont fait fuir, moi que les coups ont toujours fait rester. Vous ne m'avez pas flatté et, partant, pas blessé. Quant à votre peuple, je l'aime comme il le mérite.

MÉNÉNIUS. — Je vous en prie, asseyez-vous.

CORIOLAN. — J'aimerais mieux me faire gratter la tête au soleil, tandis que sonnerait la fanfare d'alarme, que d'entendre, paresseusement assis, faire un monstre de mon néant. *(Il sort.)*

MÉNÉNIUS, *aux tribuns.* — Chefs du peuple, comment voulez-vous qu'il flatte votre fretin populaire, où il y a un homme de bien sur mille, quand, comme vous voyez, il aimerait mieux exposer tous ses membres à accomplir un exploit qu'une seule de ses oreilles à l'entendre raconter ?... Parlez, Cominius.

COMINIUS. — L'haleine me manquera : les actes de Coriolan ne sauraient être dits d'une voix débile... On convient que la valeur est la vertu suprême, celle qui ennoblit le plus; si cela est, l'homme dont je parle n'a

pas dans le monde un égal qui lui fasse contrepoids. A
seize ans, quand Tarquin se jeta sur Rome, il se signala
plus que tous. Notre dictateur d'alors, que je désigne
avec admiration, le vit combattre et, avec un menton
d'amazone, chasser devant lui maintes moustaches
hérissées : il couvrit de son corps un Romain terrassé,
et, sous les yeux du consul, occit trois ennemis; il
provoqua Tarquin lui-même, et d'un coup le mit à
genoux. En ce jour de prouesses, à un âge où il eût pu
jouer les femmes sur la scène, il se montra le plus vaillant dans la mêlée, et en récompense fut couronné de
chêne. Après cette entrée virile dans l'adolescence, il
est devenu grand comme une mer; depuis lors, il a,
dans le choc de dix-sept batailles, soustrait la palme à
tous les glaives. Quant à ses derniers exploits devant et
dans Corioles, je dois avouer que je ne puis en parler
dignement. Il a arrêté les fuyards, et, par son rare
exemple, forcé le lâche à rire de sa terreur. Comme les
goémons devant un vaisseau à la voile, les hommes
fléchissaient et tombaient sous son sillage. Son glaive,
sceau de la mort, partout laissait une empreinte. De la
tête aux pieds, c'était un spectre sanglant dont chaque
mouvement était marqué par un cri d'agonie. Seul, il a
franchi l'enceinte meurtrière de la ville, qu'il a rougie
de trépas inévitables, est sorti sans aide, puis, revenant
avec un brusque renfort, est tombé sur Corioles, comme
une planète. Dès lors, tout était à lui. Mais bientôt le
bruit d'un combat a frappé son oreille fine; aussitôt
son âme surexcitée a rendu force à sa chair fatiguée : il
s'est élancé vers le champ de bataille, qu'il a parcouru
sur un monceau fumant de vies humaines tombées
dans son incessant ravage, et, avant que nous fussions
maîtres de la plaine et de la ville, il ne s'est pas arrêté
un moment pour reprendre haleine.

MÉNÉNIUS. — Digne homme!

PREMIER SÉNATEUR. — Il est à la hauteur de tous les
honneurs que nous pouvons imaginer pour lui.

COMINIUS. — Il a rejeté du pied notre butin, et
dédaigné les choses les plus précieuses, comme si elles
étaient le rebut grossier du monde; il convoite moins
que l'avarice même ne donnerait; il trouve la récom-

pense de ses actions dans leur accomplissement et se
contente de vivre en employant la vie.

MÉNÉNIUS. — Il est vraiment noble. Qu'on le rappelle!

PREMIER SÉNATEUR. — Qu'on appelle Coriolan!

UN OFFICIER. — Il va paraître.

Rentre Coriolan.

MÉNÉNIUS. — Coriolan, c'est le bon plaisir du
Sénat de te faire consul.

CORIOLAN. — Je lui dois à jamais ma vie et mes services.

MÉNÉNIUS. — Il ne vous reste plus qu'à parler au
peuple.

CORIOLAN. — Je vous conjure de me dispenser de cet
usage, car je ne pourrai jamais revêtir l'humble robe et,
tête nue, supplier le peuple de m'accorder ses suffrages
pour mes blessures; permettez que je n'en fasse rien.

SICINIUS. — Monsieur, le peuple doit avoir son vote :
il ne retranchera pas un détail du cérémonial.

MÉNÉNIUS. — Ne le laissez pas épiloguer; je vous en
prie, conformez-vous à la coutume, et, comme l'ont
fait vos prédécesseurs, acceptez votre élévation dans la
forme voulue.

CORIOLAN. — C'est une comédie que je rougirais de
jouer et dont on devrait bien priver le peuple.

BRUTUS, *à Sicinius*. — Remarquez-vous ?

CORIOLAN. — Moi! me targuer devant eux d'avoir
fait ceci et cela, leur montrer des blessures anodines
que je devrais cacher, comme si je ne les avais reçues
que pour le salaire de leurs murmures élogieux!

MÉNÉNIUS. — N'insistez pas... Tribuns du peuple,
nous recommandons nos vœux à votre intercession. Et
à notre noble consul nous souhaitons joie et honneur.

LES SÉNATEURS. — Joie et honneur à Coriolan!
(Fanfare. Tous sortent, excepté les deux tribuns.)

BRUTUS. — Vous voyez comme il entend traiter le
peuple!

SICINIUS. — Puissent les plébéiens pénétrer ses intentions! Il va les requérir en homme indigné de ce qu'ils
aient le pouvoir de lui accorder sa requête.

BRUTUS. — Allons les instruire de ce que nous avons fait ici : c'est sur la place publique qu'ils nous attendent, je le sais. *(Ils sortent.)*

SCÈNE III

Le Forum.

Entrent PLUSIEURS CITOYENS.

PREMIER CITOYEN. — Bref, s'il demande nos voix, nous ne devons pas les lui refuser.

DEUXIÈME CITOYEN. — Nous le pouvons, monsieur, si nous voulons.

TROISIÈME CITOYEN. — Nous en avons le pouvoir, mais c'est un pouvoir dont nous ne sommes pas en pouvoir d'user ; car, s'il nous montre ses blessures et nous raconte ses actes, nous sommes tenus de donner nos voix à ces blessures-là et de parler pour elles. Oui, s'il nous raconte ses nobles actions, nous devons à notre tour lui exprimer notre noble reconnaissance. L'ingratitude est chose monstrueuse ; et si la multitude était ingrate, elle ferait un monstre de la multitude ; et nous, qui en sommes membres, nous en deviendrions par notre faute les membres monstrueux.

PREMIER CITOYEN. — Nous n'aurons pas de peine à le confirmer dans cette opinion sur nous ; car, une fois, quand nous nous sommes soulevés à propos du blé, il n'a pas hésité à nous appeler le monstre aux mille têtes.

TROISIÈME CITOYEN. — Nous avons reçu ce nom bien des fois, non pas parce qu'il y a parmi nous des têtes blondes, brunes, châtaines ou chauves, mais parce que nos esprits sont des nuances les plus disparates. Et je crois vraiment que, quand toutes nos pensées sortiraient du même crâne, elles s'envoleraient à l'est, à l'ouest, au nord, au sud, unanimes seulement pour se disperser à tous les points de l'horizon.

DEUXIÈME CITOYEN. — Vous croyez ça ? Eh bien ! de quel côté pensez-vous que s'envolerait ma pensée ?

TROISIÈME CITOYEN. — Dame! votre pensée sortirait moins vite que celle d'un autre, tant elle est rudement chevillée à votre trogne; mais si elle se dégageait, elle irait sûrement droit au sud.

DEUXIÈME CITOYEN. — Pourquoi de ce côté ?

TROISIÈME CITOYEN. — Pour s'évanouir dans le brouillard; puis, après s'être fondue aux trois quarts avec les brumes putrides, elle reviendrait consciencieusement vous aider à trouver une femme.

DEUXIÈME CITOYEN. — Toujours vos plaisanteries!... A votre aise, à votre aise!

TROISIÈME CITOYEN. — Êtes-vous tous résolus à lui donner vos voix ?... Mais n'importe! c'est la majorité qui décide. Je déclare que, s'il était favorable au peuple, il n'y aurait pas un plus digne homme.

Entrent Coriolan et Ménénius.

Le voici qui vient, vêtu de la robe d'humilité; observez son attitude. Ne restons pas tous ensemble; mais passons près de lui un à un, ou par groupes de deux ou trois. Il doit nous requérir individuellement; chacun de nous se fera tour à tour distinguer de lui en lui donnant son suffrage de vive voix. Suivez-moi donc, et je vous ferai défiler devant lui.

TOUS. — D'accord! d'accord! *(Ils sortent.)*

MÉNÉNIUS. — Oh! vous avez tort, seigneur : ne savez-vous pas que les plus nobles personnages l'ont fait ?

CORIOLAN. — Que faut-il que je dise ?... *Je vous prie, monsieur...* Peste soit du compliment! Je ne pourrai jamais mettre ma langue à cette allure-là! *Voyez, monsieur.... mes blessures. Je les ai eues au service de mon pays, alors que nombre de vos frères se sauvaient en hurlant au bruit de nos propres tambours.*

MÉNÉNIUS. — O Dieux! ne dites rien de cela : vous devez les prier de songer à vous.

CORIOLAN. — De songer à moi! Les pendards! J'aime mieux qu'ils m'oublient, comme les vertus que nos prêtres leur prêchent en pure perte.

MÉNÉNIUS. — Vous allez tout gâter. Je vous laisse.

Je vous en prie, je vous en prie, parlez-leur d'une façon raisonnable. *(Il sort.)*

CORIOLAN. — Dites-leur de se laver le visage et de se nettoyer les dents! *(Passent deux citoyens.)* Allons! en voici un couple. *(Au premier citoyen.)* Monsieur, vous savez la cause de mon apparition ici?

PREMIER CITOYEN. — Oui, monsieur. Dites-nous ce qui vous y a amené.

CORIOLAN. — Mon propre mérite.

DEUXIÈME CITOYEN. — Votre propre mérite?

CORIOLAN. — Et non mon propre désir.

PREMIER CITOYEN. — Ah! et non votre propre désir?

CORIOLAN. — Non, monsieur, ce n'a jamais été mon désir de solliciter l'aumône du pauvre.

PREMIER CITOYEN. — Vous devez bien penser que, si nous vous donnons quelque chose, c'est dans l'espoir de faire sur vous un profit.

CORIOLAN. — Dites-moi donc alors, je vous prie, à quel prix vous mettez le consulat.

PREMIER CITOYEN. — Au prix d'une demande polie.

CORIOLAN. — Polie?... Daignez me l'accorder, monsieur : j'ai des blessures que je puis vous montrer en particulier. Votre bonne voix, monsieur! Que répondez-vous?

DEUXIÈME CITOYEN. — Vous l'aurez, digne sire.

CORIOLAN. — Marché conclu, monsieur!... Voilà déjà deux voix honorables de mendiées... J'ai vos aumônes. Adieu!

PREMIER CITOYEN. — Voilà qui est un peu étrange.

DEUXIÈME CITOYEN. — Si c'était à recommencer!... Mais n'importe! *(Les deux citoyens s'éloignent.)*

Passent deux autres citoyens.

CORIOLAN. — De grâce! si mon élévation au consulat est d'accord avec le ton de vos voix, remarquez que je porte la robe d'usage.

TROISIÈME CITOYEN. — Vous avez bien mérité et vous n'avez pas bien mérité de votre patrie.

CORIOLAN. — Le mot de votre énigme?

TROISIÈME CITOYEN. — Vous avez été la discipline de

ses ennemis et le fléau de ses amis : en effet, vous n'avez jamais aimé le commun peuple.

Coriolan. — Je devrais être, à votre compte, d'autant plus vertueux que je n'ai pas eu d'affection commune. Pourtant, monsieur, je consens à flatter les gens du peuple, mes frères jurés, afin d'obtenir d'eux une plus cordiale estime. Puisqu'ils tiennent ce procédé pour aimable, puisque dans leur sagesse ils préfèrent les mouvements de mon chapeau à ceux de mon cœur, je veux m'exercer au hochement le plus insinuant, et les aborder en parfait pantomime; c'est-à-dire, monsieur, que je mimerai les gracieusetés enchanteresses de quelque homme populaire, et les prodiguerai généreusement aux amateurs. En conséquence, je vous conjure de me nommer consul.

Quatrième Citoyen. — Nous espérons trouver en vous un ami, et en conséquence nous vous donnons nos voix de tout cœur.

Troisième Citoyen. — Vous avez reçu bien des blessures pour votre pays ?

Coriolan. — Il est inutile que je vous les montre pour mettre le sceau à vos informations. Je ferai grand cas de vos voix, et, sur ce, je ne veux pas vous déranger plus longtemps.

Les Deux Citoyens. — Les Dieux vous tiennent en joie, monsieur! De tout cœur! *(Ils s'éloignent.)*

Coriolan. — Voix exquises!... Mieux vaut mourir, mieux vaut se laisser affamer que d'avoir à implorer un salaire déjà mérité. Pourquoi viens-je ici, sous cette robe de loup, solliciter de Paul, de Jacques, du premier venu, un inutile assentiment ? Parce que l'usage m'y oblige! Ah! si nous faisions en tout ce que veut l'usage, la poussière immuable joncherait les âges séculaires, et l'erreur montueuse s'accumulerait si haut que jamais la vérité ne se dégagerait!... Plutôt que de jouer cette parade, laissons les honneurs de l'office suprême aller à qui veut les obtenir ainsi... J'ai à demi traversé l'épreuve : puisque j'en ai subi une moitié, soutenons-en l'autre. *(Passent trois autres citoyens.)* Voici venir de nouvelles voix!... Vos voix!... Pour vos voix j'ai combattu; pour vos voix j'ai veillé; pour vos voix j'ai reçu plus de vingt-quatre blessures, j'ai vu et entendu le choc de dix-huit batailles; pour vos voix j'ai fait maintes choses plus ou moins recommandables. Vos voix!... Vraiment, je voudrais être consul.

CINQUIÈME CITOYEN. — Il s'est noblement conduit, et il doit réunir les voix de tous les honnêtes gens.

SIXIÈME CITOYEN. — Qu'il soit donc consul! Les Dieux le tiennent en joie et fassent de lui l'ami du peuple!

TOUS. — Amen! amen!... Dieu te garde, noble consul! *(Ils s'éloignent.)*

CORIOLAN. — Les dignes voix! *(Ménénius revient avec Brutus et Sicinius.)*

MÉNÉNIUS, *à Coriolan.* — Vous avez achevé votre stage; et les tribuns vous décernent la voix du peuple. Il ne vous reste plus qu'à revêtir les insignes officiels et à vous présenter sur-le-champ au Sénat.

CORIOLAN. — Tout est-il fini?

SICINIUS. — Vous avez satisfait aux usages de la candidature. Le peuple vous admet, et est convoqué pour confirmer tout à l'heure votre élection.

CORIOLAN. — Où? au Sénat?

SICINIUS. — Là même, Coriolan.

CORIOLAN. — Alors, puis-je changer de vêtements?

SICINIUS. — Oui, monsieur.

CORIOLAN. — Je vais le faire immédiatement, et, redevenu moi-même, me rendre au Sénat.

MÉNÉNIUS. — Je vous accompagnerai. *(Aux tribuns.)* Venez-vous?

BRUTUS. — Nous attendons le peuple ici même.

SICINIUS. — Adieu! *(Sortent Coriolan et Ménénius.)* Il a réussi, et je vois à sa mine que son cœur en est tout enflammé.

BRUTUS. — Avec quelle arrogance il portait son humble accoutrement!... Voulez-vous congédier le peuple? *(Les citoyens reviennent.)*

SICINIUS. — Eh bien! mes maîtres, vous avez donc choisi cet homme?

PREMIER CITOYEN. — Il a nos voix, monsieur.

BRUTUS. — Fassent les Dieux qu'il mérite vos sympathies!

DEUXIÈME CITOYEN. — Ainsi soit-il, monsieur ! Selon ma pauvre et chétive opinion, il se moquait de nous quand il demandait nos voix.

TROISIÈME CITOYEN. — Certainement. Il s'est absolument gaussé de nous.

PREMIER CITOYEN. — Non, il ne s'est pas moqué de nous ; c'est sa manière de parler.

DEUXIÈME CITOYEN. — Tous, excepté vous, nous disons qu'il nous a traités insolemment : il aurait dû nous montrer les marques de son mérite, les blessures qu'il a reçues pour sa patrie.

SICINIUS. — Allons ! il les a montrées, j'en suis sûr.

TOUS. — Non ! personne ne les a vues.

TROISIÈME CITOYEN. — Il a dit qu'il avait des blessures qu'il pouvait montrer en particulier. Puis, agitant son chapeau de ce geste dédaigneux : *Je désire être consul,* a-t-il dit. *La coutume ancienne ne permet pas de l'être sans vos voix : vos voix donc !* La chose une fois accordée par nous, il a ajouté : *Je vous remercie pour vos voix... je vous remercie pour vos voix exquises... Maintenant que vous avez lâché vos voix, je n'ai plus affaire à vous.* N'était-ce pas là se moquer ?

SICINIUS. — Comment avez-vous été assez ignares pour ne pas voir cela, ou, le voyant, assez puérilement débonnaires pour lui accorder vos voix ?

BRUTUS. — Ne pouviez-vous pas lui dire, selon la leçon qui vous était faite, que, quand il n'avait pas de pouvoir, quand il n'était qu'un serviteur subalterne de l'État, il était votre ennemi, pérorait sans cesse contre les libertés et les privilèges qui vous sont attribués dans le corps social ; que désormais, parvenu à un poste puissant, au gouvernement de l'État, s'il continuait perfidement à rester l'adversaire acharné des plébéiens, vos voix pourraient bien retomber en malédictions sur vous-mêmes ? Vous auriez dû lui dire que, si ses vaillants exploits étaient des titres à ce qu'il sollicitait, il n'en devait pas moins vous être reconnaissant de vos suffrages et transformer en amour sa malveillance envers vous, pour devenir votre affectueux protecteur.

SICINIUS. — Ce langage, qu'on vous avait conseillé, aurait servi à sonder son âme et à éprouver ses dispo-

sitions; il aurait arraché de lui de gracieuses promesses
dont vous pouviez vous prévaloir au gré des circonstances; ou bien il aurait piqué au vif sa nature har-
gneuse, qui ne se laisse pas aisément lier par des conditions; et, après l'avoir ainsi mis en rage, vous auriez
pris avantage de sa colère pour le renvoyer non élu.

BRUTUS. — Si vous avez remarqué le franc dédain
avec lequel il vous sollicitait, quand il avait besoin de
vos sympathies, croyez-vous que ses mépris ne seront
pas accablants pour vous quand il aura le pouvoir de
vous écraser ? Quoi! dans toutes vos poitrines, pas un
cœur ne battait donc ? Vous n'aviez donc de langues
que pour insulter à l'autorité de la raison ?

SICINIUS. — N'avez-vous pas déjà refusé maint sol-
liciteur ? Et voilà qu'aujourd'hui un homme qui ne
vous sollicite pas, qui vous bafoue, obtient de vous des
suffrages implorés par tant d'autres!

TROISIÈME CITOYEN. — Il n'est pas confirmé : nous
pouvons le refuser encore.

DEUXIÈME CITOYEN. — Et nous le refuserons.
J'aurai pour cela cinq cents voix unanimes.

PREMIER CITOYEN. — Et moi, j'en aurai mille,
grossies par des voix amies.

BRUTUS. — Allez immédiatement dire à ces amis
qu'ils ont choisi un consul qui leur enlèvera leurs libertés et ne leur laissera d'autre voix que celle des chiens,
qui si souvent se font battre en aboyant, quoique élevés à aboyer.

SICINIUS. — Qu'ils s'assemblent, et qu'après un
examen plus réfléchi, tous révoquent ce choix inconsi-
déré! Faites valoir son orgueil et sa vieille haine contre
vous; rappelez, en outre, avec quelle arrogance il
portait ses humbles vêtements, avec quelle insolence il
vous sollicitait. Mais dites que vos sympathies acquises
à ses services vous ont empêchés de remarquer son
attitude présente, dont l'ironique impertinence était
inspirée par la haine invétérée qu'il vous porte.

BRUTUS. — Rejetez la faute sur nous, vos tribuns, en
disant que nous nous sommes efforcés, écartant tout
obstacle, de faire tomber votre choix sur lui.

SICINIUS. — Dites qu'en l'élisant vous étiez guidés

par nos injonctions plutôt que par votre inclination
véritable, et que, l'esprit préoccupé de ce qu'on vous
pressait de faire plutôt que de ce que vous deviez faire,
vous l'avez à contrecœur désigné pour consul. Rejetez
la faute sur nous.

BRUTUS. — Oui! ne nous épargnez pas. Dites que
nous vous avons représenté dans maintes harangues les
services que, tout jeune, il a rendus à son pays et qu'il
ne cesse de lui rendre, l'illustration de sa race, de la
noble maison des Marcius, dont est sorti cet Ancus
Marcius, fils de la fille de Numa, qui fut roi ici après le
grand Hostilius; de cette maison dont étaient Publius
et Quintus, qui ont fait conduire ici notre meilleure
eau, et ce glorieux ancêtre, Censorinus, si noblement
surnommé pour avoir été deux fois censeur.

SICINIUS. — Descendu de tels aïeux, digne par ses
actes personnels des plus hauts emplois, il avait été
recommandé par nous à votre gratitude; mais vous
avez reconnu, en pesant bien sa conduite présente et
passée, qu'il est votre ennemi acharné, et vous révoquez votre choix irréfléchi.

BRUTUS. — Dites que vous ne l'auriez jamais élu
sans notre suggestion; insistez continuellement là-dessus; et sur-le-champ, dès que vous serez en nombre,
rendez-vous au Capitole.

PLUSIEURS CITOYENS. — Oui, oui... Presque tous se
repentent de leur choix. (Tous les citoyens se retirent.)

BRUTUS. — Laissez-les faire. Mieux vaut courir les
risques de cette émeute qu'en attendre une plus forte
d'un avenir plus que douteux. Si, comme sa nature l'y
porte, il s'exaspère de leur refus, observons et mettons
à profit sa colère.

SICINIUS. — Au Capitole! allons! Nous serons là
avant le flot du peuple; et l'on attribuera à lui seul ce
qu'il n'aura fait qu'à notre instigation.

ACTE III

SCÈNE PREMIÈRE

Les abords du Capitole.

Fanfares. Entrent Coriolan, Ménénius, Cominius, Titus Lartius, *des* sénateurs *et des* patriciens.

Coriolan. — Tullus Aufidius a donc fait un nouveau coup de tête ?

Lartius. — Oui, monseigneur; et c'est ce qui nous a décidés à hâter notre transaction.

Coriolan. — Ainsi, les Volsques ont repris leur attitude première, prêts, au gré des circonstances, à se jeter de nouveau sur nous ?

Cominius. — Ils sont tellement épuisés, seigneur consul, que notre génération ne reverra sans doute pas flotter leurs bannières.

Coriolan. — Avez-vous vu Aufidius ?

Lartius. — Il est venu me trouver avec un sauf-conduit, et a déblatéré contre les Volsques, pour avoir si lâchement cédé leur ville. Il s'est retiré à Antium.

Coriolan. — A-t-il parlé de moi ?

Lartius. — Oui, monseigneur.

Coriolan. — Qu'a-t-il dit ?

Lartius. — Que vous vous étiez souvent mesurés glaive à glaive; que votre personne est ce qu'au monde il abhorre le plus; que volontiers il engagerait sa fortune dans un hasard désespéré pour pouvoir se dire votre vainqueur.

Coriolan. — C'est à Antium qu'il s'est fixé ?

Lartius. — A Antium.

Coriolan. — Je voudrais avoir une occasion d'aller

l'y chercher pour affronter sa haine. *(A Lartius.)*
Soyez le bienvenu.

Entrent Sicinius et Brutus.

Regardez! voici les tribuns du peuple, les bouches de
la voix populaire. Je les méprise, car ils se drapent dans
une autorité qui défie toute noble patience.

SICINIUS, *barrant le chemin à Coriolan.* — N'allez
pas plus loin.

CORIOLAN. — Eh! qu'est-ce à dire ?

BRUTUS. — Il y aurait danger à avancer : n'allez pas
plus loin.

CORIOLAN. — Quelle est la cause de ce revirement ?

MÉNÉNIUS. — La raison ?

COMINIUS, *montrant Coriolan.* — N'est-il pas l'élu
des nobles et de la commune ?

BRUTUS. — Non, Cominius.

CORIOLAN. — N'ai-je obtenu que des voix d'enfants ?

PREMIER SÉNATEUR. — Tribuns, rangez-vous : il va
se rendre sur la place publique.

BRUTUS. — Le peuple est exaspéré contre lui.

SICINIUS. — Arrêtez, ou tout s'écroule dans une
catastrophe.

CORIOLAN. — Voilà donc votre troupeau! Sont-ils
dignes d'avoir une voix ceux qui peuvent accorder
leurs suffrages et les rétracter aussitôt ? Qu'est-ce donc
que votre autorité ? Puisque vous êtes leurs bouches,
que ne contenez-vous leurs dents ? N'est-ce pas vous
qui les avez irrités ?

MÉNÉNIUS. — Du calme! du calme!

CORIOLAN. — C'est un parti pris, un complot prémé-
dité d'enchaîner la volonté de la noblesse. Souffrez
cela, et il vous faudra vivre avec des gens qui ne sauront pas plus commander qu'obéir.

BRUTUS. — Ne parlez pas de complot. Le peuple
s'indigne de ce que vous l'avez bafoué, de ce que
récemment, quand le blé lui a été distribué gratis, vous
avez murmuré et calomnié les orateurs du peuple, en
les traitant de complaisants, de flagorneurs, d'ennemis
de toute noblesse.

CORIOLAN. — Bah! c'était une chose déjà connue.

BRUTUS. — Pas de tous.

CORIOLAN. — C'est donc vous qui la leur avez rapportée ?

BRUTUS. — Comment! Je la leur ai rapportée ?

CORIOLAN. — Vous êtes bien capables d'un pareil acte.

BRUTUS. — Nous ne sommes pas incapables, en tout cas, d'actes supérieurs aux vôtres.

CORIOLAN. — Pourquoi donc alors serais-je consul ? Par ces nuées là-haut! si je puis seulement démériter autant que vous, qu'on me fasse votre collègue au tribunat!

SICINIUS. — Vous affectez trop une insolence qui agace le peuple. Si vous tenez à atteindre le but que vous vous proposez, demandez d'un ton plus doux le droit chemin dont vous vous écartez; sans quoi vous ne serez jamais élevé au consulat, ni même attelé avec Brutus au tribunat.

MÉNÉNIUS. — Soyons calmes.

COMINIUS. — Le peuple est trompé, égaré... Cette chicane est indigne de Rome; et Coriolan n'a pas mérité qu'un si injurieux obstacle fût jeté perfidement sur la voie ouverte à son mérite.

CORIOLAN. — Vous me parlez de blé ? Voici ce que j'ai dit, et je vais le répéter.

MÉNÉNIUS. — Pas maintenant, pas maintenant!

PREMIER SÉNATEUR. — Pas dans cette effervescence, seigneur!

CORIOLAN. — Si fait. Sur ma vie! je parlerai... J'implore le pardon de mes nobles amis. Quant à la multitude inconstante et infecte, qu'elle se mire dans ma franchise et s'y reconnaisse! Je répète qu'en la cajolant, nous nourrissons contre notre Sénat les semences de rébellion, d'insolence et de révolte que nous avions déjà jetées et semées dans le sillon en frayant avec les plébéiens, nous, les gens d'élite, à qui appartiendraient toutes les dignités et tous les pouvoirs si nous ne les avions en partie livrés à ces mendiants.

MÉNÉNIUS. — Assez, de grâce!

Premier Sénateur. — Taisez-vous, nous vous en supplions!

Coriolan. — Comment, me taire! J'ai versé mon sang pour mon pays sans craindre aucune résistance extérieure. Rien n'empêchera que mes poumons ne forgent jusqu'à épuisement des imprécations contre ces ladres dont le contact nous dégoûte et dont nous faisons tout ce qu'il faut pour attraper la lèpre.

Brutus. — Vous parlez du peuple, comme si vous étiez un Dieu pour punir, et non un homme infirme comme nous.

Sicinius. — Il serait bon que nous le fissions savoir au peuple.

Ménénius, à Sicinius. — Voyons, voyons! Un mouvement de colère!

Coriolan. — De colère? Quand je serais aussi calme que le sommeil de minuit, par Jupiter! ce serait encore mon sentiment.

Sicinius. — C'est un sentiment empoisonné qu'il faut laisser dans son réceptacle, pour qu'il n'empoisonne pas autrui.

Coriolan. — Qu'il faut laisser? Entendez-vous ce Triton du fretin? Remarquez-vous son impérieux *il faut*?

Cominius. — Ce langage est légal.

Coriolan. — *Il faut!* O bons, mais trop imprudents patriciens, ô graves, mais imprévoyants sénateurs, pourquoi avez-vous ainsi permis à cette hydre de choisir un représentant qui, avec un mot péremptoire, lui, simple trompette et porte-voix du monstre ose prétendre qu'il détournera dans un fossé le cours de votre autorité et fera son lit du vôtre? S'il a le pouvoir, alors humiliez votre autorité; sinon, secouez votre dangereuse indulgence. Si vous êtes éclairés, n'agissez pas comme de vulgaires insensés; si vous ne l'êtes pas, qu'ils aient des coussins près de vous! Vous êtes plébéiens, s'ils sont sénateurs; et ils le sont du moment où, leur suffrage étant mêlé au vôtre, c'est le leur qui prédomine. Ils choisissent un magistrat; et celui qu'ils choisissent peut opposer son *il le faut*, son populaire *il le faut*, à une réunion de fronts graves comme n'en vit jamais la Grèce. Par Jupiter! voilà qui avilit les consuls. Et mon âme souffre, en voyant dans ce conflit de deux autorités rivales combien vite le désordre peut se glisser entre elles et les détruire l'une par l'autre.

COMINIUS. — Allons! rendons-nous à la place publique.

CORIOLAN. — Quant à ceux qui ont conseillé de distribuer gratuitement le blé des greniers publics, ainsi qu'on faisait parfois en Grèce...

MÉNÉNIUS. — Bon, bon, assez!

CORIOLAN. — (Et rappelons-nous qu'en Grèce le peuple avait une puissance plus absolue), je dis qu'ils n'ont fait que nourrir la désobéissance et fomenter la ruine de la chose publique.

BRUTUS. — Eh quoi! le peuple donnerait ses suffrages à un homme qui parle ainsi?

CORIOLAN. — Je donnerai mes raisons, qui certes valent mieux que ses suffrages. Vos plébéiens savent que cette distribution de blé n'était pas une récompense, sûrs, comme ils le sont, de n'avoir rendu aucun service qui la justifie. Réclamés pour la guerre, au moment même où l'État était atteint aux entrailles, ils n'ont pas voulu franchir les portes; et un pareil service ne méritait pas le blé gratis. Pendant la guerre, les mutineries et les révoltes, par lesquelles s'est manifestée surtout leur vaillance, n'ont pas parlé en leur faveur. Les calomnies qu'ils ont souvent lancées contre le Sénat, pour des motifs mort-nés, n'ont certes pas pu engendrer chez nous une libéralité si généreuse. Quelle en est donc la cause? En quelle explication l'estomac multiple de la foule peut-il digérer la courtoisie du Sénat? Ses actes expriment assez ce que doivent être ses paroles : « Nous avons demandé cela; nous sommes la masse la plus nombreuse; et c'est par pure frayeur qu'ils ont accédé à notre requête. » Ainsi nous ravalons la dignité de nos sièges, en autorisant la plèbe à traiter de frayeur notre sollicitude! Un jour, grâce à cette concession, nous verrons forcer les portes du Sénat, et l'essaim des corbeaux s'abattre sur les aigles.

MÉNÉNIUS. — Allons, assez!

BRUTUS. — C'est assez, et c'est trop.

CORIOLAN. — Non! vous m'entendrez encore. Que l'invocation à toutes les puissances divines et humaines soit le sceau de mes dernières paroles!... Là où le gouvernement est double; là où un parti ayant tout droit de dédaigner l'autre parti est insulté par lui sans raison; là où la noblesse, le rang, l'expérience, ne peuvent rien décider que par le oui et le non de l'ignorance populaire, la société voit négliger ses intérêts réels, et est livrée à l'instabilité du désordre : de cette opposition à tout propos il résulte que rien ne se fait à propos. Aussi je vous adjure, vous qui êtes plus sages qu'alarmés, vous chez qui l'attachement aux institutions fondamentales de l'État prévaut sur la crainte d'un changement, vous qui préférez une noble existence à une longue, et ne craignez pas de secouer par un remède dangereux un malade sûr autrement de mourir, arrachez sur-le-champ la langue à la multitude : qu'elle ne puisse plus lécher le miel dont elle s'empoisonne! Votre avilissement mutile la juste raison, et prive le gouvernement de l'unité qui lui est nécessaire : il le rend impuissant à faire le bien, en le soumettant au contrôle du mal.

BRUTUS. — Il en a dit assez.

SICINIUS. — Il a parlé comme un traître et subira la peine des traîtres.

CORIOLAN. — Misérable! que le mépris t'écrase!... Qu'a besoin le peuple de ces chauves tribuns? Il s'appuie sur eux pour refuser obéissance à la plus haute magistrature. C'est dans une rébellion, où la nécessité, et non l'équité, fit loi, qu'ils ont été élus. A une heure plus propice, déclarons nécessaire ce qui est équitable, et renversons leur pouvoir dans la poussière.

BRUTUS. — Trahison manifeste!

SICINIUS. — Lui, consul? Jamais!

BRUTUS. — Édiles, holà!... Qu'on l'appréhende!

SICINIUS, *à Brutus.* — Allez appeler le peuple... (*Brutus sort.*) Au nom duquel je t'arrête, moi, comme un traître novateur, un ennemi du bien public. Obéis, je te l'ordonne, et suis-moi pour rendre tes comptes. (*Il s'avance sur Coriolan.*)

CORIOLAN. — Arrière, vieux bouc!

LES SÉNATEURS ET LES PATRICIENS. — Nous sommes tous sa caution.

COMINIUS, *à Sicinius*. — Vieillard, à bas les mains!

CORIOLAN. — Arrière, vieux squelette! ou je fais sauter tes os de tes vêtements. *(Il repousse la main de Sicinius.)*

SICINIUS. — Au secours, citoyens! *(Brutus revient, suivi des édiles et d'une foule de citoyens.)*

MÉNÉNIUS. — Des deux côtés, plus de modération!

SICINIUS, *montrant Coriolan*. — Voici l'homme qui veut vous enlever tout votre pouvoir.

BRUTUS. — Saisissez-le, édiles.

LES CITOYENS. — A bas! à bas!

DEUXIÈME SÉNATEUR. — Des armes, des armes, des armes! *(Tous se pressent autour de Coriolan.)* Tribuns! patriciens! citoyens! holà! ho! Sicinius! Brutus! Coriolan! citoyens!

LES CITOYENS. — Silence, silence, silence! Arrêtez! halte! Silence!

MÉNÉNIUS. — Que va-t-il se passer?... Je suis hors d'haleine. Le cataclysme approche : je ne puis parler... Ah! tribuns du peuple! Coriolan, patience!... Parlez, bon Sicinius.

SICINIUS. — Peuple, écoutez-moi! Silence!

LES CITOYENS. — Écoutons notre tribun : silence!... Parlez, parlez, parlez!

SICINIUS. — Vous êtes sur le point de perdre vos libertés : Marcius veut vous les enlever toutes, Marcius, que vous venez de nommer consul.

MÉNÉNIUS. — Fi donc! fi donc! C'est le moyen d'attiser le feu, non de l'éteindre.

PREMIER SÉNATEUR. — De bouleverser et d'abattre la cité!

SICINIUS. — Qu'est-ce que la cité, sinon le peuple?

LES CITOYENS. — C'est vrai : la cité, c'est le peuple.

BRUTUS. — Du consentement de tous, nous avons été institués les magistrats du peuple.

LES CITOYENS. — Et vous resterez nos magistrats.

MÉNÉNIUS. — Tout le fait croire.

CORIOLAN. — Autant renverser la cité, en abattre les

toits jusqu'aux fondements, et ensevelir les rangées encore distinctes de ses édifices sous un monceau de ruines!

SICINIUS. — Ceci mérite la mort.

BRUTUS. — Maintenons notre autorité, ou nous la perdons. Nous déclarons ici, au nom du peuple dont nous sommes les représentants élus, que Marcius a mérité une mort immédiate.

SICINIUS. — En conséquence, qu'on s'empare de lui, qu'on l'emmène à la roche Tarpéienne, et que de là on le précipite dans l'abîme!

BRUTUS. — Édiles, saisissez-le.

LES CITOYENS. — Rends-toi, Marcius, rends-toi.

MÉNÉNIUS. — Laissez-moi dire un mot. Tribuns, je vous en conjure, écoutez-moi! Rien qu'un mot!

LES ÉDILES. — Silence! silence!

MÉNÉNIUS, *aux tribuns*. — Soyez ce que vous semblez être, les vrais amis de votre pays, et procédez par la modération au redressement que vous voulez effectuer ainsi par la violence.

BRUTUS. — Monsieur, ces moyens calmes, qui semblent de prudents remèdes, sont de vrais empoisonnements quand le mal est violent. *(Aux édiles.)* Empoignez-le, et menez-le à la roche.

CORIOLAN. — Non! Je veux mourir ici. *(Il tire son épée. Aux plébéiens.)* Il en est parmi vous qui m'ont vu combattre. Allons! éprouvez sur vous-mêmes ce bras qui vous est connu.

MÉNÉNIUS. — Abaissez cette épée... Tribuns, retirez-vous un moment.

BRUTUS, *aux édiles*. — Empoignez-le. *(Les édiles s'avancent sur Coriolan.)*

MÉNÉNIUS. — Au secours de Marcius! Au secours, vous tous qui êtes nobles! Au secours, jeunes et vieux!

LES CITOYENS. — A bas Coriolan! à bas Coriolan! *(Les patriciens couvrent Coriolan. Les tribuns, les édiles et le peuple sont repoussés. Tumulte.)*

MÉNÉNIUS, *à Coriolan*. — Allez, rentrez chez vous; partez vite, ou tout est à néant.

DEUXIÈME SÉNATEUR. — Partez.

CORIOLAN. — Tenons ferme : nous avons autant d'amis que d'ennemis.

MÉNÉNIUS. — En viendra-t-on là ?

PREMIER SÉNATEUR. — Aux Dieux ne plaise! *(A Coriolan.)* Je t'en prie, noble ami, rentre chez toi; laisse-nous le soin de cette affaire.

MÉNÉNIUS. — C'est pour nous tous une plaie que vous ne sauriez panser vous-même : partez, je vous en conjure.

COMINIUS. — Allons! seigneur, venez avec nous.

CORIOLAN. — Je voudrais qu'ils fussent des barbares... (eh! ils le sont, quoique mis bas à Rome), au lieu d'être des Romains... (Eh! ils ne le sont pas, quoiqu'ils pullulent sous le porche du Capitole.)

MÉNÉNIUS. —Partez! N'exhalez pas en paroles votre noble fureur. Ce moment nous doit une revanche.

CORIOLAN. — Sur un terrain loyal, je pourrais battre quarante d'entre eux.

MÉNÉNIUS. — Je me chargerais à moi seul d'étriller deux des plus braves, oui, les deux tribuns.

COMINIUS. — Mais maintenant les forces sont démesurément inégales; et la valeur devient folie, quand elle s'oppose à un édifice croulant... Éloignez-vous, avant le retour de cette canaille. Sa rage s'exaspère, comme un torrent, devant l'obstacle et déborde les digues faites pour la contenir.

MÉNÉNIUS. — Je vous en prie, partez. Je vais éprouver si mon reste d'esprit peut agir sur des gens qui en ont si peu; il faut raccommoder la chose avec une étoffe de n'importe quelle couleur.

COMINIUS. — Allons! partons. *(Sortent Coriolan, Cominius et d'autres.)*

PREMIER PATRICIEN. — Cet homme a compromis sa fortune.

MÉNÉNIUS. — Sa nature est trop noble pour ce monde : il ne flatterait pas Neptune sous la menace du trident, ni Jupiter sous le coup de la foudre. Sa bouche, c'est son cœur : ce que forge son sein, il faut que ses lèvres le crachent; et, dans la colère, il oublie jusqu'au nom de la mort. *(Tumulte lointain.)* Voilà de la belle besogne!

DEUXIÈME PATRICIEN. — Je voudrais qu'ils fussent tous au lit!

MÉNÉNIUS. — Je voudrais qu'ils fussent tous dans le Tibre!... Pourquoi diantre ne pouvait-il pas leur parler doucement ?

Reviennent Brutus et Sicinius, suivis de la foule.

SICINIUS. — Où est ce reptile qui voulait dépeupler la cité, et, seul, y être tout le monde ?

MÉNÉNIUS. — Dignes tribuns...

SICINIUS. — Il va être précipité de la roche Tarpéienne par des mains rigoureuses : il a résisté à la loi; et aussi la loi, sans autre forme de procès, le livre à la sévérité de la puissance publique, qu'il a bravée.

PREMIER CITOYEN. — Il apprendra que les nobles tribuns sont la bouche du peuple, et que nous sommes ses bras.

TOUS. — Oui, certes, il l'apprendra.

MÉNÉNIUS. — Monsieur! monsieur!

SICINIUS. — Silence!

MÉNÉNIUS. — Ne criez pas hallali! quand vous devriez modérer votre meute.

SICINIUS. — Comment se fait-il, monsieur, que vous ayez aidé à cette évasion ?

MÉNÉNIUS. — Laissez-moi parler : si je connais les qualités du consul, je puis aussi dire ses défauts...

SICINIUS. — Du consul ? Quel consul ?

MÉNÉNIUS. — Le consul Coriolan.

BRUTUS. — Lui, consul ?

LES CITOYENS. — Non, non, non, non, non.

MÉNÉNIUS. — Avec la permission des tribuns et la vôtre, bon peuple, j'implore la faveur de dire un mot ou deux : le pis qui vous en puisse advenir sera la perte d'un moment.

SICINIUS. — Parlez donc brièvement; car nous sommes déterminés à en finir avec cette vipère, avec ce traître! A le bannir il n'y aurait que des dangers; le garder ici, ce serait notre perte certaine : il est donc arrêté qu'il mourra ce soir.

MÉNÉNIUS. — Aux Dieux bons ne plaise que notre

illustre Rome, dont la gratitude envers ses fils méritants a pour registre le livre même de Jupiter, en vienne, mère dénaturée, à dévorer ses enfants!

SICINIUS. — C'est un mal qui doit être coupé à la racine.

MÉNÉNIUS. — Oh! ce n'est qu'un membre malade : le couper serait mortel, le guérir est aisé. Quel tort a-t-il eu envers Rome, qui mérite la mort ? Celui de tuer nos ennemis ? Le sang qu'il a perdu (et il en a perdu, j'ose le dire, bien plus qu'il ne lui en reste), il l'a versé pour son pays. Si son pays lui faisait perdre le reste, ce serait pour nous tous, complices ou témoins, l'infamie jusqu'à la fin du monde.

SICINIUS. — Tout cela porte à faux.

BRUTUS. — Complètement à côté. Tant qu'il a aimé son pays, son pays l'a honoré.

SICINIUS. — Le pied une fois gangrené, on ne tient pas compte des services qu'il a rendus.

BRUTUS. — Nous n'écouterons plus rien. Poursuivons-le et arrachons-le de chez lui : empêchons que son infection, contagieuse par nature, ne se propage.

MÉNÉNIUS. — Un mot encore, un mot! Dès que cette rage à bonds de tigre reconnaîtra la folie d'un élan irréfléchi, elle voudra, mais trop tard, attacher des poids de plomb à ses talons. Procédez dans les formes. Craignez, comme Coriolan est aimé, de déchaîner les factions, et de faire saccager la grande Rome par des Romains.

BRUTUS. — S'il en était ainsi...

SICINIUS, *à Ménénius.* — Que rabâchez-vous ? N'avons-nous pas déjà un exemple de son obéissance ? Nos édiles frappés! nous-mêmes repoussés!... Allons!

MÉNÉNIUS. — Considérez ceci : il a été élevé dans les camps, depuis qu'il peut tenir une épée, et il est mal initié aux secrets du langage : il jette pêle-mêle la farine et le son. Autorisez-moi à aller le trouver, et je me charge de l'amener pour rendre ses comptes pacifiquement, dans la forme légale, à ses risques et périls.

PREMIER SÉNATEUR. — Nobles tribuns, cette marche est la seule humaine; l'autre voie est trop sanglante, et c'est s'engager dans l'inconnu que la prendre.

SICINIUS. — Noble Ménénius, soyez donc comme le représentant du peuple. *(Aux citoyens.)* Déposez vos armes, mes maîtres.

BRUTUS. — Ne rentrez pas encore.

SICINIUS. — Rassemblez-vous sur la place publique. *(A Ménénius.)* C'est là que nous vous attendrons, et, si vous n'amenez pas Marcius, nous procéderons par notre premier moyen.

MÉNÉNIUS. — Je vous l'amènerai. *(Aux sénateurs.)* Laissez-moi solliciter votre compagnie. Il faut qu'il vienne, ou les plus grands malheurs arriveront!

PREMIER SÉNATEUR. — De grâce! allons le trouver. *(Ils sortent.)*

SCÈNE II

Chez Coriolan.

Entrent CORIOLAN *et* LES PATRICIENS.

CORIOLAN. — Quand ils s'acharneraient tous à mes oreilles; quand ils me présenteraient la mort sur la roue ou à la queue des chevaux sauvages; quand ils entasseraient dix collines sur la roche Tarpéienne, en sorte que le précipice s'enfonçât à perte de vue, je serai toujours le même à leur égard.

Entre Volumnie.

PREMIER PATRICIEN. — Vous n'en serez que plus noble.

CORIOLAN. — Je m'étonne que ma mère ne m'approuve pas davantage, elle qui, d'habitude, traitait ces gens-là de serfs à laine, de créatures bonnes à vendre et à acheter quelques oboles, faites pour paraître, tête nue, dans les réunions et rester bouche béante, immobiles de surprise, quand un homme de mon ordre se lève pour traiter de la paix ou de la guerre! *(A Volumnie.)* Je parle de vous. Pourquoi me souhaitez-vous plus de douceur? Me voudriez-vous traître à ma nature? Dites-moi plutôt de paraître l'homme que je suis.

VOLUMNIE. — Oh! seigneur, seigneur, seigneur, j'aurais voulu vous voir fixer solidement votre pouvoir, au lieu de l'user ainsi.

CORIOLAN. — Laissez faire.

VOLUMNIE. — Vous auriez été suffisamment l'homme que vous êtes, en vous efforçant moins de l'être. Vos dispositions eussent rencontré moins d'obstacles, si, pour les révéler, vous aviez attendu qu'ils fussent impuissants à vous résister.

CORIOLAN. — A la potence les drôles!

VOLUMNIE. — Oui, et au bûcher!

Entrent Ménénius et des sénateurs.

MÉNÉNIUS. — Allons, allons! vous avez été trop brusque, un peu trop brusque; il faut revenir avec nous et faire réparation.

PREMIER SÉNATEUR. — Il n'y a pas d'autre remède. Sans cela notre belle cité s'écroule en deux moitiés et périt.

VOLUMNIE. — Laissez-vous persuader. J'ai un cœur aussi peu souple que le vôtre, mais j'ai un cerveau qui sait diriger ma colère au profit de mes intérêts.

MÉNÉNIUS. — Bien dit, noble femme! *(Montrant Coriolan.)* Plutôt que de le voir ainsi fléchir devant la plèbe, si une crise violente n'exigeait ce topique pour le salut de l'État, j'endosserais mon armure, qu'à peine je puis porter.

CORIOLAN. — Que dois-je faire ?

MÉNÉNIUS. — Retourner près des tribuns.

CORIOLAN. — Soit! Et après ? et après ?

MÉNÉNIUS. — Rétracter ce que vous avez dit.

CORIOLAN. — Me rétracter! Je ne saurais le faire pour les Dieux : puis-je donc le faire pour eux ?

VOLUMNIE. — Vous êtes trop absolu; j'approuve l'excès de cette noble hauteur, excepté quand parle la nécessité. Je vous ai ouï dire que l'honneur et l'artifice, comme deux amis inséparables, se soutiennent à la guerre. J'accorde cela; mais dites-moi quel inconvénient s'oppose à ce qu'ils se combinent dans la paix!

CORIOLAN. — Bah! bah!

MÉNÉNIUS. — Excellente question !

VOLUMNIE. — Si, dans vos guerres, l'honneur admet que vous paraissiez ce que vous n'êtes pas, procédé que vous adoptez pour mieux arriver à vos fins, pourquoi donc cet artifice ne serait-il pas compatible avec l'honneur, dans la paix aussi bien que dans la guerre, puisque, dans l'une comme dans l'autre, il est également nécessaire ?

CORIOLAN. — Pourquoi insister ainsi ?

VOLUMNIE. — Parce qu'il vous est loisible de parler au peuple, non d'après votre propre inspiration, ni d'après les sentiments que vous souffle votre cœur, mais en phrases murmurées du bout des lèvres, syllabes bâtardes désavouées par votre pensée intime. Or, il n'y a pas là plus de déshonneur qu'à vous emparer d'une ville par de douces paroles, quand tout autre moyen compromettrait votre fortune et exposerait nombre d'existences. Moi, je dissimulerais avec ma conscience, si mes destins et mes amis en danger l'exigeaient de mon honneur. En ce moment tous vous adjurent par ma voix, votre femme, votre fils, les sénateurs, les nobles. Mais vous, vous aimez mieux montrer à nos badauds une mine maussade que leur octroyer un sourire pour obtenir leurs sympathies et prévenir à ce prix tant de ruines imminentes.

MÉNÉNIUS. — Noble dame. *(A Coriolan.)* Allons ! venez avec nous. Avec une bonne parole, vous pouvez remédier, non seulement aux dangers du présent, mais aux maux du passé.

VOLUMNIE. — Je t'en prie, mon fils, va te présenter à eux, ton bonnet à la main ; et, le leur tendant ainsi, effleurant du genou les pierres (car en pareil cas le geste, c'est l'éloquence, et les yeux des ignorants sont plus facilement instruits que leurs oreilles), secouant la tête, et frappant ainsi maintes fois ta poitrine superbe, sois humble comme la mûre qui cède au moindre attouchement. Ou bien dis-leur que tu es leur soldat, et qu'étant élevé dans les batailles, tu n'as pas ces douces façons que, tu l'avoues, ils pourraient en toute convenance exiger de toi quand tu leur demandes leurs faveurs, mais qu'en vérité tu veux désormais leur appartenir et leur consacrer entièrement ton pouvoir et ta personne.

MÉNÉNIUS. — Ah! faites seulement comme elle dit, et tous leurs cœurs sont à vous; car ils sont aussi prompts à pardonner, dès qu'on les implore, qu'à récriminer au moindre prétexte.

VOLUMNIE. — Va! et suis mes conseils. Je t'en supplie, bien certaine que tu aimerais mieux toutefois poursuivre ton ennemi dans un gouffre enflammé que le flatter dans un salon. Voici Cominius.

Entre Cominius.

COMINIUS, *à Coriolan.* — Je viens de la place publique, et il faut, monsieur, vous entourer d'un parti puissant, ou chercher votre salut, soit dans la modération, soit dans l'absence : la fureur est universelle.

MÉNÉNIUS. — Rien qu'une bonne parole!

COMINIUS. — Je crois qu'elle suffira, s'il peut y plier son humeur.

VOLUMNIE. — Il le doit, et il le voudra. Je vous en prie, dites que vous consentez, et allez-y vite.

CORIOLAN. — Faut-il que j'aille leur montrer mon masque échevelé? Faut-il que ma langue infâme donne à mon noble cœur un démenti qu'il devra endurer? Soit! j'y consens. Pourtant, s'il ne s'était agi que de sacrifier cette masse d'argile, cette ébauche de Marcius, ils l'auraient plutôt réduite en poussière et jetée au vent!... A la place publique!... Vous m'avez imposé là un rôle que jamais je ne jouerai naturellement.

COMINIUS. — Venez, venez, nous vous soufflerons.

VOLUMNIE. — Je t'en prie, fils chéri! Tu as dit que mes louanges t'avaient fait guerrier : eh bien! pour avoir encore mes éloges, remplis un rôle que tu n'as pas encore soutenu.

CORIOLAN. — Soit! il le faut. Arrière, ma nature! A moi, ardeur de la prostituée! Que ma voix martiale, qui faisait chœur avec mes tambours, devienne grêle comme un fausset d'eunuque ou comme la voix virginale qui endort l'enfant au berceau! Que le sourire du

fourbe se fixe sur ma joue; et que les larmes de l'écolier couvrent mon regard de cristal! Qu'une langue de
mendiant se meuve entre mes lèvres; et que mes
genoux armés, qui ne se pliaient qu'à l'étrier, fléchissent
comme pour une aumône reçue!... Non, je n'en ferai
rien : je ne veux pas cesser d'honorer ma conscience,
ni enseigner à mon âme, par l'attitude de mon corps,
une ineffaçable bassesse.

VOLUMNIE. — A ton gré donc! Il est plus humiliant
pour moi de t'implorer que pour toi de les supplier.
Que tout tombe en ruine! Tu sacrifieras ta mère à ton
orgueil avant de l'effrayer par ta dangereuse obstination; car je me moque de la mort aussi insolemment
que toi. Fais comme tu voudras. Ta vaillance vient de
moi, tu l'as sucée avec mon lait; mais tu dois ton
orgueil à toi seul.

CORIOLAN. — De grâce! calmez-vous. Mère, je me
rends à la place publique : ne me grondez plus. Je vais
escamoter leurs sympathies, escroquer leurs cœurs, et
revenir adoré de tous les ateliers de Rome. Voyez! je
pars. Recommandez-moi à ma femme. Je reparaîtrai
consul, ou ne vous fiez plus jamais à ce que peut ma
langue en fait de flatterie.

VOLUMNIE. — Faites comme vous voudrez. (*Elle
sort.*)

COMINIUS. — Partons! Les tribuns vous attendent :
disposez-vous à répondre avec douceur; car ils vous
préparent des accusations plus graves, m'a-t-on dit,
que celles qui pèsent sur vous déjà.

CORIOLAN. — Le mot d'ordre est : douceur. Partons,
je vous prie! Qu'ils m'accusent par calomnie, moi, je
leur répondrai sur mon honneur.

MÉNÉNIUS. — Oui, mais avec douceur.

CORIOLAN. — Avec douceur? Soit! avec douceur.
(*Ils sortent.*)

SCÈNE III

Le Forum.

Entrent SICINIUS *et* BRUTUS.

BRUTUS. — Chargez-le à fond sur ce chef, qu'il aspire à un pouvoir tyrannique. S'il nous échappe là, insistez sur sa haine du peuple et sur ce que les dépouilles conquises sur les Antiates n'ont jamais été distribuées.

Entre un édile.

Eh bien! viendra-t-il ?

L'ÉDILE. — Il vient.

BRUTUS. — Accompagné ?

L'ÉDILE. — Du vieux Ménénius et des sénateurs qui l'ont toujours appuyé.

SICINIUS. — Avez-vous la liste de toutes les voix dont nous nous sommes assurés, la liste par tête ?

L'ÉDILE. — Je l'ai; elle est prête.

SICINIUS. — Les avez-vous réunies par tribus ?

L'ÉDILE. — Oui.

SICINIUS. — A présent, assemblez le peuple sur la place. Et quand tous m'entendront dire : *Nous déclarons qu'il en sera ainsi, de par les droits et l'autorité de la commune*, que ce soit la mort, l'amende ou le bannissement, qu'ils m'approuvent! Si je dis l'amende, qu'ils crient : *l'amende!* si je dis la mort, qu'ils crient : *la mort!* en insistant sur leur antique prérogative et leur compétence dans cette cause!

L'ÉDILE. — Je vais les prévenir.

BRUTUS. — Et dès qu'une fois ils auront commencé à crier, qu'ils ne cessent pas, avant d'avoir par leurs clameurs confuses exigé l'exécution immédiate de la sentence prononcée par nous, quelle qu'elle soit!

L'ÉDILE. — Très bien.

SICINIUS. — Animez-les et préparez-les à répondre au signal, dès que nous l'aurons donné.

BRUTUS. — Faites vite. *(L'édile sort.)* Mettons-le en

colère sur-le-champ. Il a été habitué à toujours dominer et avoir tout son soûl de contradiction. Une fois échauffé, il ne peut plus subir le frein de la modération ; alors il dit ce qu'il a dans le cœur ; et c'en est assez, grâce à nous, pour qu'il se rompe le cou.

> *Entrent Coriolan, Ménénius, Cominius, des*
> *sénateurs et des patriciens.*

SICINIUS. — Bien ! le voici.

MÉNÉNIUS, *à Coriolan.* — Du calme ! je vous en conjure.

CORIOLAN, *à part, à Ménénius.* — Oui, comme en a le cabaretier qui, pour la plus chétive monnaie, avale du coquin au volume. *(Haussant la voix.)* Que les Dieux honorés veillent au salut de Rome, et sur les sièges de la justice placent des hommes de bien ! Qu'ils sèment l'affection parmi nous ! Qu'ils encombrent nos vastes temples de processions pacifiques, et non nos rues de discordes !

PREMIER SÉNATEUR. — Amen, amen !

MÉNÉNIUS. — Noble souhait ! *(Revient l'édile, suivi des citoyens.)*

SICINIUS. — Approchez, peuple.

L'ÉDILE. — Écoutez vos tribuns. Attention ! paix ! vous dis-je.

CORIOLAN. — Laissez-moi parler d'abord.

LES DEUX TRIBUNS. — Soit ! parlez... Holà ! silence !

CORIOLAN. — Les accusations que je vais entendre seront-elles les dernières ? Doit-on en finir aujourd'hui ?

SICINIUS. — Je demande, moi, si vous vous soumettez à la voix du peuple, si vous reconnaissez ses magistrats et consentez à subir une censure légale pour toutes les fautes qui seront prouvées à votre charge.

CORIOLAN. — J'y consens.

MÉNÉNIUS. — Là ! citoyens, il dit qu'il y consent. Considérez ses services militaires ; songez aux cicatrices que porte son corps et qui apparaissent comme des fosses dans un cimetière sacré.

CORIOLAN. — Égratignures de ronces, blessures pour rire !

MÉNÉNIUS. — Considérez en outre que, s'il ne parle pas comme un citadin, il se montre à vous comme un soldat. Ne prenez pas pour l'accent de la haine son brusque langage, qui, vous dis-je, convient à un soldat, sans être injurieux pour vous.

COMINIUS. — Bien, bien! Assez!

CORIOLAN. — Comment se fait-il que, m'ayant nommé consul d'une voix unanime, vous me fassiez, moins d'une heure après, l'affront de me révoquer ?

SICINIUS. — C'est à nous de vous répondre.

CORIOLAN. — C'est juste. Parlez donc.

SICINIUS. — Nous vous accusons d'avoir cherché à supprimer, dans Rome, toutes les magistratures constituées, et à vous investir d'un pouvoir tyrannique : en quoi nous vous déclarons traître au peuple.

CORIOLAN. — Comment! traître ?

MÉNÉNIUS. — Voyons! de la modération! Votre promesse!

CORIOLAN. — Que les flammes de l'infime enfer enveloppent le peuple! M'appeler traître!... Insolent tribun, quand il y aurait vingt mille morts dans tes yeux, vingt millions de morts dans tes mains crispées, et deux fois autant sur ta langue calomnieuse, je te dirais que tu en as menti, aussi hautement que je prie les Dieux!

SICINIUS. — Remarquez-vous cela, peuple ?

LES CITOYENS. — A la roche! à la roche!

SICINIUS. — Silence! Nous n'avons pas besoin de mettre un nouveau grief à sa charge. Rappelez-vous ce que vous lui avez vu faire et ouï dire : il a frappé vos officiers, vous a conspués vous-mêmes; il a résisté aux lois par la violence et bravé ici l'autorité suprême dont il relève. Tous ces crimes de nature capitale méritent le dernier supplice.

BRUTUS. — Pourtant, comme il a bien servi Rome...

CORIOLAN. — Que rabâchez-vous de services ?

BRUTUS. — Je parle de ce que je sais.

CORIOLAN. — Vous ?

MÉNÉNIUS. — Est-ce là la promesse que vous aviez faite à votre mère ?

COMINIUS. — Sachez, je vous prie...

CORIOLAN. — Je ne veux rien savoir. Qu'ils me condamnent aux abîmes de la mort tarpéienne, à l'exil du vagabond, à l'écorchement, aux langueurs du prisonnier lentement affamé, je n'achèterai pas leur merci au prix d'un mot gracieux; non, pour tous les dons dont ils disposent, je ne ravalerais pas ma fierté jusqu'à leur dire : Bonjour!

SICINIUS. — Attendu qu'à diverses reprises, et autant qu'il était en lui, il a conspiré contre le peuple, cherchant les moyens de lui arracher le pouvoir; que tout récemment il a usé d'une violence coupable, non seulement en présence de la justice auguste, mais contre les ministres qui la rendent; au nom du peuple, et en vertu de nos pouvoirs, nous, tribuns, nous le bannissons, dès cet instant, de notre cité, et lui défendons, sous peine d'être précipité de la roche Tarpéienne, de jamais rentrer dans notre Rome. Au nom du peuple, je dis qu'il en soit ainsi.

LES CITOYENS. — Qu'il en soit ainsi! qu'il en soit ainsi!... Qu'il s'en aille!... Il est banni!... Qu'il en soit ainsi!

COMINIUS, *à la foule*. — Écoutez-moi, mes maîtres, mes amis les plébéiens...

SICINIUS. — Il est condamné : il n'y a plus rien à entendre.

COMINIUS. — Laissez-moi parler. J'ai été consul, et je puis montrer sur moi les marques des ennemis de Rome. J'ai pour le bien de mon pays un amour plus tendre, plus religieux, plus profond, que pour ma propre existence, pour ma femme chérie, pour le fruit de ses entrailles et le trésor de mes flancs; si donc je vous dis que...

SICINIUS. — Nous devinons votre pensée. Que direz-vous ?

BRUTUS. — Il n'y a plus rien à dire, sinon qu'il est banni comme ennemi du peuple et de son pays. Il faut qu'il en soit ainsi.

LES CITOYENS. — Qu'il en soit ainsi! qu'il en soit ainsi!

CORIOLAN. — Vile meute d'aboyeurs! Vous, dont j'abhorre l'haleine autant que l'émanation des marais empestés, et dont j'estime les sympathies autant que les cadavres sans sépulture qui infectent l'air, c'est moi qui vous bannis! Restez ici dans votre inquiétude! Que la plus faible rumeur mette vos cœurs en émoi! Que vos ennemis, du mouvement de leurs panaches, éventent votre lâcheté jusqu'au désespoir! Gardez le pouvoir de bannir vos défenseurs jusqu'à ce qu'enfin votre ineptie, qui ne comprend que ce qu'elle sent, se tourne contre vous-mêmes, et, devenue votre propre ennemie, vous livre, captifs humiliés, à quelque nation qui vous aura vaincus sans coup férir! C'est par mépris pour vous que je tourne le dos à votre cité. Il est un monde ailleurs. *(Sortent Coriolan, Cominius, Ménénius, les sénateurs et les patriciens.)*

Les Édiles. — L'ennemi du peuple est parti, est parti!

Les Citoyens. — Notre ennemi est banni! Il est parti! hohé! hohé! *(Acclamation générale. La foule jette ses bonnets en l'air.)*

Sicinius. — Allez, reconduisez-le jusqu'aux portes, en le poursuivant de vos mépris, comme il vous a poursuivis des siens; molestez-le comme il le mérite... Qu'une garde nous escorte à travers la ville!

Les Citoyens. — Allons, allons, reconduisons-le jusqu'aux portes, allons! Les Dieux protègent nos nobles tribuns!... Allons! *(Ils sortent.)*

ACTE IV

SCÈNE PREMIÈRE

Une porte de Rome.

Entrent CORIOLAN, VOLUMNIE, VIRGILIE, MÉNÉNIUS, COMINIUS *et plusieurs jeunes patriciens.*

CORIOLAN. — Allons! ne pleurez plus : abrégeons cet adieu... La bête aux mille têtes me pousse dehors... Ah! ma mère, où est donc votre ancien courage ? Vous aviez coutume de dire que l'adversité était l'épreuve des âmes, que les hommes vulgaires pouvaient supporter de vulgaires occurrences; que, quand la mer est calme, tous les navires sont également bons voiliers, mais que, quand la fortune assène ses coups les plus rudes, il faut, pour se laisser frapper avec patience, une noble magnanimité. Sans cesse vous chargiez ma mémoire de ces préceptes destinés à rendre invincible le cœur qui les comprendrait!

VIRGILIE. — O cieux! ô cieux!

CORIOLAN. — Voyons! je t'en prie, femme...

VOLUMNIE. — Que la peste rouge frappe tous les artisans de Rome! et que périssent tous les métiers!

CORIOLAN. — Bah! bah! bah! ils m'aimeront dès qu'ils ne m'auront plus. Allons! ma mère, reprenez ce courage qui vous faisait dire que, si vous aviez été la femme d'Hercule, vous auriez accompli six de ses travaux pour alléger d'autant la besogne de votre époux... Cominius, pas d'abattement! Adieu!... Adieu, ma femme! ma mère! Je m'en tirerai... Mon vieux et fidèle Ménénius, tes larmes sont plus âcres que celles d'un jeune homme; elles enveniment tes yeux. (*A*

Cominius.) Mon ancien général, je t'ai vu souvent
assister impassible à des spectacles déchirants : dis à ces
tristes femmes qu'il est aussi puéril de déplorer des
revers inévitables que d'en rire... Ma mère, vous savez
bien que mes aventures ont toujours fait votre joie; et
croyez-le fermement, parti dans l'isolement, je serai
comme le dragon solitaire qui, du fond de son maré-
cage, jette l'effroi et fait parler de lui plus qu'il ne se
fait voir. Ou votre fils parviendra à dominer la multitude, ou il sera pris aux pièges cauteleux de la trahison.

VOLUMNIE. — O le premier des fils, où iras-tu ?
Laisse le bon Cominius t'accompagner un peu, et fixe
avec lui ton itinéraire, au lieu de t'exposer à tous les
accidents qui peuvent surgir devant toi sur une route
hasardeuse.

CORIOLAN. — O Dieux!

COMINIUS. — Je t'accompagnerai pendant un mois;
et nous déciderons ensemble où tu résideras, afin que
tu puisses recevoir de nos nouvelles et nous donner
des tiennes. De cette façon, si l'avenir nous offre une
chance pour te rappeler, nous n'aurons pas à fouiller le
vaste univers pour trouver un seul homme; et nous ne
perdrons pas l'occasion, toujours prête à se refroidir
pour un absent.

CORIOLAN. — Adieu! Tu es chargé d'années; et tu es
trop épuisé par les orgies de la guerre, pour t'en aller à
l'aventure avec un homme resté dans sa force : conduis-
moi seulement jusqu'aux portes. Venez, ma femme
chérie, ma mère bien-aimée, et vous, mes amis de
noble aloi; et quand je serai hors des murs, dites-moi
adieu dans un sourire. Je vous en prie, venez. Tant que
je serai debout sur la terre, vous entendrez dire maintes
choses de moi, mais pas une qui ne soit d'accord avec
mon passé.

MÉNÉNIUS. — Jamais plus nobles paroles ne reten-
tirent à l'oreille humaine. Allons! ne pleurons pas... Si
je pouvais secouer seulement sept années de ces vieux
bras et de ces vieilles jambes, Dieux bons! je te suivrais
pas à pas.

CORIOLAN. — Donne-moi ta main!... Allons! *(Ils
sortent.)*

SCÈNE II

Un faubourg de Rome.

Entrent Sicinius, Brutus *et* un édile.

Sicinius, *à l'édile*. — Renvoyez-les tous chez eux : il est parti, et nous n'irons pas plus loin. *(A Brutus.)* Les nobles sont furieux. Nous le voyons : ils se sont rangés de son parti.

Brutus. — Maintenant que nous avons prouvé notre pouvoir, soyons, après l'action, plus humbles que dans l'action.

Sicinius, *à l'édile*. — Renvoyez-les chez eux; dites-leur que leur grand ennemi est parti, et qu'ils gardent entière leur ancienne puissance.

Brutus. — Congédiez-les. *(L'élide sort.)*

Entrent Volumnie, Virgilie et Ménénius.

Voici sa mère.

Sicinius. — Évitons-la.

Brutus. — Pourquoi ?

Sicinius. — On dit qu'elle est folle.

Brutus. — Elles nous ont aperçus : pressez le pas.

Volumnie, *aux tribuns*. — Oh! je vous rencontre à propos! Que les Dieux payent votre zèle de tout le trésor de leurs fléaux!

Ménénius. — Chut! chut! ne faites pas d'esclandre.

Volumnie. — Si les larmes ne m'empêchaient pas, vous en entendriez!... N'importe, vous en entendrez. *(Brutus veut avancer, elle lui barre le chemin.)* Vous voudriez partir!

Virgilie, *se mettant devant Sicinius*. — Vous aussi, vous resterez... Ah! que ne puis-je en dire autant à mon mari!

Sicinius. — Êtes-vous une furie ?

Volumnie. — Oui, imbécile!... Est-ce donc une honte ? Sache-le, imbécile! Mon père n'était-il pas un homme ? Toi, quel renard il faut que tu sois pour avoir ainsi banni un héros qui a frappé pour Rome plus de coups que tu n'as dit de paroles!

Sicinius. — O cieux tutélaires!

Volumnie. — Oui, plus de coups glorieux en faveur de Rome que tu n'as dit de paroles sensées!... Je vais te dire... Mais va-t'en... Non, tu resteras... Je voudrais que mon fils fût en Arabie et qu'il eût devant lui ta tribu à la distance de sa bonne épée.

Sicinius. — Qu'arriverait-il ?

Virgilie. — Qu'arriverait-il ? Il aurait vite mis à néant ta postérité.

Volumnie. — Oui, bâtards et autres. Ce vaillant, que de blessures il a reçues pour Rome!

Ménénius. — Allons! allons! la paix!

Sicinius. — Je voudrais qu'il eût continué comme il avait commencé, et n'eût pas dénoué le nœud glorieux qui lui attachait son pays.

Brutus. — Je le voudrais.

Volumnie. — Vous le voudriez! C'est vous qui avez excité la canaille, âmes félines, capables d'apprécier son mérite comme je le suis de comprendre les mystères que le ciel refuse de révéler à la terre!

Brutus, à Sicinius. — De grâce! partons.

Volumnie. — Oui, monsieur, de grâce! partez : vous avez fait là un bel exploit. Mais, avant de partir, écoutez ceci : autant le Capitole dépasse la plus humble masure de Rome, autant mon fils, le mari de cette femme que vous voyez ici, mon fils, que vous avez banni, vous dépasse tous!

Brutus. — Bien, bien! Nous vous quittons.

Sicinius. — Pourquoi nous laisser ici harceler par une créature qui a perdu l'esprit ?

Volumnie. — Emportez avec vous mes prières : je voudrais que les Dieux n'eussent rien à faire qu'à exaucer mes malédictions. *(Les tribuns sortent.)* Si je pouvais seulement les rencontrer une fois par jour, cela soulagerait mon cœur du poids qui l'étouffe.

Ménénius. — Vous leur avez parlé vertement, et, ma foi! vous avez raison!... Voulez-vous souper avec moi ?

Volumnie. — La colère est mon aliment; j'en soupe

à mes dépens, et je m'affamerai à force de m'en gorger... Allons, partons. *(A Virgilie qui pleure.)* Séchez
ces larmes piteuses, lamentez-vous, comme moi, en
imprécations de Junon. Venez, venez, venez.

MÉNÉNIUS. — Fi donc! fi donc! *(Ils sortent.)*

SCÈNE III

La route de Rome à Antium.

UN ROMAIN *et* UN VOLSQUE *se rencontrent.*

LE ROMAIN. — Je vous connais fort bien, monsieur,
et vous me connaissez. Votre nom, je crois, est Adrien ?

LE VOLSQUE. — C'est vrai, monsieur. Ma foi! je ne
vous remets pas.

LE ROMAIN. — Je suis un Romain; mais je sers,
comme vous, contre les Romains. Me reconnaissez-
vous à présent ?

LE VOLSQUE. — Nicanor ?... Non ?

LE ROMAIN. — Lui-même, monsieur.

LE VOLSQUE. — Vous aviez plus de barbe la dernière
fois que je vous ai vu; mais votre voix m'a fait deviner
le personnage. Quelles nouvelles à Rome ? J'ai reçu du
gouvernement volsque la mission d'aller vous y chercher. Vous m'avez heureusement épargné une journée
de marche.

LE ROMAIN. — Il y a eu à Rome une formidable
insurrection : le peuple contre les sénateurs, les patriciens et les nobles.

LE VOLSQUE. — Il y a eu ? Elle est donc terminée ?
Notre gouvernement ne le croit pas : il fait d'immenses
préparatifs militaires, et espère surprendre les Romains
dans la chaleur de leurs divisions.

LE ROMAIN. — Le fort de l'incendie est passé, mais la
moindre chose suffirait à le rallumer; car les nobles ont
tellement pris à cœur le bannissement de ce digne Coriolan, qu'ils sont mûrement disposés à retirer tout pouvoir au peuple et à lui enlever ses tribuns pour jamais.

Le feu couve sous la cendre, je puis vous le dire, et est tout près d'éclater violemment.

Le Volsque. — Coriolan est banni ?

Le Romain. — Banni, monsieur.

Le Volsque. — Vous serez le bienvenu avec cette nouvelle, Nicanor.

Le Romain. — Les circonstances servent puissamment les Volsques. J'ai ouï dire que le moment le plus favorable pour corrompre une femme, c'est quand elle est en querelle avec son mari. Votre noble Tullus Aufidius va figurer avec avantage dans cette guerre, maintenant que Coriolan, son grand adversaire, n'est plus à la disposition de son pays.

Le Volsque. — C'est certain. Je suis bien heureux de vous avoir ainsi rencontré accidentellement. Vous avez mis fin à ma mission, et je vais avec joie vous accompagner chez vous.

Le Romain. — D'ici au souper, je vous dirai sur Rome les plus étranges choses, toutes en faveur de ses adversaires. Vous avez une armée sur pied, dites-vous ?

Le Volsque. — Une armée vraiment royale : les centurions et leurs corps, déjà à la solde de l'État, occupent leurs postes distincts, prêts à marcher sur l'heure.

Le Romain. — Je suis heureux d'apprendre qu'ils sont préparés, et je suis l'homme, je crois, qui va les mettre en mouvement. Monsieur, je suis aise de la rencontre, et charmé de votre compagnie.

Le Volsque. — Vous m'enlevez là mon rôle, monsieur : c'est à moi surtout d'être charmé de la vôtre.

Le Romain. — Eh bien ! faisons route ensemble. (*Ils sortent.*)

SCÈNE IV

Antium. — Devant la maison d'Aufidius.

Entre CORIOLAN, *déguisé sous de pauvres vêtements, la tête enveloppée d'un capuchon.*

CORIOLAN. — Une belle ville est cet Antium. Ville, c'est moi qui ai fait tes veuves : bien des héritiers de ces superbes édifices ont, sous mes coups, râlé et succombé. Ah! ne me reconnais pas : tes femmes et tes enfants, armés de broches et de pierres, me tueraient dans une bataille d'écoliers!

Entre un citoyen.

Le ciel vous garde, monsieur!

LE CITOYEN. — Vous aussi!

CORIOLAN. — Indiquez-moi, s'il vous plaît, où demeure le grand Aufidius. Est-il à Antium?

LE CITOYEN. — Oui, et il festoie les nobles de l'État, dans sa maison, ce soir même.

CORIOLAN. — Où est sa maison, je vous prie?

LE CITOYEN. — Ici, devant vous.

CORIOLAN. — Merci, monsieur! Adieu! *(Le citoyen sort.)* O monde, que tu as de brusques vicissitudes! Deux amis jurés, qui semblent en ce moment n'avoir qu'un cœur dans leur double poitrine, à qui les loisirs, le lit, les repas, les exercices, tout est commun, dont l'amour a fait comme des jumeaux inséparables, avant une heure, pour une discussion d'obole, s'emporteront jusqu'à la plus amère inimitié. De même, des adversaires furieux, qu'empêchaient de dormir leur passion et leur acharnement à s'entre-détruire, à la première occasion, pour une billevesée valant à peine une écaille, deviendront les plus tendres amis, et marieront ensemble leurs enfants. Il en est ainsi de moi : je hais mon pays natal, et mes sympathies sont pour cette ville ennemie. *(Se dirigeant vers la maison d'Aufidius.)* Entrons! S'il me tue, il aura fait justice de moi; s'il m'accueille, je servirai son pays.

Il entre dans la maison.

SCÈNE V

Antium. — Le vestibule de la maison d'Aufidius.
On entend de la musique.

Entre UN SERVITEUR.

LE SERVITEUR. — Du vin, du vin, du vin!... Quel service! Je crois que tous nos gaillards sont endormis. *(Il sort.)*

Entre un autre serviteur.

DEUXIÈME SERVITEUR. — Où est Cotus ? Mon maître l'appelle. Cotus! *(Il sort.)*

Entre Coriolan, le visage toujours voilé.

CORIOLAN. — Excellente maison! Le festin sent bon. Mais je n'ai pas la mine d'un convive.

Rentre le premier serviteur.

LE PREMIER SERVITEUR. — Que voulez-vous, l'ami ? D'où êtes-vous ? Ce n'est pas ici votre place. Je vous prie, regagnez la porte.
CORIOLAN, *à part.* — Tu ne mérites pas ici un meilleur accueil, Coriolan.

Rentre le second serviteur.

LE SECOND SERVITEUR. — D'où êtes-vous, monsieur ?... Le portier a-t-il ses yeux dans sa tête, qu'il laisse entrer de pareils compagnons ? Sortez, je vous prie.
CORIOLAN. — Détalez!
DEUXIÈME SERVITEUR. — Détalez!... Détalez vous-même.
CORIOLAN. — Tu deviens agaçant.
DEUXIÈME SERVITEUR. — Ah! vous êtes si fier! Je vais vous faire parler tout à l'heure.

*Entre un troisième serviteur qui se croise avec
le premier.*

TROISIÈME SERVITEUR, *montrant Coriolan*. — Quel
est ce gaillard ?

PREMIER SERVITEUR. — Un original comme je n'en
ai jamais vu : je ne puis le faire sortir de la maison. Je
t'en prie, appelle mon maître.

TROISIÈME SERVITEUR, *à Coriolan*. — Qu'avez-vous à
faire ici, camarade ? Videz la maison, je vous prie.

CORIOLAN. — Laissez-moi seulement rester debout;
je ne gâterai pas votre foyer.

TROISIÈME SERVITEUR. — Qui êtes-vous ?

CORIOLAN. — Un gentilhomme.

TROISIÈME SERVITEUR. — Merveilleusement pauvre!

CORIOLAN. — C'est vrai, je le suis.

TROISIÈME SERVITEUR. — Je vous en prie, mon
pauvre gentilhomme, choisissez une autre station. Ce
n'est pas ici votre place. Décampez, je vous prie.
Allons !

CORIOLAN. — Allez donc faire votre fonction en vous
empiffrant de restes refroidis. *(Il le repousse.)*

TROISIÈME SERVITEUR. — Ah! vous ne voulez pas ?
(Au deuxième serviteur.) Dis, je te prie, à mon maître,
quel hôte étrange il a ici.

DEUXIÈME SERVITEUR. — J'y vais. *(Il sort.)*

TROISIÈME SERVITEUR. — Où demeures-tu ?

CORIOLAN. — Sous le dôme.

TROISIÈME SERVITEUR. — Sous le dôme ?

CORIOLAN. — Oui.

TROISIÈME SERVITEUR. — Où ça ?

CORIOLAN. — Dans la cité des milans et des corbeaux.

TROISIÈME SERVITEUR. — Dans la cité des milans
et des corbeaux ?... Quel âne!... Alors tu demeures
aussi avec les buses ?

CORIOLAN. — Non, je ne sers pas ton maître.

TROISIÈME SERVITEUR. — Comment, monsieur!
Avez-vous affaire à mon maître ?

CORIOLAN. — Oui-da : c'est une occupation plus
honnête que d'avoir affaire à ta maîtresse. Tu bavardes,
tu bavardes, retourne à tes assiettes, va! *(Il le jette
dehors.)*

Entrent Aufidius et le second serviteur.

AUFIDIUS. — Où est ce gaillard ?

DEUXIÈME SERVITEUR, *montrant Coriolan.* — Le voici, monsieur. Je l'aurais battu comme un chien, si je n'avais craint de troubler nos seigneurs.

AUFIDIUS, *à Coriolan.* — D'où viens-tu ? Que veux-tu ? Ton nom ?... Pourquoi ne parles-tu pas ? Parle, l'homme ! Quel est ton nom ?

CORIOLAN, *découvrant son visage.* — Tullus, si tu ne me connais point encore, et ne crois point, à me voir, que je sois celui que je suis, la nécessité me force à me nommer.

AUFIDIUS. — Quel est ton nom ? *(Les serviteurs se retirent.)*

CORIOLAN. — Un nom qui détonne aux oreilles des Volsques et qui sonne mal aux tiennes.

AUFIDIUS. — Parle ! quel est ton nom ? Tu as une farouche apparence, et ton visage respire le commandement. Bien que tes voiles soient en lambeaux, tu parais un noble vaisseau. Quel est ton nom ?

CORIOLAN. — Prépare ton front à s'assombrir. Est-ce que tu ne me reconnais pas ?

AUFIDIUS. — Je ne te reconnais pas... Ton nom ?

CORIOLAN. — Je suis Caïus Marcius, qui ai fait, à toi en particulier, et à tous les Volsques, beaucoup de mal et de dommage, ainsi que l'atteste mon surnom, Coriolan ! De tant de travaux endurés, de tant de dangers courus, de tant de sang versé pour mon ingrate patrie, je n'ai recueilli d'autre récompense que ce surnom, éclatant souvenir qui témoigne la malveillance et la haine que tu dois avoir contre moi. Il ne m'est demeuré que ce nom. L'envie et l'outrage du peuple romain, autorisés par la lâcheté de notre noblesse, qui m'a tout entière abandonné, ont dévoré le reste : oui, nos nobles ont souffert que je fusse chassé de Rome par les huées des manants. C'est cette extrémité qui m'a amené à ton foyer, non dans l'espoir (ne va pas t'y méprendre) de sauver ma vie ; car, si j'eusse eu peur de mourir, tu es de tous les hommes celui que j'aurais le plus évité ; mais c'est par pure animosité, pour le désir que j'ai de me venger de mes proscripteurs, que je viens à toi. Par quoi, si tu as le ressentiment au cœur, si tu veux une réparation pour les dommages qui t'ont été faits, si tu veux mettre un terme au démembrement honteux de ta patrie, n'hésite pas à te servir de mes calamités, et fais en sorte que mes services vengeurs aident à ta prospérité ; car je veux faire la guerre à ma patrie gangrenée avec l'acharnement de tous les démons de l'enfer. Mais, si d'aventure tu te rends, si tu es las de tenter la fortune, aussi suis-je, quant à moi, tout à fait las de vivre : j'offre ma gorge à ton épée et à ta vieille rancune. Frappe ! M'épargner serait folie, moi qui t'ai toujours poursuivi de ma haine, qui ai tiré des tonnes de sang du sein de ton pays, et qui ne puis vivre que pour ta honte, si je ne puis vivre pour te servir !

AUFIDIUS. — O Marcius, Marcius, chaque mot que tu as dit a arraché de mon cœur une racine de ma vieille inimitié. Si Jupiter du haut de la nue me disait des choses divines en ajoutant : *C'est vrai*, je ne le croirais pas plus fermement que toi, auguste Marcius... Oh ! laisse-moi enlacer de mes bras ce corps contre lequel ma lance a cent fois brisé son frêne, en effrayant la lune de ses éclats ! Laisse-moi étreindre cette enclume de mon glaive, et rivaliser avec toi de tendresse aussi ardemment, aussi noblement que j'ai jamais, dans mes ambitieux efforts, lutté de valeur avec toi ! Sache-le, j'aimais la vierge que j'ai épousée ; jamais amoureux ne poussa plus sincères soupirs ; mais à te voir ici, toi, le plus noble des êtres, mon cœur bondit avec plus de ravissement qu'au jour où je vis pour la première fois ma fiancée franchir mon seuil. Apprends, ô Marcius, que nous avons une armée sur pied, et que j'avais résolu une fois encore de t'arracher ton bouclier, au risque d'y perdre mon bras. Tu m'as battu douze fois, et depuis, toutes les nuits, j'ai rêvé de rencontres entre toi et moi : nous nous culbutions dans mon sommeil, débouclant nos casques, nous empoignant à la gorge, et je m'éveillais à demi mort du néant ! Digne Marcius, n'eussions-nous d'autres griefs contre Rome que ton bannissement, nous réunirions tous nos hommes de douze à soixante-dix ans, et nous répandrions la guerre dans les entrailles de cette ingrate Rome, comme un flot débordé... Oh! viens, entre, viens serrer les mains amies de nos sénateurs, dont je recevais ici les adieux, me préparant à marcher contre le territoire romain, sinon contre Rome elle-même.

CORIOLAN. — Dieux, vous me bénissez!

AUFIDIUS. — Si donc, preux sublime, tu veux prendre le commandement de tes propres représailles, accepte la moitié de mes pouvoirs; et, d'accord avec ton expérience suprême, puisque tu connais la force et la faiblesse de ton pays, règle toi-même ta marche, soit pour aller frapper aux portes de Rome, soit pour envahir violemment les extrémités de son domaine et l'épouvanter avant de la détruire. Mais viens, que je te présente d'abord à ceux qui diront : *Oui!* à tous tes désirs. Sois mille fois le bienvenu! Je te suis plus ami que jamais je ne te fus ennemi, et c'est beaucoup dire, Marcius. Ta main! Sois le très bien venu! *(Sortent Coriolan et Aufidius.)*

PREMIER SERVITEUR, *s'avançant.* — Voilà un étrange changement!

DEUXIÈME SERVITEUR. — Par mon bras! j'ai failli le bâtonner, et pourtant j'avais dans l'idée que ses habits nous trompaient sur son compte.

PREMIER SERVITEUR. — Quel poignet il a! Avec un doigt et le pouce, il m'a fait tourner comme une toupie.

DEUXIÈME SERVITEUR. — Ah! je voyais bien à sa mine qu'il y avait en lui quelque chose. Il avait, mon cher, une espèce de mine... à ce qu'il me semblait... Je ne sais comment dire pour la qualifier.

PREMIER SERVITEUR. — C'est vrai. Il avait l'air pour ainsi dire... Je veux être pendu si je ne soupçonnais pas qu'il y avait en lui plus que je ne pouvais soupçonner.

DEUXIÈME SERVITEUR. — Et moi aussi, je le jure. C'est tout simplement l'homme le plus extraordinaire du monde.

PREMIER SERVITEUR. — Je le crois. Mais un plus grand guerrier que lui, vous en connaissez un!

DEUXIÈME SERVITEUR. — Qui ? Mon maître ?

PREMIER SERVITEUR. — Ah! il n'y a pas de comparaison.

DEUXIÈME SERVITEUR. — Il en vaut six comme lui.

PREMIER SERVITEUR. — Non, pas justement ; mais je le tiens pour un plus grand guerrier.

DEUXIÈME SERVITEUR. — Dame ! voyez-vous, on ne sait comment dire pour expliquer ça : pour la défense d'une ville, notre général est excellent.

PREMIER SERVITEUR. — Oui-da, et pour un assaut aussi.

Rentre le troisième serviteur.

TROISIÈME SERVITEUR. — Hé ! marauds, je puis vous dire des nouvelles. Des nouvelles, coquins !

LES DEUX AUTRES SERVITEURS. — Lesquelles ? lesquelles ? lesquelles ? Partageons.

TROISIÈME SERVITEUR. — Entre tous les peuples, je ne voudrais pas être Romain : j'aimerais autant être un condamné.

LES DEUX AUTRES SERVITEURS. — Pourquoi ? pourquoi ?

TROISIÈME SERVITEUR. — C'est que nous avons ici celui qui a si souvent étrillé notre général : Caïus Marcius !

PREMIER SERVITEUR. — Qu'est-ce que tu dis ? Étrillé notre général ?

TROISIÈME SERVITEUR. — Je ne dis pas qu'il ait étrillé notre général ; mais il a toujours été capable de lui tenir tête.

DEUXIÈME SERVITEUR. — Bah ! sommes-nous pas camarades et amis ?... Il a toujours été trop fort pour pour lui. Je le lui ai entendu dire à lui-même.

PREMIER SERVITEUR. — Pour dire la vérité sans détour, il a toujours été trop fort pour lui : devant Corioles, il l'a dépecé et haché comme une carbonade.

DEUXIÈME SERVITEUR. — S'il avait eu des goûts de cannibale, il aurait pu le manger rôti.

PREMIER SERVITEUR. — Mais poursuis tes nouvelles.

TROISIÈME SERVITEUR. — Eh bien ! il est traité ici comme s'il était le fils et l'héritier de Mars : on l'a mis au haut bout de la table ; pas un sénateur ne lui adresse une question sans se tenir tête chauve devant lui. Notre général le traite comme une maîtresse, lui touche la main avec adoration et l'écoute les yeux blancs d'extase. Mais l'important de la nouvelle, c'est que notre général est coupé en deux, et n'est plus que la moitié de ce qu'il était hier; car l'autre est devenu la seconde moitié, à la prière et du consentement de toute l'assistance. Il ira, dit-il, tirer les oreilles au portier de Rome; il veut tout faucher devant lui, tout raser sur son passage.

DEUXIÈME SERVITEUR. — Et il est capable de le faire autant qu'aucun mortel imaginable.

TROISIÈME SERVITEUR. — Capable de le faire? Il le fera. Car, voyez-vous! monsieur, il a autant d'amis que d'ennemis... lesquels amis, monsieur, pour ainsi dire... n'osaient pas... voyez-vous, monsieur! se montrer, comme on dit, ses amis, tant qu'il était en déconfiture.

PREMIER SERVITEUR. — En déconfiture? Comment ça?

TROISIÈME SERVITEUR. — Mais quand ils verront reparaître le cimier de ce héros pur sang, ils sortiront de leurs terriers comme des lapins après la pluie, et tous se mettront en danse avec lui.

PREMIER SERVITEUR. — Mais quand cela aura-t-il lieu?

TROISIÈME SERVITEUR. — Demain, aujourd'hui, immédiatement. Vous entendrez battre le tambour cette après-midi. La chose est, pour ainsi dire, dans le menu de leur festin et doit être exécutée avant qu'ils se soient essuyé les lèvres.

DEUXIÈME SERVITEUR. — Bon! nous allons donc revoir le monde en émoi! La paix n'est bonne qu'à rouiller le fer, à multiplier les tailleurs et à faire pulluler les faiseurs de ballades.

PREMIER SERVITEUR. — Donnez-moi la guerre, vous dis-je! Elle l'emporte sur la paix autant que le jour sur la nuit; elle est leste, vigilante, sonore et pleine de nouveautés. La paix, c'est une apoplexie, une léthargie; elle est fade, sourde, somnolente, insensible; elle fait bien plus de bâtards que la guerre ne détruit d'hommes.

DEUXIÈME SERVITEUR. — C'est juste; et si le viol peut s'appeler, en quelque sorte, un acte de guerre, on ne peut nier que la paix ne fasse bien des cocus.

PREMIER SERVITEUR. — Oui, et elle rend les hommes ennemis les uns des autres.

TROISIÈME SERVITEUR. — Pourquoi ? Parce qu'ils ont moins besoin les uns des autres. La guerre, coûte que coûte ! J'espère voir les Romains à aussi bas prix que les Volsques... On se lève de table ! on se lève de table !

TOUS. — Rentrons, rentrons. *(Ils sortent.)*

SCÈNE VI

Rome. — Une place publique.

Entrent SICINIUS *et* BRUTUS.

SICINIUS. — Nous n'entendrons plus parler de lui, et nous n'avons plus à le craindre. Il est réduit à l'impuissance par la paix actuelle et par la tranquillité du peuple, naguère livré à un désordre effréné. Grâce à nous, ses amis sont confus de la prospérité publique ; ils aimeraient mieux, dussent-ils eux-mêmes en souffrir, voir des bandes insurgées infester les rues que nos artisans chanter dans leurs boutiques et aller paisiblement à leurs travaux.

Entre Ménénius.

BRUTUS. — Nous sommes restés fort à propos. N'est-ce pas là Ménénius ?

SICINIUS. — C'est lui, c'est lui. Oh ! il est devenu très aimable depuis quelque temps... Salut, messire !

MÉNÉNIUS. — Salut à tous deux !

SICINIUS. — Votre Coriolan ne manque guère qu'à ses amis : la république est debout ; et elle restera debout, dût-il enrager davantage !

MÉNÉNIUS. — Tout est bien, mais tout aurait été mieux, s'il avait pu temporiser.

SICINIUS. — Où est-il, savez-vous ?

MÉNÉNIUS. — Non, je n'en sais rien ; sa mère et sa femme n'ont pas reçu de ses nouvelles. *(Passent trois ou quatre citoyens.)*

Les Citoyens, *aux tribuns.* — Les Dieux vous protègent tous deux!

Sicinius. — Bonsoir, voisins!

Brutus. — Bonsoir à vous tous! bonsoir à vous tous!

Premier Citoyen. — Nous, nos femmes et nos enfants, nous sommes tenus de prier pour vous deux à genoux.

Sicinius. — Vivez et prospérez.

Brutus. — Adieu, aimables voisins! Plût au ciel que Coriolan vous eût aimés comme nous vous aimons!

Les Citoyens. — Les Dieux vous gardent!

Les Deux Tribuns. — Adieu! adieu! *(Les citoyens sortent.)*

Sicinius. — Les temps sont plus heureux et plus agréables qu'à l'époque où ces gaillards-là parcouraient les rues en criant l'anarchie.

Brutus. — Caïus Marcius était un digne officier dans la guerre, mais insolent, gonflé d'orgueil, ambitieux au-delà de toute idée, égoïste.

Sicinius. — Et aspirant à trôner seul et sans assesseurs.

Ménénius. — Je ne crois pas ça.

Sicinius. — Nous en aurions fait la lamentable expérience, s'il était devenu consul.

Brutus. — Les Dieux ont prévenu ce malheur, et Rome est calme et sauve sans lui.

Entre un édile.

L'Édile. — Dignes tribuns, un esclave, que nous avons mis en prison, rapporte que les Volsques, en deux corps séparés, ont envahi le territoire romain, et, par une guerre à outrance, détruisent tout sur leur passage.

Ménénius. — C'est Aufidius qui, apprenant le bannissement de notre Marcius, montre de nouveau ses cornes au monde. Tant que Marcius défendait Rome, il est resté dans sa coquille, sans oser risquer une apparition.

Sicinius. — Eh! que parlez-vous de Marcius?

Brutus. — Faites fouetter ce hâbleur... Il est

impossible que les Volsques osent rompre avec nous.

MÉNÉNIUS. — Impossible ? Nous avons la preuve que cela se peut fort bien, et j'ai vu trois exemples de ce cas dans ma vie. Mais demandez à cet homme, avant de le punir, d'où il tient cette nouvelle : ne vous exposez pas à châtier un bon avis, et à battre le messager qui vous prévient de ce qu'il vous faut craindre.

SICINIUS. — Ne me dites pas ça : je sais que c'est impossible.

BRUTUS. — Cela ne se peut pas.

Entre un messager.

LE MESSAGER. — Les nobles en grand émoi se rendent tous au Sénat : il est arrivé quelque nouvelle qui bouleverse leurs visages.

SICINIUS. — C'est cet esclave... Qu'on le fasse fouetter sous les yeux du peuple !... Oui, c'est sa faute !... Il a suffi de son rapport.

LE MESSAGER. — Oui, digne sire; mais le rapport de l'esclave est confirmé et aggravé par de plus terribles nouvelles.

SICINIUS. — Comment, plus terribles ?

LE MESSAGER. — Nombre de bouches disent ouvertement (avec quelle probabilité, je l'ignore) que Marcius, ligué avec Aufidius, conduit une armée contre Rome, et jure que sa vengeance immense s'étendra de la plus jeune à la plus vieille génération.

SICINIUS. — Comme c'est vraisemblable !

BRUTUS. — Une fable inventée seulement pour faire désirer aux gens timorés le retour de Marcius !

SICINIUS. — Voilà tout le mystère.

MÉNÉNIUS. — La chose est invraisemblable : lui et Aufidius ne peuvent pas plus se combiner que les contraires les plus hostiles.

Entre un autre messager.

LE MESSAGER. — Vous êtes mandés au Sénat : une formidable armée, commandée par Caïus Marcius associé à Aufidius, fait rage sur notre territoire. Elle a déjà forcé le passage, promenant l'incendie et s'emparant de tout ce qu'elle rencontre.

Entre Cominius.

Cominius, *aux tribuns.* — Oh! vous avez fait de la bonne besogne!

Ménénius. — Quelle nouvelle? quelle nouvelle?

Cominius. — Vous avez réussi à faire violer vos propres filles, à fondre sur vos trognes les plombs de vos toits et à voir vos femmes déshonorées sous vos nez...

Ménénius. — Quelle nouvelle? quelle nouvelle?

Cominius. — Vos temples brûlés jusqu'au ciment, et les franchises, auxquelles vous teniez tant, enfouies dans un trou de vilebrequin.

Ménénius. — Par grâce, votre nouvelle! *(Aux tribuns.)* Vous avez fait de la belle besogne! j'en ai peur. *(A Cominius.)* Par grâce, votre nouvelle!... Si Marcius s'était joint aux Volsques...

Cominius. — Si!... Il est leur dieu : il marche à leur tête comme un être créé par quelque déité autre que la nature et plus habile à former l'homme; à sa suite ils s'avancent contre notre marmaille, avec la confiance d'enfants poursuivant des papillons d'été ou de bouchers tuant des mouches.

Ménénius, *aux tribuns.* — Vous avez fait de la bonne besogne, vous et vos gens à tablier; vous qui étiez si engoués de la voix des artisans et du souffle des mangeurs d'ail!

Cominius. — Il fera tomber Rome sur vos têtes.

Ménénius. — Comme Hercule faisait tomber les fruits mûrs. Vous avez fait de la belle besogne!

Brutus, *à Cominius.* — Mais cette nouvelle est-elle bien vraie, seigneur?

Cominius. — Oui! Et vous serez livides avant de la voir démentie. Toute la contrée fait défection en souriant; et ceux qui résistent se font bafouer pour leur vaillance inepte et périssent dupes de leur constance. Qui pourrait le blâmer? Vos ennemis et les siens reconnaissent sa valeur.

Ménénius. — Nous sommes tous perdus, si le noble vainqueur n'a pitié de nous.

Cominius. — Qui ira l'implorer? Les tribuns ne le

peuvent pas sans honte; le peuple mérite sa clémence comme le loup celle du berger; ses meilleurs amis, s'ils lui disaient : *Soyez indulgent pour Rome!* agiraient, en insistant ainsi, comme ceux qui ont mérité sa haine, et passeraient pour ses ennemis.

MÉNÉNIUS. — C'est vrai : il approcherait de ma maison le brandon qui doit la consumer, que je n'aurais pas le front de lui dire : *Arrêtez, je vous conjure!...* Vous avez fait un beau travail, vous et vos manœuvres! vous avez bien manœuvré!

COMINIUS. — Vous avez attiré sur Rome une catastrophe que rien ne saurait prévenir.

LES TRIBUNS. — Ne dites pas que nous l'avons attirée.

MÉNÉNIUS. — Et qui donc? Est-ce nous? Nous l'aimions, nous autres; mais, comme des brutes, comme de nobles lâches, nous avons cédé à vos bandes, qui l'ont expulsé avec des huées.

COMINIUS. — Mais j'ai bien peur qu'elles ne le ramènent avec des hurlements. Tullus Aufidius, le second des illustres, obéit à ses avis comme son subalterne. Le désespoir est toute la tactique, toute la force, toute la défense, que Rome peut leur opposer.

Entre une bande de citoyens.

MÉNÉNIUS. — Voici l'essaim. *(A Cominius.)* Et Aufidius est avec lui? *(Aux citoyens.)* Vous voilà donc, vous qui infectiez l'air d'une nuée de bonnets fétides et graisseux, en acclamant de vos huées l'exil de Coriolan. A présent, il revient; et il n'est pas un cheveu sur la tête de son dernier soldat qui ne doive vous fouetter : tous les badauds, comme vous, qui jetaient leurs bonnets en l'air, il va les assommer, pour les payer de leurs suffrages. N'importe! quand il nous consumerait tous en un seul tison, nous l'avons mérité.

LES CITOYENS. — Vraiment, nous apprenons de terribles nouvelles!

PREMIER CITOYEN. — Pour ma part, quand j'ai dit : *Bannissons-le!* j'ai dit que c'était dommage.

DEUXIÈME CITOYEN. — Et moi aussi.

TROISIÈME CITOYEN. — Et moi aussi; et, à parler

franchement, bon nombre d'entre nous en ont dit autant. Ce que nous avons fait, nous l'avons fait pour le mieux ; et, bien que nous ayons volontiers consenti à son bannissement, c'était pourtant contre notre volonté.

COMINIUS. — Vous êtes de belles gens, avec vos voix !

MÉNÉNIUS. — Vous avez fait de la belle besogne, vous et votre meute ! *(A Cominius.)* Irons-nous au Capitole ?

COMINIUS. — Oui, oui : ne le faut-il pas ? *(Sortent Cominius et Ménénius.)*

SICINIUS, *aux citoyens.* — Allez, mes maîtres, rentrez chez vous, ne vous alarmez pas. Ceux-ci sont d'un parti qui serait bien aise de voir confirmer ce qu'il affecte de craindre. Rentrez, et ne montrez aucun signe de frayeur.

PREMIER CITOYEN. — Les Dieux nous soient propices ! Allons, mes maîtres, rentrons. J'ai toujours dit que nous avions tort de le bannir.

DEUXIÈME CITOYEN. — Nous l'avons tous dit. Mais allons, rentrons. *(Les citoyens sortent.)*

BRUTUS. — Je n'aime pas cette nouvelle.

SICINIUS. — Ni moi.

BRUTUS. — Allons au Capitole... Je payerais de la moitié de ma fortune le démenti de cette nouvelle !

SICINIUS. — Partons, je vous prie. *(Ils sortent.)*

SCÈNE VII

Un camp, aux environs de Rome.

Entrent AUFIDIUS *et* SON LIEUTENANT.

AUFIDIUS. — Passent-ils toujours au Romain ?

LE LIEUTENANT. — Je ne sais quel charme est en lui ; mais son nom est pour les soldats la prière qui précède le repas, le propos qui l'occupe, l'action de grâces qui le termine ; et, messire, vous êtes éclipsé dans cette campagne, même aux yeux de vos partisans.

AUFIDIUS. — Je ne saurais pour le moment empêcher cela, sans risquer, par les moyens employés, d'estropier mes desseins. Il montre, à mon égard même, une arrogance à laquelle je ne m'attendais guère, quand je le reçus à bras ouverts. Mais cette nature-là, il l'a prise au berceau ; et je dois excuser ce qui ne peut se corriger.

LE LIEUTENANT. — Cependant, messire, j'aurais souhaité, pour vous-même, que vous n'eussiez pas partagé vos pouvoirs avec lui : j'aurais désiré ou que seul vous eussiez pris le commandement, ou que vous l'eussiez laissé à lui seul.

AUFIDIUS. — Je te comprends ; et, sois-en sûr, quand il viendra à rendre ses comptes, il ne se doute pas de ce que je puis faire valoir contre lui. Il a beau se figurer et persuader au vulgaire que sa conduite est en tout loyale et qu'il se montre bon ménager des intérêts de l'État volsque ; il a beau se battre comme un dragon et triompher aussitôt qu'il tire l'épée ; pourtant il est coupable d'une certaine inaction qui, dussé-je risquer ma tête, fera tomber la sienne, quand nous viendrons à rendre nos comptes.

LE LIEUTENANT. — Je vous le demande, messire, croyez-vous qu'il emporte Rome ?

AUFIDIUS. — Toutes les places se rendent à lui avant qu'il les assiège ; la noblesse de Rome lui appartient ; les sénateurs et les patriciens l'aiment également ; les tribuns ne sont pas des soldats ; et le peuple sera aussi ardent à le rappeler qu'il a été prompt à l'expulser. Je crois qu'il fera de Rome ce que l'orfraie fait du poisson : il s'en emparera par l'ascendant de sa nature. Il a commencé par servir noblement son pays ; mais il n'a pu porter ses honneurs avec modération, soit par cet excès d'orgueil dont le succès de chaque jour entache l'homme heureux ; soit par un manque de jugement qui l'empêche de tirer parti des chances dont il est maître ; soit à cause de son caractère, tout d'une pièce, immuable sous le casque et sur le coussin, aussi altier, aussi rigidement hautain dans la paix qu'impérieux dans la guerre. Un seul de ces défauts (car, s'il les a tous, ce n'est qu'en germe, je lui rends cette justice)

a suffi pour le faire redouter, haïr et bannir. Il a du
mérite, mais il l'étouffe par la jactance. Nos talents ne
relèvent que des commentaires du temps; et le génie le
plus enthousiaste de lui-même n'a pas de tombe plus
éclatante que la chaire d'où sont prônés ses actes... La
flamme chasse la flamme; un clou chasse l'autre; les
titres s'abîment sous les titres; la force succombe sous
la force... Allons, éloignons-nous... Dès que Rome
t'appartient, Caïus, tu es perdu, car aussitôt tu m'ap-
partiens. *(Ils sortent.)*

ACTE V

SCÈNE PREMIÈRE

Rome. — Une place publique.

Entrent MÉNÉNIUS, COMINIUS, SICINIUS, BRUTUS *et d'autres.*

MÉNÉNIUS. — Non, je n'irai pas. Vous avez entendu ce qu'il a dit à son ancien général, qui l'aimait de la plus tendre prédilection. Moi-même, il m'appelait son père; mais qu'importe! Allez, vous qui l'avez banni, prosternez-vous à un mille de sa tente, et frayez-vous à genoux un chemin jusqu'à sa pitié. S'il a tant répugné à écouter Cominius, je resterai chez moi.

COMINIUS. — Il affectait de ne pas me connaître.

MÉNÉNIUS, *aux tribuns.* — Vous entendez?

COMINIUS. — Pourtant, une fois, il m'a appelé par mon nom. J'ai insisté sur nos vieilles relations et sur le sang que nous avions perdu ensemble. J'ai invoqué Coriolan; il a refusé de répondre. Il était sourd à tous les noms. Il prétendait être une espèce de néant, n'ayant pas de titre, jusqu'à ce qu'il s'en fût forgé un dans la fournaise de Rome embrasée.

MÉNÉNIUS. — Vous voyez? Ah! vous avez fait de la bonne besogne, couple de tribuns! Vous vous êtes mis à la torture pour mettre le charbon à bon marché dans Rome. La noble gloire!

COMINIUS. — Je lui ai représenté ce qu'il y avait de royal à accorder le pardon le plus inespéré. Il a répliqué qu'il était indigne d'un État d'implorer un homme qu'il avait puni.

MÉNÉNIUS. — Fort bien! Pouvait-il dire moins?

Cominius. — J'ai tâché de réveiller sa sollicitude pour ses amis privés. Il m'a répondu qu'il ne pouvait s'arrêter à les trier dans un tas de fumier infect et pourri. Il a dit que c'était folie, pour un pauvre grain ou deux, de ne pas brûler un rebut qui blessait l'odorat.

Ménénius. — Pour un pauvre grain ou deux! Je suis un de ces grains-là. Sa mère, sa femme, son enfant, ce brave compagnon et moi, nous sommes le bon grain; vous êtes, vous, le fumier pourri, et l'on vous sent par-delà la lune. Il faut donc que nous soyons brûlés pour vous!

Sicinius. — De grâce! soyez indulgent. Si vous nous refusez votre aide dans une extrémité si urgente, ne narguez pas notre détresse. Mais, assurément, si vous vouliez plaider la cause de votre patrie, votre belle parole, bien mieux que l'armée que nous pouvons lever à la hâte, arrêterait notre compatriote.

Ménénius. — Non, je ne m'en mêlerai pas.

Sicinius. — Je vous en prie, allez le trouver.

Ménénius. — Que puis-je faire?

Brutus. — Essayez seulement ce que votre amitié peut pour Rome auprès de Marcius.

Ménénius. — Soit! Mais supposez que Marcius me renvoie, comme Cominius, sans m'entendre! Qu'en résultera-t-il? La désolation d'un ami, frappé au cœur par son indifférence. Supposez cela!

Sicinius. — N'importe! votre bonne volonté vous aura valu la gratitude de Rome, mesurée à vos généreuses intentions.

Ménénius. — Je consens à le tenter... Je crois qu'il m'écoutera. Quand je pense pourtant qu'il mordait ses lèvres et qu'il grommelait ainsi devant le bon Cominius, cela me décourage fort. Il aura été pris dans un mauvais moment: il n'avait pas dîné! Les veines mal remplies, notre sang est froid, et alors nous boudons la matinée, nous sommes incapables de donner ou de pardonner; mais, quand nous avons gorgé les conduits et les canaux de notre sang de vin et de bonne chère, nous avons l'âme plus souple que pendant un jeûne sacerdotal. J'épierai donc le moment où il sera au régime que veut ma requête, et alors je l'entreprendrai.

BRUTUS. — Vous connaissez trop bien le chemin de sa tendresse pour vous laisser dérouter.

MÉNÉNIUS. — Je vous promets de le mettre à l'épreuve, advienne que pourra. Je saurai bientôt le résultat. *(Il sort.)*

COMINIUS. — Jamais il ne voudra l'entendre.

SICINIUS. — Non ?

COMINIUS. — Il est assis dans l'or, vous dis-je ; son regard flamboie comme pour brûler Rome, et son injure est la geôlière de sa pitié. Je me suis agenouillé devant lui ; il a murmuré vaguement : *Levez-vous !* et m'a congédié ainsi, d'un geste silencieux. Il m'a fait signifier par écrit ce qu'il accordait, ce qu'il refusait, s'étant engagé, sous serment, à s'en tenir à ces conditions. Nous n'avons donc plus d'espoir, si ce n'est dans sa noble mère et dans sa femme, qui, m'a-t-on dit, comptent implorer de lui la grâce de sa patrie. Allons donc les trouver, et hâtons leur démarche de nos légitimes instances. *(Ils sortent.)*

SCÈNE II

Un poste avancé du camp volsque devant Rome.

DES GARDES *sont en faction.* MÉNÉNIUS *les rencontre.*

PREMIER GARDE. — Halte !... D'où venez-vous ?

DEUXIÈME GARDE. — Arrière !

MÉNÉNIUS. — Vous faites votre faction en braves : c'est bien. Mais, avec votre permission, je suis un officier d'État, et je viens pour parler à Coriolan.

PREMIER GARDE. — D'où cela ?

MÉNÉNIUS. — De Rome.

PREMIER GARDE. — Vous ne pouvez pas passer, il faut que vous retourniez : notre général ne veut plus rien entendre de là.

DEUXIÈME GARDE. — Vous verrez votre Rome embrasée avant de parler à Coriolan.

MÉNÉNIUS. — Mes bons amis, pour peu que vous
ayez entendu votre général parler de Rome et de ses
amis là-bas, il y a cent à parier contre un que mon nom
a frappé vos oreilles : je m'appelle Ménénius.

PREMIER GARDE. — Soit! Arrière! Votre nom ici
n'est pas un mot de passe.

MÉNÉNIUS. — Je te dis, camarade, que ton général
est mon ami : j'ai été le registre de ses exploits, un
registre où les hommes lisaient, un peu exagérée peut-
être, son incomparable gloire. Car j'ai toujours
exalté mes amis, dont il est le premier, avec toute la
latitude que la vérité pouvait m'accorder sans faillir.
Parfois même, tel qu'une boule sur un terrain traître,
j'ai heurté au-delà du but. J'ai été jusqu'à frapper sa
louange à un coin équivoque. Ainsi, camarade, laisse-
moi passer.

PREMIER GARDE. — En vérité, monsieur, eussiez-
vous dit autant de mensonges pour son compte que
vous avez proféré de paroles pour le vôtre, vous ne
passeriez pas; non! quand il y aurait autant de vertu à
mentir qu'à vivre chastement. Ainsi, arrière!

MÉNÉNIUS. — Je t'en prie, camarade, songe que je
m'appelle Ménénius, et que j'ai toujours été partisan
acharné de ton général.

DEUXIÈME GARDE. — Quelque fieffé menteur que
vous ayez été en son honneur, comme vous venez de le
reconnaître, je suis un homme, moi, qui dit la vérité
sous ses ordres, et je dois vous déclarer que vous ne
passerez pas. Ainsi, arrière!

MÉNÉNIUS. — A-t-il dîné ? Peux-tu me le dire ? Car
je ne voudrais lui parler qu'après son dîner.

PREMIER GARDE. — Vous êtes Romain, n'est-ce pas ?

MÉNÉNIUS. — Je suis ce qu'est ton général.

PREMIER GARDE. — Alors vous devriez haïr Rome
comme il le fait. Pouvez-vous, après avoir chassé de vos
murs leur vrai défenseur et, dans une crise d'ineptie
populaire, livré à votre ennemi votre bouclier, pouvez-
vous croire que vous contiendrez sa vengeance avec
les gémissements commodes de vos vieilles femmes, les
virginales génuflexions de vos filles ou la caduque intercession d'un radoteur décrépit comme vous ? Pouvez-

vous croire que vous éteindrez avec un si faible souffle
l'incendie imminent qui va embraser votre cité ? Non!
Vous vous trompez. Retournez donc à Rome, et préparez-vous pour votre exécution : vous êtes condamnés.
Notre général a juré de ne vous accorder ni sursis ni
pardon.

MÉNÉNIUS. — Drôle, si ton capitaine savait que je
suis ici, il me traiterait avec estime.

DEUXIÈME GARDE. — Allons! mon capitaine ne vous
connaît pas.

MÉNÉNIUS. — Je veux dire ton général.

PREMIER GARDE. — Mon général ne se soucie guère
de vous. Arrière! Retirez-vous, si vous ne voulez pas
que je répande la demi-pinte de sang... arrière!... qui
vous reste à peine... Arrière!

MÉNÉNIUS. — Mais, camarade, camarade...

Entrent Coriolan et Aufidius.

CORIOLAN. — Qu'y a-t-il ?

MÉNÉNIUS, *au premier garde.* — Maintenant, compagnon, je vais te remettre à ta place; tu vas voir quel
cas on fait de moi; tu vas reconnaître qu'un soudard
outrecuidant ne peut pas m'écarter de mon fils Coriolan. Juge, par l'accueil qu'il va me faire, si tu n'as pas
chance d'être pendu ou de subir quelque autre mort
d'une mise en scène plus lente et plus cruelle. Regarde
bien maintenant, et évanouis-toi à la pensée de ce qui
va t'advenir. *(A Coriolan.)* Puissent, dans leur glorieux
synode, les Dieux s'occuper à toute heure de ta prospérité personnelle! Puissent-ils ne jamais t'aimer moins
que ne t'aime ton vieux père Ménénius! Oh! mon
fils! mon fils! tu nous prépares un incendie : tiens!
voici de l'eau pour l'éteindre. *(Il pleure.)* Je ne me suis
pas décidé sans peine à venir à toi; mais on m'a assuré
que, seul, je pourrais t'émouvoir. J'ai été entraîné hors
de nos murs par les soupirs, et je viens te conjurer de
pardonner à Rome et à tes compatriotes suppliants.
Que les Dieux bons apaisent ta fureur et en jettent la lie
sur ce maraud qui, comme un bloc brut, me refusait
accès près de toi! *(Il montre le premier garde.)*

CORIOLAN. — Arrière!

MÉNÉNIUS. — Comment! arrière!

CORIOLAN. — Femme, mère, enfant, je ne connais plus rien. Mes volontés sont asservies à d'autres. Seule, ma vengeance m'appartient; ma clémence est dans le cœur des Volsques. Que le souvenir de notre familiarité soit empoisonné par l'ingratitude plutôt que ranimé par la pitié!... Partez donc. Mes oreilles sont plus fortes contre vos prières que vos portes contre mes attaques... Pourtant, puisque je t'ai aimé, prends ceci : je l'avais écrit pour toi, et je voulais te l'envoyer. *(Il lui remet un pli.)* Plus un mot, Ménénius! Je ne t'écoute plus... Cet homme, Aufidius, était mon bien-aimé dans Rome : pourtant, tu vois...

AUFIDIUS. — Vous soutenez l'énergie de votre caractère. *(Sortent Coriolan et Aufidius.)*

PREMIER GARDE. — Eh bien! monsieur, votre nom est donc Ménénius ?

DEUXIÈME GARDE. — Il a, vous le voyez, un pouvoir magique... Vous savez le chemin pour vous en retourner ?

PREMIER GARDE. — Avez-vous vu comme nous avons été tancés pour avoir arrêté Votre Grandeur au passage ?

DEUXIÈME GARDE. — Quelle raison, dites-vous, ai-je de m'évanouir ?

MÉNÉNIUS. — Je ne me soucie ni du monde ni de votre général; quant aux êtres comme vous, à peine puis-je croire qu'il en existe, tant vous êtes chétifs! L'homme assez résolu pour se donner la mort de sa main ne la craint pas d'une autre. Que votre général poursuive le cours de ses fureurs! Quant à vous, restez ce que vous êtes longtemps; et que votre misère s'accroisse avec vos années! Je vous dis ce qui m'a été dit : Arrière! *(Il sort.)*

PREMIER GARDE. — Un noble compagnon, je le garantis!

DEUXIÈME GARDE. — Le digne compagnon, c'est notre général : c'est un roc, un chêne inébranlable au vent. *(Ils sortent.)*

SCÈNE III

La tente de Coriolan.

Entrent CORIOLAN, AUFIDIUS *et autres.*

CORIOLAN. — Demain, c'est sous les murs de Rome que nous camperons notre armée. Vous, mon collègue dans cette expédition, vous aurez à rapporter aux Seigneurs volsques la loyauté de ma conduite en cette affaire.

AUFIDIUS. — C'est leur intérêt seul que vous avez consulté : vous avez fermé l'oreille à la prière publique de Rome; vous n'avez pas permis même un secret murmure à des amis qui se croyaient sûrs de vous.

CORIOLAN. — Le dernier, ce vieillard que j'ai renvoyé à Rome, le cœur brisé, avait pour moi plus que l'amour d'un père : oui, il me divinisait. Leur dernière ressource était de me l'envoyer. Par égard pour sa vieille affection, tout en le traitant durement, j'ai offert encore une fois les premières conditions qu'ils ont refusées et qu'ils ne peuvent plus accepter : voilà mon unique faveur pour un homme qui croyait tant obtenir! Bien petite concession, en vérité!... De nouvelles ambassades, de nouvelles prières, qu'elles viennent de l'État ou de mes amis privés, à l'avenir me trouveront inflexible. *(Clameurs au-dehors.)* Hé! quelles sont ces clameurs ? Tenterait-on de me faire enfreindre mon vœu au moment même où je le prononce ? Je ne l'enfreindrai pas.

> *Entrent Virgilie et Volumnie, conduisant le jeune Marcius; Valérie et des suivantes : tous vêtus de deuil.*

Ma femme vient la première; puis le moule honoré où ce torse a pris forme, ma mère, tenant par la main le petit-fils de sa race. Mais arrière l'affection! En lambeaux tous les liens et tous les privilèges de la nature! Que la seule vertu soit d'être inexorable!

(Regardant les femmes, qui s'inclinent.) A quoi bon cet
humble salut ? A quoi bon tous ces regards de colombes
qui rendraient les Dieux parjures ?... Je m'attendris...
Ah! je ne suis pas d'une argile plus ferme que les
autres... Ma mère s'incline : comme si, devant une tau-
pinière, l'Olympe devait s'humilier! Et mon petit
enfant a un air si suppliant que la grande nature crie :
Ne refuse pas!... Que les Volsques traînent la charrue
sur Rome et la herse sur l'Italie! Je ne serai jamais de
ces oisons qui obéissent à l'instinct : je résisterai comme
un homme qui serait né de lui-même et ne connaîtrait
pas de parents.

Virgilie. — Mon seigneur! mon mari!

Coriolan. — Je ne vois plus des mêmes yeux dont
je voyais à Rome.

Virgilie. — Le chagrin qui nous a tant changées
vous le fait croire.

Coriolan. — Comme un acteur stupide, voilà que
j'ai oublié mon rôle, et je reste court, à ma grande
confusion. *(A Virgilie.)* O le plus pur de ma chair,
pardonne à ma rigueur, mais ne me dis pas pourtant
de pardonner aux Romains. Oh! un baiser long comme
mon exil, doux comme ma vengeance! *(Il l'embrasse.)*
Par la jalouse reine des cieux, c'est le même baiser que
j'ai emporté de toi, ma chérie; ma lèvre fidèle l'a
toujours gardé vierge!... Grands Dieux! je babille, et la
plus noble des mères n'a pas même reçu mon salut...
Enfonce-toi dans la terre, mon genou, et que ta déférence y laisse une marque plus profonde que la génuflexion du commun des fils! *(Il s'agenouille.)*

Volumnie, *le relevant.* — Oh! reste debout, et sois
béni, tandis que, sur ce dur coussin de cailloux, je
tombe à genoux devant toi, et que, par cette preuve
inouïe de respect, je bouleverse la hiérarchie entre
l'enfant et la mère. *(Elle s'agenouille.)*

Coriolan. — Que vois-je ? Vous, à genoux devant
moi, devant ce fils que vous corrigiez ? Alors, que les
galets de la plage affamée aillent lapider les astres!
Alors, que les vents mutinés lancent les cèdres altiers
contre l'ardent soleil! Vous égorgez l'impossible, en
rendant facile ce qui ne peut être!

VOLUMNIE. — Tu es mon guerrier : c'est moi qui t'ai formé. *(Montrant Valérie.)* Reconnais-tu cette dame ?

CORIOLAN. — Oui, la noble sœur de Publicola, la lune de Rome, chaste comme le glaçon que le givre a formé de la plus pure neige et suspendu au temple de Diane! Chère Valérie!

VOLUMNIE, *lui présentant son fils.* — Voici un pauvre abrégé de vous, qui, interprété par l'avenir, pourra devenir un autre vous-même.

CORIOLAN, *regardant l'enfant.* — Que le Dieu des soldats, avec le consentement du souverain Jupiter, inspire la noblesse à tes pensées! Puisses-tu être invulnérable à la honte et demeurer dans les batailles comme un fanal sublime, supportant toutes les rafales, et sauvant ceux qui t'aperçoivent!

VOLUMNIE, *au jeune Marcius.* — A genoux, garnement!

CORIOLAN. — Voilà bien mon bel enfant!

VOLUMNIE. — Lui-même, votre femme, cette dame et moi, nous venons à vous en suppliants.

CORIOLAN. — Taisez-vous, je vous en conjure; ou, avant de demander, rappelez-vous que ma résistance à des requêtes que j'ai juré de repousser ne doit pas être prise par vous comme un refus. Ne me pressez pas de renvoyer mes soldats ou de capituler encore avec les ouvriers de Rome. Ne me dites pas que je suis dénaturé. Ne cherchez pas à calmer ma rage et ma rancune par vos froides raisons.

VOLUMNIE. — Oh! assez! assez! Vous venez de déclarer que vous ne vouliez rien nous accorder, car nous n'avons pas à demander autre chose que ce que vous refusez déjà. Pourtant nous ferons notre demande, afin que, si vous la rejetez, le blâme en puisse retomber sur votre rigueur. Donc, écoutez-nous.

CORIOLAN. — Aufidius, et vous, Volsques, soyez témoins, car nous voulons ne rien écouter de Rome en secret... Votre requête! *(Il s'assoit.)*

VOLUMNIE. — Quand nous resterions silencieuses et sans dire un mot, notre accoutrement et l'état de nos pauvres corps te feraient assez connaître quelle vie nous avons menée depuis ton bannissement. Considère combien plus infortunées que toutes les femmes du monde nous sommes venues ici, puisque ta vue, qui devrait faire ruisseler de joie nos yeux et bondir d'aise nos cœurs, nous contraint à pleurer et à frissonner d'effroi et de douleur, en montrant à une mère, à une femme, à un enfant, un fils, un mari, un père déchirant les entrailles de sa patrie. Et c'est à nous, pauvres créatures, que ton inimitié est le plus fatale : tu nous empêches de prier les Dieux, ce qui est un souverain réconfort à tous, hormis à nous. Car, comment pouvons-nous, hélas! comment pouvons-nous prier et pour notre pays, comme c'est notre devoir, et pour ta victoire, comme c'est notre devoir ? Hélas! il nous faut sacrifier ou la patrie, notre nourrice chérie, ou ta personne, notre joie dans la patrie. Nous devons subir une évidente calamité, quel que soit celui de nos vœux qui s'accomplisse, de quelque côté que soit le triomphe; car il nous faudra te voir, comme un renégat étranger, traîné, les menottes aux mains, à travers nos rues, ou foulant d'un pas triomphal les ruines de ta patrie, et remportant la palme pour avoir vaillamment versé le sang de ta femme et de tes enfants. Quant à moi, mon fils, je suis résolue à ne pas attendre que la fortune décide de l'issue de cette guerre; car, si je ne puis te déterminer à témoigner une noble bienveillance aux deux parties, plutôt que de ruiner l'une d'elles, sache que tu ne marcheras pas à l'assaut de ton pays sans passer premièrement (tiens-le pour assuré) sur le ventre de ta mère, qui t'a mis au monde!

VIRGILIE. — Et sur le mien aussi, qui vous a donné ce fils pour perpétuer votre nom dans l'avenir.

L'ENFANT. — Il ne passera pas sur moi : je me sauverai jusqu'à ce que je sois plus grand, et alors je me battrai.

CORIOLAN. — Qui ne veut pas s'attendrir comme une femme ne doit pas voir un visage d'enfant ni de femme. J'ai trop longtemps tardé. (Il se lève.)

VOLUMNIE. — Non, ne nous quittez pas ainsi. Si, par notre requête, nous vous pressions de sauver les Romains en détruisant les Volsques que vous servez, vous pourriez nous condamner comme empoisonneuses de votre honneur... Non!... Ce que nous vous demandons, c'est de réconcilier les deux peuples, en sorte que les Volsques puissent dire : *Nous avons eu cette clémence!* les Romains répondre : *Nous avons reçu cette grâce!* et tous, t'acclamant à l'envi, te crier : *Sois béni pour avoir conclu cette paix!* Tu sais, mon auguste fils, que l'issue de la guerre est incertaine; mais ceci est bien certain que, si tu es le vainqueur de Rome, tout le profit qui t'en restera sera un nom traqué par d'infatigables malédictions. La chronique écrira : *Cet homme avait de la noblesse, mais il l'a raturée par sa dernière action : il a ruiné son pays; et son nom subsistera, abhorré dans les âges futurs.* Parle-moi, mon fils. Tu affectais les sentiments les plus délicats de l'honneur, en prétendant imiter les grâces mêmes des Dieux : fais donc comme eux, et, après avoir lacéré d'éclairs les vastes joues de la nue, décharge de ta foudre un coup à peine capable de fendre un chêne!... Que ne parles-tu pas ? Estimes-tu qu'il soit convenable à un grand personnage de se souvenir toujours des injures ? *(A Virgilie.)* Ma fille, parlez : il ne se soucie pas de vos larmes. *(Au jeune Marcius.)* Parle, garçon : peut-être ton enfantillage parviendra-t-il à l'émouvoir plus que nos raisons. *(Montrant Coriolan.)* Il n'est pas au monde de fils plus redevable à sa mère; et pourtant il me laisse pérorer comme une infâme aux ceps!... Jamais de ta vie tu n'as montré d'égards pour ta chère mère, elle qui, pauvre poule, sans souci d'une autre couvée, t'a de ses gloussements dirigé à la guerre et ramené chargé de gloire! Si ma requête est injuste, dis-le et chasse-moi; mais, si elle ne l'est pas, tu manques à l'honneur, et les Dieux te châtieront de m'avoir refusé l'obéissance qui est due à une mère... Il se détourne! A genoux, femmes! humilions-le de nos génuflexions! Le surnom de Coriolan lui inspire plus d'orgueil que nos prières de pitié. A genoux! finissons-en! A genoux pour la dernière fois! Après quoi nous retournerons à Rome mourir au milieu de nos voisins!... Voyons, regarde-nous! Cet enfant, qui ne peut pas dire ce qu'il voudrait, mais qui s'agenouille et te tend les mains, à notre exemple, a plus de force pour appuyer notre

supplique que tu n'en as pour la repousser. *(Se relevant.)* Allons, partons! Ce compagnon eut une Volsque
pour mère; sa femme est de Corioles; et cet enfant lui
ressemble par hasard... Va! débarrasse-toi de nous! Je
veux me taire jusqu'à ce que notre ville soit en flammes,
et alors on entendra ma voix!

CORIOLAN. — O mère! mère! qu'avez-vous fait ? *(Il
serre la main de Volumnie, reste un moment silencieux,
puis continue :)* Voyez! les cieux s'entrouvent, les
Dieux abaissent leurs regards et rient de cette scène
contre nature. O ma mère! ma mère! oh! vous avez
gagné une heureuse victoire pour Rome; mais, pour
votre fils, croyez-moi, oh! croyez-moi, ce succès lui
sera bien périlleux, s'il ne lui est pas mortel. Mais
advienne que pourra!... Aufidius, si je ne puis plus
faire loyalement la guerre, je veux du moins conclure
une paix convenable... Voyons! bon Aufidius, si vous
aviez été à ma place, dites, auriez-vous pu moins
écouter une mère ou lui accorder moins, Aufidius ?

AUFIDIUS. — J'ai été ému.

CORIOLAN. — J'oserais le jurer. Ah! messire, ce
n'est pas chose aisée de faire ruisseler de mes yeux la
sueur de la pitié. Mais, bon seigneur, vous me conseil-
lerez sur la paix qu'il faut faire. Pour ma part, je n'irai
pas à Rome, je veux retourner avec vous et vous
prier de me soutenir dans cette affaire... O ma mère!...
Ma femme!

AUFIDIUS, *à part.* — Je suis bien aise que tu aies mis
ta clémence et ton honneur en contradiction : je veux
du coup relever mon ancienne fortune. *(Les dames
font des signes à Coriolan, comme pour l'appeler.)*

CORIOLAN. — Oui, tout à l'heure. Nous allons boire
ensemble; et vous rapporterez à Rome un gage plus
sûr que des paroles, la minute de la transaction contre-
signée par nous. Allons, venez avec nous. Mesdames,
vous méritez qu'on vous élève un temple : toutes
les épées de l'Italie, toutes ses armes confédérées
n'auraient pu obtenir cette paix. *(Tous sortent.)*

SCÈNE IV

Rome. — Le Capitole.

Entrent MÉNÉNIUS *et* SICINIUS.

MÉNÉNIUS. — Voyez-vous là-bas cette encoignure du Capitole, cette borne là-bas?

SICINIUS. — Oui... Après ?

MÉNÉNIUS. — S'il vous est possible de la déplacer avec votre petit doigt, alors il y a quelque chance que les dames romaines, spécialement sa mère, puissent prévaloir sur lui. Mais je dis qu'il n'y a pas d'espoir : nos jugulaires sont condamnées et n'attendent plus que l'exécution.

SICINIUS. — Est-il possible qu'un temps si court puisse altérer la nature d'un homme ?

MÉNÉNIUS. — Il y a de la différence entre une chrysalide et un papillon : pourtant votre papillon a été chrysalide. D'homme, ce Marcius est devenu dragon : il a des ailes; il est bien plus qu'une créature rampante.

SICINIUS. — Il aimait tendrement sa mère!

MÉNÉNIUS. — Il m'aimait aussi; et à présent il ne se souvient pas plus de sa mère qu'un cheval de huit ans. L'aigreur de son visage rendrait sûrs des raisins mûrs. Quand il marche, il se meut comme un engin de guerre; et le sol s'effondre sous ses pas. Il est capable de percer un corselet d'un regard; sa parole est comme un tocsin, et son murmure est une batterie. Il est assis sur son siège comme sur celui d'Alexandre. Ce qu'il commande est exécuté aussitôt que commandé. Il ne lui manque plus d'un Dieu que l'éternité et qu'un ciel pour trône.

SICINIUS. — Oui, et que la pitié, si vous le représentez tel qu'il est.

MÉNÉNIUS. — Je le peins d'après son caractère. Remarquez bien quelle grâce sa mère obtiendra de lui. Il n'y a pas plus de pitié en lui que de lait dans un tigre mâle. Voilà ce que reconnaîtra notre pauvre cité... Et tout est de votre faute.

Sicinius. — Que les Dieux nous soient propices!

Ménénius. — Non, dans un cas pareil, ils ne nous seront pas propices. Nous avons banni Marcius sans nous soucier d'eux; et Marcius revient nous rompre le cou sans qu'ils se soucient de nous.

Entre un messager.

Le Messager, *à Sicinius*. — Monsieur, si vous voulez sauver votre vie, rentrez vite. Les plébéiens ont saisi le tribun votre collègue, et le rudoient, en jurant tous que, si les dames romaines ne ramènent pas la confiance avec elles, ils le feront mourir à petit feu.

Entre un second messager.

Sicinius. — Quelle nouvelle ?

Le Messager. — Bonne nouvelle! bonne nouvelle! Les dames ont prévalu, les Volsques ont délogé, et Marcius est parti. Jamais plus heureux jour ne réjouit Rome, non, pas même le jour qui vit l'expulsion des Tarquins.

Sicinius. — Ami, es-tu certain que ce soit vrai ? Est-ce bien certain ?

Le Messager. — Aussi certain qu'il l'est pour moi que le soleil est du feu. Où étiez-vous donc caché, que vous mettez cela en doute ? Jamais la marée montante ne s'engouffra sous une arche plus éperdument que la foule rassurée à travers nos portes. Écoutez! *(On entend le son des trompettes et des hautbois, mêlé au bruit des tambours et aux acclamations du peuple.)* Les trompettes, les saquebuttes, les psaltérions, les fifres, les tambourins, les cymbales et les acclamations des Romains font danser le soleil. Écoutez! *(Nouvelles acclamations.)*

Ménénius. — Voilà une bonne nouvelle. Je vais au-devant de ces dames. Cette Volumnie vaut toute une ville de consuls, de sénateurs, de patriciens et de tribuns comme vous, toute une mer, tout un continent. Vous avez été heureux dans vos prières aujourd'hui. Ce matin, pour dix mille de vos gosiers, je n'aurais pas donné une obole. Écoutez! Quelle joie! *(Acclamations et musique.)*

SICINIUS. — Que les Dieux vous bénissent pour ce message!... Et puis acceptez ma gratitude.

LE MESSAGER. — Monsieur, nous avons tous grand sujet d'être grandement reconnaissants.

SICINIUS. — Sont-elles près de la cité ?

LE MESSAGER. — Sur le point d'entrer.

SICINIUS. — Allons au-devant d'elles, et concourons à la joie. *(Ils sortent.)*

SCÈNE V

Rome. — Une porte de la ville.

Entrent LES DAMES ROMAINES, *accompagnées par* LES SÉNATEURS, LES PATRICIENS *et* LE PEUPLE. *Le cortège traverse la scène.*

PREMIER SÉNATEUR, *au peuple.* — Contemplez notre patronne, celle par qui Rome vit. Rassemblez toutes vos tribus, louez les Dieux, et allumez les feux du triomphe; jetez des fleurs devant elles; révoquez par acclamation le cri qui bannit Marcius, rappelez-le, en saluant sa mère; criez : Salut, nobles femmes, salut!

TOUS. — Salut, nobles femmes, salut! *(Fanfare et tambour. Tous sortent.)*

SCÈNE VI

Corioles. — La place publique.

Entrent TULLUS AUFIDIUS *et son escorte.*

AUFIDIUS, *remettant un papier à un officier.* — Allez annoncer aux Seigneurs de la cité que je suis ici;

remettez-leur ce papier; dès qu'ils l'auront lu, dites-leur de se rendre sur la place publique : c'est ici qu'en leur présence et devant le peuple, je prouverai ce que j'avance. Celui que j'accuse est déjà entré dans la ville et se propose de paraître devant le peuple, dans l'espoir de se justifier avec des mots. Dépêchez. (*L'escorte d'Aufidius s'éloigne.*)

Entrent trois ou quatre conjurés de la faction d'Aufidius.

Soyez les bienvenus!

PREMIER CONJURÉ. — Comment est notre général?

AUFIDIUS. — Eh bien! comme un homme empoisonné par ses propres aumônes et tué par sa charité.

DEUXIÈME CONJURÉ. — Très noble sire, si vous persistez dans le dessein pour lequel vous avez désiré notre concours, nous vous délivrerons de ce grand danger.

AUFIDIUS. — Je ne puis dire, monsieur. Nous procéderons selon les dispositions du peuple.

TROISIÈME CONJURÉ. — Le peuple restera incertain tant qu'il y aura rivalité entre vous; mais, l'un des deux tombé, le survivant hérite de toutes les sympathies.

AUFIDIUS. — Je le sais; et j'ai pour le frapper des arguments plausibles. Je l'ai élevé au pouvoir, et j'ai engagé mon honneur sur sa loyauté. Ainsi parvenu au sommet, il a fécondé ses plants nouveaux d'une rosée de flatterie. Il a séduit mes amis; et, dans ce but, il a fait fléchir sa nature connue jusque-là pour toujours brusque, indomptable et indépendante.

TROISIÈME CONJURÉ. — Monsieur, son insolence, en briguant le consulat, qu'il perdit faute d'avoir su fléchir...

AUFIDIUS. — J'allais en parler. Banni pour cela, il vint à mon foyer, tendit sa gorge à mon couteau. Je l'accueillis, je fis de lui mon associé, je cédai à toutes ses demandes; je le laissai même choisir dans mon armée, pour accomplir ses projets, mes hommes les meilleurs et les plus dispos; je servis ses desseins de ma propre personne, l'aidai à recueillir la moisson qu'il a tout entière accaparée, et mis mon orgueil à m'amoindrir ainsi; tellement qu'enfin je paraissais son subalterne, non son égal, et qu'il me payait d'un sourire, comme si j'étais à sa solde.

PREMIER CONJURÉ. — C'est vrai, monseigneur : l'armée s'en est étonnée. Et, pour comble, lorsqu'il était maître de Rome, quand nous comptions sur le butin non moins que sur la gloire...

AUFIDIUS. — Justement, c'est sur ce point que s'étendront contre lui mes récriminations. Pour quelques larmes de femmes, aussi banales que des mensonges, il a vendu le sang et le labeur de notre grande expédition. En conséquence, il mourra, et je me relèverai par sa chute... *(Bruit de tambours et de trompettes, mêlé aux acclamations du peuple.)* Mais écoutez !

PREMIER CONJURÉ. — Vous êtes entré dans votre ville natale comme un courrier, et nul ne vous a fait accueil ; mais, lui, il revient fendant l'air de fracas.

DEUXIÈME CONJURÉ. — Et ces patients imbéciles, dont il a tué les enfants, enrouent leurs vils gosiers à lui donner une ovation !

TROISIÈME CONJURÉ. — Choisissez donc le bon moment ; et, avant qu'il s'explique ou qu'il puisse émouvoir le peuple de ses paroles, faites-lui sentir votre épée, que nous seconderons. Quand il sera terrassé, son histoire racontée à votre manière ensevelira ses excuses avec son cadavre.

AUFIDIUS. — Plus un mot ! Voici les Seigneurs.

Entrent les seigneurs de la cité.

LES SEIGNEURS, *à Aufidius.* — Soyez le très bien venu chez nous.

AUFIDIUS. — Je ne l'ai pas mérité ; mais, dignes Seigneurs, avez-vous lu avec attention ce que je vous ai écrit ?

LES SEIGNEURS. — Oui.

PREMIER SEIGNEUR. — Et cette lecture nous a peinés. Ses fautes antérieures, à mon avis, auraient pu être réparées aisément ; mais s'arrêter là même où commençait son œuvre, sacrifier le bénéfice de nos armements, nous indemniser à nos propres dépens, faire un traité avec un ennemi qui se rendait, cela n'admet pas d'excuse.

AUFIDIUS. — Il approche, vous allez l'entendre.

> *Entre Coriolan, tambours battants, couleurs déployées; une foule de citoyens lui font escorte.*

CORIOLAN. — Salut, Seigneurs! Je reviens votre soldat, sans être plus infecté d'amour pour ma patrie qu'au jour où je partis d'ici, mais soumis toujours à votre commandement suprême. Sachez que j'ai fait une heureuse campagne et que par une trouée sanglante j'ai mené vos troupes aux portes mêmes de Rome. Le butin que nous avons rapporté dépasse d'un tiers au moins les frais de l'expédition. Nous avons fait une paix non moins honorable pour les Antiates qu'humiliante pour les Romains. Et nous vous remettons ici, signé des consuls et des patriciens, et portant le sceau du Sénat, le traité que nous avons conclu. *(Il présente un pli aux seigneurs.)*

AUFIDIUS, *s'avançant.* — Ne le lisez pas, nobles Seigneurs, mais dites au traître qu'il a, au plus haut degré, abusé de vos pouvoirs.

CORIOLAN. — Traître! comment?

AUFIDIUS. — Oui, traître, Marcius!

CORIOLAN. — Marcius?

AUFIDIUS. — Oui, Marcius, Caïus Marcius. Crois-tu que je veuille te décorer, dans Corioles, de ton larcin, de ce nom de Coriolan, volé par toi! Seigneurs et chefs de l'État, il a perfidement trahi vos intérêts; il a, pour quelques gouttes d'eau amère, cédé votre ville de Rome, je dis : votre ville! à sa mère et à sa femme, rompant sa résolution et son serment, comme un écheveau de soie pourrie, sans même consulter un conseil de guerre! Pour des pleurs de nourrice il a, dans un vagissement, bavé votre victoire! En sorte que les pages rougissaient de lui, et que les hommes de cœur se regardaient stupéfaits.

CORIOLAN. — L'entends-tu, Mars?

AUFIDIUS. — Ne nomme pas ce Dieu, enfant des larmes!

CORIOLAN. — Hein?

AUFIDIUS. — Rien de plus.

CORIOLAN, *d'une voix tonnante.* — Menteur déme-
suré, tu fais déborder mon cœur. Enfant!... O misérable!... Pardonnez-moi, Seigneurs, c'est la première fois qu'on me force à récriminer. Votre jugement, mes graves Seigneurs, doit démentir ce chien; et
sa propre conscience, à lui qui garde l'empreinte de
mes coups et qui portera ma marque au tombeau, se
soulèvera pour lui jeter ce démenti.

PREMIER SEIGNEUR. — Silence, tous deux! et laissez-moi parler.

CORIOLAN. — Coupez-moi en morceaux, Volsques!
Hommes et marmousets, rougissez sur moi toutes vos
lames. *(A Aufidius.)* Moi, un enfant!... Aboyeur
d'impostures!... Si vous avez écrit loyalement vos
annales, vous y verrez qu'apparu comme un aigle dans
un colombier, j'ai ici même, dans Corioles, épouvanté
tous vos Volsques, et j'étais seul!... Un enfant!

AUFIDIUS. — Quoi! nobles Seigneurs, vous per-
mettrez que les exploits de son aveugle fortune, qui
furent votre honte, soient rappelés par ce fanfaron
impie à vos oreilles et sous vos yeux mêmes!

LES CONJURÉS. — Qu'il meure pour cela!

VOIX DANS LA FOULE. — Mettez-le en pièces!... sur-le-
champ!... Il a tué mon fils!... ma fille!... Il a tué mon
cousin Marcius!... Il a tué mon père!

DEUXIÈME SEIGNEUR, *au peuple.* — Silence! holà!
Pas d'outrage!... Silence... C'est un homme illustre
dont la renommée enveloppe l'orbe de la terre. Sa
dernière offense à notre égard subira une enquête
judiciaire... Arrêtez, Aufidius! et ne troublez pas la
paix!

CORIOLAN. — Oh! que je voudrais l'avoir, lui, et
six Aufidius, et toute sa tribu, à la portée de mon
glaive justicier!

AUFIDIUS, *dégainant.* — Insolent scélérat!

LES CONJURÉS, *dégainant.* — Tue! Tue! Tue! Tue!
Tue-le!

LES SEIGNEURS. — Arrêtez! arrêtez! arrêtez! arrêtez!
*(Aufidius et les conjurés se jettent sur Coriolan, qui
tombe et meurt. Aufidius pose le pied sur son cadavre.)*

AUFIDIUS. — Mes nobles maîtres, écoutez-moi.

PREMIER SEIGNEUR. — O Tullus!

DEUXIÈME SEIGNEUR. — Tu as commis une action que pleurera la valeur.

TROISIÈME SEIGNEUR. — Ne marche pas sur lui. *(Aux citoyens.)* Du calme, mes maîtres!... Remettez vos épées.

AUFIDIUS. — Messeigneurs, quand vous apprendrez (ce qui, dans cette fureur, provoquée par lui, ne peut vous être expliqué) quel grave danger était pour vous la vie de cet homme, vous vous réjouirez de voir ses jours ainsi tranchés. Daignent Vos Seigneuries me mander à leur Sénat! Si je ne prouve pas que je suis votre loyal serviteur, je veux subir votre plus rigoureux jugement.

PREMIER SEIGNEUR. — Emportez son corps, et suivez son deuil. Croyez-le! jamais héraut n'a escorté de plus nobles restes jusqu'à l'urne funèbre.

DEUXIÈME SEIGNEUR. — L'irritation d'Aufidius atténue grandement son tort. Prenons-en notre parti.

AUFIDIUS. — Ma fureur est passée, et je suis pénétré de tristesse... Enlevons-le. Que trois des principaux guerriers m'assistent! je serai le quatrième. Que le tambour fasse entendre un roulement lugubre! Renversez l'acier de vos piques. Quoique dans cette cité il ait mis en deuil bien des femmes et bien des mères qui gémissent encore de ses coups, il aura un noble monument... Aidez-moi! *(Ils sortent, emportant le corps de Coriolan, au son d'une marche funèbre.)*

TABLE DES MATIÈRES

DERNIÈRES PARUTIONS

GF Flammarion

05/08/115940-VIII-2005 – Impr. MAURY Eurolivres, 45300 Manchecourt.
N° d'édition FG006110. – 3ᵉ trimestre 1965. – Printed in France.